잠언으로
여는 아침

이찬구 목사의 새벽 묵상 1

잠언으로
여는 아침

지은이 | 이찬구
펴낸이 | 원성삼
책임편집 | 김지혜
본문 및 표지디자인 | 한영애
펴낸곳 | 예영커뮤니케이션
초판 1쇄 발행 | 2018년 3월 15일
등록일 | 1992년 3월 1일 제2-1349호
주소 | 04018 서울시 마포구 동교로 55 2층(망원동, 남양빌딩)
전화 | (02)766-8931
팩스 | (02)766-8934
홈페이지 | www.jeyoung.com
ISBN 978-89-8350-987-1 (세트)
       978-89-8350-988-8 (04230)

값 24,000원

이 도서의 국립중앙도서관 출판예정도서목록(CIP)은 서지정보유통지원시스템 홈페이지
(http://seoji.nl.go.kr)와 국가자료공동목록시스템(http://www.nl.go.kr/kolis-net)에서 이용하실 수 있습니다.(CIP제어번호: CIP2018007247)

모든 인간은 하나님의 형상을 닮은 존귀한 존재입니다. 사람은 인종, 민족, 피부색, 문화, 언어에 관계없이 모두 다 존귀합니다. 예영커뮤니케이션은 이러한 정신에 근거해 모든 인간이 존귀한 삶을 사는 데 필요한 지식과 문화를 예수 그리스도의 사랑으로 보급함으로써 우리가 속한 사회에 기여하고자 합니다.

이찬구 목사의 새벽 묵상 1

잠언으로 여는 아침

이찬구 지음

The
Proverbs

이 책의 활용법 ● ● ●

1. 이 책은 한 번에 전체를 다 읽는 책이 아니라 매일 묵상하는 책입니다.
2. 한 달은 31일입니다. 매일 날짜에 맞추어 잠언 한 장을 읽고, 1일은 이 책의 1장 중에 한 편을 읽고, 2일은 2장 중 한 편을 읽는 식으로 말씀을 묵상하면 1년 동안 잠언을 12회 통독할 수 있고, 깊이 있게 묵상할 수 있습니다.
3. 묵상한 내용을 삶 속에서 실천하고 소그룹에서 함께 나눔으로 다양한 경험들을 간접적으로 나눌 수 있습니다.

여호와를 경외하는 것이 지혜의 근본이요 거룩하신 자를 아는 것이 명철이니라(잠 9:10).

사람은 세상을 살아가는 데 있어서 많은 정보나 지식이 필요하다고 생각합니다. 최신 정보와 지식이 삶을 구원할 수 있다고 믿기도 합니다. 그러나 잠언은 하나님을 경외하는 것이 지혜의 근본이며, 거룩한 하나님을 아는 것이 명철이라고 분명하게 말씀합니다. 세상의 지혜와 지식은 시대에 따라 변하지만, 하나님의 말씀은 변함이 없으며 영원하기 때문입니다.

오늘날 우리에게도 하나님의 지혜가 필요합니다. 하나님으로부터 온 지혜만이 우리를 생명으로 인도할 수 있습니다. 잠언은 하나님을 예배하는 삶, 하나님의 방법으로 사는 삶이 무엇인지를 말씀하고 있습니다. 그리고 그 방법대로 사는 것이 생명을 얻는 길이라는 교훈을 주고 있습니다.

이 책은 하나님의 뜻을 찾고 하나님의 말씀을 따라 살고자 하는 사람들에게 분명한 삶의 기준과 지혜를 선물해 줄 것입니다. 저자는 잠언의 장과 절을 세분하여, 그 의미를 진지하고 깊이 있게 설명하고 있습니다. 또한 잠언에 있는 보석과 같은 말씀들을 삶에 적용할 수 있도록 귀한 가르침을 줍니다. 매일 한 장씩 읽으며, 말씀 안에서 진리를 깨닫고 하나님과의 관계가 깊어지기를 바랍니다. 많은 분이 『잠언으로 여는 아침』을 통해 하나님께서 기뻐하시는 인생을 살기를 바라며 기쁨으로 추천합니다.

김정석_ 광림교회 담임 목사

바쁜 일상 속에서 묵상을 잃어버린 이들이 너무나 많습니다. 하나님의 지혜와 거리가 먼 삶을 살아갑니다. 그 결과는 영적 빈곤과 혼돈입니다.

오랜 벗 이찬구 목사의 잠언 묵상집은 하나님의 지혜가 우리를 어떻게 깨우치고, 위로하고, 인도하는지를 볼 수 있는 좋은 가이드북입니다. 핵심 메시지를 간결하게 정리하고, 그 위에 따뜻한 목회적 터치를 붙였습니다. 하나님의 지혜를 배우기를 원하시는 분들에게 추천합니다.

이시종_ 한국기독학생회 학사회 대표 간사

먼저 하나님께 영광을 올려 드립니다! 현대인들이 바쁜 일상을 살아가면서 잃어버린 것이 있다면 그것은 바로 묵상하는 삶입니다.

저도 배우로 바쁘고 분주하게 하루를 살면서 따로 묵상하기는 쉬운 일이 아니었는데, 목사님의 귀한 묵상은 아침을 깨우며 그 말씀으로 하루를 살아가기에 족한 지혜를 담고 있었습니다. 그 벅찬 샬롬의 기쁨을 혼자 누리는 것보다 주위에 믿지 않는 지인들과 함께 나누고 싶다는 아쉬움이 있었는데 묵상집을 내신다고 해서 너무나 기뻤습니다. 묵상을 잃어버린 모든 분들께 이 책을 적극 추천합니다.

김병기_ 권사, 배우

단순하지만 지키지 않는 진리, 본질을 말하는 글

2013년 가을에 위르겐 몰트만 박사를 초청한 컨퍼런스가 있었습니다. 그 컨퍼런스에서 저는 몰트만 박사와 모세골 공동체 임영수 목사, 은준관 박사 등 이 시대의 영적 대가들의 강의를 한자리에서 접할 수 있었습니다. 그분들은 모두 본질을 말하는 분들이었고, 자신의 식견을 자랑하지 않으셨습니다. 그때 본질은 지식의 많고 적음을 뛰어넘는다는 것을 알았습니다. 우리는 토론과 대화의 장에서 지식이 많은 사람이 지식이 적은 사람을 압도하는 것을 보지만, 본질을 말하는 사람에겐 그저 고개를 끄떡이게 되는 것을 경험합니다. 본질은 내가 알고 있는 것을 실천하고 있는지 돌아보게 하고 다시 힘내어 가야 할 곳을 밝혀 주는 등대 역할을 합니다.

이찬구 목사님은 제 절친한 대학 친구의 동생입니다. 반듯하면서도 편안한 인상의 이 목사님이 대형 교회 부목사를 사임하고 개척한 화정 빛의 숲교회를 가 보았습니다. 깨끗한 지하 예배당에서 교회 개척 후 하나님이 세심하게 섭리해 주신 은혜를 들을 수 있었습니다. 특히 매일 새벽에 정리해 성도에게 보낸 이 묵상이 일으킨 변화는 신선한 충격이었습니다. 이 목사님의 묵상은 신앙의 본질을 말하는 글입니다. 특별하거나 독특한 개성이 가득한 책 가운데 본질을 강조하는 잠언 묵상에는 우리 일상의 태도를 점검하는 힘이 있습니다. 우리가 지식이 적어서 신앙을 놓치는 일은 없어도 본질을 잃어 모든 것을 놓치는 일은 흔해졌습니다. 잘 먹고 잘 사는 것만 강조하는 세상에 고단하고 지쳐 있습니다. 무엇을 좇고 사는지 성찰하고 점검하는 시간을 갖지 않습니다. 그런 분들에게 이 책은 가장 중요한 삶의 본질이 무엇인지 일깨워 줄 것입니다. 본질로 돌아가 회복과 은혜를 맛보고 싶은 모든 분에게 이 책을 추천합니다.

황교진_『어머니는 소풍 중』 저자, 출판편집인

　오늘 우리가 살아가는 세상은 너무 많은 세속적인 지혜로 가득 차 있습니다. 처세술과 경영을 이야기하는 책도 많고, 인터넷을 통해 원하는 자료를 너무나도 손쉽게 얻을 수 있는 시대입니다. 그러나 그 방대한 지식은 사람의 인격과 삶을 변화시켜 주지는 못합니다. 솔로몬은 하나님께 일천번제를 드리면서 어떤 세속적인 지식으로도 뛰어넘을 수 없는 하늘의 지혜를 소유하게 되었고, 사람의 인격과 삶을 변화시키는 놀라운 하늘의 지혜를 잠언에 기록해 놓았습니다.

　"구슬이 서 말이라도 꿰어야 보배"라고 했듯이, 솔로몬의 잠언은 의미 단락으로 나누고 깊이 있게 묵상하지 않으면 시대를 초월하여 우리에게 들려주는 잠언의 유익을 얻을 수 없습니다. 오늘 이 시대에 신앙이 세속화되지 않고, 하늘의 지혜로 세상을 이기기를 원하는 성도들에게 반드시 필요한 것은 잠언의 지혜라고 생각합니다. 이 글을 묵상하는 분들에게 이러한 하늘의 지혜가 충만하게 임하기를 바랍니다.

　책을 쓴다는 것은 누구에게나 쉬운 일은 아니라고 생각합니다. 사실 잠언 묵상집은 본래 책으로 내려는 의도로 쓴 글은 아니었습니다. 이 글은 화정 빛의숲교회를 설립하면서 시작되었습니다. 지난 2016년 3월 지하철 3호선 화정역 근처 동양트레벨 오피스텔 지하 1층에 교회를 설립한 후 아무도 없는 곳에서 새벽마다 기도하면서 '나는 여기서 무엇을 할 수 있을까?'를 하나님께 여쭈었습니다.

　교회 설립 후 첫 한 주간을 새벽에 일어나 혼자 기도하면서 말씀을 묵상하는데 하나님께서 마음속에 음성을 들려주셨습니다.

"글을 써라!"

그래서 하나님께 다시 여쭈었습니다.

"하나님 글을 쓰라니요? 회중도 없는 상황에서 설교를 할 것도 아닌데 무슨 글을 써야 하나요?"

그때에 다시 하나님의 음성이 들려왔습니다.

"문자 메시지로 발송해라!"

저는 그 음성에 순종해서 시편, 잠언, 전도서를 새벽마다 묵상하면서 글을 쓰고 지인들에게 발송하기 시작했습니다.

처음에는 50여 명에게 문자를 보냈고, 나중에는 저를 찾아와 교회를 세워 가는데 도움을 주신 분들, 화정역 근처에서 전도하며 만났던 예비 신자들에게도 문자를 보내기 시작했습니다. 그렇게 문자를 발송하다 보니 하루에 300~400건 정도의 문자 메시지를 보내게 되었습니다. 어떤 분들은 혼자 글을 읽기가 아까워서 메시지를 받으면 5-10명 정도 또 다른 분들에게 발송하셨다고 합니다. 그래서 이 글은 적게는 하루에 300명, 많게는 1,500명 정도가 공유해서 묵상을 하게 되었습니다. 그러다가 몇몇 분들이 이 글을 이대로 남겨 둘 것이 아니라 책으로 출판해 보는 것은 어떻겠느냐고 제안해 주셨습니다. 그래서 출판할 곳을 찾던 중에 예영커뮤니케이션을 만나게 되었고, 책으로 출판하게 되었습니다.

이 책은 빠르게 읽는 책이 아닙니다. 너무 많은 분량을 하루에 읽으려고 할 필요도 없습니다. 단지 하루에 한 편씩 읽고 묵상하면서 하나님께서 들려주시는 음성에 귀를 기울이고 삶에 실천할 수 있으면 그것으로 족합니다. 한 달은 31일인데, 잠언도 31장까지 있습니다. 그래서 매일 날짜에 맞추어 잠언 한 장을 읽고, 한 챕터의 한 부분씩 읽어 가면 1년에 잠언을 12회 묵상할 수 있습니다.

이 묵상 메시지를 읽으신 많은 분들이 정서적인 회복과 신앙의 용기를 얻을 수 있었다고 말씀해 주셨습니다. 휴대폰의 문자 메시지로 읽는 것과 책으로 읽는 것에는 다소 차이가 있을 수 있지만, 은혜의 성령님께서 이 글을 읽는 모든 독자들에게도 동일한 감동을 주시고 심령의 치유와 회복의 역사를 일으켜 주시기를 기도합니다.

끝으로 이 책이 나올 수 있도록 출판에 도움을 주신 예영커뮤니케이션 원성삼 대표님과 꼼꼼하고 정성스럽게 편집해 주신 김지혜 자매님, 추천사를 써 주신 광림교회 김정석 목사님, 한국 기독학생회 학사회 대표 이시종 간사님, 탤런트 김병기 권사님, 황교진 작가님, 저의 목회에 사랑과 헌신으로 동역해 준 아내 정수정 사모, 새벽마다 함께 이 글을 묵상해 주신 모든 지인들에게 감사를 드립니다. 그리고 모든 영광을 오직 하나님께 돌려 드립니다.

화정 빛의숲교회 이찬구 목사

목차 • • •

1장

솔로몬 왕의
잠언

잠언 1장 1-6절

1 다윗의 아들 이스라엘 왕 솔로몬의 잠언이라
2 이는 지혜와 훈계를 알게 하며 명철의 말씀을 깨닫게 하며
3 지혜롭게, 공의롭게, 정의롭게, 정직하게 행할 일에 대하여 훈계를 받게 하며
4 어리석은 자를 슬기롭게 하며 젊은 자에게 지식과 근신함을 주기 위한 것이니
5 지혜 있는 자는 듣고 학식이 더할 것이요 명철한 자는 지략을 얻을 것이라
6 잠언과 비유와 지혜 있는 자의 말과 그 오묘한 말을 깨달으리라

잠언의 주요 저자는 본문에 기록된 것처럼 지혜의 왕 솔로몬입니다. 잠언의 구조를 간단하게 살펴보면 1-24장까지는 솔로몬 왕이 자녀들을 교육하기 위하여 쓴 글이고 그 다음 25-29장까지는 역시 솔로몬의 잠언으로 유다 왕 히스기야의 명령을 따라 신하들이 편집한 것입니다. 30장은 야게의 아들 아굴의 잠언이고 마지막 31장은 르무엘 왕의 어머니가 르무엘에게 훈계한 잠언입니다.

잠언은 세속적인 지혜를 들려주는 속담이나 격언집이 아닙니다. 잠언의 저자 솔로몬이 소유한 지혜는 세상에서 배운 것이 아니라 일천번제를 통해 하나님께 받은 것이기 때문입니다. 잠언의 지혜에는 세 가지 마음이 담겨 있습니다. 자녀를 사랑하는 아버지 솔로몬의 마음과 민족의 중흥을 꿈꾸며 백성들을 하나님의 뜻대로 다스리고자 했던 히스기야 왕의 마음 그리고 가장 중요한 것은 이 시대를 살아가는 우리가 알아야 할 하나님의 마음이 담겨 있습니다.

솔로몬은 서두에서 이 잠언을 기록한 목적을 말씀하고 있습니다.

첫째는 지혜와 훈계를 알게 하기 위해서입니다(2절). 이 지혜는 여호와

하나님을 경외하는 마음을 갖게 하고 하나님께서 책망하실 때에 달게 받을 줄 아는 마음을 품게 합니다.

둘째는 명철의 말씀을 깨닫게 하기 위해서입니다(2절). 성경은 그냥 읽어서는 아무것도 배우지 못합니다. 말씀 속에 담겨 있는 하나님의 마음을 알려 할 때에 비로소 깨달음과 삶의 변화를 체험하게 됩니다.

셋째는 범사에 지혜롭고 공의롭게, 정의롭고 정직하게 행하도록 하기 위해서입니다(3절). 하나님께서 주시는 지혜로 살면 이런 삶은 지극히 자연스럽고 당연한 것입니다.

넷째는 어리석은 자를 슬기롭게 하며 젊은 자에게 지식과 근신함을 주기 위해서입니다(4절). 어리석은 자나 젊은 자가 세상의 지혜를 배우면 교만하고 이기적인 인간이 되지만 하늘의 지혜를 배우면 슬기롭고 겸손한 사람이 됩니다.

잠언을 묵상하면서 솔로몬의 지혜를 소유하시기 바랍니다. 하나님의 마음을 배우시기 바랍니다. 그래서 범사에 온유함과 겸손함으로, 바르고 정직하게 살아가며 하늘의 지혜로 세상을 이기는 성도되기를 바랍니다.

나의 적용 • • •

여호와를 경외하는 마음

잠언 1장 7-9절

7 여호와를 경외하는 것이 지식의 근본이거늘 미련한 자는 지혜와 훈계를 멸시하느니라
8 내 아들아 네 아비의 훈계를 들으며 네 어미의 법을 떠나지 말라
9 이는 네 머리의 아름다운 관이요 네 목의 금 사슬이니라

하나님께서 세워 주신 창조의 질서 가운데 가장 중요한 것은 부모의 권위입니다. 사람이 태어나면서 가장 처음으로 배우게 되는 권위가 바로 부모의 권위입니다. 동물들의 세계를 보면 어미가 새끼를 얼마나 끔찍하게 위하고 새끼들을 위해 헌신하는지 모릅니다. 그런데 동물은 태어나면 1년 안에 어미에게서 독립을 하지만, 사람은 태어나서 죽을 때까지 부모의 권위 아래에서 살아가게 됩니다.

하나님께서는 사람을 만드실 때에 부모를 통해 창조주 하나님의 사랑을 배울 수 있도록 창조하셨습니다. 자식이 부모님의 말씀에 순종해야 하는 이유는 자식을 향한 부모의 마음에는 거짓이 없고, 자녀들의 행복을 위해서 부모님들은 모든 것을 내어 준다 해도 아까워하지 않기 때문입니다. 믿음의 가정에서 자녀들은 부모의 사랑을 통해 인간을 향한 하나님의 마음을 배우게 되고, 부모와 자식 간의 진실한 사랑은 자녀들로 하여금 하나님을 경외하는 마음을 품고 자라가게 합니다.

솔로몬은 잠언의 서두에서 잠언의 유익을 논한 후에 하나님을 경외하는 것(7절)과 부모의 말씀에 순종하는 것(8절)을 대조하면서 하나님을 경외하는 마음은 부모를 공경하는 마음을 통해 표현되며, 부모를 공경하는 사람이 세상에서도 영광을 얻게 됨을 말씀하고 있습니다(9절). 바울도 에베소서 6장 2-3절에서 이러한 사실을 분명하게 기록하고 있습니다.

네 아버지와 어머니를 공경하라 이것은 약속이 있는 첫 계명이니 이로써 네가 잘되고 땅에서 장수하리라.

이 세상을 지혜롭고 행복하게 살아가는 길은 하나님을 경외하는 마음과 부모를 공경하는 마음을 지켜 나가는 것입니다. 이것이 하나님께서 사람에게 주신 약속 있는 첫 계명이며 인생에서 계획하고 경영하는 모든 일들이 잘되는 비결입니다. 오늘도 하나님을 경외하는 마음과 부모님을 공경하는 마음으로 약속 있는 첫 계명을 실천해 가는 성도되기를 바랍니다.

나의 적용 • • •

악한 자의 유혹에서 벗어나라

잠언 1장 10-19절

10 내 아들아 악한 자가 너를 꾈지라도 따르지 말라
11 그들이 네게 말하기를 우리와 함께 가자 우리가 가만히 엎드렸다가 사람의 피를 흘리자 죄 없는 자를 까닭 없이 숨어 기다리다가
12 스올 같이 그들을 산 채로 삼키며 무덤에 내려가는 자들 같이 통으로 삼키자
13 우리가 온갖 보화를 얻으며 빼앗은 것으로 우리 집을 채우리니
14 너는 우리와 함께 제비를 뽑고 우리가 함께 전대 하나만 두자 할지라도
15 내 아들아 그들과 함께 길에 다니지 말라 네 발을 금하여 그 길을 밟지 말라
16 대저 그 발은 악으로 달려가며 피를 흘리는 데 빠름이니라
17 새가 보는 데서 그물을 치면 헛일이겠거늘
18 그들이 가만히 엎드림은 자기의 피를 흘릴 뿐이요 숨어 기다림은 자기의 생명을 해할 뿐이니
19 이익을 탐하는 모든 자의 길은 다 이러하여 자기의 생명을 잃게 하느니라

본문에서 솔로몬은 자기 자녀들이 지켜 나가야 할 첫 번째 교훈으로서 악한 자들과 가까이하지 말 것을 권면합니다. 그래서 악한 자들의 특징은 무엇이며 그들과 가까이 할 경우 처하게 될 비참한 최후는 무엇인지에 대해 말씀하고 있습니다. 그러면 피해야 할 악한 자들의 특징은 무엇일까요?

첫째로 '우리'라는 말로 동질감을 갖게 합니다(11절). "너는 혼자가 아니야 같이하는 거야! 내가 책임질테니 너무 어렵게 생각하지 않아도 돼!" 하며 유혹합니다. 이렇게 악한 일을 계획하면서 나를 안심시키고 함께하자는 사람이 있으면 반드시 피해야 합니다.

둘째는 이 일을 통해 너에게 큰 이익이 있을 것이라며 유혹합니다. 온갖 보화를 얻을 것이며 빼앗은 것으로 우리가 집을 가득 채우게 될 것이

라는 기대감을 줍니다(13절). 악인이 이익을 남겨 주겠다는 말이 그럴싸하게 들리고, 여기에 마음을 빼앗기는 때가 죄악의 길에 첫 발을 내딛는 순간입니다. 이러한 유혹을 이겨 내려면 악한 이익을 탐하는 모든 자의 길은 결국 생명을 잃게 된다는 사실을 기억해야 합니다(19절).

셋째는 의리를 강조하면서 무슨 실제적인 증거를 보여 주려 합니다. 그래서 우리와 함께 제비뽑고 우리가 전대 하나만 두자고 하며 유혹합니다. 전대를 하나만 둔다는 것은 오늘날의 표현으로 같은 통장을 공유하자는 말입니다. 그래서 나의 이익이 너의 것이고 너의 이익이 나의 것이라며 꽤나 의리 있는 체하여 안심시키려 합니다. 그러나 악인의 이익은 죄 없는 사람들의 피를 흘리게 한다는 사실을 기억하고 유혹에서 벗어나야 합니다(16절).

솔로몬은 악인의 유혹을 원천적으로 차단하려면 악인과 함께하지 말고 그 길을 밟지 말라고 권면합니다(15절). 그리고 새가 보는 데서 그물을 치면 헛일이 되는 것처럼(17절) 하나님께서 악인들의 모든 행위를 지켜보시고 모든 악한 계획들을 무위로 돌아가게 하심을 기억하라고 말씀하고 있습니다.

하나님께서는 우리의 모든 은밀한 일들도 다 아시며 모든 삶을 감찰하시는 분이십니다. 오늘 하루도 악인의 길에 유혹되지 말고 하나님 기뻐하시는 의의 길을 가는 성도되기를 바랍니다.

나의 적용 • • •

지혜의 말에
귀를 기울이라

잠언 1장 20–33절

20 지혜가 길거리에서 부르며 광장에서 소리를 높이며
21 시끄러운 길목에서 소리를 지르며 성문 어귀와 성중에서 그 소리를 발하여 이르되
22 너희 어리석은 자들은 어리석음을 좋아하며 거만한 자들은 거만을 기뻐하며 미련한 자들은 지식을 미워하니 어느 때까지 하겠느냐
23 나의 책망을 듣고 돌이키라 보라 내가 나의 영을 너희에게 부어 주며 내 말을 너희에게 보이리라
24 내가 불렀으나 너희가 듣기 싫어하였고 내가 손을 폈으나 돌아보는 자가 없었고
25 도리어 나의 모든 교훈을 멸시하며 나의 책망을 받지 아니하였은즉
26 너희가 재앙을 만날 때에 내가 웃을 것이며 너희에게 두려움이 임할 때에 내가 비웃으리라
27 너희의 두려움이 광풍 같이 임하겠고 너희의 재앙이 폭풍 같이 이르겠고 너희에게 근심과 슬픔이 임하리니
28 그때에 너희가 나를 부르리라 그래도 내가 대답하지 아니하겠고 부지런히 나를 찾으리라 그래도 나를 만나지 못하리니
29 대저 너희가 지식을 미워하며 여호와 경외하기를 즐거워하지 아니하며
30 나의 교훈을 받지 아니하고 나의 모든 책망을 업신여겼음이라
31 그러므로 자기 행위의 열매를 먹으며 자기 꾀에 배부르리라
32 어리석은 자의 퇴보는 자기를 죽이며 미련한 자의 안일은 자기를 멸망시키려니와
33 오직 내 말을 듣는 자는 평안히 살며 재앙의 두려움이 없이 안전하리라

사람이 교육을 받아서 삶이 달라지는 것은 아닙니다. 삶의 변화를 위해서는 구체적인 계획과 실천이 필요합니다. 도덕성과 윤리의식도 머릿속에 지식을 쌓아서 좋아지는 것이 아니라 한 가지라도 실천해 나갈 때에 향상됩니다.

솔로몬은 얼마나 많은 사람이 지혜를 거절하면서 어리석고 거만하고 미련하게 살아가고 있는지에 대해 한탄하였습니다(22절). 그래서 지혜를

의인화하여 길거리와 광장과 길목에서 성문 어귀와 성중에서 안타깝게 부르짖으며 사람들에게 지혜를 배우고 삶에서 실천하라고 권면하는 모습을 묘사하고 있습니다(20-21절).

지혜를 거절하면 필연적으로 찾아오는 결과가 무엇인가? 두려움과 재앙이 광풍과 같이, 폭풍과 같이 임하게 된다는 것입니다(27절). 어리석고 교만하고 미련하게 행한 결과 생각지도 않은 순간에 재앙이 임하게 됩니다. 그리고 재앙의 때에는 때늦은 후회를 하며 부지런히 지혜를 찾고 구해도 만날 수 없게 됩니다(28절).

그러면 진정한 삶의 지혜는 어디에서 오는 것일까요? 하나님을 아는 지식을 추구하고 여호와 하나님을 경외하기를 즐거워할 때에(29절) 삶에 지혜가 충만해집니다. 하나님을 아는 지식은 말씀을 사모하고 묵상할 때에 풍성해지며, 하나님을 경외하는 마음은 진리의 말씀을 삶에서 실천함으로 표현됩니다.

사람은 자기 행위의 열매를 먹게 되어 있습니다. 그래서 지혜를 거절하여 어리석고 교만하여 미련하게 행하는 사람은 멸망의 길을 가게 됩니다(32절). 그러나 하나님을 경외하는 마음으로 그 말씀에 순종하며 지혜롭게 사는 사람은 평안히 살며 재앙의 두려움 없이 안전한 삶을 누리게 됩니다(33절).

우리의 삶에는 지혜가 필요합니다. 이 지혜는 하나님의 말씀을 사랑하고 사모하며 그 말씀을 준행하는 사람에게 임합니다. 그리고 지혜의 책망을 듣고 돌이키는 사람에게 지혜의 영이신 성령께서 임하셔서(23절) 말씀 안에서 하나님의 선하신 뜻을 온전히 이루며 살아가도록 인도해 주십니다. 오늘 하루의 삶에서도 말씀 충만, 성령 충만하여 하나님의 기쁨 되어 살아가는 성도되기를 바랍니다.

2장

하나님을
경외하는 마음을 품으라

잠언 2장 1-5절

1 내 아들아 네가 만일 나의 말을 받으며 나의 계명을 네게 간직하며
2 네 귀를 지혜에 기울이며 네 마음을 명철에 두며
3 지식을 불러 구하며 명철을 얻으려고 소리를 높이며
4 은을 구하는 것 같이 그것을 구하며 감추어진 보배를 찾는 것 같이 그것을 찾으면
5 여호와 경외하기를 깨달으며 하나님을 알게 되리니

사람은 마음속에 어떤 생각을 품고 있느냐에 따라서 행동이 달라집니다. 악한 생각을 품고 있으면 악한 행동을 하게 되고 선한 생각을 품으면 선한 행동을 하게 됩니다. 그래서 동일한 사람이 선한 생각을 품으면 선한 사람이 되고, 악한 생각을 품으면 악한 사람이 됩니다. 사람이 좀 더 가치 있고 의미 있는 인생을 살아가기 위해 가슴속에 품어야 할 가장 중요한 생각은 여호와를 경외하는 마음입니다.

하나님을 경외하는 마음을 배우려면 솔로몬이 지혜를 얻기 위해 걸어갔던 길을 따라가야 합니다. 솔로몬은 왕위에 오른 후에 가장 먼저 하나님께 일천번제를 드렸습니다. 예루살렘에서 기브온까지 무려 8km나 되는 먼 길을 매일 왕복하면서 번제를 드렸는데 그렇게 간절한 마음으로 지혜를 구한 결과 지금까지 세상의 그 누구도 얻지 못했던 하늘의 지혜를 소유하게 되었습니다.

솔로몬은 일천번제를 드릴 때에 지혜를 얻기 위해 얼마나 간절하게 지혜에 귀를 기울였고, 마음을 명철에 두었으며 지식과 명철을 얻으려고 소리 높여 부르짖으며 기도하였는지에 대해 자녀들에게 이야기하고 있습니다(2-3절). 그리고 그 지혜와 명철을 얼마나 중요하게 생각하고 보배롭게

여겼는지에 대해 고백합니다(4절).

솔로몬이 일천번제를 통해 얻은 것은 지혜가 아니라 여호와 하나님을 경외하는 마음이었습니다(5절). 매일 번제를 드리며 예배하는 가운데 하나님을 더욱 깊이 알게 되었고, 지혜보다 크신 하나님을 사랑하고 의지하며 경외하는 마음을 깨닫게 된 것입니다. 그래서 솔로몬은 일천번제 후에 여호와를 경외하는 것이 지혜의 근본이라고 고백하게 됩니다.

결국 참된 예배자가 하나님을 경외하는 마음을 품게 되고, 하나님을 경외하는 마음을 품으면 하늘의 지혜를 소유하게 되며 하나님의 성품에 참여하는 자가 됩니다. 신령과 진정으로 드리는 예배를 통해 하나님을 경외하는 마음을 배우고 세속적인 가치관에서 벗어나 하늘의 지혜로 세상을 이기는 성도되기를 바랍니다.

나의 적용 ● ● ●

성도의 길을
보전하시는 하나님

잠언 2장 6-8절

6 대저 여호와는 지혜를 주시며 지식과 명철을 그 입에서 내심이며
7 그는 정직한 자를 위하여 완전한 지혜를 예비하시며 행실이 온전한 자에게 방패가 되
  시나니
8 대저 그는 정의의 길을 보호하시며 그의 성도들의 길을 보전하려 하심이니라

솔로몬은 하나님을 경외하는 마음을 품으라고 권면하면서 우리가 경외하는 하나님이 어떤 분이신지에 대해 말씀하고 있습니다. 하나님은 자기를 경외하는 성도들을 지켜 주시고 보호해 주시는 분이십니다(8절). 그래서 우리가 악하고 험한 세상 속에서 위태한 상황에 처하여 어느 누구도 나를 도와줄 사람 없을 때에 유일하게 의지할 수 있는 분이 하나님이십니다.

하나님께서 자기를 경외하는 자들을 지켜 주시는 방법이 있습니다. 첫째로 지혜를 주셔서 문제의 핵심을 파악하고 해결해 가도록 도와주십니다(6절). 세상은 항상 답이 없는 문제를 가지고 성도들을 괴롭힙니다. 이런 문제는 세상의 지혜로는 답이 없지만, 하늘의 지혜를 소유하면 풀어갈 수 있습니다. 예를 들면, 바리새인들이 찾아와 예수님께 물었습니다.

"가이사에게 세금을 내는 것이 옳습니까?"

내라 하면 매국노가 되고 내지 말라 하면 로마의 반역자가 됩니다. 그때에 예수님께서 말씀하십니다.

"가이사의 것은 가이사에게 하나님의 것은 하나님께 드리라!"

이것이 하늘의 지혜입니다.

둘째로 정직한 자를 지켜 주십니다(7절). 정직한 사람은 자신이 잘한

일에도 잘못한 일에도 거짓말을 하지 않습니다. 그래서 삶에 모순이 없습니다. 잘못은 인정하고 용서를 구할 줄 알며, 잘한 일로 인하여 교만한 마음을 품지 않습니다. 특히 하나님 앞에 정직한 사람은 하나님의 특별한 보호를 받습니다. 하나님께서 그에게 완전한 지혜를 주셔서 의의 길로 인도해 주시기 때문입니다.

셋째로 행실이 온전한 자를 보호해 주십니다(7절). 행실이 온전한 사람은 성실하고, 진실하며, 말과 행동이 일치하는 사람입니다. 세상은 정직하고 성실한 사람을 좋아하지 않습니다. 자기들과 함께 죄를 지으려 하지 않기 때문입니다. 그래서 거짓 루머를 퍼뜨리고 누명을 씌워서 넘어뜨리려 합니다. 그러나 하나님께서는 행실이 온전한 사람의 방패가 되셔서 그를 잡으려고 악인들이 쳐 놓은 올무에서 벗어나게 하시고, 그의 정직함을 신원해 주십니다.

성도들의 길을 보전하시는 하나님을 의지하며 오늘도 하늘의 지혜로 살아가는 성도되기를 바랍니다.

나의 적용 • • •

나를 위해
예비하신 길로 나아가라

잠언 2장 9-15절

9 그런즉 네가 공의와 정의와 정직 곧 모든 선한 길을 깨달을 것이라
10 곧 지혜가 네 마음에 들어가며 지식이 네 영혼을 즐겁게 할 것이요
11 근신이 너를 지키며 명철이 너를 보호하여
12 악한 자의 길과 패역을 말하는 자에게서 건져 내리라
13 이 무리는 정직한 길을 떠나 어두운 길로 행하며
14 행악하기를 기뻐하며 악인의 패역을 즐거워하나니
15 그 길은 구부러지고 그 행위는 패역하니라

지혜를 추구하는 사람은 지혜의 근원이 되시는 하나님을 알게 됩니다. 하나님을 알게 되면 하나님을 경외하는 마음을 품게 되며, 하나님을 경외하는 사람은 공의와 정의와 정직 곧 모든 선한 길을 깨닫게 됩니다(9절). 그러면 하나님을 경외하는 사람은 어떻게 공의와 정의와 정직을 배우게 되며, 모든 선한 길을 깨닫게 될까요?

첫째로 여호와를 경외하는 사람에게는 하늘의 지혜가 마음속 깊이 들어가기 때문입니다(10절). 하나님께서 지혜를 주시면 세상의 불의와 편법을 따라갈 필요가 없습니다. 그렇게 하지 않아도 인생에 찾아오는 문제들을 하늘의 지혜로 풀어 갈 수 있기 때문입니다.

둘째로 지식이 여호와를 경외하는 사람의 영혼을 즐겁게 하기 때문입니다(10절). 이 지식은 세속적인 지식이 아니라 하나님을 아는 지식입니다. 세속적인 지식은 너무 많이 알면 근심거리가 쌓이지만, 하나님을 아는 지식은 점점 더 쌓여 갈수록 영혼에 즐거움이 가득하게 됩니다.

셋째로 하나님을 경외하는 사람은 근신하는 마음으로 살기 때문입니다(11절). 근신하는 마음은 범사에 죄짓지 않으려고 자기 마음과 행동을

살피는 마음입니다. 근신하는 마음은 무슨 일이든 조급하게 행동하지 않도록 붙들어 주며, 항상 하나님의 뜻을 살피고 하나님께서 기뻐하시는 것을 선택하는 삶으로 나아가게 합니다. 그래서 선한 일에 힘쓰는 사람이 되게 합니다.

넷째로 하나님을 경외하는 사람에게 분별력을 주시기 때문입니다(11절). 명철의 원어적 의미는 분별력입니다. 분별력은 긴 시간을 고민하고 생각하지 않더라도 직관적으로 옳고 그름을 아는 능력입니다. 하나님께서 명철한 마음을 주시면 직관적으로 선과 악을 분별할 수 있게 되고, 어떤 상황에서든지 당황치 않고 옳은 길을 선택할 줄 알게 됩니다.

지혜와 지식, 근신과 명철함 이것이 바로 하나님을 경외하는 사람에게 주시는 하나님의 특별한 선물입니다. 하나님을 경외하는 마음을 늘 지켜 나감으로 하나님과의 인격적 친밀감을 누리며 나를 위해 예비하신 모든 선한 길로 나아가는 성도되기를 바랍니다.

나의 적용 • • •

거룩한 인생길을 가는 성도

잠언 2장 16–22절

16 지혜가 또 너를 음녀에게서, 말로 호리는 이방 계집에게서 구원하리니
17 그는 젊은 시절의 짝을 버리며 그의 하나님의 언약을 잊어버린 자라
18 그의 집은 사망으로, 그의 길은 스올로 기울어졌나니
19 누구든지 그에게로 가는 자는 돌아오지 못하며 또 생명 길을 얻지 못하느니라
20 지혜가 너를 선한 자의 길로 행하게 하며 또 의인의 길을 지키게 하리니
21 대저 정직한 자는 땅에 거하며 완전한 자는 땅에 남아 있으리라
22 그러나 악인은 땅에서 끊어지겠고 간사한 자는 땅에서 뽑히리라

최근 미투(me too) 운동의 급속한 확산으로 드러난 성적 부도덕 행위는 우리 사회에 큰 충격을 주었습니다. 부와 명예와 권력이 성적 타락과 맞물려지면 사람을 얼마나 추하고 더럽게 만들 수 있는지를 잘 보여 준 사건들이라 할 수 있습니다.

세속적인 지혜는 때로는 인생에 성공을 가져오고 부와 명예와 권력을 소유하게 하지만, 성적 타락을 막아 주지는 못합니다. 유명 연예인, 대학 교수, 공직자, 사업가 등, 소위 사회적으로 성공한 많은 사람이 음란의 문제에 자유하지 못하고 그 올무에 걸려 범죄하는 이유가 여기에 있습니다.

그러나 하나님을 경외하는 마음을 품으면 하나님을 더 깊이 알게 되고, 하늘의 지혜로 인도하심을 받아 하나님께서 기뻐하시는 모든 선한 길로 행하게 되며, 도덕적으로나 윤리적으로 더욱 성숙한 삶을 살아가게 됩니다. 하늘의 지혜는 하나님께서 나를 지켜보고 계심을 깨닫게 하여 죄의 길에 빠지지 않게 하고 더욱 겸손한 마음으로 인생을 살게 만들기 때문입니다.

하나님을 경외하는 마음을 품은 사람은 결코 음녀의 유혹에 넘어가지

않습니다. 하나님 임재의식으로 살았던 요셉은 보디발의 아내가 유혹하였을 때에 이렇게 대답합니다.

> 내가 어찌 이 큰 악을 행하여 하나님께 죄를 지으리이까?
>
> (창 39:9)

요셉은 보디발의 아내를 범하면 보디발에게 죄를 짓는 것뿐만 아니라 하나님 앞에 범죄하는 행위라고 생각하였기에 여주인의 악하고 음란한 유혹에서 벗어날 수 있었습니다.

하나님을 경외하는 사람은 바르고 정직한 길을 가며 음녀의 유혹에서 벗어나 생명의 길을 갑니다. 그래서 죄 가운데 멸망당하는 어리석은 무리와 동행하지 않고, 이 땅 위에서 하나님의 보호하심과 인도하심 속에 안전한 삶을 살아갑니다. 오늘도 하나님을 경외하는 마음으로 죄의 유혹을 이기고 선한 자의 길, 의인의 길, 거룩한 길을 가는 성도되기를 바랍니다.

나의 적용 ● ● ●

3장

마음 다하여
하나님을 사랑하라

잠언 3장 1-6절

1 내 아들아 나의 법을 잊어버리지 말고 네 마음으로 나의 명령을 지키라
2 그리하면 그것이 네가 장수하여 많은 해를 누리게 하며 평강을 더하게 하리라
3 인자와 진리가 네게서 떠나지 말게 하고 그것을 네 목에 매며 네 마음판에 새기라
4 그리하면 네가 하나님과 사람 앞에서 은총과 귀중히 여김을 받으리라
5 너는 마음을 다하여 여호와를 신뢰하고 네 명철을 의지하지 말라
6 너는 범사에 그를 인정하라 그리하면 네 길을 지도하시리라

하나님은 영이시기 때문에 사람의 눈으로는 볼 수 없습니다. 오늘 말씀에서 솔로몬은 보이지 않는 하나님을 마음을 다해서 사랑한다는 것은 무엇인지에 대해 말씀하고 있습니다.

첫째로 먼저 하나님을 사랑하는 사람은 진실한 마음으로 하나님의 말씀을 지켜 행하는 사람입니다(1절). 말씀을 지켜 행하는 사람은 위태한 상황에서도 거짓말하지 않고, 남을 속이지 않습니다. 그래서 세상의 방법으로는 꼭 망할 것 같은데, 하나님께서 그를 붙들어 주셔서 번성하게 하시는 은혜를 누립니다. 그 결과 땅에서 장수하여 많은 복을 누리고, 하나님께서 주시는 평강을 얻게 됩니다(2절).

둘째로 하나님을 사랑하는 사람은 인자와 진리를 마음판에 새기고 살아갑니다(3절). 인자란 히브리어로 헤세드인데, 사람을 지극히 사랑하는 마음씨입니다. 허물을 덮어 주고, 마음에 들지 않는 부분이 다소 있더라도 있는 모습 그대로 인정해 주는 사랑이 헤세드입니다. 진리는 히브리어로 에메트인데, 참과 거짓을 말하는 것이 아니라, 자신이 말한 것을 끝까지 지켜 행하는 성실함을 의미합니다. 그래서 한결같은 사랑으로 성실하

게 하나님을 사랑하고 이웃을 섬기는 사람은 하나님과 사람 앞에서 은총과 귀중히 여김을 받게 됩니다(4절).

셋째로 자신의 지혜를 내려놓고, 하나님을 전적으로 신뢰하며 살아갑니다(5절). 범사에 자신의 고집과 생각을 포기하고 하나님의 뜻이 옳다고 인정합니다. 그래서 언제나 하나님의 마음을 알고 싶어 하고, 기도 가운데 마음에 들려주시는 하나님의 음성을 따라 행동합니다. 말씀과 기도가 생활화되어 있으니, 하나님께서 그의 나아갈 길을 언제나 지도해 주시는 축복을 누리게 됩니다(6절).

마음을 다해 하나님을 사랑하는 사람은 말씀과 기도를 통해 하나님의 뜻을 찾고, 남을 긍휼히 여기며, 자신의 말과 행동에 대하여 책임지는 신실한 사람입니다. 하나님을 진정으로 사랑함으로 마음의 평강을 얻으며, 하나님과 사람 앞에 귀중히 여김을 받고, 마땅히 가야 할 길로 인도하시는 은혜를 누리는 성도되기를 바랍니다.

나의 적용 ● ● ●

범사에
하나님을 인정하라

잠언 3장 7-10절

7 스스로 지혜롭게 여기지 말지어다 여호와를 경외하며 악을 떠날지어다
8 이것이 네 몸에 양약이 되어 네 골수를 윤택하게 하리라
9 네 재물과 네 소산물의 처음 익은 열매로 여호와를 공경하라
10 그리하면 네 창고가 가득히 차고 네 포도즙 틀에 새 포도즙이 넘치리라

하나님을 경외하는 사람은 세상의 지혜가 아니라 하늘의 지혜를 소유하게 됩니다. 그리고 이 지혜가 자신의 것이 아니라 하나님께로부터 온 것임을 분명히 알기에 범사에 하나님을 인정하며 살아갑니다. 솔로몬은 본문에서 하나님을 인정하고 스스로의 지혜를 내려놓은 사람이 누리는 축복에 대하여 말씀하고 있습니다. 스스로를 지혜롭게 여기지 않고 범사에 하나님을 인정하는 사람은 어떤 복을 누리게 될까요?

첫째로 죄악의 길에서 떠나 생명의 길을 걸어갑니다(7절). 솔로몬은 왕위에 올랐을 때에 자기가 가진 세속적 지혜로 많은 정적을 숙청하여 왕권을 강화하려 했습니다. 그러나 일천번제 후 창기 둘이 한 아기를 자기 아들이라고 싸우며 소송하였을 때, 그 아기를 절반으로 잘라서 각각 나누어 주라는 명령으로 친모를 분별하고 아기의 생명을 살렸습니다. 만약 일천번제로 얻은 하늘의 지혜가 없었다면 심리로 분별치 않고 진짜로 아기를 절반으로 잘라 여인들에게 나누어 주었을 것입니다.

둘째로 영육 간에 강건함을 누리게 됩니다(8절). 우리의 건강을 해치는 가장 큰 원인은 스트레스입니다. 감정과 육체의 건강에 관한 상관관계를 연구하는 심리신경면역학에 따르면 현대인의 질병은 90% 이상이 스트

레스에서 온다고 합니다. 하나님을 인정하고 하나님께 모든 것을 맡겨 드리는 사람은 삶의 순간순간 하나님께서 주시는 지혜로 인생의 문제를 풀어 가기에 스트레스가 없고 마음의 평안을 누리게 됩니다. 여호와를 경외하는 마음이 양약이 된다는 것입니다(8절).

셋째로 재물을 의지하지 않고, 하나님을 신뢰하는 믿음으로 살아가게 됩니다(9-10절). 솔로몬은 무슨 일을 하든지 처음에 얻은 소득을 하나님께 드리라고 말씀하고 있습니다. 오늘날로 이야기하자면 사업을 시작하거나 취업해서 처음 받은 월급을 전부 예물로 드리라는 말씀입니다. 그러면 한 달을 어떻게 살아가느냐고요? 어차피 없었던 수입입니다. 수입이 없었을 때는 더 간절하게 하나님을 의지했는 데 수입이 조금 생기니까 돈을 의지하는 것뿐입니다.

오늘도 범사에 하나님을 인정하는 믿음으로 이와 같은 복을 누리는 성도되기를 바랍니다.

나의 적용 • • •

징계를 축복으로
바꾸는 인생

잠언 3장 11-26절

11 내 아들아 여호와의 징계를 경히 여기지 말라 그 꾸지람을 싫어하지 말라
12 대저 여호와께서 그 사랑하시는 자를 징계하시기를 마치 아비가 그 기뻐하는 아들을
징계함 같이 하시느니라
13 지혜를 얻은 자와 명철을 얻은 자는 복이 있나니
14 이는 지혜를 얻는 것이 은을 얻는 것보다 낫고 그 이익이 정금보다 나음이니라
15 지혜는 진주보다 귀하니 네가 사모하는 모든 것으로도 이에 비교할 수 없도다
16 그의 오른손에는 장수가 있고 그의 왼손에는 부귀가 있나니
17 그 길은 즐거운 길이요 그의 지름길은 다 평강이니라
18 지혜는 그 얻은 자에게 생명 나무라 지혜를 가진 자는 복되도다
19 여호와께서는 지혜로 땅에 터를 놓으셨으며 명철로 하늘을 견고히 세우셨고
20 그의 지식으로 깊은 바다를 갈라지게 하셨으며 공중에서 이슬이 내리게 하셨느니라
21 내 아들아 완전한 지혜와 근신을 지키고 이것들이 네 눈앞에서 떠나지 말게 하라
22 그리하면 그것이 네 영혼의 생명이 되며 네 목에 장식이 되리니
23 네가 네 길을 평안히 행하겠고 네 발이 거치지 아니하겠으며
24 네가 누울 때에 두려워하지 아니하겠고 네가 누운즉 네 잠이 달리로다
25 너는 갑작스러운 두려움도 악인에게 닥치는 멸망도 두려워하지 말라
26 대저 여호와는 네가 의지할 이시니라 네 발을 지켜 걸리지 않게 하시리라

하나님의 심판과 징계는 그 성격과 내용이
본질적으로 다릅니다. 심판은 정죄 받은 자에게 형벌로 주시는 것이고 징
계는 하나님께서 사랑하시는 자를 선한 길로 인도하시기 위해 주시는 것
입니다. 이 진리를 바로 알지 못하면 구원파 같은 이단에 빠집니다. 예수
안에 있는 자들은 결코 정죄함이 없기 때문에 그리스도의 보혈로 정결케
되어 죄가 하나도 없다는 것입니다.

그러나 우리 죄를 용서 받았기에 정죄가 없고 심판이 없는 것은 사실

이지만, 정죄(죄로 정하시는 바)가 없는 것이지 그 죄로 인한 징계가 있다는
사실을 기억해야 합니다. 하나님께서 자기 자녀들을 징계하시는 이유는
죄의 길을 가는 자와 동행하실 수 없기 때문에 하나님의 백성이 바른 길
로 가서 하나님께서 주시는 은혜와 축복을 누리게 하시기 위해서입니다.

하나님께서는 징계를 달게 받는 성도들에게 지혜와 명철을 주십니다
(13절). 그래서 그 지혜와 명철로 인하여 세상에서 부귀하게 하시고(16절),
장수의 복을 누리게 하시며(18절), 인생에 즐거움과 삶의 평강이 충만하
게 하십니다(17절). 이 말씀은 이론이 아니라 솔로몬의 삶에서 실제로 검
증된 사실입니다.

그래서 솔로몬은 자기 자녀들에게 하나님께서 주시는 징계를 경히 여
기지 말고 근신하는 마음을 지켜 나가라고 권면합니다(21절). 하나님께
서 주시는 완전한 지혜와 근신하는 마음에 시선을 고정시키고 나아가면
(21절) 그것이 영혼의 생명이 되어(22절) 인생길이 평안해지고 인생에 장
애물이 사라지며(23절) 하나님께서 친히 삶을 지켜 주시고 인도해 주시는
축복을 누리게 됩니다(24-26절).

지은 죄에 대하여 하나님께서 그저 눈감아 주신다고 좋은 게 아닙니
다. 하나님께서는 사랑하시는 사람만 징계하십니다. 징계를 달게 받아 하
나님의 뜻을 수용하고 순종하는 사람이 지혜와 명철을 얻게 되며 인생에
서 솔로몬과 같은 축복을 누리게 됩니다. 하나님의 징계를 오히려 인생
축복으로 변화시켜며 나아가는 성도되기를 바랍니다.

나의 적용 • • •

하나님을 경외하는 마음은
이웃과의 관계를 통해 표현된다

잠언 3장 27-35절

27 네 손이 선을 베풀 힘이 있거든 마땅히 받을 자에게 베풀기를 아끼지 말며
28 네게 있거든 이웃에게 이르기를 갔다가 다시 오라 내일 주겠노라 하지 말며
29 네 이웃이 네 곁에서 평안히 살거든 그를 해하려고 꾀하지 말며
30 사람이 네게 악을 행하지 아니하였거든 까닭 없이 더불어 다투지 말며
31 포학한 자를 부러워하지 말며 그의 어떤 행위도 따르지 말라
32 대저 패역한 자는 여호와께서 미워하시나 정직한 자에게는 그의 교통하심이 있으며
33 악인의 집에는 여호와의 저주가 있거니와 의인의 집에는 복이 있느니라
34 진실로 그는 거만한 자를 비웃으시며 겸손한 자에게 은혜를 베푸시나니
35 지혜로운 자는 영광을 기업으로 받거니와 미련한 자의 영달함은 수치가 되느니라

하나님을 경외하는 마음은 이웃과의 관계를 통해서 표현됩니다. 솔로몬은 본문에서 하나님을 경외하는 사람이 이웃과의 관계를 어떻게 맺어 가는지에 대해 세 가지로 말씀하고 있습니다.

첫째로는 적극적으로 선을 행하는 삶입니다(27-28절). 왜 적극적으로 선을 행해야 할까요? 선행은 타이밍이 중요한 것인데, 내게 선을 행할 기회가 주어졌을 때에 거절하면 다시 그 기회는 나에게 돌아오지 않기 때문입니다. 선행을 내일로 미루었을 경우 오늘 이웃이 다른 사람을 통해 그 문제를 해결하면 나는 선을 행할 기회를 잃어버리게 되고, 이웃과의 관계는 소원해질 수밖에 없습니다. 그래서 선을 행할 능력이 내게 있을 때에 미루지 말라는 것입니다.

둘째로 이웃에게 악을 행하지 않는 삶입니다(29-30절). 평안하게 잘 살고 있는 이웃을 해하려는 마음이 생긴 이유는 이웃의 행복으로 인해 시기와 질투가 일어났기 때문입니다. 나는 이렇게 어렵고 힘들게 사는데 이웃

이 평안한 것이 못마땅한 것입니다. 내 삶이 하나님의 계획과 섭리 안에 있음을 믿는 사람은 남을 부러워하지 않습니다. 그리고 진정한 마음으로 이웃의 행복을 함께 기뻐할 줄 아는 넉넉한 사람이 됩니다.

셋째로 포학한 자를 부러워하지 않는 삶입니다(31절). 자기가 가진 힘으로 남을 압제하여 원하는 바를 이루는 악한 사람을 부러워하지 말고 그의 행위를 따르지도 말라는 것입니다. 자기 욕심을 채우기 위해 권력을 사용하는 자는 결국 자기보다 강한 자에게 모든 것을 빼앗기게 되어 있습니다. 그리고 최종적인 힘과 모든 권세가 하나님께 속해 있기 때문에 포학한 자들은 하나님의 미움을 사고(32절), 저주를 받아(33절) 수치와 부끄러움을 당하게 됩니다(35절).

지혜로운 사람은 이웃에게 적극적으로 선을 행하며 타인의 행복을 기뻐할 줄 알고, 모든 권세가 하나님께 속해 있음을 인정하며 살아가는 사람입니다. 오늘 하루도 하나님을 경외하는 마음을 이웃과의 관계 속에서 실천해 가며 하나님과 신실하게 교통하고 그 은혜와 영광과 축복을 누리는 성도되기를 바랍니다.

나의 적용 • • •

4장

지혜는 어떻게 다음 세대로 이어져 가는가?

잠언 4장 1-9절

1 아들들아 아비의 훈계를 들으며 명철을 얻기에 주의하라
2 내가 선한 도리를 너희에게 전하노니 내 법을 떠나지 말라
3 나도 내 아버지에게 아들이었으며 내 어머니 보기에 유약한 외아들이었노라
4 아버지가 내게 가르쳐 이르기를 내 말을 네 마음에 두라 내 명령을 지키라 그리하면 살리라
5 지혜를 얻으며 명철을 얻으라 내 입의 말을 잊지 말며 어기지 말라
6 지혜를 버리지 말라 그가 너를 보호하리라 그를 사랑하라 그가 너를 지키리라
7 지혜가 제일이니 지혜를 얻으라 네가 얻은 모든 것을 가지고 명철을 얻을지니라
8 그를 높이라 그리하면 그가 너를 높이 들리라 만일 그를 품으면 그가 너를 영화롭게 하리라
9 그가 아름다운 관을 네 머리에 두겠고 영화로운 면류관을 네게 주리라 하셨느니라

잠언의 저자인 솔로몬이 그렇게도 지혜로운 사람이 될 수 있었던 이유는 아버지 다윗과 어머니 밧세바의 훌륭한 가정 교육 때문이었습니다. 솔로몬도 부모님이 보기에는 어리고 유약한 아들이었습니다(3절). 그러나 아버지 다윗의 말에 귀를 기울이고 지혜를 추구한 결과 장성하였을 때는 하늘의 지혜를 소유한 사람이 되었습니다.

본문은 다윗이 인생에서 얻은 지혜가 자신의 삶에 얼마나 큰 힘이 되었고, 그 지혜로 말미암아 큰 영광을 얻었는지에 대하여 사랑하는 아들 솔로몬에게 들려준 이야기입니다(4절). 솔로몬이 다윗의 뒤를 이어 왕위에 올랐을 때에 일천번제를 드리며 하나님께 지혜를 구했던 이유는 아버지 다윗의 가르침을 늘 마음속에 새기고 있었기 때문입니다.

솔로몬은 다윗이 들려준 교훈을 다시금 자기의 사랑하는 아들들에게 전해 주고 있습니다. 아버지의 삶에 그리고 자신의 인생에 함께하셨던 하

나님께서 자녀들에게도 동일한 지혜를 더해 주시기를 바랐기 때문입니다. 그러나 안타까운 것은 솔로몬의 아들 르호보암은 아버지의 교훈을 수용하지 못해서 나라를 지혜롭게 다스리지 못했다는 사실입니다.

다윗은 아들 솔로몬에게 지혜가 주는 세 가지 유익에 대하여 말씀하였습니다. 첫째는 지혜가 인생을 지켜 주는 보호자가 되며(6절), 둘째는 명철을 더해 주며(7절), 셋째는 삶을 영화롭게 한다는 것입니다(8-9절). 왜 그런가 하면, 지혜는 삶의 위기를 해결하는 능력이 되고, 지혜를 활용하면 활용할수록 문제를 분석하고 이해하는 통찰력(명철)이 좋아지며, 결국은 지혜로 인하여 사람들에게 존귀히 여김을 받게 되기 때문입니다.

솔로몬은 이 지혜의 근본이 여호와를 경외하는 마음에 있음을 잠언의 서두에서 분명하게 밝히고 있습니다(잠 1:4). 이 진리는 아버지 다윗의 삶을 통해 그리고 솔로몬 자신의 삶을 통해 검증된 것입니다. 이처럼 지혜는 올바른 신앙교육을 통해 부모에서 자녀들에게로 이어져 갑니다. 자녀들에게 본이 되는 진실한 믿음의 삶으로 지혜가 주는 유익함을 자녀들에게 유산으로 물려주는 신실한 성도되기를 바랍니다.

나의 적용 ● ● ●

훈계의 말씀을
굳게 잡아 지키라

잠언 4장 10-19절

10 내 아들아 들으라 내 말을 받으라 그리하면 네 생명의 해가 길리라
11 내가 지혜로운 길을 네게 가르쳤으며 정직한 길로 너를 인도하였은즉
12 다닐 때에 네 걸음이 곤고하지 아니하겠고 달려갈 때에 실족하지 아니하리라
13 훈계를 굳게 잡아 놓치지 말고 지키라 이것이 네 생명이니라
14 사악한 자의 길에 들어가지 말며 악인의 길로 다니지 말지어다
15 그의 길을 피하고 지나가지 말며 돌이켜 떠나갈지어다
16 그들은 악을 행하지 못하면 자지 못하며 사람을 넘어뜨리지 못하면 잠이 오지 아니하
며
17 불의의 떡을 먹으며 강포의 술을 마심이니라
18 의인의 길은 돋는 햇살 같아서 크게 빛나 한낮의 광명에 이르거니와
19 악인의 길은 어둠 같아서 그가 걸려 넘어져도 그것이 무엇인지 깨닫지 못하느니라

아침에 동이 터오르는 모습을 지켜보고 있
으면 떠오르는 태양 빛에 의해 어둠이 얼마나 순식간에 사라져 버리는지
모릅니다. 지혜는 우리 인생길의 어둠을 거두어 내는 태양 빛과 같아서
한 낮의 광명에 이르게 하고, 어둠 가운데 실족하는 일이 없게 합니다.

솔로몬은 의인의 길을 돋는 햇살에, 악인의 길은 어두움에 비유하고
있습니다(18-19절). 돋는 햇살이 밝은 빛으로 세상의 어둠을 몰아내는 것
처럼 의인의 길에는 거짓이 없고 실족하는 일이 없지만, 악인의 길은 반
드시 실족하게 되고, 왜 자신이 망하게 되었는지 조차 알지 못한다는 것
입니다.

사람은 결국 의인의 길과 악인의 길, 이 두 가지의 길 중에 하나의 길을
걸어가게 되어 있습니다. 어떤 사람이 의인의 길을 걸어가며 삶에 형통
함을 누리게 되는가? 그는 바로 아비의 훈계를 달게 받고, 그 훈계를 굳

게 잡아 삶에서 지켜 행하는 사람입니다(10, 13절).

훈계는 책망해서 부끄럽게 만드는 것이 목적이 아니라, 잘못된 길에서 돌이켜 바른 길을 가게 하고, 인생에서 성공하게 하는 것이 목적입니다. 그래서 부모가 자녀를 훈계할 때에 부모의 말씀을 경청하고 그 말씀에 순종하는 자녀는 인생을 살아가는 바른 지혜를 터득하게 되어 반드시 성공하는 사람이 됩니다.

그러나 부모의 훈계를 무시하는 패역한 자녀는 악인의 길을 갈 수밖에 없습니다. 이미 지혜의 길을 포기했기 때문에 상식 밖의 행동을 하며 죄를 범하게 됩니다. 하루라도 악한 행동으로 남을 넘어뜨리지 않으면 편안하게 잠을 이루지 못하며, 불의의 떡과 강포의 술을 마시며 불의한 이익을 탐하는 자가 되고 맙니다(16-17절).

그리스도인은 하나님을 하늘 아버지로 모시고 살아가는 존재입니다. 하나님께서 말씀으로 우리의 삶을 가르치고 훈계하실 때에 그 말씀에 귀 기울이고 온전히 순종함으로, 결국에는 인생에서 승리하는 성도되기를 바랍니다.

나의 적용 • • •

네 마음을
지키라

잠언 4장 20-27절

20 내 아들아 내 말에 주의하며 내가 말하는 것에 네 귀를 기울이라
21 그것을 네 눈에서 떠나게 하지 말며 네 마음속에 지키라
22 그것은 얻는 자에게 생명이 되며 그의 온 육체의 건강이 됨이니라
23 모든 지킬 만한 것 중에 더욱 네 마음을 지키라 생명의 근원이 이에서 남이니라
24 구부러진 말을 네 입에서 버리며 비뚤어진 말을 네 입술에서 멀리하라
25 네 눈은 바로 보며 네 눈꺼풀은 네 앞을 곧게 살펴
26 네 발이 행할 길을 평탄하게 하며 네 모든 길을 든든히 하라
27 좌로나 우로나 치우치지 말고 네 발을 악에서 떠나게 하라

사람은 인생에서 마음에 어떤 생각을 품고 살아가는가가 가장 중요합니다. 마음에 품은 생각이 행동으로 나오기 때문입니다. 그래서 솔로몬은 "모든 지킬 만한 것 중에 더욱 네 마음을 지키라 생명의 근원이 이에서 남이니라(23절)."고 하였습니다. 왜 마음을 지키는 것이 생명의 근원이 될까요?

사람이 질병에 들었을 때에 회복의 의지가 강한 사람이 더 빨리 치유가 되고, 운동 경기를 하는 사람도 자신감을 가지고 경기에 임하는 사람이 더 좋은 결과를 냅니다. 또한 시험을 치르는 사람도 자신감을 잃은 사람보다 담대한 마음으로 시험에 임하는 사람이 더 좋은 점수를 얻습니다. 믿음의 영역이 아니라 단순한 삶의 영역에서도 긍정적인 마음을 가진 사람이 더 좋은 결과를 얻게 되는데, 하물며 하나님께서 나의 인생에 함께해 주심을 확신하며 신실한 믿음으로 살아가는 사람에게는 얼마나 더 놀라운 기적이 일어날 수 있을까요?

솔로몬은 하나님 앞에서 마음을 지켜 나가는 길이 무엇인지에 대하여

세 가지를 이야기하고 있습니다.

첫째는 건전한 언어 생활입니다(24절). 구부러진 말, 삐뚤어진 말을 입에서 멀리하라는 것입니다. 24절의 원어적 의미는 대인관계에서 거짓말과 정직하지 못한 말을 멀리하라는 뜻인데, 하나님 앞에서 신실한 마음을 품은 사람은 이웃에게 거짓을 말하지 않기 때문입니다.

둘째는 인생에서 바른 목표를 가지고 살아가는 삶입니다(25-26절). 길을 갈 때에 앞을 바로보고 장애물이 어디에 있는지를 살펴야 실족하지 않고 걸어갈 수 있듯이 인생에서는 하나님께서 주시는 올바른 삶의 목표를 향해 마음의 시선을 고정하고 나아가야 삶이 평탄해지기 때문입니다.

셋째는 믿음의 정도를 걸어가는 삶입니다(27절). 악에서 떠나 좌로나 우로나 치우치지 말고 오직 선한 길을 가라는 것입니다. 죄는 헬라어로 '하마르티아'인데 과녁에서 빗나간 화살을 의미합니다. 믿음의 정도에서 벗어나 좌로나 우로나 치우치는 행위가 죄를 낳는다는 것입니다.

무릇 지킬 만한 것보다 마음을 바르게 지켜 나가는 건강한 믿음으로 하나님의 크신 능력과 역사를 삶에서 체험하는 성도되기를 바랍니다.

나의 적용 • • •

5장

음녀의 유혹을
이기는 길

잠언 5장 1–6절

1 내 아들아 내 지혜에 주의하며 내 명철에 네 귀를 기울여서
2 근신을 지키며 네 입술로 지식을 지키도록 하라
3 대저 음녀의 입술은 꿀을 떨어뜨리며 그의 입은 기름보다 미끄러우나
4 나중은 쑥 같이 쓰고 두 날 가진 칼 같이 날카로우며
5 그의 발은 사지로 내려가며 그의 걸음은 스올로 나아가나니
6 그는 생명의 평탄한 길을 찾지 못하며 자기 길이 든든하지 못하여도 그것을 깨닫지 못
  하느니라

옛날이나 지금이나 한 사람의 인격을 가장
단시간에 망쳐 놓을 수 있는 것은 성 문제입니다. 사회적으로 아무리 훌
륭한 업적을 남긴 사람이라 하더라도 성 스캔들이 발생하면 그 사람이 이
전에 사회를 위해 얼마나 훌륭한 일을 했는지는 전혀 기억되지 않고, 도
덕적으로 윤리적으로 문란하고 악한 사람으로 낙인찍히게 됩니다.

그럼에도 남녀노소를 불문하고 많은 사람이 육체적 쾌락을 쫓아 악한
정욕을 제어하지 못하고, 타오르는 불을 향해 무모하게 달려드는 불나방
같이 성적 쾌락과 유혹에 빠져버리는 이유는 무엇일까요? 한 순간의 정
욕을 참지 못하고 조급하게 쾌락을 추구하였을 때에 지불해야 할 무서운
대가를 전혀 생각하지 못하였기 때문입니다.

본문에서 솔로몬이 말하는 음녀는 돈을 받고 몸을 파는 여자가 아닙니
다. 돈이 목적이 아니라 쾌락이 목적인 사람을 의미합니다. 부부관계를
넘어서 서로의 외로운 마음을 위로받고자 이성을 찾아 헤매고, 결혼하지
도 않은 남녀가 육체적 쾌락을 얻으려고 무책임하게 순결을 포기하는 그
런 행위가 바로 음녀의 모습입니다.

이런 음녀 같은 사람들의 최후는 인생에서 쑥같이 쓴 맛을 경험하게 되고 어느 쪽으로 베어도 상처가 나게 하는 두 날 가진 칼처럼 음행으로 인해 피할 수 없는 파멸을 당하게 되며(4절), 스스로 깨닫지도 못하는 사이에 지옥 같은 고통에 빠져들게 됩니다(5-6절).

솔로몬은 음녀의 유혹과 육체적 쾌락을 이기는 길을 2절에서 매우 간단하게 말씀하고 있습니다.

근신을 지키며 네 입술로 지식을 지키도록 하라.

근신하는 마음은 나는 언제든지 악한 유혹에 넘어갈 가능성이 있다는 사실을 인정하게 하고 스스로 늘 주의하며 살아가게 합니다. 늘 근신하는 마음으로 하나님의 말씀을 묵상하고 반복해서 입으로 읊조리며 하루를 살아갈 때에 말씀이 자신을 보호해 주심을 체험하게 됩니다.

근신하는 마음과 말씀을 지속적으로 반복하고 읊조리며 묵상하는 삶으로 죄의 유혹을 이겨 내고 거룩하고 순결한 삶으로 나아가는 성도되기를 바랍니다.

나의 적용 • • •

음녀를
멀리해야 하는 이유

잠언 5장 7–14절

7 그런즉 아들들아 나에게 들으며 내 입의 말을 버리지 말고

8 네 길을 그에게서 멀리하라 그의 집 문에도 가까이 가지 말라

9 두렵건대 네 존영이 남에게 잃어버리게 되며 네 수한이 잔인한 자에게 빼앗기게 될까 하노라

10 두렵건대 타인이 네 재물로 충족하게 되며 네 수고한 것이 외인의 집에 있게 될까 하노라

11 두렵건대 마지막에 이르러 네 몸, 네 육체가 쇠약할 때에 네가 한탄하여

12 말하기를 내가 어찌하여 훈계를 싫어하며 내 마음이 꾸지람을 가벼이 여기고

13 내 선생의 목소리를 청종하지 아니하며 나를 가르치는 이에게 귀를 기울이지 아니하였던고

14 많은 무리들이 모인 중에서 큰 악에 빠지게 되었노라 하게 될까 염려하노라

하나님께서 사람에게 허락하신 가장 큰 축복은 '성(Sex)'입니다. 동물들의 성은 종족 번식의 수단으로서 교미를 하고 개체 수를 늘려 가기 위한 본능입니다. 그러나 사람은 성을 종족 번식의 수단으로 삼지 않습니다. 사람의 성은 이기적으로 혼자 쾌락을 탐닉하기 위한 것이 아니라 사랑과 신뢰에 근거해서 서로에게 즐거움을 주기 위한 것입니다. 그래서 서로의 사랑과 헌신의 결과로 주어지는 귀한 선물이 자녀입니다.

이러한 창조적 원리를 부정하고 사랑과 신뢰의 관계에서가 아니라 이기적 욕망으로 성적 쾌락만을 추구하는 사람에게는 필연적인 심판이 준비되어 있습니다. 본문에서 솔로몬은 음녀의 유혹에 빠진 사람에게 나타나는 세 가지 결과를 이야기하고 있습니다.

첫째는 자신이 쌓아 온 모든 업적과 명예가 한 순간에 무너져 버립니

다(9절). 사회적으로 아무리 훌륭한 일을 많이 한 사람일지라도, 스캔들에 걸리면 더 이상 아무 일도 할 수 없게 됩니다. 그 잘나가던 연예인도 활동을 접어야 하고, 대학 교수도 사직해야 합니다. 공직자도 불륜에 걸리면 바로 옷을 벗어야 합니다. 한 순간의 정욕을 채우려다가 모든 것을 잃어버리게 되고 맙니다.

둘째는 자신의 재물에 막대한 손상을 입게 됩니다(10절). 요즘은 간통법이 폐지되어 간음으로 법정에 서는 일이 없지만 예전에는 간음의 문제로 인한 소송으로 적게는 몇 천만 원에서 크게는 수십 억 이상을 보상해야 하는 경우가 종종 있었습니다. 이처럼 평생을 들여 모은 재물이 한 순간의 쾌락에 대한 피해 보상금으로 다른 사람의 소유가 되고 맙니다.

셋째로 때늦은 후회에 빠지게 됩니다(11절). 음행의 끝에서 때늦은 후회를 한들 아무런 유익이 없습니다. 후회하지 않으려면 죄의 결과를 미리 예측해 보는 지혜가 필요합니다. 일상의 삶에서도 죄의 유혹을 받게 될 때에, 그것이 초래할 끔찍한 결과를 미리 생각한다면, 죄의 유혹에 쉽게 넘어지지 않을 것입니다. 사건의 전후를 미리 헤아려 보는 지혜로 언제나 죄의 유혹을 피하고 건전한 삶을 살아가는 성도되기를 바랍니다.

나의 적용 • • •

건강한 부부관계가
서로를 성숙시킵니다

잠언 5장 15-23절

15 너는 네 우물에서 물을 마시며 네 샘에서 흐르는 물을 마시라

16 어찌하여 네 샘물을 집 밖으로 넘치게 하며 네 도랑물을 거리로 흘러가게 하겠느냐

17 그 물이 네게만 있게 하고 타인과 더불어 그것을 나누지 말라

18 네 샘으로 복되게 하라 네가 젊어서 취한 아내를 즐거워하라

19 그는 사랑스러운 암사슴 같고 아름다운 암노루 같으니 너는 그의 품을 항상 족하게
여기며 그의 사랑을 항상 연모하라

20 내 아들아 어찌하여 음녀를 연모하겠으며 어찌하여 이방 계집의 가슴을 안겠느냐

21 대저 사람의 길은 여호와의 눈앞에 있나니 그가 그 사람의 모든 길을 평탄하게 하시
느니라

22 악인은 자기의 악에 걸리며 그 죄의 줄에 매이나니

23 그는 훈계를 받지 아니함으로 말미암아 죽겠고 심히 미련함으로 말미암아 혼미하게
되느니라

고대 사회에서 우물을 소유한다는 것은 부의 상징이었습니다. 우물이 있으면 농사를 짓는다거나 일상생활을 하는 데 아무런 어려움이 없었습니다. 그래서 아무리 어리석은 사람도 자기 샘물을 집밖으로 흘려보내거나 이웃과 공유하지 않았습니다(16절). 솔로몬은 아내를 우물이나 샘물 같은 존재로 비유하면서 건강한 부부관계에 대하여 말씀하고 있습니다. 솔로몬이 이야기하는 건강한 부부관계는 어떤 것일까요?

첫째는 서로를 복되게 하고 즐거워하는 관계입니다(18절). 서로에게 기쁨을 주고 서로를 성숙시켜 가는 관계를 만들어 가라는 것입니다. 결혼하기 전과 결혼한 후를 비교해 보았을 때에 과연 아내가 남편으로 인하여 믿음이 더욱 성숙하였고, 남편도 아내로 인하여 하나님을 경외하는 마음

이 눈에 띄게 자라 갔다면 훌륭한 부부라 할 수 있습니다.

둘째는 계속해서 서로를 연모하는 관계입니다(19절). 연모한다는 것은 사랑받기 위해 끊임없이 노력하는 행위를 말합니다. 낚시꾼들이 하는 농담에 잡힌 고기에는 떡밥을 주지 않는다는 말이 있습니다. 이미 자기 것이 되면 더 이상 공들일 필요가 없다는 뜻입니다. 그러나 솔로몬은 아내는 잡힌 고기가 아니라 사랑스런 암사슴이라고 말씀하고 있습니다(19절). 아름다운 암사슴도 먹이를 주지 않으면 사나워집니다. 그러니 사랑스런 아내의 품을 항상 족히 여기고 연모하라는 것입니다.

셋째는 하나님 앞에서 서로 신실한 관계입니다(21절). 우리 인생이 하나님의 눈앞에 있음을 아는 사람은 부부관계에서 신실할 수밖에 없습니다. 요즘은 공공장소에는 어느 곳을 가든지 CCTV가 설치되어 있습니다. 대부분의 범죄 행위가 CCTV를 통해 모조리 적발됩니다. 하나님께서는 불꽃같은 눈동자로 CCTV보다 더 정확하게 우리의 삶을 감찰하고 계십니다. 그리고 하나님 앞에 신실한 사람의 모든 삶을 평탄한 길로 인도해 주십니다.

요한계시록은 우리가 그리스도의 순결한 신부라고 말씀하고 있습니다. 우리 인생이 하나님의 눈앞에 있음을 기억하면서, 하나님과의 신실한 관계 속에 날마다 영적 성장을 이루어 가는 성도되기를 바랍니다.

나의 적용 ● ● ●

6장

진짜 믿음은
삶에서 적극적인 태도를 갖게 한다

잠언 6장 1-5절

1 내 아들아 네가 만일 이웃을 위하여 담보하며 타인을 위하여 보증하였으면
2 네 입의 말로 네가 얽혔으며 네 입의 말로 인하여 잡히게 되었느니라
3 내 아들아 네가 네 이웃의 손에 빠졌은즉 이같이 하라 너는 곧 가서 겸손히 네 이웃에
  게 간구하여 스스로 구원하되
4 네 눈을 잠들게 하지 말며 눈꺼풀을 감기게 하지 말고
5 노루가 사냥꾼의 손에서 벗어나는 것 같이, 새가 그물 치는 자의 손에서 벗어나는 것
  같이 스스로 구원하라

언젠가 솔로몬은 노루나 새를 사냥했다가 놓쳐 본 경험이 있었던 것 같습니다(5절). 동물들이 사냥꾼에게 잡혔을 때에 동물들은 절대 도망치기를 포기하지 않습니다. 틈만 나면 도망치려고 노력합니다. 안 그러면 사냥꾼의 손에 반드시 죽게 된다는 사실을 본능적으로 알기 때문입니다. 만약에 사람이 위기에 빠졌는데 자포자기하고, 위기에서 벗어나기 위해 아무런 노력도 하지 않는다면 그건 노루나 새만도 못한 어리석은 행위라 할 수 있습니다.

본문에서 솔로몬은 담보나 보증을 서게 된 경우 이 문제를 어떻게 해결해야 하는지에 대해 말씀하고 있습니다. 가만히 있으면 올무에 걸린 동물처럼 죽을 수도 있기 때문에 자기가 보증을 준 이웃에게 부지런히 찾아가서 그가 해야 할 의무를 빨리 행하도록 간청하여 위기에서 벗어나라고 권면합니다(3절). 잠도 자지 말고 밤낮으로 부지런히 쫓아다니며 귀찮아 죽을 지경이 되게 해서라도 담보나 보증의 의무에서 벗어나야 한다는 것입니다(4절).

보증의 문제뿐만 아니라 삶에서 어떤 문제가 발생하든지 우리에게는

포기하지 않는 적극적인 자세가 필요합니다. 내 상황이 지금 어떻게 되어 가고 있는지를 감지하는 지혜가 필요하고, 그 상황 속에서 내가 할 수 있는 모든 것을 동원해서 문제를 해결하고자 하는 강한 의지를 가져야 합니다. "내가 하나님을 믿으니 하나님께서 다 알아서 해 주시겠지."하며 가만히 있는 것은 믿음이 아닙니다.

하나님께서 나와 함께하심을 신뢰하기 때문에 그 믿음으로 지금 이 상황에서 내가 할 수 있는 최선의 것을 행하는 믿음이 진짜 믿음입니다. 그래서 믿음의 삶에는 기도도 필요하고 적극적으로 문제 해결을 위해 노력하는 모습도 필요합니다. 역사하는 믿음은 하나님을 절대적으로 신뢰하는 마음과 적극적인 삶의 자세를 통해 기적을 일으키는 믿음입니다.

행동하는 믿음이 진짜 믿음입니다. 오늘도 내가 하나님을 의지하고 신뢰해야 할 것은 무엇이고 믿음으로 행동해야 할 것은 무엇인지를 바르게 분별하며 삶의 모든 문제들을 지혜롭게 풀어 가는 성도되기를 바랍니다.

나의 적용 • • •

하루의 작은 차이가
미래를 결정한다

잠언 6장 6-11절

6 게으른 자여 개미에게 가서 그가 하는 것을 보고 지혜를 얻으라
7 개미는 두령도 없고 감독자도 없고 통치자도 없으되
8 먹을 것을 여름 동안에 예비하며 추수 때에 양식을 모으느니라
9 게으른 자여 네가 어느 때까지 누워 있겠느냐 네가 어느 때에 잠이 깨어 일어나겠느냐
10 좀 더 자자, 좀 더 졸자, 손을 모으고 좀 더 누워 있자 하면
11 네 빈궁이 강도 같이 오며 네 곤핍이 군사 같이 이르리라

게으른 사람이 인생에서 성공할 가능성은
거의 없습니다. 삶에서 성공 신화를 이룬 사람들의 공통점을 살펴보면 부
지런하고, 겸손하며, 언제 어디서나 누구에게서나 배우려는 열심을 가지
고 있습니다. 본문은 특별히 게으른 자는 지혜를 배우라고 권면합니다.

게으른 자여 개미에게 가서 그가 하는 것을 보고 지혜를 얻으라
(6절).

개미들은 누가 지도해서 일을 하지 않습니다. 한 개미가 먹이를 발견
하면 서로 먹이가 있는 곳을 알려주고, 열심히 먹이를 가져다가 창고에
쌓아 둡니다. 그래서 여름 내내 먹을 것을 준비하고, 그것으로 겨울을 보
냅니다(8절). 별 것 아닌 하찮은 미물 같은 그 작은 개미에게도 성실하게
살아가며 다가올 미래를 준비하는 삶의 지혜가 있습니다.
솔로몬은 게으른 사람들이 어떻게 망해 가는지에 대해 그 모습을 해학
적으로 묘사하고 있습니다. 게으른 자들은 늘 누워 있습니다. 아파서 누

운 것이 아니라 틈만 나면 잠이나 자면서 시간을 허비하려고 합니다. 게으른 자들은 방에 누워서 자기 마음에 속삭입니다.

> 좀 더 자자, 좀 더 졸자, 손을 모으고 좀 더 누워 있자(10절).

그런 게으름이 하루하루 쌓여 가다 보면, 시간을 낭비하게 되고, 기회를 잃어버리고, 결국에는 빈궁하고 궁핍한 삶이 순식간에 찾아와 인생을 망가뜨려 버립니다.

성공과 실패는 결국 "하루를 성실하게 살았는가?"라는 작은 차이에서 시작됩니다. 그 작은 차이의 성실함이 쌓이고 쌓이면 무시할 수 없는 엄청난 실력으로 바뀌게 되는 것입니다. 그래서 솔로몬은 미래를 준비하는 지혜를 가진 작은 개미들에게 가서 하루를 성실하게 살아가는 지혜를 배우라고 권면하고 있습니다.

오늘 하루의 삶에서도 성실하게 최선을 다해 살아가시기 바랍니다. 그래서 하루하루의 성실한 삶을 통해 실력을 쌓아 가고, 그 성실함으로 더 나은 미래를 열어 가는 성도되기를 바랍니다.

나의 적용 • • •

화평케 하는 자로
살아가라

잠언 6장 12-19절

12 불량하고 악한 자는 구부러진 말을 하고 다니며
13 눈짓을 하며 발로 뜻을 보이며 손가락질을 하며
14 그의 마음에 패역을 품으며 항상 악을 꾀하여 다툼을 일으키는 자라
15 그러므로 그의 재앙이 갑자기 내려 당장에 멸망하여 살릴 길이 없으리라
16 여호와께서 미워하시는 것 곧 그의 마음에 싫어하시는 것이 예닐곱 가지이니
17 곧 교만한 눈과 거짓된 혀와 무죄한 자의 피를 흘리는 손과
18 악한 계교를 꾀하는 마음과 빨리 악으로 달려가는 발과
19 거짓을 말하는 망령된 증인과 및 형제 사이를 이간하는 자이니라

세상에는 하나님께서 기뻐하시는 사람이 있고, 하나님께서 미워하시는 사람이 있습니다. 솔로몬은 하나님께서 미워하는 사람이 어떤 사람인지에 대하여 16-19절에서 상세하게 설명하고 있습니다. 여러 가지를 말하고 있는 것 같지만, 결론은 하나입니다. 하나님께서는 형제 사이를 이간하며 분쟁을 일으키는 사람을 미워하십니다.

어떤 사람이 분쟁을 일으킬까요? 교만한 눈으로 사람을 무시하고, 거짓된 혀로 죄 없는 사람에게 누명을 씌워 가해하는 사람, 마음으로 악한 일을 계획하고 실행하는 사람이 분쟁을 일으킵니다. 이런 사람을 솔로몬은 불량하고 악한 자라고 정의하고 있습니다(12절).

불량하고 악한 자에게는 하나님의 무서운 심판이 있습니다.

그러므로 그의 재앙이 갑자기 내려 당장에 멸망하여 살릴 길이 없으리라(15절).

분쟁을 일삼는 자에게는 자기도 모르는 사이에 하나님의 심판이 갑작스럽게 임하고, 하나님께서 심판하시면 인간의 힘으로는 도무지 회생할 길이 없게 된다는 것입니다.

그러나 분쟁을 일으키는 사람과 반대로 화평케 하는 자는 어떻게 됩니까? 예수님께서 산상수훈에서 말씀하셨습니다.

> 화평하게 하는 자는 복이 있나니 그들이 하나님의 아들이라 일컬음을 받을 것임이요(마 5:9).

그러면 하나님의 아들들이 받는 복은 무엇입니까? 하나님의 아들들은 하나님의 영의 인도하심을 받게 되고, 하나님 나라의 상속자가 되어 하나님이 베푸시는 풍성한 은혜와 축복을 누리게 됩니다(롬 8:14-17).

하나님께서는 이간하며 분쟁을 일으키는 사람을 미워하시고, 화평케 하는 사람을 기뻐하십니다. 오늘 하루도 화평케 하는 자가 되어 마음에 선한 생각을 가득히 채우고, 온유하고 겸손한 마음으로 섬기며 살아가시기 바랍니다. 그래서 하나님 나라의 상속자가 되고, 그리스도의 영광에 함께 참여하는 성도되기를 바랍니다.

나의 적용 • • •

생명의 길을 가는 성도 1

잠언 6장 20-23절

20 내 아들아 네 아비의 명령을 지키며 네 어미의 법을 떠나지 말고
21 그것을 항상 네 마음에 새기며 네 목에 매라
22 그것이 네가 다닐 때에 너를 인도하며 네가 잘 때에 너를 보호하며 네가 깰 때에 너와
   더불어 말하리니
23 대저 명령은 등불이요 법은 빛이요 훈계의 책망은 곧 생명의 길이라

어두움이 아무리 짙게 드리워 있어도 작은 빛 하나만 있으면 그 빛으로 인해서 실족하지 않고 길을 갈 수 있습니다. 그러나 흑암 가운데서 빛이 없으면 어디로 가야 할지 몰라 방황할 수밖에 없습니다.

본문은 솔로몬과 그의 자녀들의 관계 속에서 주어진 교훈입니다. 그래서 솔로몬은 "내 아들아!" 하고 자녀들을 부르며 자녀들의 인생길을 밝혀 주는 등불과 빛에 대하여 권면합니다(20절). 여기서 등불은 바로 아버지의 명령이고, 빛은 어머니의 법을 의미합니다(23절).

솔로몬은 아버지의 명령과 어머니의 법을 마음에 새기고 글로 기록해서 목에 메고 다니며 묵상하면 그것이 마땅히 다닐 길로 인도해 주고, 밤에 잠을 잘 때에 음란한 길로 가지 않도록 보호해 주며, 아침에 잠에서 깰 때에 마음에 교훈을 주어 하루를 어떻게 살아가야 할지 권면해 준다고 말씀하고 있습니다(22절).

잠언에서 솔로몬과 자녀들의 관계는 하늘 아버지와 우리의 관계를 예표하고 있습니다. 그래서 아비의 명령과 어미의 법은 우리를 향하신 하나님의 명령과 법으로 생각해 볼 수 있습니다. 명령은 성경에 "하라, 하지

말라."로 기록되어 있는 모든 말씀입니다. 말씀을 통해 하나님께서 주신 명령들을 지켜 행하면 말씀에 순종하는 마음이 인생의 등불이 되어서 캄캄하고 알 수 없는 막연한 미래가 밝히 비추어지는 것을 보게 됩니다. 하나님의 명령을 귀히 여기고 순종하는 사람에게 하나님께서 가장 좋은 것을 예비해 주시기 때문입니다.

또한 법은 성경 전체에 담겨 있는 하나님의 뜻입니다. 성경은 하나님 나라 백성들을 위한 법전과 같아서 성경 안에는 하나님의 백성들을 사랑하시고 그들의 행복을 원하시는 하나님의 마음이 담겨 있습니다. 우리가 그 마음을 헤아리고 가슴에 품으면 빛을 소유한 사람이 되어 인생에 어두움이 물러가고 세상의 모든 것을 밝히 보는 지혜를 소유하게 됩니다.

우리는 말씀 안에 담겨진 하나님의 마음을 헤아리고 그의 명령을 지켜 행하며 훈계의 책망을 달게 받을 줄 알아야 합니다. 주의 말씀을 등불 삼아 어두운 인생길에서도 방황치 않으며 생명 길을 가는 성도되기를 바랍니다.

나의 적용 • • •

하나님의 살아 계심을
믿는 증거

잠언 6장 24-35절

24 이것이 너를 지켜 악한 여인에게, 이방 여인의 혀로 호리는 말에 빠지지 않게 하리라
25 네 마음에 그의 아름다움을 탐하지 말며 그 눈꺼풀에 홀리지 말라
26 음녀로 말미암아 사람이 한 조각 떡만 남게 됨이며 음란한 여인은 귀한 생명을 사냥 함이니라
27 사람이 불을 품에 품고서야 어찌 그의 옷이 타지 아니하겠으며
28 사람이 숯불을 밟고서야 어찌 그의 발이 데지 아니하겠느냐
29 남의 아내와 통간하는 자도 이와 같을 것이라 그를 만지는 자마다 벌을 면하지 못하 리라
30 도둑이 만일 주릴 때에 배를 채우려고 도둑질하면 사람이 그를 멸시하지는 아니하려 니와
31 들키면 칠 배를 갚아야 하리니 심지어 자기 집에 있는 것을 다 내주게 되리라
32 여인과 간음하는 자는 무지한 자라 이것을 행하는 자는 자기의 영혼을 망하게 하며
33 상함과 능욕을 받고 부끄러움을 씻을 수 없게 되나니
34 남편이 투기로 분노하여 원수 갚는 날에 용서하지 아니하고
35 어떤 보상도 받지 아니하며 많은 선물을 줄지라도 듣지 아니하리라

하나님의 살아 계심을 믿는 사람과 믿지 않는 사람이 정확하게 구별되는 때는 음란의 유혹이 찾아왔을 때입니다. 하나님을 경외하는 사람은 부도덕한 성적 유혹에 빠지지 않지만, 하나님을 믿지 않는 사람은 음란에 자기 몸을 내던집니다.

우리는 위대한 신앙의 위인 요셉이 보디발의 아내가 유혹할 때에 고백한 말에 주의 깊게 집중할 필요가 있습니다.

이 집에는 나보다 큰 이가 없으며 주인이 아무것도 내게 금하지 아니하였어도 금한 것은 당신뿐이니 당신은 그의 아내임이라 그

런즉 내가 어찌 이 큰 악을 행하여 하나님께 죄를 지으리이까(창 39:9).

보디발의 아내가 날마다 요셉을 유혹하였지만 요셉은 하나님을 경외하고 그의 살아 계심을 믿었기에 그 유혹을 이겨 낼 수 있었습니다.

본문에서 솔로몬은 음란한 여인에게 유혹된 사람의 인생이 얼마나 철저하게 파괴될 수밖에 없는지에 대하여 이야기하고 있습니다. 음녀에게 유혹된 사람은 재산을 다 탕진하여 한 조각의 떡만 남게 되고(26절), 불을 품은 사람이 타지 않을 수 없는 것처럼 생명에 화를 당할 수밖에 없으며(27-29절) 그 행위에 대하여 어느 누구에게도 긍휼히 여김을 받지 못하게 됩니다(30-31절). 결국 자기 영혼을 망하게 하고(32절), 음녀의 남편의 투기와 분노를 유발하여 모진 매를 얻어맞게 되며(34-35절) 부끄러움을 씻을 수 없게 된다는 것입니다(33절).

하나님을 마음으로 떠나 세상에서 영적 간음을 행하는 사람은 더 심각하고 무서운 결과를 초래합니다. 하나님의 분노는 간음한 여인의 남편이 품은 투기와 분노보다 더 무섭고 두렵기 때문입니다. 우리는 순결한 그리스도의 신부입니다. 그러므로 세상이 주는 죄의 유혹 앞에서 헛된 이익과 쾌락을 탐하지 말고 오직 하나님께서 주시는 은혜와 축복에 만족하며 살아가야 합니다.

영적 간음에 빠지지 않는 삶은 내가 하나님의 살아 계심을 믿는다는 확실한 증거가 됩니다. 오늘 하루의 삶에서도 하나님을 경외하는 마음으로 죄의 유혹을 이겨 내고 거룩하고 순결한 삶을 살아가는 성도되기를 바랍니다.

7장

하나님 말씀은 돌판이 아니라 마음판에 새겨야 합니다

잠언 7장 1-5절

1 내 아들아 내 말을 지키며 내 계명을 간직하라
2 내 계명을 지켜 살며 내 법을 네 눈동자처럼 지키라
3 이것을 네 손가락에 매며 이것을 네 마음판에 새기라
4 지혜에게 너는 내 누이라 하며 명철에게 너는 내 친족이라 하라
5 그리하면 이것이 너를 지켜서 음녀에게, 말로 호리는 이방 여인에게 빠지지 않게 하리라

오늘날 우리 사회에 만연해 있는 성적 부도덕과 타락의 정도를 살펴보면 성적인 문제가 얼마나 많은 사람의 인격과 삶을 무너뜨려 놓았는지에 대해 잘 알 수 있습니다. 우리는 어떻게 해야 순식간에 인생을 파멸로 몰고 가는 성적 유혹에서 벗어날 수 있을까요? 삶에서 존재의 변화가 일어나야만 합니다. 그러면 어떻게 해야 존재의 변화가 일어날까요?

첫째는 의지적으로 행동의 변화를 추구하는 것입니다(1-2절). 계명과 법을 지켜 행하되 눈동자처럼 지키라는 것입니다. 눈꺼풀이 눈동자를 보호하기 위해 반응하는 속도는 0.025초입니다. 이렇게 눈꺼풀이 빠르게 반응하는 것처럼 삶에 다가오는 죄의 유혹을 신속하게 감지하고 피하라는 것입니다. 죄의 유혹을 스스로 멀리하는 삶에서 존재의 변화는 시작됩니다.

둘째는 말씀을 가까이 하는 삶입니다(3절a). 솔로몬은 계명과 법을 손가락에 매고 다니라고 권면합니다. 유대인들은 테필린을 만들어서 팔과 미간에 매고 다니는 것을 늘 생활화했습니다. 그렇게 한 이유는 적어 놓

은 말씀을 시시때때로 보며 묵상하고 삶에서 실천해 나가기 위한 방편이었습니다. 말씀을 가까이 하는 삶이 죄의 유혹에서 멀어지게 하기 때문에 만들어진 경건의 습관입니다.

셋째는 말씀을 마음판에 새기는 삶입니다(3절b). 돌판에 새긴 글도 비와 바람이 불어 침식 작용이 일어나면 오랜 시간 후에는 알아볼 수 없게 됩니다. 그러나 하나님의 말씀을 마음판에 새긴 사람은 삶의 어떤 순간에도 하나님의 뜻을 거스르지 않고 죄의 유혹을 이겨 낼 수 있습니다.

하나님께서는 하나님 뜻대로 살고자 의지적으로 결단하고 행동하는 사람을 귀히 여기시고 인격과 삶에 변화가 시작되도록 성령으로 도우십니다. 그리고 의지적인 결단과 함께 날마다 하나님의 말씀을 묵상하고 마음판에 깊이 새겨 나가는 사람이 죄의 유혹을 물리치고 세상에서 승리하는 하나님 나라의 거룩한 일꾼이 되게 하십니다.

오늘도 주의 말씀을 마음판에 새기고 의지적으로 실천해 나가며 죄의 유혹을 이기고 승리하는 성도되기를 바랍니다.

나의 적용 • • •

영적 긴장감을 늦추면
인생의 밤이 시작됩니다

잠언 7장 6-12절

6 내가 내 집 들창으로, 살창으로 내다 보다가
7 어리석은 자 중에, 젊은이 가운데에 한 지혜 없는 자를 보았노라
8 그가 거리를 지나 음녀의 골목 모퉁이로 가까이 하여 그의 집쪽으로 가는데
9 저물 때, 황혼 때, 깊은 밤 흑암 중에라
10 그때에 기생의 옷을 입은 간교한 여인이 그를 맞으니
11 이 여인은 떠들며 완악하며 그의 발이 집에 머물지 아니하여
12 어떤 때에는 거리, 어떤 때에는 광장 또 모퉁이마다 서서 사람을 기다리는 자라

솔로몬은 어느 날 자기 집 창밖을 내다보던 중에 음녀가 한 젊은 청년을 유혹하는 장면을 보았습니다(6-7절). 때는 저물 때, 황혼 때, 깊은 흑암 중이었습니다. 해가 떨어지고, 점점 어둑어둑해지고, 깊은 밤이 되기까지 무슨 이유에서인지 이 청년은 거리를 배회하고 다녔습니다. 그러던 중에 이 음란한 여자에게 붙잡히고 맙니다.

이 간교한 여인은 유부녀가 기생의 옷을 입고 있습니다(10절). 이 여인이 기생 옷을 입고 있는 이유는 단지 남자를 유혹하기 위해서입니다. 이 여인은 남자를 유혹하기 좋은 곳이면 거리든, 광장이든, 길모퉁이든, 어디든지 갔습니다(12절).

광장은 거리를 지나가는 사람들이 우연치 않게 서로 만나는 곳입니다. 광장은 여론이 모아지고, 토론이 벌어지고, 서로의 학문적인 견해를 겨루며 지혜를 나누는 곳입니다. 모퉁이는 몸을 숨기기 좋은 곳입니다. 이 장소들은 학식이 높고 낮음, 머리가 좋고 나쁨을 떠나서 음란의 유혹은 어디서나 일어날 수 있다는 사실을 의미합니다.

언제 이런 유혹에 빠져들게 됩니까? 바로 인생의 어두움이 찾아올 때

입니다. "저물 때, 황혼 때, 깊은 밤(9절)"은 영적으로 침체된 상황과 방심한 마음의 상태를 의미합니다. 죄의 유혹은 언제나 우리가 영적 긴장감을 놓치는 순간을 틈타서 찾아옵니다. 그러나 빛 되신 주님의 말씀으로 마음을 밝히고 있으면 결코 인생에 어두움이 찾아오지 않습니다.

요한복음을 보면, 사도 요한은 가룟 유다가 예수님을 팔려고 최후의 만찬 자리에서 나갈 때에 매우 독특한 표현으로 가룟 유다의 심리적 상태를 묘사하고 있습니다. 요한복음 13장 30절입니다.

유다가 그 조각을 받고 곧 나가니 밤이러라.

영적 긴장감을 늦추는 순간 인생의 밤이 찾아오고, 인생의 밤이 찾아오면 너무 쉽게 죄의 유혹에 넘어져 상상할 수 없는 고통을 겪게 됩니다.

말씀의 등불을 마음에 밝혀 영적 긴장감을 늦추지 말고 날마다 거룩한 길을 가는 성도되기를 바랍니다.

나의 적용 • • •

죄의 유혹은
운명적 만남을 가장해서 찾아옵니다

잠언 7장 13-18절

13 그 여인이 그를 붙잡고 그에게 입맞추며 부끄러움을 모르는 얼굴로 그에게 말하되
14 내가 화목제를 드려 서원한 것을 오늘 갚았노라
15 이러므로 내가 너를 맞으려고 나와 네 얼굴을 찾다가 너를 만났도다
16 내 침상에는 요와 애굽의 무늬 있는 이불을 폈고
17 몰약과 침향과 계피를 뿌렸노라
18 오라 우리가 아침까지 흡족하게 서로 사랑하며 사랑함으로 희락하자

TV 드라마를 보면, 불륜을 다루는 드라마마다 정말 삼류소설 같은 이야기를 쓰고 있습니다. 유부남 유부녀가 운명적으로 만나는 것처럼 꾸며 댑니다. 버스를 탔는데 옆자리에 앉게 되고, 음식점을 갔더니 마침 그곳에서 식사를 하고 있고, 놀이공원을 가면 거기서 꼭 만나고 이런 식입니다. 전혀 의도하지 않았는데 자꾸 부딪치게 되고, 만나게 되고 하면서 불륜이 시작됩니다.

본문에서 이 음녀도 운명을 가장해서 젊은이를 유혹합니다(13-15절). 음녀는 어리석은 젊은이에게 다가가 유혹하며 입을 맞추고 말합니다.

"나는 당신 같은 사람을 정말 만나고 싶었습니다. 그래서 하나님께 화목제를 드려 서원까지 했는데, 드디어 당신을 만나고 말았습니다. 이건 완전히 운명입니다."

이 어리석은 젊은이가 생각해 보니 그 말이 맞는 것 같기도 합니다.

'하필 이 시간에, 어떻게 이 장소에서 이런 여자를 만날 수 있었을까? 이건 정말 운명 같은 만남이다!'

운명은 무슨 운명입니까? 죄를 지으려고 작심을 하니 모든 것이 죄 짓

기 좋은 방향으로 순적하게 풀려 가는 것입니다. 자기가 죄 짓기 좋은 곳에 가 있으면서 마치 그것을 운명처럼 여기는 것은 어리석은 생각입니다.

참 이상한 것은 선한 일은 힘을 쓰고 또 힘을 써도 이루기가 어려운데, 죄 짓는 일은 별로 신경 쓰지 않아도 너무 쉽게 잘 진행된다는 것입니다. 운명적인 만남으로 죄를 짓는 것이 아니라, 자신이 죄를 짓도록 내버려 두는 것이 운명을 가장하고 찾아오는 죄의 유혹에 넘어지는 이유입니다.

그리스도인은 운명을 믿지 않습니다. 운명에 맡겨 살지도 않습니다. 역사의 주관자가 되시는 하나님께서 우리의 삶을 지켜 주시고 주장해 주시기 때문입니다. 점쟁이들이나 무당들이 그리스도인의 운명을 점치지 못합니다. 왜냐하면, 그리스도인의 미래는 하나님께서 이끌어 주시기 때문에 언제든지 바뀔 수 있기 때문입니다.

언제나 죄에 대한 경각심을 가지고 운명을 가장해서 찾아오는 죄의 유혹을 이겨 내며, 오직 하나님의 선하신 뜻에 순종하며 나아가는 성도되기를 바랍니다.

나의 적용 • • •

세상 어디에도
안전한 죄는 없습니다

잠언 7장 16–27절

16 내 침상에는 요와 애굽의 무늬 있는 이불을 폈고
17 몰약과 침향과 계피를 뿌렸노라
18 오라 우리가 아침까지 흡족하게 서로 사랑하며 사랑함으로 희락하자
19 남편은 집을 떠나 먼 길을 갔는데
20 은 주머니를 가졌은즉 보름 날에나 집에 돌아오리라 하여
21 여러 가지 고운 말로 유혹하며 입술의 호리는 말로 꾀므로
22 젊은이가 곧 그를 따랐으니 소가 도수장으로 가는 것 같고 미련한 자가 벌을 받으려
   고 쇠사슬에 매이러 가는 것과 같도다
23 필경은 화살이 그 간을 뚫게 되리라 새가 빨리 그물로 들어가되 그의 생명을 잃어버
   릴 줄을 알지 못함과 같으니라
24 이제 아들들아 내 말을 듣고 내 입의 말에 주의하라
25 네 마음이 음녀의 길로 치우치지 말며 그 길에 미혹되지 말지어다
26 대저 그가 많은 사람을 상하여 엎드러지게 하였나니 그에게 죽은 자가 허다하니라
27 그의 집은 스올의 길이라 사망의 방으로 내려가느니라

❧   범죄를 계획하는 악인들은 공범을 모으고,
이런저런 상황이 생기면 이렇게 대처하면 아무 일 없을 것이라고 안심시
킵니다. 그러나 들통나면 아무런 책임도 져주지 않습니다. 음녀는 온갖
호리는 말로 이 젊은이를 유혹하고 있습니다(18-22절). 남편은 집을 떠나
먼 길을 갔는데, 보름이나 걸리는 먼 여행을 갔으니 자기 집에 가서 흡족
하게 사랑을 나누자는 것입니다.

   이 젊은이는 간음을 해도 안전할 것이라는 음녀의 말에 미혹되어 마음
에서 일어나는 욕정을 이기지 못하고 도살장으로 끌려가는 소같이 음녀
를 따라가고 말았습니다(22절). 죄를 지어도 누가 보는 사람이 없으면 안
전할 것이라는 생각은 손바닥으로 자기 눈을 가리는 행위와 같습니다. 죄

는 시한폭탄과 같습니다. 이미 가동되어 버린 시한폭탄처럼 정해진 시간이 되면 반드시 터지게 되어 있기 때문입니다.

간통죄가 지금은 폐지되었지만 예전에 간통죄를 처벌할 때, 배우자의 소송으로 법정에 서게 되더라도, 함께 데이트하는 사진이나, 심지어 여관에 같이 들어가 벌거벗고 있는 사진이 있어도 간통을 유죄로 증명할 근거가 되지 못했다고 합니다. 당사자가 간음했다고 스스로 증언하거나 동영상으로 촬영한 자료만이 유죄판결의 유일한 근거가 되었다는 것입니다.

간통죄가 세상 법정에서는 그렇게 숨겨지고 가려질 수 있었다 하더라도, 하나님의 법정에서는 결코 그럴 수가 없습니다. 하나님께서 우리의 모든 말과 행동을 다 알고 계시기 때문에 어느 누구도 하나님 앞에서 자기 죄를 숨기거나 변명할 수 없기 때문입니다. 하나님께서 불꽃같은 눈동자로 지켜 보시는 한 세상에 안전한 죄는 그 어디에도 없습니다.

멸망으로 가는 길에 서 있으면서도 자신이 안전하다 생각하고 계속 그 길을 가는 사람은 어리석은 사람입니다. 죄는 정해진 시간이 되면 터져버리는 시한폭탄과 같다는 사실을 기억할 때에 우리는 죄의 유혹에서 벗어날 수 있습니다. 죄의 위험성을 자각하고 하나님 말씀 안에서 마음을 지키며 경건한 길을 가는 성도되기를 바랍니다.

나의 적용 • • •

8장

마음이
밝아져야 합니다

잠언 8장 1-21절

1 지혜가 부르지 아니하느냐 명철이 소리를 높이지 아니하느냐
2 그가 길 가의 높은 곳과 네거리에 서며
3 성문 곁과 문 어귀와 여러 출입하는 문에서 불러 이르되
4 사람들아 내가 너희를 부르며 내가 인자들에게 소리를 높이노라
5 어리석은 자들아 너희는 명철할지니라 미련한 자들아 너희는 마음이 밝을지니라
6 너희는 들을지어다 내가 가장 선한 것을 말하리라 내 입술을 열어 정직을 내리라
7 내 입은 진리를 말하며 내 입술은 악을 미워하느니라
8 내 입의 말은 다 의로운즉 그 가운데에 굽은 것과 패역한 것이 없나니
9 이는 다 총명 있는 자가 밝히 아는 바요 지식 얻은 자가 정직하게 여기는 바니라
10 너희가 은을 받지 말고 나의 훈계를 받으며 정금보다 지식을 얻으라
11 대저 지혜는 진주보다 나으므로 원하는 모든 것을 이에 비교할 수 없음이니라
12 나 지혜는 명철로 주소를 삼으며 지식과 근신을 찾아 얻나니
13 여호와를 경외하는 것은 악을 미워하는 것이라 나는 교만과 거만과 악한 행실과 패역
   한 입을 미워하느니라
14 내게는 계략과 참 지식이 있으며 나는 명철이라 내게 능력이 있으므로
15 나로 말미암아 왕들이 치리하며 방백들이 공의를 세우며
16 나로 말미암아 재상과 존귀한 자 곧 모든 의로운 재판관들이 다스리느니라
17 나를 사랑하는 자들이 나의 사랑을 입으며 나를 간절히 찾는 자가 나를 만날 것이니
   라
18 부귀가 내게 있고 장구한 재물과 공의도 그러하니라
19 내 열매는 금이나 정금보다 나으며 내 소득은 순은보다 나으니라
20 나는 정의로운 길로 행하며 공의로운 길 가운데로 다니나니
21 이는 나를 사랑하는 자가 재물을 얻어서 그 곳간에 채우게 하려 함이니라

❧   음녀는 거리나 광장, 길모퉁이에 숨어서
은밀하게 사람을 유혹하는 반면에(7:12) 지혜는 "길가 높은 곳, 네 거리,
성문 곁, 문어귀, 여러 출입하는 문"과 같이 공개적인 장소에서 자신을

드러내며 자신 있고 당당하게 소리를 높여 사람들을 초대합니다(1-4절).

어두운 장소, 사람들의 이목이 집중되지 않는 은밀한 곳으로 파고 들어가는 사람은 반드시 죄의 유혹을 받게 되고, 아무리 죄를 짓지 않으려고 발버둥 쳐도 결국에는 범죄하여 사망의 길을 가게 됩니다. 반면에 공개적인 장소, 사람들의 눈에 띄기 쉬운 곳에 있는 사람은 아무리 마음이 악한 자라 하더라도 함부로 죄를 짓지는 못합니다. 이처럼 죄인의 길에 서지 아니하며 오만한 자의 자리에 앉지 않는 삶이 죄의 유혹을 억제하고 죄에서 멀어지게 합니다.

그리스도인은 단지 죄의 유혹에서 벗어나는 것에 만족해서는 안 됩니다. 죄의 유혹에서 벗어났다 하더라도 마음이 온전치 못하면 죄를 지을 만한 상황이 찾아올 때에 언제든지 범죄할 수 있기 때문입니다. 그러면 가장 완벽하게 죄의 유혹에서 벗어나는 길이 무엇인가? 바로 하나님을 경외하는 지혜로 살아가는 것입니다.

하나님을 경외하는 사람은 첫째로 먼저 마음이 밝아집니다(5절). 빛 되신 하나님으로 인해 마음이 밝아지니 가장 먼저 언어 생활에 변화가 찾아오고(6절) 하나님 말씀 앞에서 굽은 행동이나 패역한 마음을 품지 않게 됩니다(8절).

둘째로 악을 미워하는 마음으로 살아가게 됩니다. 그래서 교만과 거만과 악한 행실과 패역한 입을 미워하고(13절) 정의롭고 공의로운 길로 행하게 됩니다(20절).

셋째로 자신의 삶을 바르게 경영하고 다스리는 지혜를 얻게 됩니다(14-16절). 그래서 경영하는 일에 손실이 생기지 않고 하는 일마다 하나님께서 친히 복을 주셔서 부귀한 삶을 살아가게 됩니다.

인생의 참된 지혜는 하나님과의 친밀한 교제에서 나옵니다. 오늘 하루도 빛 되시는 하나님을 마음속 깊이 모시고 살아감으로 인생의 어두움이 물러가고 존귀하고 거룩한 삶으로 나아가는 성도가 되기를 바랍니다.

시간과
지혜
잠언 8장 22–31절

22 여호와께서 그 조화의 시작 곧 태초에 일하시기 전에 나를 가지셨으며

23 만세 전부터, 태초부터, 땅이 생기기 전부터 내가 세움을 받았나니

24 아직 바다가 생기지 아니하였고 큰 샘들이 있기 전에 내가 이미 났으며

25 산이 세워지기 전에, 언덕이 생기기 전에 내가 이미 났으니

26 하나님이 아직 땅도, 들도, 세상 진토의 근원도 짓지 아니하셨을 때에라

27 그가 하늘을 지으시며 궁창을 해면에 두르실 때에 내가 거기 있었고

28 그가 위로 구름 하늘을 견고하게 하시며 바다의 샘들을 힘 있게 하시며

29 바다의 한계를 정하여 물이 명령을 거스르지 못하게 하시며 또 땅의 기초를 정하실 때에

30 내가 그 곁에 있어서 창조자가 되어 날마다 그의 기뻐하신 바가 되었으며 항상 그 앞에서 즐거워하였으며

31 사람이 거처할 땅에서 즐거워하며 인자들을 기뻐하였느니라

인류의 역사에서 시간이 흐르기 시작한 것은 언제부터일까요? 그리고 시간이란 무엇일까요? 시간은 세상이 창조되면서부터 시작되었고, 사람이 살아 있을 때에만 시간을 느끼고 확인할 수 있습니다. 하나님께서 사람을 창조하지 않으셨다면 시간은 아무런 의미가 없었을 것입니다. 시간은 사람의 삶 속에 영향을 끼치고, 인간이 유한한 존재라는 사실을 일깨워 주는 역할을 하기 때문입니다.

솔로몬은 태초에 천지가 창조되던 당시를 이야기하고 있습니다. 그래서 본문은 창세기 1장의 창조 이야기와 비슷한 느낌을 주고 있습니다. 태초에 사람이 창조되기 이전, 시간이 흐르기 전에 지혜가 존재하고 있었는데 하나님께서는 이 지혜를 통해 세상을 창조하시고 여러 가지 자연 법칙을 정해 놓으셨다는 것입니다.

이 지혜는 하나님의 입에서 나오는 말씀을 통해 세상에 자신을 드러냈습니다. 하나님의 생각, 하나님의 계획들이 말씀을 통해 나타나기 시작했을 때에 온 세상이 질서 정연하게 창조되었고, 사람이 그 창조세계 안에 들어가게 되었을 때에 그로 인하여 하나님께서는 크게 기뻐하셨습니다. 그리고 하나님께서는 태초의 사람 아담에게 이 지혜를 선물로 주셔서 에덴동산의 모든 만물을 다스릴 수 있는 능력을 갖게 하셨습니다.

솔로몬이 여호와를 경외하는 것이 지혜의 근본이라고 말한 이유는 영원하신 하나님만 우리에게 참된 지혜를 주실 수 있는 분이시고, 인간은 하나님과 친밀한 교제를 나눌 때에 이 지혜를 소유할 수 있기 때문입니다. 첫 사람 아담은 범죄함으로 이 지혜를 상실하였지만, 말씀이 육신이 되어 세상 가운데 오신 예수님께서는 하나님의 말씀에 철저하게 순종하심으로 지혜의 완성자가 되셨습니다.

진리의 말씀에 순종하며 나아갈 때에 시간의 제약 속에 살아가는 유한한 인생이 하나님의 기쁨이 되고 세상에서도 참된 행복을 누리게 됩니다. 오늘도 진리의 말씀에 순종함으로 하늘의 지혜를 받아 세상을 이기며 하나님의 기쁨이 되어 살아가는 성도되기를 바랍니다.

나의 적용 • • •

우리의 지혜
예수 그리스도

잠언 8장 32-36절

32 아들들아 이제 내게 들으라 내 도를 지키는 자가 복이 있느니라
33 훈계를 들어서 지혜를 얻으라 그것을 버리지 말라
34 누구든지 내게 들으며 날마다 내 문 곁에서 기다리며 문설주 옆에서 기다리는 자는 복이 있나니
35 대저 나를 얻는 자는 생명을 얻고 여호와께 은총을 얻을 것임이니라
36 그러나 나를 잃는 자는 자기의 영혼을 해하는 자라 나를 미워하는 자는 사망을 사랑하느니라

삼국지를 보면 "삼고초려" 일화가 나옵니다. 유비가 자기 나이 47세 때에 자기보다 무려 스무 살이 어린 27살 제갈량을 자기의 모사로 등용하려고 제갈량의 초막집을 세 번 방문했다 해서 나온 사자성어입니다. 지혜자를 얻기 위해서 한 나라의 왕이 자기를 겸손하게 낮추고 초야에 묻혀 있는 농부에게 허리를 숙여 절을 함으로 그를 감동시켜 자기 모사가 되게 하였다는 일화입니다.

사람이 지혜를 얻으려면 유비와 같이 삼고초려 하는 마음이 있어야 합니다. 솔로몬은 지혜를 얻으려면 어떻게 해야 하는지에 대해 34절에서 말씀합니다.

누구든지 내게 들으며 날마다 내 문 곁에서 기다리며 문설주 옆에서 기다리는 자는 복이 있나니.

지혜의 소리에 귀를 기울이며 지혜의 집 문 앞에서, 문설주 옆에서 지혜가 나올 때까지 기다리라는 것입니다.

지혜를 의인화해서 마치 애인을 기다리는 사람이 문 밖에서 애인이 나오기를 간절히 기다리듯이 지혜를 구하라는 것입니다. 왜 그렇게 애인을 기다리듯 간절하게 지혜를 사모하며 그 음성에 귀를 기울여야 할까요? 지혜를 얻는 자는 생명을 얻고, 여호와께 은총을 얻을 것이기 때문입니다 (35절).

바울은 이 지혜에 대해 고린도전서 1장 30절에서 분명하게 말씀하고 있습니다.

> 너희는 하나님으로부터 나서 그리스도 예수 안에 있고 예수는 하나님으로부터 나와서 우리에게 지혜와 의로움과 거룩함과 구원함이 되셨으니.

예수님이 바로 우리의 지혜입니다.

> 예수께서 이르시되 내가 곧 길이요 진리요 생명이니 나로 말미암지 않고는 아버지께로 올 자가 없느니라(요 14:6).

우리가 하나님께 은총을 얻는 길은 겸손한 마음으로 우리 지혜가 되시는 예수님을 뜨겁게 사랑하고 그 말씀에 귀를 기울여 순종하며 살아가는 것입니다. 인생에서 예수님이 내 마음속에 계시면 모든 것을 얻은 것이고 예수님이 내 마음에 계시지 않으면 모든 것을 다 잃어버린 것입니다. 오늘 하루도 뜨겁게 예수님을 사랑하며 예수님께서 주시는 지혜로 범사에 형통함을 누리는 성도되기를 바랍니다.

9장

값없이 주시는
은혜의 자리로 나아가라

잠언 9장 1-6절

1 지혜가 그의 집을 짓고 일곱 기둥을 다듬고
2 짐승을 잡으며 포도주를 혼합하여 상을 갖추고
3 자기의 여종을 보내어 성중 높은 곳에서 불러 이르기를
4 어리석은 자는 이리로 돌이키라 또 지혜 없는 자에게 이르기를
5 너는 와서 내 식물을 먹으며 내 혼합한 포도주를 마시고
6 어리석음을 버리고 생명을 얻으라 명철의 길을 행하라 하느니라

고대 근동지역의 건축 양식을 보면 큰 집이나 신전을 지을 때에는 일곱 기둥을 세웠습니다. 이 일곱 개의 기둥은 현관문을 지지하는 역할을 하기 때문에 아름답게 다듬어 세워 놓은 일곱 개의 기둥은 그 건물의 웅장함을 드러내는 데 충분하였습니다.

솔로몬은 지혜를 크고 웅장한 집을 건축하고 사람들을 잔치에 초대하는 여인으로 비유하여 말씀하고 있습니다. 지혜는 일곱 기둥을 가진 크고 웅장한 집을 짓고(1절) 짐승을 잡으며 포도주 원액을 잘 혼합하여 마시기 좋게 갖추어 놓은 후 잔치를 준비하고(2절) 자기의 여종을 성중 높은 곳에 보내서(3절) 사람들을 초대하고 있습니다.

지혜는 어리석은 자들, 지혜가 없는 자들을 가리지 않고 잔치에 초대하여 지혜가 준비한 식물을 먹고 혼합한 포도주를 마시라고 권면하고 있습니다(5절). 그러면 어리석음을 버리게 되고, 생명을 얻으며 명철의 길을 행하게 될 것이라고 말씀합니다(6절).

본문의 이미지는 이사야 55장에서 목마른 자, 가난한 사람, 심지어는 이방 민족까지도 가리지 않고 잔치의 자리에 초대하시는 하나님의 마음

과, 마태복음 22장의 천국 비유에서 아들을 위하여 혼인잔치를 베풀고 종들을 보내어 빈부귀천을 가리지 않고 사람들을 초청한 임금의 마음을 그대로 표현하고 있습니다.

목마른 자들이 샘물을 만나면 기갈을 해소하고, 배고픈 자들이 초대받은 잔치자리에 가면 충분히 음식을 먹고 만족감을 얻을 수 있는 것처럼 나아가는 사람은 어느 누구나 은혜의 자리로 부르시는 하나님께로 가는 사람은 인생의 만족감과 기쁨을 누리며 평안한 삶을 살 수 있습니다.

세상 사람들은 하나님의 은혜를 알지 못하기에 돈이 많아도 불행하고 없어도 불행하고 상상할 수 없는 마음의 고통을 가지고 살아가고 있습니다. 오늘 하루도 은혜의 자리로 부르시는 하나님께 나아가 영혼의 참된 쉼과 만족감을 누리며 그 은혜와 사랑을 이웃에게 전하며 살아가는 성도 되기를 바랍니다.

나의 적용 ・ ・ ・

하나님을 경외하는 마음은
어떻게 표현되는가?

잠언 9장 7–12절

7 거만한 자를 징계하는 자는 도리어 능욕을 받고 악인을 책망하는 자는 도리어 흠이 잡히느니라

8 거만한 자를 책망하지 말라 그가 너를 미워할까 두려우니라 지혜 있는 자를 책망하라 그가 너를 사랑하리라

9 지혜 있는 자에게 교훈을 더하라 그가 더욱 지혜로워질 것이요 의로운 사람을 가르치라 그의 학식이 더하리라

10 여호와를 경외하는 것이 지혜의 근본이요 거룩하신 자를 아는 것이 명철이니라

11 나 지혜로 말미암아 네 날이 많아질 것이요 네 생명의 해가 네게 더하리라

12 네가 만일 지혜로우면 그 지혜가 네게 유익할 것이나 네가 만일 거만하면 너 홀로 해를 당하리라

영화 "바람의 파이터"의 주인공인 최배달(본명 최영의)은 일본 극진 가라대의 창시자로서 일제 강점기에 일본의 무술 도장을 찾아다니며 관장들과 대결을 벌인 일로 유명한 분입니다. 그는 일제 강점기에 무수한 일본의 관장들을 모두 격파하여 소망 없이 살아가는 한국인들의 민족적 자긍심을 일깨워 준 사람입니다.

최배달이 말한 유명한 명언이 있습니다.

힘없는 정의는 무능력이요 정의 없는 힘은 폭력이다.

정의를 외치고 바르게 세워 갈 힘이 없으면서 옳은 것을 주장하면 악한 자들에게 매를 얻어맞을 뿐이고, 정의가 무엇인지 모르면서 자기가 가진 힘을 남용하는 것은 폭력일 뿐이라는 말입니다.

그래서 거만한 사람과 악인을 징계하고 책망하려면 사회적으로 그들보다 월등한 힘을 가지고 있어야 합니다. 만약 그렇지 못하다면 차라리 가만히 있는 편이 낫습니다. 거만한 자를 징계한다고 잘못 건드렸다가 도리어 능욕을 받고, 악인을 책망하려 했다가 오히려 흠 잡힐 수 있기 때문입니다(7절).

솔로몬은 거만한 자를 책망하여 그에게 미움을 사지 말고, 지혜로운 자를 책망하여 그에게 사랑을 얻으라고 권면합니다(8절). 지혜로운 사람은 책망을 들을 때에 거기에서 자신의 삶을 돌아보고 교훈을 얻기 때문에 더욱 지혜로워집니다(9절). 그래서 지혜로운 사람이 무엇인가 과오를 범했을 때에 그를 책망하는 것은 대단히 유익한 일입니다.

솔로몬은 여호와를 경외하는 것이 지혜의 근본임을 다시 한 번 이야기하면서(10절) 여호와를 경외하는 사람은 누군가가 자기 잘못을 책망할 때에 겸손하게 수용하고, 교훈을 얻어서 더 성숙한 삶으로 나아가는 사람이라고 강조하고 있습니다.

하나님을 경외하는 마음은 겸손하게 주위 사람들의 책망을 수용하고 자신의 삶을 더 경건하고 성숙한 모습으로 가꾸어 나가는 삶을 통해 표현됩니다. 책망을 달게 받을 줄 아는 성숙한 마음으로 더 나은 인격, 더 나은 삶을 추구하고 이러한 삶의 지혜로 하나님께서 주시는 은혜와 축복을 누리는 성도되기를 바랍니다.

나의 적용 • • •

진정한 영성이란
무엇인가?

잠언 9장 13-18절

13 미련한 여인이 떠들며 어리석어서 아무것도 알지 못하고
14 자기 집 문에 앉으며 성읍 높은 곳에 있는 자리에 앉아서
15 자기 길을 바로 가는 행인들을 불러 이르되
16 어리석은 자는 이리로 돌이키라 또 지혜 없는 자에게 이르기를
17 도둑질한 물이 달고 몰래 먹는 떡이 맛이 있다 하는도다
18 오직 그 어리석은 자는 죽은 자들이 거기 있는 것과 그의 객들이 스올 깊은 곳에 있는 것을 알지 못하느니라

최근 어느 부장 검사의 뇌물 수수 혐의, 대기업 총수들의 비자금 조성 혐의, S 은행장의 뇌물 수수 혐의 등 사회의 각계각층에서 벌어지고 있는 금전적 비리를 뉴스에서 접하면서 우리 사회가 돈 앞에서 얼마나 부도덕하고 죄와 쉽게 타협하고 있는가를 생각하면 안타까운 마음을 금할 수가 없습니다.

뒷거래를 하면서 그들은 무슨 생각을 하고 있었을까요?

"아! 정말 도둑질한 물이 달고, 몰래 먹는 떡이 이렇게 맛이 좋구나!"

이런 어리석은 생각이나 했을 것입니다. 그 결과가 무엇입니까? 비리를 저지를 때에는 그 사실이 결코 들통나지 않을 것이라고 생각했겠지만, 언론에 자기들의 비리가 폭로되고 사람들의 입에 오르내리면서 온갖 수치와 부끄러움을 당하게 되고 말았습니다.

죄의 유혹은 항상 달콤하게 위장하고 찾아옵니다. 17절의 도둑질한 물은 불륜을 의미하고, 몰래 먹는 떡은 사람들이 모르는 곳에서 비리를 저지르며 부당한 이익을 취하는 것을 의미합니다. 공통점이 무엇인가요? 드러나지 않는 은밀한 곳에서 육신의 정욕을 따라 행동하고 자신이 원하

는 것을 부당하게 얻으면서 기뻐하고 그러한 일을 즐기고 있다는 사실입니다.

영성이란 무엇인가? 죄의 유혹을 거절하고, 사람들에게 보이는 곳에서나 보이지 않는 곳에서나 동일한 마음으로 말하고 행동하며 하나님의 말씀을 지켜 나갈 수 있는 능력입니다. 상황에 따라 인격이 칠면조, 팔색조처럼 변하는 사람은 영성이 바닥이 난 사람이고, 겉으로는 아무리 훌륭한 사람처럼 보인다 하더라도 하나님께서 보시기에는 더러운 냄새가 나는 죄인일 뿐입니다.

> 죄의 삯은 사망이요 하나님의 은사는 그리스도 예수 우리 주 안에 있는 영생이니라(롬 6:23).

아무리 은밀한 곳에서 죄를 지어도 그 죄는 자라나서 인생을 스올 깊은 곳, 지옥으로 끌고 가지만(18절) 하나님을 경외하는 사람은 죄의 유혹을 이기며 주님 안에 있는 영생을 소유하게 됩니다. 오늘 하루도 한결같은 마음으로 삶 속에서 일어나는 죄의 유혹을 이기고, 하나님만 전심으로 사랑함으로 거룩한 길, 생명의 길을 가는 성도되기를 바랍니다.

나의 적용 • • •

10장

하나님을 경외하는 마음은
부모를 공경하는 삶으로 표현된다
잠언 10장 1절

1 솔로몬의 잠언이라 지혜로운 아들은 아비를 기쁘게 하거니와 미련한 아들은 어미의 근심이니라

"구슬이 서 말이라도 꿰어야 보배"라고 했듯이, 10-29장까지는 솔로몬의 두 번째 잠언집으로서 모든 절이 주옥같이 아름다운 진리를 이야기하고 있지만 그 진리의 통일성을 찾기가 쉽지 않아서 단락을 나누어 각 절이 이야기하고 있는 진리의 통일성을 찾아내지 못하면 솔로몬이 말하고자 하는 더 깊은 진리를 이해할 수 없습니다.

10장 1절은 29장까지 계속되는 솔로몬의 잠언의 서론입니다. 지혜로운 아들과 미련한 아들이 반의적 대구법으로 표현되고 있는데 본문은 어머니의 신앙 교육이 얼마나 중요한지에 대하여 말씀하고 있습니다. 아버지는 세상에 나가 일을 하여 가정의 물질적인 필요를 채우고, 어머니는 자녀들을 지혜롭게 양육하여 아버지가 삶에서 수고하고 노력한 일들이 헛되지 않게 하여 지혜롭게 자라가는 자녀들로 인해 보람과 기쁨을 누리게 한다는 것입니다.

자녀들이 지혜로우면 그로 인해 자녀들을 양육하는 어머니는 근심이 없고, 아버지는 마음의 기쁨을 누리게 되지만, 자녀들이 미련해서 도무지 교육이 되질 않고, 밖에 나가서 사고치고 다니면 어머니는 그로 인해서 마음의 근심이 가득 차고 자녀들이 벌여 놓은 문제들을 수습하느라 고통스런 시간들을 보내게 됩니다.

하나님께서는 이스라엘 백성들에게 언약을 주시면서 십계명에 다섯

번째 계명으로 "네 부모를 공경하라."고 말씀하셨습니다. 그리고 부모를 공경하여 아버지의 마음을 기쁘게 하고, 어머니에게 근심을 끼치지 않는 자녀들은 이 땅 위에서 잘되고 장수하는 복을 주시겠다고 약속해 주셨습니다(엡 6:3).

왜 하나님께서는 부모를 공경하는 사람에게 복을 주실까요? 눈에 보이는 부모를 공경할 줄 모르는 사람이 눈에 보이지 않으시는 하늘 아버지를 공경할 수는 없기 때문입니다. 하나님을 경외하는 마음은 부모를 공경하는 삶을 통해 표현됩니다. 생명이 있는 동안에 부모를 공경하는 삶으로 하늘 아버지를 기쁘시게 해 드리고, 하나님께서 약속해 주신 부와 생명을 소유하며 살아가는 지혜로운 성도되기를 바랍니다.

나의 적용 • • •

하나님께서 주시는
기회를 붙잡으라

잠언 10장 2-5절

2 불의의 재물은 무익하여도 공의는 죽음에서 건지느니라
3 여호와께서 의인의 영혼은 주리지 않게 하시나 악인의 소욕은 물리치시느니라
4 손을 게으르게 놀리는 자는 가난하게 되고 손이 부지런한 자는 부하게 되느니라
5 여름에 거두는 자는 지혜로운 아들이나 추수 때에 자는 자는 부끄러움을 끼치는 아들
  이니라

공중의 나는 새를 먹이시고, 들의 풀을 아
름답게 입히시는 하나님은 자기를 경외하는 의인이 결코 주리지 않게 하
시고, 악인들의 헛된 욕망은 꺾어 버리시는 분이십니다. 그래서 의인들은
큰 재물을 모으지는 못했어도 삶을 영위해 나가는 데 어려움이 없게 하시
고, 악인들은 많이 모아 놓아 풍족한 것 같지만, 생각하지도 못한 순간에
모든 것을 잃게 하셔서 고통을 당하게 하십니다(3절).

결국 이 땅 위에 살아가면서 중요한 것은 불의의 재물을 모으려 하지
말고, 공의를 행하는 의인이 되어 하나님께서 복 주시는 부유한 인생이
되어야 한다는 것입니다(2절). 본문에서 솔로몬은 인생을 부유하게 만드
는 세 가지 원리를 이야기하고 있습니다.

첫째는 성실한 삶입니다. 손을 게으르게 놀리는 자는 가난하게 되고,
손이 부지런한 자는 부하게 됩니다(4절). 하나님께서 아무리 돈을 벌 수
있는 좋은 상황들을 많이 만들어 주셔도 게을러서 삶에 열심을 내지 않으
면 부유해질 수 없습니다.

둘째는 주어진 기회를 잘 활용하는 삶입니다.

여름에 거두는 자는 지혜로운 아들이나(5절a)

여름에 거둔다는 원어적 의미는 '여름 과일을 거두는 자'라는 뜻입니다. 여름 과일은 때가 지나면 얻을 수가 없습니다. 그 시기에만 거둘 수 있고 먹을 수 있습니다. 마찬가지로 하나님께서 좋은 기회를 주셨을 때에 그 기회를 놓치지 말고 잘 활용할 줄 알아야 합니다.

셋째는 끝까지 최선을 다하는 삶입니다.

추수 때에 자는 자는 부끄러움을 끼치는 아들이니라(5절b).

추수 때에 잠을 자는 사람은 일 년 농사를 잘 지어 놓고도 풍년이 든 것에만 만족하고 추수를 차일피일 미루다가 서리가 내려 곡식이 다 상하게 하는 어리석은 사람입니다. 한 번 시작한 일은 열매를 거두는 순간까지 최선을 다해야 좋은 결과를 얻을 수 있습니다.

정직하고 성실한 삶으로 하나님께서 내게 주신 기회를 놓치지 말고 끝까지 활용하여 인생의 부요함을 누리는 성도되기를 바랍니다.

나의 적용 • • •

의인의 입은
생명의 샘입니다

잠언 10장 6-12절

6 의인의 머리에는 복이 임하나 악인의 입은 독을 머금었느니라
7 의인을 기념할 때에는 칭찬하거니와 악인의 이름은 썩게 되느니라
8 마음이 지혜로운 자는 계명을 받거니와 입이 미련한 자는 멸망하리라
9 바른 길로 행하는 자는 걸음이 평안하려니와 굽은 길로 행하는 자는 드러나리라
10 눈짓하는 자는 근심을 끼치고 입이 미련한 자는 멸망하느니라
11 의인의 입은 생명의 샘이라도 악인의 입은 독을 머금었느니라
12 미움은 다툼을 일으켜도 사랑은 모든 허물을 가리느니라

사람의 마음에 미움이 가득 차 있으면 말로 인한 다툼이 끊이지 않습니다. 그러나 사랑으로 가득 차 있으면 오해의 소지가 있는 일들도 이해하고 용납하며 기다려 주기에 다툼과 분쟁이 사라지고 삶이 평안해집니다. 본문은 의인과 악인의 삶에서 드러나는 언어 생활의 차이점을 비교하면서, 말이 삶에 미치는 영향에 대하여 이야기하고 있습니다.

첫째는 의인의 삶에는 하나님의 복이 머리에 임하고, 악인은 그 입에 독을 머금고 있기에 이웃을 해롭게 하고 자기도 해를 당하게 됩니다(6절). 왜 솔로몬은 악인의 입에 독을 품은 것과 의인의 머리에 복이 임하는 것을 대조하고 있을까요? 의인은 침묵하는 지혜로 하나님께서 주시는 복을 소유하지만, 악인은 마음에 품고 있는 악을 입으로 토해 냄으로 타인과 자신을 해롭게 하기 때문입니다. 침묵은 억울한 상황에서도 변명하지 않으며 인내하는 태도를 의미합니다. 하나님의 복은 침묵하며 인내하는 의인의 머리 위에 머무릅니다.

둘째는 의인은 하나님께서 주신 계명을 입으로 읊조리고 실천하지만,

악인은 입으로 그 미련한 것을 말하고 행하다가 멸망의 길을 갑니다(8절). 사람이 자기 입으로 한 말을 지키지 않으면 실없는 사람이 됩니다. 그래서 말에는 구속력이 있기 때문에 신중하게 생각하고 말하는 습관을 들여야 합니다. 주의 말씀이 머리에 가득 차 있는 사람은 결코 어리석은 말을 하지 않으며 주의 말씀이 자신의 삶을 지배하고 이끌어 가는 것을 삶에서 체험하게 됩니다.

셋째로 의인의 입은 생명의 샘이라 많은 사람을 살리고, 악인의 입은 독을 머금어서 많은 사람을 해롭게 합니다(11절). 누가 의인인가요? 말로 사람을 세워 주고 위로하고 소망을 주는 사람입니다. 사람들은 함께 대화할 때에 에너지가 생기는 사람을 좋아합니다. 그러나 악인과는 단 한 마디의 말도 섞고 싶어 하지 않습니다. 악인의 입술에서는 기대할 것이 아무것도 없기 때문입니다.

주의 말씀을 가슴 깊이 새기고 그 말씀을 묵상하며 실천함으로 하늘의 복이 머리 위에 임하여 많은 사람을 복되게 하는 성도되기를 바랍니다.

나의 적용 • • •

나의 수고와 노력은
생명을 살리고 있습니까?

잠언 10장 13-17절

13 명철한 자의 입술에는 지혜가 있어도 지혜 없는 자의 등을 위하여는 채찍이 있느니라
14 지혜로운 자는 지식을 간직하거니와 미련한 자의 입은 멸망에 가까우니라
15 부자의 재물은 그의 견고한 성이요 가난한 자의 궁핍은 그의 멸망이니라
16 의인의 수고는 생명에 이르고 악인의 소득은 죄에 이르느니라
17 훈계를 지키는 자는 생명 길로 행하여도 징계를 버리는 자는 그릇 가느니라

하나님을 경외하는 사람과 하나님을 모르고 살아가는 사람의 삶과 그 결과는 확연하게 다릅니다.

본문은 지혜로운 사람과 어리석은 사람의 삶의 결과를 계속해서 비교하면서 하나님을 경외함으로 지혜로운 자의 길을 가야 함을 강조하고 있습니다. 그러면 지혜로운 사람과 어리석은 사람의 삶의 결과는 어떻게 다를까요?

첫째로 지혜로운 사람은 말의 지혜로 인생의 위기를 넘기지만, 어리석은 사람은 말 실수 때문에 스스로 위기를 자초합니다. 같은 상황이어도 시기적절한 말 한 마디가 상대방의 마음을 감동시켜서 어려운 문제가 해결되는 경우가 있는가 하면, 말 한 마디의 실수가 분노를 일으켜서 관계가 어그러지고 삶의 평안이 무너집니다. 그래서 말의 지혜가 없는 자의 등을 위해서는 채찍이 준비되어 있다는 것입니다(13절).

둘째로 지혜로운 자는 그 지혜로 말미암아 부유하게 되지만, 어리석은 자는 그 어리석음으로 궁핍한 삶에 이르게 됩니다(15절). 무슨 일을 하든지 지혜 있는 사람은 자산과 시간과 인력을 바르게 활용할 줄 알기 때문에 점점 부유해집니다. 반면에 어리석은 사람은 일하는 지혜가 없어 시간

만 낭비하다가 결국은 궁핍해집니다.

셋째로 지혜로운 자는 삶의 수고를 통해 다른 사람들의 생명을 살리지만, 악인은 일확천금을 노리다가 범죄하고 주변 사람들을 고통스럽게 만듭니다(16절). 사람들이 일을 하는 근본적인 이유는 소득을 얻기 위해서입니다. 소득을 얻기 위해 일하는 방식이 선하고 옳으면 많은 사람이 함께 유익을 얻게 되고, 단지 재물을 위해서 이기적인 마음으로 악을 행하면 필연적으로 죄의 길에 빠져 많은 사람에게 피해를 줍니다.

하나님을 경외함으로 하늘의 지혜를 소유하여, 수고하고 노력하는 모든 것들이 사람들을 유익하게 하고 생명을 살리게 하는 성도되기를 바랍니다.

나의 적용 ・ ・ ・

마음에 품은 사랑이
삶을 윤택하게 합니다

잠언 10장 18-21절

18 미움을 감추는 자는 거짓된 입술을 가진 자요 중상하는 자는 미련한 자이니라
19 말이 많으면 허물을 면하기 어려우나 그 입술을 제어하는 자는 지혜가 있느니라
20 의인의 혀는 순은과 같거니와 악인의 마음은 가치가 적으니라
21 의인의 입술은 여러 사람을 교육하나 미련한 자는 지식이 없어 죽느니라

잠언 10-29장까지는 솔로몬이 말한 375개의 개별적인 잠언들이 기록되어 있습니다. 이 잠언들을 의미 단위로 묶고 해석해 가는 두 가지 원리가 있습니다. 첫째는 다음 절에서 같은 단어가 반복해서 사용된 경우 앞 절과 뒷 절이 서로 긴밀한 관계가 있음을 보여 준다는 것입니다. 둘째는 375개의 모든 절에 대구법이 사용되고 있다는 것입니다.

예를 들어서 오늘 말씀을 보면, 미움을 감추는 자와 중상하는 자를 동의적 대구법으로 비교하고 있습니다(18절). 두 사람 다 마음속에 미움을 품고 있는 자들인데 전자는 미움을 숨기는 사람이고, 후자는 미움을 드러내는 사람입니다. 미움을 드러내서 중상모략을 하는 경우 말이 많아지게 되어 있는데 19절이 그 결과를 설명하고 있습니다.

말이 많으면 허물을 면하기 어려우나 그 입술을 제어하는 자는 지혜가 있느니라(19절).

결국 마음속에 누군가를 미워하면 많은 말을 쏟아 놓다가 결국 자신에게 해를 끼치는 좋지 못한 결과를 초래한다는 것입니다.

동일한 방식으로 20절과 21절도 설명이 됩니다. 의인의 혀와 악인의 마음이 반의적 대구법으로 비교되고 있습니다. 의인의 혀는 잘 제련된 순은과 같아서 가치가 높기 때문에 많은 사람이 소유하기를 사모하지만, 악인의 마음은 악한 말만 잔뜩 쏟아 내서 그에게서 얻을 것이 없다는 것입니다(20절). 그러면서 21절은 의인의 혀가 어째서 그렇게 가치 있는지를 설명합니다. 의인의 입술에서 나오는 말이 여러 사람을 교육하여 삶을 유익하게 하지만, 의인의 말을 수용하지 않는 미련한 사람은 지식이 없어 죽게 된다는 것입니다.

종합하면 미움을 품은 사람은 많은 말로 남을 중상모략하다가 오히려 자기에게 해를 끼치지만, 하나님을 경외하는 마음을 품고 이웃을 사랑하며 살아가는 의인들은 그 입술의 말로 많은 사람을 가르치고 삶에 유익을 더하여 준다는 것입니다. 오늘 하루의 삶에서도 이웃 사랑하는 마음을 가슴속 깊이 품고 선한 말로 많은 사람을 진리의 길로 인도하는 성도되기를 바랍니다.

나의 적용 ● ● ●

여호와께서 주시는
복을 소유하라

잠언 10장 22절

22 여호와께서 주시는 복은 사람을 부하게 하고 근심을 겸하여 주지 아니하시느니라

우리가 살아가면서 여호와께서 주시는 복을 어떻게 소유할 수 있을까요? 답은 너무나도 쉽습니다. 우리 삶에 하나님께서 복을 주시려고 예비하셨을 때에 거절하지 않고 받으면 됩니다. 히브리어로 복은 '바라크'입니다. 바라크는 두 가지의 뜻을 가지고 있는데 하나는 '무릎 꿇다' 또 하나는 '복을 주다'입니다.

이 두 가지의 의미가 상반되는 것처럼 보이지만, 상호보완적인 역할을 합니다. 하나님께 무릎 꿇는 사람에게 하나님께서 복을 주신다는 뜻입니다. 바라크는 구약에서 280회 이상 사용되었는데, 가장 첫 번째 사용된 곳이 창세기 1장입니다.

하나님께서 바다의 물고기들과 공중의 새들을 지으시고 그들에게 복을 주시며 말씀하십니다.

하나님이 그들에게 복을 주시며 이르시되 생육하고 번성하여 여러 바닷물에 충만하라 새들도 땅에 번성하라 하시니라(창 1:22).

하나님께서 바다의 물고기들과 공중의 새에게 주신 복이 무엇인가요? 좋은 대학에 가는 것도 아니고, 명예나 재물을 많이 소유하게 되는 것도 아닙니다. 물고기는 물고기답게 잘 헤엄치고, 새는 새답게 잘 날아다니는 것이 복입니다. 건강하게 잘 살면서 생육하고 번성하는 것이 하나님께서

주신 복입니다.

결론적으로 말해서, 여호와께서 주시는 복은 창조된 존재가 그 존재의 목적에 맞게 살아갈 수 있도록 하는 능력을 의미합니다. 그럼 우리가 받아야 할 복은 무엇일까요? 하나님의 존귀한 자녀로서 세상에서 빛과 소금의 사명을 감당하는 영향력 있는 존재가 되어 하나님의 영광을 나타내는 것입니다. 하나님 뜻대로 살아가기 위해서 날마다 하나님 앞에 무릎을 꿇고 그 말씀에 복종하며 나아갈 때에 '바라크', 즉 하나님의 복이 우리 삶에 임하게 됩니다.

하나님께서 주시는 복은 우리 삶을 부하게 하고 삶에 근심이 없게 해 줍니다. 하나님 앞에 무릎 꿇고 그분의 뜻에 온전히 순종하며 나아가시기 바랍니다. 그래서 마음의 근심 걱정이 사라지고 삶 속에 하나님 주시는 은혜와 복이 충만하게 임하는 성도되기를 바랍니다.

나의 적용 • • •

양심의 소리에
귀를 기울이라

잠언 10장 23-25절

23 미련한 자는 행악으로 낙을 삼는 것 같이 명철한 자는 지혜로 낙을 삼느니라
24 악인에게는 그의 두려워하는 것이 임하거니와 의인은 그 원하는 것이 이루어지느니라
25 회오리바람이 지나가면 악인은 없어져도 의인은 영원한 기초 같으니라

세상 모든 사람은 권선징악을 좋아합니다. 심지어는 악인들조차도 자기가 징계를 받는 것은 싫어할지 몰라도 악한 행동을 하는 사람은 마땅히 벌을 받아야 한다고 생각합니다. 이러한 사실은 사람이 악을 행하는 데에 아주 익숙하지만, 본성은 선한 것을 좋게 여기는 마음이 있다는 사실을 반증해 주고 있습니다. 결국 인간은 자기 마음속에 들려지는 양심의 소리에 귀를 기울이는가, 그렇지 않은가에 따라 의인의 길과 악인의 길 중 어느 한 길을 가게 되어 있습니다.

오늘 말씀을 보면 23절의 미련한 자는 24절의 악인과 대조되고 있고, 명철한 자는 의인과 대조되고 있습니다. 미련한 자는 악을 행하는 것으로 낙을 삼지만 그로 인해 마음속으로 두려워하는 일들이 현실이 되고, 명철한 사람은 지혜로 낙을 삼아서 그가 소원하는 바가 이루어진다고 말씀합니다.

악인은 악을 낙으로 삼고 있지만, 마음속에는 자기가 지은 죄로 인해서 나중에 좋지 못한 일이 생길 것이라는 두려움을 갖게 됩니다. 그때 양심의 소리는 자기가 악을 행하는 것 자체가 나쁘다는 사실을 자각시켜 주는데도 계속해서 그 악한 행위를 반복하다가 멸망에 이르고 만다는 것입니다. 반면에 의인은 날마다 지혜롭게 행하면서 선한 일에 힘을 쓰니 선한 행실이 매일 조금씩 쌓여 가면서 인생의 기반이 반석과 같이 견고해집

니다.

그 결과, 회오리바람과 같은 인생의 위기가 찾아왔을 때에 의인과 악인이 모두 그 고난의 터널을 지나가게 되지만, 악인은 고난의 때에 인생이 완전히 무너져 자취도 없이 사라지게 되고, 의인은 그 삶이 영원한 기초같이 든든해서 고난의 터널을 안전하게 지나게 되는 것입니다(25절).

매일의 삶 속에서 하나님께서 양심을 통해 들려주시는 소리에 귀를 기울이시기 바랍니다. 지혜의 근본이 되시는 하나님을 경외하며 선한 일을 행하는 것을 낙으로 삼아 살아가시기 바랍니다. 그래서 마음에 소원하는 모든 일을 하나님께서 친히 이루어 주시는 놀라운 복을 누리는 성도되기를 바랍니다.

나의 적용 • • •

게으름과
성실함의 차이

잠언 10장 26절

26 게으른 자는 그 부리는 사람에게 마치 이에 식초 같고 눈에 연기 같으니라

사람의 성품이 아무리 착하고 많이 배웠어도 게으르면 사랑받고 인정받기가 어렵습니다. 게으른 사람은 무슨 일을 해도 '이런 일쯤은 내가 쉽게 할 수 있지….' 생각하고 일을 차일피일 미루다가 마감기한을 놓치기도 하고, 잘할 수 있는 일도 나중에는 급하게 하다가 큰 실수를 저지르고 맙니다.

게으른 사람은 매사에 일하는 것을 귀찮아하고 몸이 아픈 것도 아닌데 시간만 나면 눕고 싶어 하고 자고 싶어 합니다. 그래서 자기가 해야 할 일을 제때에 해 놓지 않기 때문에 함께 일을 하는 사람에게 피해를 주고, 시간이 지나면 지날수록 사람들에게 미움을 받게 됩니다. 그러나 성실한 사람은 일하는 데에 질서가 있고, 항상 남보다 한 걸음 앞서 준비하고 책임감 있게 일하기 때문에 시간이 지날수록 주위 사람들에게 사랑을 받고 인정을 받습니다.

게으름과 부지런함의 차이는 그렇게 크게 나는 것도 아닙니다. 정해진 시간에 늘 5분만 빠르게 행동해도 부지런한 사람이 되고 항상 5분 늦으면 게으른 사람이 됩니다. 많은 일을 하지 않아도 정해진 시간에 마땅히 할 바를 해 놓으면 부지런한 사람이 되고, 아무리 많은 일을 해도 한두 가지만 마감 기한을 놓치면 게으른 사람이 됩니다.

솔로몬은 게으른 사람이 일을 시키는 상관에게 어떤 피해를 주는지 두 가지의 비유로 설명하고 있습니다. 게으른 사람은 마치 이에 식초 같아서

견딜 수 없는 고통을 주고, 눈에 연기 같아서 눈물이 나 앞을 볼 수 없게 만드는 존재라는 것입니다. 그러니 게으른 사람을 데리고 일을 해야만 하는 사람의 고충이 얼마나 클까요?

우리가 주님의 일을 감당해 감에 있어서 영적인 게으름은 죄입니다. 기도해야 할 때에 기도하지 않고, 말씀을 배워야 할 때 배우지 않고, 마땅히 해야 할 일을 미루는 것이 죄입니다. 게으른 사람은 하나님께서 아무리 큰 은혜와 복을 예비해 주셔도 게을러서 그 은혜와 복을 자기 것으로 소유하지 못합니다.

범사에 부지런하고 성실한 삶을 살아감으로 하나님 앞에서나 사람들에게나 사랑받고 인정받는 신실한 성도되기를 바랍니다.

나의 적용 • • •

우리의 소망은
그리스도의 십자가에 있습니다

잠언 10장 27-29절

27 여호와를 경외하면 장수하느니라 그러나 악인의 수명은 짧아지느니라
28 의인의 소망은 즐거움을 이루어도 악인의 소망은 끊어지느니라
29 여호와의 도가 정직한 자에게는 산성이요 행악하는 자에게는 멸망이니라

세상 모든 사람은 인생을 살아가면서 건강하게 오래 살기를 바라고, 자기의 소망하는 것을 이루어 행복하게 되기를 원합니다. 오늘 말씀에서 솔로몬은 하나님을 경외하는 사람은 장수하고, 악인의 수명은 짧아진다 하였으며(27절), 의인의 소망은 즐거움을 이루어도 악인의 소망은 끊어진다고 하였습니다(28절). 그 이유는 무엇일까요?

하나님을 경외하는 사람은 소망하는 바가 선하고 하나님을 기쁘시게 하기 때문에, 그 일을 이루어 가면서 기쁨과 즐거움을 누리게 되고, 마음이 기쁘고 즐겁게 살아가니 몸도 건강해져 장수하게 됩니다. 반면에 악인은 소망하는 바가 악하고 마음으로는 하나님을 대적하기 때문에, 필연적으로 하나님의 심판을 받게 되고, 삶에서 소망이 끊어지며 결국 단명할 수밖에 없다는 것입니다.

그래서 본문은 여호와의 도가 정직한 자에게는 산성이요 행악하는 자들에게는 멸망이 된다고 말씀합니다(29절). 하나님은 하나님을 경외함으로 말씀을 사랑하고 정직히 행하는 자들에게 구원의 산성이 되어 주시며, 그의 도를 미워하고 악을 행하는 자들은 멸망시키시는 분이십니다. 바울도 고린도전서에서 솔로몬과 동일한 이야기를 하고 있습니다.

십자가의 도가 멸망하는 자들에게는 미련한 것이요 구원을 받는

우리에게는 하나님의 능력이라(고전 1:18).

여호와의 도는 우리 주 예수 그리스도의 십자가를 통하여 가장 확실하게 계시되었습니다. 그래서 예수 그리스도의 십자가 사랑을 체험한 사람은 영원한 생명을 소유하게 되고, 이 땅 위에 살아가는 동안 헛된 소망을 품지 않으며 하나님께서 주시는 인생의 참된 비전으로 인해 보람되고 가치 있는 삶을 살아가게 됩니다.

이 땅 위에 살아가는 동안 우리의 유일한 소망은 예수 그리스도입니다. 예수 안에 생명이 있고, 예수 안에서 주시는 참된 소망이 우리의 삶에 기쁨과 평안을 가져다줍니다. 오직 예수 안에서 새로운 삶의 소망을 발견하고, 그 소망을 이루어 주시는 하나님의 은혜로 말미암아 마음의 평강과 기쁨을 누리는 성도되기를 바랍니다.

나의 적용 • • •

온유한 자에게
주시는 복

잠언 10장 30절

30 의인은 영영히 이동되지 아니하여도 악인은 땅에 거하지 못하게 되느니라

하나님께서 아브라함을 부르실 때에 두 가지를 약속해 주셨습니다. 하나는 아브라함이 큰 민족을 이루어 복의 근원이 되게 하시겠다는 것과 또 하나는 후손들에게 가나안 땅을 주시겠다는 약속이었습니다. 이 언약은 이스라엘 백성이 가나안 정복 전쟁을 통해 영토를 소유하게 됨으로써 모두 성취되었습니다.

약속의 땅 가나안에 들어간 후, 히브리 문화에서 의인이 영원히 이동되지 않는다는 것은 하나님께서 허락하신 기업에서 영원히 사는 축복을 누리게 됨을 의미하고, 악인이 땅에 거하지 못한다는 것은 하나님의 기업에서 쫓겨나 비극적 운명에 처하게 될 뿐만 아니라 하나님의 언약 곧 구원과 보호, 축복에서 제외된다는 사실을 의미하게 되었습니다.

아브라함이 하나님께서 주신 언약을 성취할 수 있었던 것은 온유한 마음으로 하나님의 말씀에 순종하는 믿음 때문이었습니다. 부르심에 순종하여 본토, 친척, 아비의 집을 떠났고, 조카 롯과 헤어지게 될 때에는 온유한 마음으로 좋은 땅을 먼저 선택할 수 있는 권한을 롯에게 양보했으며, 100세에 주신 독자 이삭을 번제로 바치라 말씀하실 때에도 불평 한마디 없이 온유한 마음으로 순종했습니다.

아브라함이 하나님 앞에서 온유한 마음을 품으니 블레셋 왕 아비멜렉이나 애굽 왕 바로같은 권세가들도 그를 두려워하게 되었고, 살렘 왕 멜기세덱에게 기도로 축복 받았으며, 어디를 가든지 하나님의 보호하심과

인도하심 속에 평강을 누릴 수 있었습니다.

예수님께서는 산상수훈에서 "온유한 자는 복이 있나니 그들이 땅을 기업으로 받을 것임이요(마 5:5)."라고 말씀하셨습니다. 힘의 논리가 지배하는 세상 속에서 하나님의 보호하심과 인도하심을 받고 강자들이 소유한 땅을 나의 것으로 취하는 비결은 단 한 가지, 온유한 마음으로 하나님의 말씀에 순종하는 것뿐입니다.

온유한 마음으로 주의 말씀 붙들고 나아가 의인들이 요동치 않도록 지켜 주시고 인도하시는 신실하신 하나님과 동행하며 범사에 평강을 누리는 성도되기를 바랍니다.

나의 적용 • • •

생각이 바뀌어야
말과 행동이 변화됩니다

잠언 10장 31-32절

31 의인의 입은 지혜를 내어도 패역한 혀는 베임을 당할 것이니라
32 의인의 입술은 기쁘게 할 것을 알거늘 악인의 입은 패역을 말하느니라

잠언 전체 31개의 장에서는 말에 관련된 표현이 무려 74회나 나옵니다. 잠언은 그만큼 우리의 삶에서 언어 생활이 중요하다는 사실을 말씀하고 있습니다. 또한 잠언에서 가장 많이 대조되는 표현이 의인과 악인인데 의인과 악인의 큰 차이점 중에 하나가 의인은 항상 입으로 선한 말, 지혜로운 말을 내는 반면에 악인의 입은 패역한 말로 멸망을 자초한다는 것입니다.

본문 말씀도 의인과 악인의 언어 생활에 대하여 말씀하고 있습니다. 솔로몬은 의인의 입은 지혜를 낸다고 하였는데(31절), "내어도"에 해당하는 히브리어는 '누브'로서 '싹을 내다, 열매를 맺게 하다'라는 의미를 가지고 있습니다. 그래서 의인의 입의 말은 생명력이 있어서 지혜의 열매를 맺는다고 해석할 수 있습니다.

반면에 "패역한 혀는 베임을 당할 것이니라."에서 베임에 해당하는 히브리어는 '카라트'로서 '자르다, 베어 내다'라는 뜻입니다. 그래서 땅의 양분을 축내면서 열매를 맺지 못하는 나무를 베어 내듯이 악인의 혀가 베임을 당한다는 의미입니다.

종합하면, 의인의 입술은 지혜의 열매를 맺어서(31절) 사람들을 기쁘게 할 것을 알지만(32절) 악인의 입은 패역한 말, 거짓된 말만 일삼다가(32절) 결국에는 베임을 당하여 인생의 파멸을 초래한다는 것입니다. 그만큼 우

리의 삶에서 선한 말을 생활화하는 습관이 중요합니다.

사람은 그 마음에 품은 생각이 말과 행동으로 나오게 되어 있습니다. 그래서 말과 행동이 바뀌려면 먼저 마음의 생각이 바뀌어야 하고, 마음의 생각이 바뀌려면 그 마음의 중심에 하나님의 사랑이 깊이 뿌리내려야 합니다.

무엇이 하나님의 사랑을 우리 마음속에 뿌리내리게 할 수 있을까요? 나의 죄인 됨을 날마다 고백하고 회개하는 마음입니다. 진정한 회개로 나를 살리시려고 십자가에 달려 죽으신 예수님의 사랑을 마음속 깊이 받아들일 때에 하나님의 사랑이 내 안에 충만해짐을 느끼게 됩니다.

마음의 중심에 예수님을 모시고 살아가며, 성숙한 말과 행동으로 지혜의 열매를 맺어 사람들의 마음에 기쁨을 주는 성도되기를 바랍니다.

나의 적용 • • •

11장

올바른 성품으로
세상과 승부하라!

잠언 11장 1-3절

1 속이는 저울은 여호와께서 미워하시나 공평한 추는 그가 기뻐하시느니라
2 교만이 오면 욕도 오거니와 겸손한 자에게는 지혜가 있느니라
3 정직한 자의 성실은 자기를 인도하거니와 사악한 자의 패역은 자기를 망하게 하느니라

성공하는 사람들은 무슨 일이든 급하게 승부를 걸지 않습니다. 차근차근 신용을 쌓아 가고 삶의 모든 순간에 최선을 다하기 때문에 결국에는 큰 성공을 거둡니다. 빠른 시간 안에 승부를 보려는 사람은 사기꾼이나 도둑밖에 없습니다.

오늘 말씀에서 솔로몬은 사람이 무슨 일을 하든지 지켜 나가야 할 세 가지 성품을 이야기하고 있습니다. 이 세 가지 성품이 두루 갖추어진 사람은 시간이 흐를수록 사람들에게 인정을 받고 하는 일이 번성합니다.

첫째는 정직한 마음입니다(1절). 속이는 저울은 무게가 다른 추를 사용해서 실제 무게보다 적게 달아 주고 그 차이만큼의 부당 이익을 취하는 행위입니다. 정직하지 못한 사람들이 사용하는 가장 고전적인 수법입니다. 사람들이 처음에는 몇 번 속지만, 저울을 속이는 사람의 가게에는 두 번 다시 가지 않기 때문에 그 가게는 문을 닫을 수밖에 없습니다.

둘째는 겸손한 마음입니다(2절). 보통 사업을 시작하는 사람은 겸손한 마음으로 시작합니다. 주변 사람들을 존중하고, 배려합니다. 그래야 인심을 얻을 수 있기 때문입니다. 그러다가 사업이 잘되고 돈이 좀 많아지면 자기가 뭐라도 된 것처럼 교만해집니다. 주변 사람들을 무시하고 자기 생각대로 독단적으로 행동하다가 결국 하는 일이 어려워져서 수치와 부끄러움을 당하게 됩니다. 그래서 끝까지 겸손한 마음을 지켜 나가는 것이

중요합니다.

셋째는 성실한 마음입니다(3절). 정직한 사람이 성실하게 살아가면 그 정직과 성실이 하루하루 쌓여서 신뢰감이 형성됩니다. 그렇게 만들어진 신뢰감은 함께 일하는 사람들에게 견고한 믿음을 주어서 때로는 어려운 일이 생겨도 그 상황을 극복해 낼 수 있는 큰 힘이 됩니다. 반면에 사악한 자는 정직하지 못한 마음으로 사람을 이용해 먹으려 하고 교활하게 행동하다가 모든 사람에게 버림을 당합니다.

하나님을 경외하는 마음으로 범사에 정직, 성실, 겸손 이 세 가지 덕목을 지켜 나가기를 바랍니다. 그래서 내게 주신 삶의 현장에서 하늘의 위로와 축복을 누리는 성도되기를 바랍니다.

나의 적용 • • •

공의의 소망을
품고 살아가라

잠언 11장 4-8절

4 재물은 진노하시는 날에 무익하나 공의는 죽음에서 건지느니라
5 완전한 자의 공의는 자기의 길을 곧게 하려니와 악한 자는 자기의 악으로 말미암아 넘
  어지리라
6 정직한 자의 공의는 자기를 건지려니와 사악한 자는 자기의 악에 잡히리라
7 악인은 죽을 때에 그 소망이 끊어지나니 불의의 소망이 없어지느니라
8 의인은 환난에서 구원을 얻으나 악인은 자기의 길로 가느니라

사람이 부유하게 되었다 하더라도 그 부를 소유하게 된 과정이 잘못되어 있으면 반드시 심판을 받게 됩니다. 그래서 솔로몬은 진노하시는 날, 하나님께서 사람의 행위대로 심판하시는 그날에 재물은 아무런 유익이 없고, 공의가 그를 영원한 지옥 형벌인 죽음에서 건진다고 말씀하고 있습니다(4절).

악인들은 눈에 보이는 돈과 명예, 권력을 붙잡으려고 지속적으로 악을 행하며, 물질 세계에 유혹되어 살아가다가 결국에는 하나님께서 심판하시는 날에 멸망의 길을 가게 됩니다. 반면에 의인은 눈에 보이는 재물을 얻는 것보다 공의로운 삶을 추구하고, 바르고 정직한 마음으로 살아가기 때문에 세상에서는 하나님의 보호하심과 복을 받고, 죽은 후에는 천국에서 영생을 누리게 됩니다.

솔로몬은 공의를 추구하는 삶의 유익을 세 가지로 말씀하고 있습니다. 첫째로 공의는 세상에서 안전한 삶을 보장해 줍니다(5절). 공의를 행하는 사람에게서 어느 누구도 허물을 찾을 수 없고, 무슨 모함을 해도 정죄할 근거를 찾을 수 없게 됩니다. 그러나 불의를 행하는 자는 자기 악이 드러

나는 순간 변명할 길이 없고, 법의 준엄한 심판을 당할 수밖에 없습니다.

둘째로 의인의 소망은 대를 이어 가지만, 악인의 소망은 죽는 순간 끊어져 버립니다(7절). 의인의 소망은 하나님을 기쁘시게 하기 때문에 그가 살아가는 동안 소망이 성취되지 못했어도 후손들을 통해서라도 반드시 성취됩니다. 의인의 소망 가운데 하나님께서 함께하시고 그 소망을 이루시고자 그 소망을 이어 가는 후손들에게도 복을 주십니다.

셋째로 의인은 환난에서 구원을 얻으나 악인은 환난의 때에 멸망의 길로 갑니다(8절). 8절의 원어적 의미는 '의인은 환난에서 구원을 받고 악인이 그 환난의 자리를 대신하게 된다.'는 뜻입니다. 세상의 환난은 누군가를 철저히 망하게 만드는데, 하나님께서 의인을 환난에서 구원하시고 악인이 그 자리를 대신하게 만드신다는 것입니다.

공의를 행하는 삶에 하나님께서 함께하십니다. 오늘 하루의 삶에서도 공의의 소망을 품고 하나님과 동행하며 그 기쁘신 뜻을 온전히 이루어 가는 성도되기를 바랍니다.

나의 적용 ● ● ●

건전한 언어가 갖는
선한 영향력

잠언 11장 9-13절

9 악인은 입으로 그의 이웃을 망하게 하여도 의인은 그의 지식으로 말미암아 구원을 얻느니라
10 의인이 형통하면 성읍이 즐거워하고 악인이 패망하면 기뻐 외치느니라
11 성읍은 정직한 자의 축복으로 인하여 진흥하고 악한 자의 입으로 말미암아 무너지느니라
12 지혜 없는 자는 그의 이웃을 멸시하나 명철한 자는 잠잠하느니라
13 두루 다니며 한담하는 자는 남의 비밀을 누설하나 마음이 신실한 자는 그런 것을 숨기느니라

    사람은 자주 만나서 대화하는 상대방의 말투나 단어를 자기도 모르는 사이에 학습하고 따라하게 됩니다. 그리고 말을 통해 자신의 생각과 사상을 전달하기 때문에 누군가가 자주 사용하는 단어를 살펴보면 그 사람의 영적인 상태를 파악할 수 있습니다. 오늘 말씀은 의인과 악인의 언어 생활이 공동체에 미치는 영향에 대하여 이야기하고 있습니다.

첫째로 악인은 말로 이웃을 망하게 합니다(9절a). 13절에 나오는 "두루 다니며 한담하는 자"의 원어적 의미는 자기 이익을 극대화하기 위해 거짓말을 퍼뜨리며 다니는 악한 장사꾼을 뜻합니다. 그래서 악인은 악한 장사꾼처럼 불의한 이익을 얻기 위해 거짓말을 서슴지 않으며, 이웃들을 모함하여 망하게 만든다는 것입니다. 그러나 하나님께서는 의인들에게는 악한 자의 모략을 간파할 수 있는 지혜를 주셔서 악인의 음모에서 벗어나게 하십니다(9절b).

둘째로 의인의 형통함과 악인의 패망은 공동체에 큰 기쁨을 줍니다(10

절). 본문에서 의인과 악인의 사회적 위치는 공직관리나 지도자를 의미합니다. 지도력이 있는 사람이 의인인 경우 그의 형통함은 많은 사람을 유익하게 하고 기쁨을 주지만, 악인이 높은 위치에 있으면 그가 하는 말과 행동으로 인해 많은 사람이 피해를 보고 고통을 당하기 때문에 악인의 패망을 사람들이 기뻐한다는 것입니다. 만약 나의 삶이 범사에 형통함으로 이웃들이 기뻐하고 즐거워하며 함께 유익을 얻는다면 그것은 나의 삶이 의롭다는 증거입니다.

셋째로 의인의 축복의 말이 공동체를 번영하게 합니다(11절). 11절에 사용된 축복이라는 말의 원어적 의미는 '여호와 앞에 무릎을 꿇다, 빌다'라는 뜻입니다. 그래서 의인의 기도가 공동체를 번영하게 한다는 의미로 해석할 수 있습니다. 의인의 간구는 역사하는 힘이 크다 하였는데(약 5:16) 그리스도인의 기도가 시대를 구원한다는 사실을 기억하고 이웃을 위해, 나라와 민족을 위해 중보하는 성도가 되어야 합니다.

범사에 건전한 언어 생활로 선한 영향력을 끼치며 시대를 위해 중보함으로 이웃과 사회에 하나님의 복이 임하게 하는 성도되기를 바랍니다.

나의 적용 • • •

사적인 감정이
공공의 적입니다

잠언 11장 14-15절

14 지략이 없으면 백성이 망하여도 지략이 많으면 평안을 누리느니라
15 타인을 위하여 보증이 되는 자는 손해를 당하여도 보증이 되기를 싫어하는 자는 평안
   하니라

리더는 사람들이 서로 다른 생각과 의견을 가지고 있을 때에 그 다름의 차이 속에서 공통점을 발견하고, 이를 통해 함께 이루어 가야 할 목표를 세워 실천해 가는 사람입니다. 또한 모든 사람의 마음에 만족감을 줄 수는 없다 하더라도 보편과 상식의 선에서 생각하고 판단하여 의견이 다른 사람도 수용할 수 있는 대안을 제시할 줄 아는 사람입니다.

만약 한 나라의 왕이 폭군이어서 백성의 소리에 귀를 기울일 줄 모르고, 신하들의 충언을 거부한다면 그 나라의 백성의 삶은 불행할 수밖에 없습니다. 시간이 흐를수록 국력은 쇠약해지고 나라는 반드시 망할 수밖에 없습니다. 그러나 지혜로운 신하들이 많아서 왕이 나라의 정책을 결정하는 데 도움을 주고, 백성의 삶을 윤택하게 하는 나라는 국력이 강해지고 번성하게 됩니다.

결국 한 국가든 공동체든 지도력을 발휘해야 하는 위치에 있는 사람은 이기적인 생각이나 방법을 버리고, 지혜를 모아서 공공의 선을 추구하며 살아가야 행복하다는 것입니다. 지도자가 공평한 정책을 세우고 실행하여 모든 사람이 함께 행복한 삶을 살아가도록 하려면 사적인 감정에 휩쓸려서는 안 됩니다. 사적인 감정이 앞서면 형평성이 무너지고, 파당이 생기게 되며 공동체 안에서 평안이 사라져 버리기 때문입니다.

오늘 말씀에서 솔로몬은 공동체의 리더십을 이야기하다가(14절) 갑자기 보증에 대한 이야기를 하면서(15절) 그 공통점을 평안이라는 주제로 묶어내고 있습니다. 그 이유는 사적인 감정을 앞세울 경우 공동체의 평안이나 개인의 삶에서 평안이 모두 무너질 수밖에 없기 때문입니다. 리더가 무슨 일을 하든지 공과 사를 구별할 줄 알고, 인정에 휩쓸려 그릇된 판단을 하지 않도록 주의할 때에 모든 사람이 함께 평안한 삶을 살 수 있게 됩니다.

하나님께서는 우리를 세상 속에서 왕같은 제사장으로 삼아 주셨습니다(벧전 2:9). 우리를 불러 주신 곳에서 사적인 감정을 버리고 공의를 행하는 삶을 살아감으로 많은 사람을 유익하게 하고 공동체를 평안케 하는 성도되기를 바랍니다.

나의 적용 ● ● ●

진정한 행복은
사랑 안에 있습니다

잠언 11장 16~17절

16 유덕한 여자는 존영을 얻고 근면한 남자는 재물을 얻느니라
17 인자한 자는 자기의 영혼을 이롭게 하고 잔인한 자는 자기의 몸을 해롭게 하느니라

하나님께서 사람에게 주신 가장 귀한 성품은 사랑입니다. 사람과 사랑, 삶은 모두 같은 어원을 가지고 있는데 사람이 사람을 생각하는 것을 사랑이라 하고, 그 사랑이 지속되는 상태를 삶이라고 합니다. 사람이 자기만 사랑하면 이기적인 사람이 되고, 이웃을 사랑하면 이타적이고 인자한 사람이 되며, 하나님을 사랑하면 거룩한 사람이 됩니다.

오늘 말씀에서 솔로몬은 친절한 마음을 가진 여자는 사람의 존경을 얻고, 근면한 남자는 재물을 얻으며(16절), 인자한 마음을 가진 사람은 자기의 영혼을 이롭게 하고, 잔인한 자는 자기의 몸을 해롭게 한다고 하였습니다(17절). 마음에 사랑이 가득한 사람에게서 친절함과 인자함이 나오게 되는데, 사랑이 없는 사람에게서는 자기 자신의 몸까지 상하게 하는 잔인한 행동이 나오게 된다는 것입니다.

세상에서 가장 잔인하고 위험한 행동은 단순히 남에게 해를 끼치는 것이 아닙니다. 자기 자신을 존중하지 않고 미워하며 내 인생은 어째서 이 모양인가 하며 한탄하는 행위가 가장 잔인한 행동입니다. 왜냐하면 이런 마음이 세상을 향한 증오로 드러나게 되고 불특정 다수를 향한 폭력으로 이어지기 때문입니다. 오늘 우리 사회에서 벌어지는 묻지마 테러가 바로 이런 마음의 상태에서 나오는 범죄 행위입니다.

하나님을 사랑하는 사람은 나를 창조하신 하나님의 놀라운 은혜와 섭리를 알기에 내 자신이 얼마나 존귀한 존재인지를 깨달아 자신을 사랑하게 됩니다. 그래서 자존감이 높아지고 올바른 가치관과 건전한 삶의 태도를 가지고 인생을 살아갑니다. 또한 나를 사랑하시고 존귀히 여기시는 하나님께서 다른 사람들도 사랑하시고 존귀히 여기심을 알기에 이웃을 사랑하고 존중하는 마음으로 살아가게 됩니다.

결국 하나님을 사랑하는 사람은 자기 자신을 사랑하고, 이웃도 자기 몸과 같이 아끼고 사랑하는 사람이 됩니다. 사랑은 인생을 살아가면서 인간이 할 수 있는 가장 숭고하고 아름다운 행위입니다. 하나님의 사랑을 통해 자신의 올바른 정체성을 찾고 이웃을 사랑하고 섬기며 진정한 행복을 누리시기 바랍니다.

나의 적용 ● ● ●

삯이 아니라
상급으로 사는 인생

잠언 11장 18–23절

18 악인의 삯은 허무하되 공의를 뿌린 자의 상은 확실하니라
19 공의를 굳게 지키는 자는 생명에 이르고 악을 따르는 자는 사망에 이르느니라
20 마음이 굽은 자는 여호와께 미움을 받아도 행위가 온전한 자는 그의 기뻐하심을 받느
   니라
21 악인은 피차 손을 잡을지라도 벌을 면하지 못할 것이나 의인의 자손은 구원을 얻으리
   라
22 아름다운 여인이 삼가지 아니하는 것은 마치 돼지 코에 금 고리 같으니라
23 의인의 소원은 오직 선하나 악인의 소망은 진노를 이루느니라

하나님은 모든 영적인 세계와 물질적인 세계를 창조하신 분이십니다. 그래서 하나님께서 원하시기만 하면 사람에게 지혜와 지식과 명철을 주시고, 부와 명예나 권력도 마음대로 주시는 분이십니다. 하나님의 자녀들은 이러한 진리를 잘 알기 때문에 세상에서 자기 노력으로 무엇인가를 얻겠다고 애쓰지 않습니다. 이 모든 것들은 하나님께서 주셔야지만 내 것이 될 수 있기 때문입니다.

그래서 솔로몬은 악인은 자기가 수고한 대로 삯을 얻으려고 노력하지만 주어지는 것은 인생의 허무함뿐이고, 의인은 하나님 앞에서 공의로운 삶을 살아감으로 하나님께서 주시는 확실한 상급을 받게 된다고 말씀합니다(18절). 그러면 어떤 사람에게 하나님께서 상을 베풀어 주실까요?

첫째로 하나님의 공의를 붙잡고 살아가는 사람입니다(19절). 불의한 이익을 탐하지 않으며, 항상 선한 것을 선택하는 사람입니다. 내가 조금 손해를 보는 것 같아도 옳은 길을 가면 하나님께서는 그런 사람을 기뻐하시고 상을 베풀어 주십니다. 그리고 그의 삶이 이 땅에서는 강건케 하시고

내세에는 영생이 있게 하십니다.

둘째로 행위가 온전한 사람입니다(20절). 하나님께서는 마음이 굽은 자를 미워하시는데, 삐뚤어진 마음에서는 악한 생각과 악한 행동만 나오기 때문입니다. 그러나 마음의 생각이 곧은 사람은 온전한 행위로 하나님의 기뻐하심을 입기에 그의 삶에는 상급이 따라옵니다.

셋째로 마음의 소원이 선한 사람입니다(23절). 하나님께서 주시는 비전을 성취하기 위해 간절한 소망을 가지고 살아가는 사람은 삶 속에서 악을 행할 여유가 없습니다. 하나님의 선하신 뜻을 이루기에도 할 일이 많기 때문입니다. 그러나 인생의 부질없는 욕망에 휩쓸려 사는 사람은 하나님의 뜻을 성취할 수 없고, 결국에는 하나님의 진노를 받게 될 뿐입니다.

하나님의 자녀들은 삯을 추구하는 인생이 아니라, 하나님께서 주시는 상급을 추구하는 인생이 되어야 합니다. 곧은 마음으로 공의로운 삶을 선택하며, 하나님께서 기뻐하시는 마음의 소원을 품고 하나님이 주시는 풍성한 상급으로 살아가시기를 바랍니다.

나의 적용 • • •

나눔과 섬김을 통해
더 풍성해지는 삶

잠언 11장 24-28절

24 흩어 구제하여도 더욱 부하게 되는 일이 있나니 과도히 아껴도 가난하게 될 뿐이니라
25 구제를 좋아하는 자는 풍족하여질 것이요 남을 윤택하게 하는 자는 자기도 윤택하여지리라
26 곡식을 내놓지 아니하는 자는 백성에게 저주를 받을 것이나 파는 자는 그의 머리에 복이 임하리라
27 선을 간절히 구하는 자는 은총을 얻으려니와 악을 더듬어 찾는 자에게는 악이 임하리라
28 자기의 재물을 의지하는 자는 패망하려니와 의인은 푸른 잎사귀 같아서 번성하리라

하나님께서는 사람을 만드실 때에 선을 행하면 마음속에 기쁨이 솟아나고 자신의 삶에서 보람을 느끼도록 창조하셨습니다. 그래서 선한 사람은 선을 행할 때에 찾아오는 즐거움이 얼마나 큰지를 알기 때문에 선행을 반복하게 됩니다. 반면에 악을 행하는 사람은 선한 행동보다 악한 행동을 하는 것이 물질적인 이익을 얻는데 좀 더 빠르다고 생각하기 때문에 악행을 반복합니다.

결국 사람이 악을 행하게 되는 근본적인 이유가 무엇인가 살펴보면 대부분은 물질적인 이익을 얻기 위한 경우가 많습니다. 그래서 악한 사람이 부유해져서 많은 재산을 소유했다면 상대적으로 그 사람이 얼마나 많은 죄를 지었는가를 보여 준다고 할 수 있습니다.

본문에서 솔로몬은 재물을 움켜잡으려는 사람과 풍성하게 나누어 주는 사람을 대조시키고 있습니다. 그래서 자기 재물만 의지하며 나눌 줄 모르는 인색한 사람은 패망하게 되지만 의인은 무성하게 자라는 잎사귀처럼 번성하게 된다고 말씀합니다(28절). 왜 그런가 하면 위에 계신 하나

님께서 인생들을 내려다보고 계시기 때문입니다.

　하나님께서 인생들을 지켜보고 계심을 보여 주는 증거들이 있습니다. 그것은 흩어 구제하는 사람이 오히려 더욱 부하게 되고, 과도히 아끼는 사람은 가난해지며(24절) 구제를 좋아하는 자는 풍족해지고 남을 윤택하게 하는 사람은 자기도 윤택하게 되는 것입니다(25절).

　하나님께서는 하나님께서 주신 은혜와 복으로 인해 이웃에게 베풀며 섬기는 사람에게 더 많은 것을 주셔서 선한 일에 더욱 힘쓰게 하십니다. 그래서 선을 간절히 구하는 자에게 은총을 베풀어 주시고 물질의 욕망을 채우기 위해 더 악행할 것이 없나 더듬어 찾는 자들은 스스로 악에 빠지게 만드십니다(27절)

　부족해도 베풀고 나누는 삶에 하나님께서 주시는 복이 임합니다. 베풀 것이 없어서 나누지 못하는 것이 아니라 욕심이 가득 차 있어서 나누지 못하는 것입니다. 흩어 구제하는 자를 오히려 부하게 하신다는 역설적 진리를 마음에 새기고 나눔과 섬김을 통해 더 풍성한 삶으로 나아가시기를 바랍니다.

나의 적용 ● ● ●

수신제가
치국평천하
잠언 11장 29-31절

29 자기 집을 해롭게 하는 자의 소득은 바람이라 미련한 자는 마음이 지혜로운 자의 종이 되리라

30 의인의 열매는 생명 나무라 지혜로운 자는 사람을 얻느니라

31 보라 의인이라도 이 세상에서 보응을 받겠거든 하물며 악인과 죄인이리요

하나님께서 사람에게 주신 첫 번째 제도는 가정입니다. 가정은 사회의 최소 단위인데 한 개인은 태어나면서부터 가정 안에서 삶의 안정감과 보호를 받고 도덕성과 윤리의식을 배우게 됩니다. 그래서 행복한 가정에서 자란 사람은 사회에 나가서도 안정감과 자신감을 가지고 살면서 주위 사람들을 유익하게 하고, 불행한 가정에서 자란 사람은 생존 본능만 강해져서 자기만 위해 살면서 주위 사람들을 고통스럽게 합니다.

솔로몬은 "자기 집을 해롭게 하는 자의 소득은 바람이라 미련한 자는 마음이 지혜로운 자의 종이 되리라."고 하였는데(29절), 여기서 자기 집을 해롭게 하는 자의 원어적 의미는 가족들의 마음에 고통을 주고, 혼란스럽게 하는 자를 말합니다. 사람이 돈을 버는 가장 기본적인 이유는 생계의 문제를 해결하고 가족들의 삶을 윤택하게 하려는 것인데, 이미 가족의 마음을 고통스럽게 하는 사람은 사회에서 아무리 많은 돈을 벌어도 그 재물이 헛되고 허무할 뿐이라는 뜻입니다.

한 가정의 가장이 지혜로운 마음을 가지고 살아가면 그에게서 나오는 지혜는 생명나무와 같아서 삶의 열매로 자신의 가정을 평안하게 하고, 여러 사람을 살리며 그 영향력 아래에 많은 사람이 모이게 합니다(30절). 결

국 미련한 사람은 삶의 영향력이 없어서 지혜로운 사람을 의존하게 되고 그 아래에서 수동적인 삶을 살게 되지만, 지혜로운 사람은 그 지혜로 인하여 많은 사람을 얻고 적극적이고 능동적인 삶을 살게 된다는 것입니다.

수신제가 치국평천하라 하였습니다. 나를 수련하고 가정을 건강하게 세우는 사람이 사회에서도 영향력 있는 사람이 되고 큰일을 행하게 됩니다. 의인은 건강하고 행복한 가정에서 나오고, 악인은 불행한 가정에서 나옵니다. 하늘 아버지를 가장으로 모시고 살아가는 가정이 가장 건강하고 행복한 가정입니다. 오늘도 내게 주신 가정을 귀히 여기고 섬기며 하늘 아버지께서 주시는 지혜로 행복한 삶을 살아가시기를 바랍니다.

나의 적용 • • •

12장

훈계와 징계를
기쁘게 여겨야 합니다

잠언 12장 1-8절

1 훈계를 좋아하는 자는 지식을 좋아하거니와 징계를 싫어하는 자는 짐승과 같으니라
2 선인은 여호와께 은총을 받으려니와 악을 꾀하는 자는 정죄하심을 받으리라
3 사람이 악으로서 굳게 서지 못하거니와 의인의 뿌리는 움직이지 아니하느니라
4 어진 여인은 그 지아비의 면류관이나 욕을 끼치는 여인은 그 지아비의 뼈가 썩음 같게
  하느니라
5 의인의 생각은 정직하여도 악인의 도모는 속임이니라
6 악인의 말은 사람을 엿보아 피를 흘리자 하는 것이거니와 정직한 자의 입은 사람을 구
  원하느니라
7 악인은 엎드러져서 소멸되려니와 의인의 집은 서 있으리라
9 사람은 그 지혜대로 칭찬을 받으려니와 마음이 굽은 자는 멸시를 받으리라

사람은 하나님의 형상대로 창조된 이성적
존재입니다. 건강한 이성을 가진 사람이 훈계를 좋아하는 이유는 비록 자
신의 잘못된 생각이나 행위로 책망 받더라도 이를 통해 깨달음을 얻고 현
재 자신의 모습보다 더 성숙한 삶, 더 행복한 삶으로 나아가게 된다는 사
실을 알기 때문입니다. 사람이 훈계와 징계를 싫어하면 본능에 의해 행동
하는 짐승과 다를 바가 없습니다(1절).

훈계와 징계를 싫어하는 사람은 선과 악에 대한 개념이 없어져서 나에
게 유익하면 선이고 무익하면 악이라는 잘못된 생각에 빠지게 됩니다. 본
문은 훈계와 징계를 좋아하는 의인과 싫어하는 악인의 차이점에 대하여
말씀하고 있습니다.

첫째로 의인은 여호와의 은총을 입고, 악인은 정죄하심을 받습니다(2
절). 의인은 비록 실수로 죄를 짓고 넘어졌다 하더라도 반성하고 뉘우쳐

회개하기에 하나님의 은총을 입게 되고, 악인은 범죄해도 돌이킬 줄 모르기에 정죄하심을 받게 됩니다. 그래서 의인의 삶은 든든히 뿌리내린 나무 같이 견고하게 되나(3절), 악인은 그 악으로 말미암아 엎드러져 멸망하게 됩니다(7절).

둘째로 의인은 그 입의 말로 사람을 구원하나 악인은 말로 사람을 죽일 기회를 엿봅니다(6절). 의인은 정직하기 때문에 누가 누명을 쓰거나 억울한 상황에 놓였을 때 사실을 있는 그대로 증언하여 그의 누명과 오해를 풀어 줍니다. 반면에 악인은 없는 말까지 만들어 내고, 기회만 있으면 남을 모함하며 괴롭히며, 거기서 부당한 이익을 얻으려 합니다.

셋째로 의인은 그의 지혜로 인하여 칭찬받으나 악인은 그 굽은 마음으로 인해 멸시를 받게 됩니다(8절). 의인은 훈계를 기쁘게 받음으로 지혜와 지식을 쌓아 가고, 그 지혜와 지식으로 자신과 주위 사람들을 유익하게 하여 칭찬을 받습니다. 그러나 악인은 그 굽은 마음으로 악한 일만을 도모하다가 사람들에게 멸시를 당합니다.

의인은 말씀으로 자신의 삶을 돌아보고 훈계와 책망을 달게 받을 줄 아는 사람입니다. 진리의 말씀으로 자신을 훈계하고 책망하며 사람에게나 하나님께나 칭찬받는 존재로 살아가시기를 바랍니다.

나의 적용 • • •

믿음의 뿌리가
건강해야 합니다

잠언 12장 9-12절

9 비천히 여김을 받을지라도 종을 부리는 자는 스스로 높은 체하고도 음식이 핍절한 자보다 나으니라
10 의인은 자기의 가축의 생명을 돌보나 악인의 긍휼은 잔인이니라
11 자기의 토지를 경작하는 자는 먹을 것이 많거니와 방탕한 것을 따르는 자는 지혜가 없느니라
12 악인은 불의의 이익을 탐하나 의인은 그 뿌리로 말미암아 결실하느니라

나무에 있어서 가장 중요한 것은 뿌리입니다. 뿌리가 살아 있으면 줄기와 가지가 말라 있어도 다시 소생할 수 있습니다. 악인은 뿌리가 죽어 있어서 결실할 수 없기 때문에 불의의 이익을 탐할 수밖에 없습니다. 반면에 의인은 뿌리가 건강하게 살아 있어서 수고하고 노력하는 대로 결실을 하게 됩니다(12절).

그러면 의인은 어디에 뿌리를 내린 사람인가요? 시냇가에 심은 나무가 시절을 좇아 과실을 맺는 것처럼 하나님의 은혜의 강가에 뿌리를 내리고 말씀대로 살아가는 사람입니다(시 1:3). 본문은 하나님의 은혜 안에 살아가는 사람이 갖는 삶의 특징을 세 가지로 말씀하고 있습니다.

첫째로 자존심보다 실리를 추구할 줄 아는 사람입니다(9절). 비천히 여김을 받더라도 종을 부린다는 말의 원어적 의미는 사람들에게 무시를 당하더라도 자신을 종처럼 부리는 사람을 뜻합니다. 그는 삶의 현장에서 자신을 겸손하게 낮추고 다른 사람들을 존중하면서 살아가기에 돕는 사람이 많아지고 삶이 풍성해집니다. 그러나 스스로 높은 체하며 교만하게 행동하는 사람은 돕는 사람이 없어 하는 일이 망하게 되고, 삶은 더욱 궁핍

해집니다.

둘째로 생명을 존중하는 마음으로 살아가는 사람입니다(10절). 의인은 생명을 존중하기에 가축을 치더라도 그것을 생계의 수단으로 삼지 않고 사랑으로 돌봅니다. 그래서 가축들이 건강하고 새끼를 잘 낳아 더 부유해집니다. 그러나 악인은 자기가 키우는 가축에게 조차 긍휼을 베풀지 않습니다. 생명을 존중하지 않으니 키우는 가축들이 혹사를 당해 번성하지 못합니다.

셋째로 정직함과 성실함으로 살아가는 사람입니다. 땅은 뿌린 대로 거두고, 수고하고 노력한 대로 열매를 얻게 합니다. 적게 뿌려 놓고 많이 거둘 수 없고, 땀 흘려 수고하지 않고 열매를 얻을 수 없습니다. 그래서 농사에는 정직과 성실이 요구됩니다. 반면에 방탕한 삶을 살아가는 사람은 엉뚱한 곳에 재물과 힘을 낭비하다가 가진 것조차 다 탕진하게 됩니다.

하나님의 은혜의 강가에 뿌리내린 의인처럼 겸손한 마음, 생명 존중의 마음, 정직하고 성실한 마음으로 삶에서 풍성한 열매를 거두며 살아가시기를 바랍니다.

나의 적용 • • •

선한 생각으로
입술의 열매를 맺으라

잠언 12장 13-14절

13 악인은 입술의 허물로 말미암아 그물에 걸려도 의인은 환난에서 벗어나느니라
14 사람은 입의 열매로 말미암아 복록에 족하며 그 손이 행하는 대로 자기가 받느니라

사람이 마음속으로 생각하는 것들은 말과 행동으로 표현됩니다. 생각이 행동으로 즉시 나타나는 경우가 있고, 생각이 말로는 표현되었지만 행동으로는 나오지 않는 경우가 있습니다. 말과 행동이 일치하는 사람을 신실한 사람이라 하고, 말만 많고 자신이 한 말을 지키지 않는 사람을 실없는 사람이라고 합니다.

"입술의 열매"란 말이 구체적인 행동으로 표현되어 그 행동의 결과가 나타난 상태를 의미합니다. 14절에서 "복록에 족하며"의 원어적 의미는 '선한 것으로 가득 차다'라는 뜻인데 사람이 말한 것이 행동으로 나타나 열매를 맺었을 때에 그의 삶은 선한 것들로 가득 차게 되고 그 결과 자신의 손이 수고한대로 그에 대한 보상을 받게 된다는 것입니다.

본문의 13절과 14절은 서로 대구를 이루고 있습니다. 솔로몬은 악인은 입술의 허물로 말미암아 그물에 걸리고(13절), 의인은 "입술의 열매"로 말미암아 삶에 선한 것들이 가득 차게 된다(14절)고 말씀하고 있습니다.

의인과 악인이 모두 일상생활에서 입으로 말을 내지만, 의인은 선한 말로 열매를 맺고, 악인은 그 입에서 나오는 악한 말이 삶에서 족쇄가 되어 빠져나올 수 없는 그물에 걸리게 되고 결과 보응을 받게 된다는 것입니다.

선한 말과 악한 말이 어디에서부터 나오는 것일까요? 마음의 생각입니

다. 마음속에 무엇을 담았는가가 그 사람의 인격과 성품을 결정하게 되고 말과 행동으로 나타나게 됩니다. 마음속에 선한 생각과 악한 생각을 담는 것은 나 자신입니다. 마음속에서 악한 생각이 떠오를 때에 그것을 그대로 용납하는 것도 나 자신이고, 단호하게 끊어 내는 것도 나 자신입니다.

순간순간 떠오르는 생각을 바르게 분별하고, 선한 생각을 마음속 가득히 채우며 나아감으로 입술의 열매를 풍성하게 맺어 가시기를 바랍니다.

나의 적용 • • •

지혜는 수용성과
포용성에서 나옵니다

잠언 12장 15-16절

15 미련한 자는 자기 행위를 바른 줄로 여기나 지혜로운 자는 권고를 듣느니라
16 미련한 자는 당장 분노를 나타내거니와 슬기로운 자는 수욕을 참느니라

사람은 누구나 나름대로의 자기 생각과 가치관이 있습니다. 학창 시절에 강당에 모여서 무슨 강연을 들은 적이 있습니다. 그때에 강사 분이 학생들에게 이런 말씀을 하셨습니다.

"여러분 다 눈을 감아 보세요! 그리고 오른손으로 동쪽이라고 생각하는 곳을 가리켜 보세요!"

그랬더니 전교생들이 가리키는 곳이 제각각 달랐습니다.

강사님은 눈을 뜨고 각자의 손가락이 가리키는 곳을 보라고 하신 후에, 사람이 올바른 가치관과 윤리적 기준을 가지고 행동하지 않으면 얼마나 위험한 일이 생길 수 있는지에 대하여 말씀하셨습니다. 그만큼 독단적인 생각과 행동은 위험하다는 것입니다.

미련한 자는 자기 생각과 행위가 바른 줄로 여깁니다(15절). 항상 자기 생각이 옳다고 여기기 때문에 누가 잘못을 지적하면 당장에 분노를 드러냅니다(16절). 그러나 지혜로운 자는 내 생각이 잘못되었을 수도 있다고 여기기 때문에 다른 사람의 권고를 듣고 수용할 줄 압니다(15절). 누가 잘못을 지적하거나 화를 내더라도 쉽게 분노하지 않고 부끄러운 상황도 잘 참아 냅니다(16절).

지혜로운 사람은 잘 참을 줄 아는 사람입니다. 누군가가 자신을 지적하거나 비난할 때에, 자기 견해가 옳다 생각해도 참고, 그르다 생각해도

참습니다. 자기 생각이 잘못되었다고 생각될 때에는 그 지적과 비난을 달게 받아서 자기 생각을 수정함으로 삶에서 유익을 얻고, 자기 생각이 옳다고 생각될 때에도 "그 사람이 너무 모르고 미련해서 그러는구나." 하며 참아줍니다.

성령의 열매 중에 오래 참음이라는 열매가 있습니다(갈 5:22). 오래 참는다는 것은 단지 억지로 인내하는 행위를 말하지 않습니다. 사랑을 전제로 오래 참는 것이고, 온유한 마음으로 오래 참는 것입니다. 그래서 지혜로운 사람은 주위 사람들이 자신에게 들려주는 충고나 조언에 대하여 사랑과 온유한 마음으로 수용하고 인내함으로 날마다 성숙된 삶으로 나갑니다.

오늘도 성령님을 의지함으로 바른 분별력을 가지고 살아가며, 온유한 마음과 사랑의 정신으로 사람들의 허물을 가리워 주고, 더 성숙한 인격과 삶으로 나아가시기를 바랍니다.

나의 적용 • • •

말 한 마디에도
생명이 있습니다

잠언 12장 17-19절

17 진리를 말하는 자는 의를 나타내어도 거짓 증인은 속이는 말을 하느니라
18 칼로 찌름 같이 함부로 말하는 자가 있거니와 지혜로운 자의 혀는 양약과 같으니라
19 진실한 입술은 영원히 보존되거니와 거짓 혀는 잠시 동안만 있을 뿐이니라

사람이 말을 하기 위해서 절대적으로 필요한 것은 호흡입니다. 코와 입을 통해 들어오는 공기가 다시 입 밖으로 나갈 때에 목의 성대와 구강이 공명되면서 언어로 바뀝니다. 말을 하는데 필요한 이 호흡이 끊어지면 사람은 더 이상 생명을 유지할 수 없습니다. 즉 사람에게 생명이 있기 때문에 말이 존재한다는 것입니다.

말하는 자에 해당하는 히브리어 '야피아흐'는 법정에서 증언하는 말을 의미합니다. '야피아흐'의 원형은 '푸아흐'인데 '숨을 쉬다, 헐떡이다'라는 뜻입니다. 진실을 말하는 자는 자기의 호흡, 즉 생명을 걸고 법정에서 증언하기 때문에 재판에서 의를 나타내고, 사람을 살려 내지만, 거짓 증인은 무가치한 말로 진리를 왜곡시키면서 사람의 생명을 죽이려 한다는 것입니다.

악인들은 함부로 말을 하며 사람들에게 상처를 주는데, 마치 칼로 찌르는 듯한 아픔을 줍니다. 그러나 지혜로운 자의 혀는 양약과 같아서 악인의 말로 인해 아파하는 사람들의 마음을 치유합니다(18절). 한 사람의 말이 사람을 살리기도 하고 죽이기도 하며, 좌절과 근심을 주기도 하고 위로와 소망을 주기도 합니다. 그래서 우리가 일상 생활 속에서 입술의 말에 주의하는 것은 대단히 중요하다 할 수 있습니다.

세상 법정에서도 진실을 말하는 것이 이처럼 중요한데 하나님의 법정

에서는 원천적으로 거짓 증언을 할 수 없다는 사실을 생각한다면 우리는 언어 생활에 더욱 주의해야 함을 간과할 수 없을 것입니다. 그래서 솔로몬은 19절에서 말씀합니다.

> 진실한 입술은 영원히 보전되거니와 거짓 혀는 잠시 동안만 있을 뿐이니라.

세상에서 진실한 말로 살아가는 사람은 하나님의 법정에서도 의롭다 인정하심을 받고 그의 생명이 영원히 보전되지만, 거짓된 말로 많은 사람을 해롭게 하고 범죄하는 사람은 하나님의 준엄한 심판 앞에서 순식간에 사라져 버린다는 것입니다.

나의 입술의 말에 생명이 있음을 기억하며 늘 진리를 말하고 내 입술의 말과 마음의 묵상이 주님께서 기쁘게 받으실 만한 제물이 되는(시 19:14) 삶을 살아가시기를 바랍니다.

나의 적용 ● ● ●

하나님의 기뻐하심을
입은 삶

잠언 12장 20-22절

20 악을 꾀하는 자의 마음에는 속임이 있고 화평을 의논하는 자에게는 희락이 있느니라
21 의인에게는 어떤 재앙도 임하지 아니하려니와 악인에게는 앙화가 가득하리라
22 거짓 입술은 여호와께 미움을 받아도 진실하게 행하는 자는 그의 기뻐하심을 받느니라

거짓된 입술을 가진 사람은 여러가지 말로 다른 사람을 속이고 자기가 하겠다고 분명히 말한 것을 지키지 않습니다. 말과 행동이 전혀 달라서 도무지 그를 믿을 수가 없습니다. 반면에 진실하게 행하는 사람은 적게 말을 하지만, 자기가 한 말에 대해서는 언제나 책임감을 가지고 그 일을 완수합니다. 그래서 주위 사람들의 사랑과 신뢰를 얻습니다.

거짓 입술을 가진 사람의 마음속에는 이미 악이 가득 차 있기 때문에 속이는 말과 행동이 너무 자연스럽게 나오고, 그런 말과 행동은 여러 사람의 마음에 상처를 줍니다. 그의 거짓말로 인하여 많은 오해가 생기고, 공동체에 분쟁이 일어납니다. 그러나 진실하게 행하는 사람은 언제나 참된 것을 말하기 때문에 그의 말에는 아무런 오해의 소지가 없고, 모든 사람과 화평한 관계를 만들어 갑니다.

본문에서 솔로몬은 거짓 입술은 여호와께 미움을 받아도 진실하게 행하는 자는 그의 기뻐하심을 받는다고 하였습니다(22절). 사람이 거짓을 말하면서도 두려움이 없는 이유는 그가 하나님의 살아 계심을 믿지 않기 때문입니다. 하나님께서 나의 말과 행동을 지켜보고 계심을 아는 사람은 다른 사람에게 결코 거짓말을 할 수 없습니다. 거짓말하는 행위 자체가

살아 계신 하나님을 무시하는 행위이고 그런 거짓 입술을 가진 사람이 하나님께 미움을 받는 것이 너무 당연한 일이기 때문입니다.

그러나 진실하게 행하는 사람은 마음의 중심에 하나님을 모시고 있습니다. 언제나 말을 아낄 줄 알고, 한 번 말한 것은 신앙의 양심상 자기에게 조금 손해가 나더라도 반드시 지킵니다. 하나님께서는 이런 마음을 귀하게 여기시고 그의 삶을 기쁘게 받아 주셔서 지금 당하는 손해가 오히려 나중에는 보상이 되어 돌아오게 하십니다.

결국 진실하게 살아가는 의인은 하나님의 기뻐하심을 입어 삶에 염려나 근심이 없어집니다. 거짓 입술을 가지고 범죄하는 악인은 하나님의 미워하심을 받아 재앙과 화가 삶에서 끊어지지 않습니다(21절). 언제나 진실하게 행하는 삶으로 하나님의 기뻐하심을 입어 범사에 평강 누리시기를 바랍니다.

나의 적용 • • •

슬기로운 사람은
말을 아낄 줄 압니다

잠언 12장 23-24절

23 슬기로운 자는 지식을 감추어도 미련한 자의 마음은 미련한 것을 전파하느니라
24 부지런한 자의 손은 사람을 다스리게 되어도 게으른 자는 부림을 받느니라

사람이 말이 많으면 허물도 많이 드러납니다. 입을 다물고 가만히 있으면 그 사람이 지혜 있는 사람인지 어리석은 사람인지 잘 분별이 되지 않지만, 일단 말을 내는 순간 모든 것이 다 드러나 버립니다. 그래서 말을 아끼는 사람은 최소한 바보 취급을 받지는 않습니다. 그런데 참 이상한 것은 슬기로운 사람은 말을 적게 하고, 미련한 사람은 자신의 미련한 것이 널리널리 전파되도록 많은 말을 한다는 것입니다(23절).

어째서 슬기로운 사람은 말을 적게 하며 자신의 지식을 감추려 할까요? 자기 지식을 남에게 나누어 주기 싫어서 그런 것이 아닙니다. 슬기로운 사람은 온유하고 겸손하여서 자기가 가진 지식을 남에게 과시하거나 자랑하여 상처를 주려 하지 않기 때문입니다. 슬기로운 사람은 자신의 생각이 잘못되었을 수도 있다고 생각하기 때문에 먼저 다른 사람의 말을 듣고 분별할 줄 압니다. 대신 자기가 가진 지식을 활용하며 부지런하게 행동합니다.

그러나 미련한 사람은 말이 많습니다. 분별력이 없고 교만해서 자기 생각을 자꾸 주장하고, 옳지 않은 논리를 가지고 남을 설득하려고 합니다. 말을 많이 하면 할수록 주위 사람들을 불쾌하게 만들고, 자기의 어리석음과 우매함을 드러내게 됩니다. 거기다가 미련한 사람은 말만 많지 게

으르기까지 합니다.

그 결과 슬기로운 사람은 그가 가진 지식을 활용하여 부지런하게 일을 하면서 좋은 성과를 거두어 사람을 다스리는 자리에 올라가게 되고, 미련한 사람은 자기의 말 실수와 게으름 때문에 실패에 실패를 거듭하며 다른 사람 밑에서 부림을 당하게 됩니다(24절). 사람이 많은 지식을 소유하게 되면 교만해지기 쉽습니다. 그러나 끝까지 겸손한 마음을 지키고 그 지식을 슬기롭게 활용할 줄 아는 사람이 인생에서 성공합니다.

하나님은 지혜가 부족할 때에 지혜를 구하면 후히 주시고 꾸짖지 않으시는 분이십니다(약 1:5). 언제나 기도와 간구로 하나님께서 주시는 지혜를 소유하고 끝까지 겸손한 마음을 지켜 나감으로 삶의 현장에서 선한 영향력을 발휘하며 살아가시기를 바랍니다.

나의 적용 • • •

진정 살아 있다는 것은 무엇을 의미하는가?

잠언 12장 25–28절

25 근심이 사람의 마음에 있으면 그것으로 번뇌하게 되나 선한 말은 그것을 즐겁게 하느니라
26 의인은 그 이웃의 인도자가 되나 악인의 소행은 자신을 미혹하느니라
27 게으른 자는 그 잡을 것도 사냥하지 아니하나니 사람의 부귀는 부지런한 것이니라
28 공의로운 길에 생명이 있나니 그 길에는 사망이 없느니라

사람의 생명에는 두 가지가 있습니다. 하나는 생물학적인 생명이고, 또 하나는 사회학적인 생명입니다. 생물학적인 생명은 단순히 생명을 유지하고 있는 상태를 말합니다. 반면에 사회학적 생명은 도덕성과 윤리의식에 근거합니다. 사회학적 생명이 건강한 사람은 차원높은 도덕성과 윤리의식으로 사회에 선한 영향력을 끼치고 사람들의 사랑과 존경을 받으며 살아갑니다. 그러면 사회학적 생명이 건강한 사람은 어떤 사람일까요?

첫째로 선한 말로 참된 위로자가 되는 사람입니다(25절). 사회학적 생명이 건강한 사람은 대인 관계를 잘 맺어 갑니다. 사람의 마음에 근심이 많으면 그 근심이 마음을 짓눌러서 정상적인 사고를 할 수 없게 만듭니다. 사회학적 생명이 건강한 사람은 시기적절한 격려의 말 한 마디로 근심에 눌린 사람을 회복시키고 자신감을 가지고 일어설 수 있도록 도와주는 사람입니다.

둘째로 타인에게 삶의 모델이 되는 사람입니다(26절). 공의로운 길을 걸어가는 사람은 내가 가는 이 길이 옳다는 분명한 자기 확신이 있습니다. 그래서 상황에 의해 삶의 태도가 변하지 않습니다. 포기하지 않고 한

길을 고집할 줄 알기에 결국에는 인생의 어려움을 극복하고 자신의 분야에서 확실한 성과를 만들어 냅니다. 주위 사람들은 그의 모습을 보면서 어떻게 살아가는 길이 옳은 것인지를 배우게 되고 그는 이웃의 삶을 바른 길로 이끌어 가는 인도자가 됩니다.

셋째로 성실한 삶을 통해 부귀를 소유하게 됩니다(27절). 게으른 사람은 조금만 노력해도 얻을 수 있는 것조차도 포기합니다. 그러나 성실한 사람은 그 부지런한 삶의 태도로 인해 주위 사람들의 인정을 받게 되고 시간이 흐를수록 도와주려는 사람들이 많이 생겨납니다. 사회에서는 실력만큼 중요한 것이 관계성인데, 사회학적 생명이 건강한 사람은 돕는 사람이 많아져서 하는 일이 번성하게 되고 부와 존귀함을 소유하게 됩니다.

하나님을 경외하는 마음으로 공의로운 길을 걸어감으로 사회학적 생명이 건강한 사람이 되어 삶을 통해 많은 사람을 위로하고 바른 길로 인도해 가는 성도되기를 바랍니다.

나의 적용 • • •

13장

가정 교육이
한 사람의 인생을 좌우합니다

잠언 13장 1-6절

1 지혜로운 아들은 아비의 훈계를 들으나 거만한 자는 꾸지람을 즐겨 듣지 아니하느니라
2 사람은 입의 열매로 인하여 복록을 누리거니와 마음이 궤사한 자는 강포를 당하느니라
3 입을 지키는 자는 자기의 생명을 보전하나 입술을 크게 벌리는 자에게는 멸망이 오느
   니라
4 게으른 자는 마음으로 원하여도 얻지 못하나 부지런한 자의 마음은 풍족함을 얻느니라
5 의인은 거짓말을 미워하나 악인은 행위가 흉악하여 부끄러운 데에 이르느니라
6 공의는 행실이 정직한 자를 보호하고 악은 죄인을 패망하게 하느니라

사람은 세 가지 교육이 재대로 되어야 훌
륭한 사회인이 될 수 있습니다. 그것은 가정 교육, 학교 교육, 종교 교육
입니다. 가정에서는 예의범절과 사랑을 배우고, 학교에서는 지식과 질서
를 배우며 종교를 통해서는 절대자 앞에 선 인간은 어떤 존재이며 인생을
어떻게 살아가는 것이 마땅한 가를 배우게 됩니다.

가정에서 부모의 훈계를 잘 새겨들을 줄 아는 사람은 훌륭한 인격과
성품을 갖추고 사회로 나갑니다. 반면에 부모님의 말씀을 훈계로 받지 않
고 꾸지람으로 생각하는 사람은 고집만 세서 남의 말을 들을 줄 모르며
성품에 모가 나서 사회에 잘 적응하지 못합니다.

가정에서 가장 먼저 배우게 되는 것은 언어입니다. 아이는 태어나서
말 한 마디를 하기 위해 만 번 이상 같은 단어를 듣는다고 합니다. 그래서
아이가 하는 말 속에는 그 가정에서 자주 사용하는 단어가 들어 있습니
다. 가정에서 부정적인 말을 많이 들으며 자란 아이는 생활 속에서 부정
적인 말과 행동을 하게 되고, 긍정의 말을 많이 들으며 자란 아이는 긍정
적인 가치관을 가지고 말하며 행동하게 됩니다.

가정 교육을 통해 건전한 언어 생활을 배운 사람은 입술로 선한 열매를 맺어 풍성한 삶을 살게 되고(2절), 말 실수를 하지 않아 위태한 상황에 빠지는 법이 없으며(3절), 거짓을 말하지 않고(5절) 공의를 행함으로(6절) 불의한 일을 당하는 법이 없게 됩니다.

그러나 건전한 언어 생활을 배우지 못한 사람은 이미 마음에 악한 것들이 담겨 있어서 악한 마음이 악한 행동으로 표현되고(2절), 그 악한 행위로 인해 사회에서 수치와 부끄러움을 당하게 됩니다. 결국 마음의 악함이 악인의 인생을 패망으로 몰고 갑니다(6절).

가정 교육은 사람의 인격을 형성하는 기반이 되고, 그의 언어 생활에 영향을 주며, 사회에서 의인과 악인이 되게 결정짓는 가장 중요한 동기가 됩니다. 건전한 언어 생활로 가정을 바로 세우고, 온전한 인격과 성품을 가진 자녀들을 양육하며 의의 길로 인도하는 성도되기를 바랍니다.

나의 적용 • • •

멘탈 갑으로
살아갑시다

잠언 13장 7-9절

7 스스로 부한 체하여도 아무것도 없는 자가 있고 스스로 가난한 체하여도 재물이 많은 자가 있느니라

8 사람의 재물이 자기 생명의 속전일 수 있으나 가난한 자는 협박을 받을 일이 없느니라

9 의인의 빛은 환하게 빛나고 악인의 등불은 꺼지느니라

사람이 눈에 보이는 음식은 40일 동안 먹지 않아도 살 수 있지만, 눈에 보이지 않는 공기는 단 3-4분만 마시지 않아도 생명을 유지할 수 없습니다. 이러한 사실은 눈에 보이지 않는 세계가 눈에 보이는 세계보다 더욱 중요하다는 사실을 말해 줍니다.

인생을 부하게 하고 가난하게 하는 것은 눈에 보이는 재물이나 환경이 아닙니다. 어떤 멘탈을 가지고 사느냐에 따라 한 사람의 인생이 부유해질 수도 있고, 가난해질 수도 있습니다. 거지의 생각과 가치관으로 사는 사람은 가진 것조차도 다 탕진하고 빈곤에서 벗어나지 못합니다. 그러나 부자의 생각과 가치관으로 사는 사람은 아무리 환경이 어렵고 소망이 없어 보여도 그 가치관으로 인해 모든 상황을 극복하고 결국에는 인생에서 큰 성공을 거두게 됩니다.

본문은 이러한 사실을 잘 설명해 주고 있습니다. 스스로 부한 체하고, 스스로 가난한 체하는 것은 사람의 마음의 상태를 의미합니다(7절). 그래서 생각이 잘못된 사람은 교만한 마음으로 부유한 체하지만 실제로는 아무것도 가진 게 없고, 건강한 생각을 가진 사람은 겸손한 마음으로 자기를 낮추지만 실제로는 많은 재물을 가진 경우가 있다는 것입니다.

사람의 재물은 생명의 속전일 수 있다고 하였는데(8절) 이 표현은 재물

이 없으면 협박을 받을 일도 없지만, 재물 때문에 생명의 위협을 당하는 일이 많다는 의미입니다. 솔로몬이 이런 이야기를 하는 이유는 재물이 사람에게 해롭다는 것을 강조하기보다는 인생에서 정말 중요한 것은 재물이 아니라 멘탈이라는 사실을 이야기하려는 데 있습니다.

의인의 빛은 환하게 빛나고 악인의 등불은 꺼지는 법입니다(9절). 건강한 생각, 강한 정신을 가진 사람이 의로운 삶을 살아가며 그 삶을 통해 선한 영향력을 발휘하게 됩니다. 우리 그리스도인들은 생명의 빛이 되시는 주님을 마음속에 모시고 살아가는 존재입니다. 주님이 우리 안에 거하시기에 우리는 멘탈 갑으로 세상을 살아갈 수 있습니다.

성령 안에서 영적으로 강력하게 무장하고 일어서서 눈에 보이는 부정적인 현실을 극복하고 멘탈 갑으로 살아가시기를 바랍니다.

나의 적용 • • •

마음의 소망을
성취하는 길

잠언 13장 10–12절

10 교만에서는 다툼만 일어날 뿐이라 권면을 듣는 자는 지혜가 있느니라
11 망령되이 얻은 재물은 줄어가고 손으로 모은 것은 늘어가느니라
12 소망이 더디 이루어지면 그것이 마음을 상하게 하거니와 소원이 이루어지는 것은 곧
   생명 나무니라

마음에 소망이 있는 사람은 그 소망을 이루기 위해서 삶의 모든 것을 거기에 집중하며 살아갑니다. 마음의 소망이 너무 간절하면 그 소망이 금방 이루어질 듯하다가 지연이 될 때에 심령이 상하기도 합니다. 그러나 소망이 이루어지는 순간 그동안의 수고와 노력은 보람이 되고, 삶에는 기쁨이 충만해집니다. 그래서 솔로몬은 소망이 이루어지는 것이 곧 생명나무라고 말씀합니다(12절).

이 생명나무라는 표현은 창세기 3장에 나오는 에덴동산 중앙에 있었던 생명나무와 정확하게 일치합니다. 그래서 생명나무의 의미를 깊이 묵상해 보면, 인생에서 마음의 소망을 이루는 길은 무엇인지에 대한 교훈을 얻을 수 있습니다.

사람이 마음의 소망을 이루려면, 첫째로 인생의 목표를 바르게 설정해야 합니다(12절). 사람의 소원이 하나님의 영광을 드러내기 위한 삶에 맞추어 있으면 그 소원은 하나님의 마음에 합하게 됩니다. 하나님의 마음에 합한 소망은 하나님의 도우심을 힘입게 되고, 자연스럽게 그 소망을 성취하게 됩니다.

둘째로 겸손한 마음으로 주의 말씀에 순종해야 합니다(10절). 마음이 교만하면 하나님의 말씀이 귀에 들어오지 않습니다. 말씀대로 정직하게

살면 세상에서 망할 것 같은 생각이 들고, 세속적인 처세술에 마음을 빼앗깁니다. 그러나 겸손한 사람은 죽으면 죽으리라 하는 마음으로 말씀에 순종합니다. 하나님 말씀대로 순종하다 죽고자 하는 자는 하나님께서 부활의 권능으로 다시 살려 내시는 기적을 체험하게 되고 결국 삶에서 그 마음의 소망을 성취하게 됩니다.

셋째로 헛된 이익에 마음을 두지 말고, 수고의 열매를 거두며 살아가야 합니다(11절). 망령되이 얻은 재물의 원어적 의미는 공허한 재물, 허무한 재물입니다. 수고와 노력 없이 불의한 방법으로 모은 재물을 말합니다. 이런 재물은 아무리 많이 쌓아 놓아도 하나님께서 모조리 흩어 버리십니다. 그러나 정직하게 모은 재물은 흩어지지 않고 차곡차곡 쌓여 마음의 소망을 이루는 도구가 됩니다.

하나님의 창조 목적에 맞게 보람되고 가치 있는 인생을 살아가며 마음의 소망을 성취해 가시기를 바랍니다.

나의 적용 • • •

말씀을 경외함이
삶의 능력이 됩니다

잠언 13장 13-19절

13 말씀을 멸시하는 자는 자기에게 패망을 이루고 계명을 두려워하는 자는 상을 받느니라

14 지혜 있는 자의 교훈은 생명의 샘이니 사망의 그물에서 벗어나게 하느니라

15 선한 지혜는 은혜를 베푸나 사악한 자의 길은 험하니라

16 무릇 슬기로운 자는 지식으로 행하거니와 미련한 자는 자기의 미련한 것을 나타내느니라

17 악한 사자는 재앙에 빠져도 충성된 사신은 양약이 되느니라

18 훈계를 저버리는 자에게는 궁핍과 수욕이 이르거니와 경계를 받는 자는 존영을 받느니라

19 소원을 성취하면 마음에 달아도 미련한 자는 악에서 떠나기를 싫어하느니라

예수님께서는 광야에서 마귀에게 시험받으실 때에 "사람이 떡으로만 살 것이 아니요 하나님의 입으로부터 나오는 모든 말씀으로 살 것이라(마 4:4)."는 말씀으로 마귀의 유혹을 물리치셨습니다. 주님의 말씀처럼 사람이 사는 것은 육체의 생명을 유지하기 위한 양식만으로는 안 됩니다. 하나님의 입에서 나오는 모든 말씀이 사람의 영혼을 살리고, 삶을 윤택하게 합니다(13절). 본문은 하나님의 말씀을 두려워할 줄 알고, 그 말씀으로 자신의 삶을 돌아볼 줄 아는 사람들에게 주시는 상급에 대하여 말씀하고 있습니다.

첫째로 생명의 샘과 같은 지혜를 주십니다(14절). 목마른 사람이 샘물을 만나면 육체의 기갈을 해소하고 새 힘을 얻는 것처럼, 하나님께서는 말씀을 사랑하는 사람에게 지혜를 주셔서 그 입의 말이 영혼의 샘물같이 되게 하신다는 것입니다. 솔로몬은 자신의 삶에서 실제로 이런 체험을 하

였습니다. 일천번제 이후 하나님께서 지혜를 주시자 스바 여왕을 비롯해서 이웃나라의 많은 왕이 예물을 가지고 찾아와 솔로몬의 지혜를 배우고자 했습니다.

둘째로 하나님의 선하신 뜻을 전하는 사람이 되게 하십니다(17절). 왕이 파견한 사신이 자기의 사명을 잘 감당하여 백성과 관리들이 왕의 뜻을 바르게 알고 행하게 되면 나라가 안정되고, 백성의 삶이 윤택해집니다. 그리스도인은 그리스도의 향기요 편지며 세상에 파견된 하나님의 사신입니다. 그래서 말씀을 따라 살아가는 그리스도인은 세상을 살리고, 주신 사명을 잘 감당하여 하나님께 상급을 받습니다.

셋째로 하나님의 말씀이 송이 꿀보다 달콤함을 체험케 하십니다(19절). 말씀에 생명이 있고 능력이 있기 때문에 말씀에 순종하며 삶의 목표를 향해 나아가면 하나님께서 그의 마음의 소원을 성취시켜 주십니다. 그래서 마음에 샘솟는 기쁨이 넘치고 말씀대로 사는 즐거움을 누리게 하십니다.

언제나 말씀을 사랑하고 사모함으로 영적 강건함을 지켜 나가고, 생명의 샘과 같은 지혜로 많은 사람을 유익하게 하며, 주신 사명을 잘 감당해 가시기를 바랍니다.

나의 적용 ● ● ●

미련한 자의
굴레에서 벗어나는 길

잠언 13장 20-21절

20 **지혜로운 자와 동행하면 지혜를 얻고 미련한 자와 사귀면 해를 받느니라**
21 재앙은 죄인을 따르고 선한 보응은 의인에게 이르느니라

세상에는 우연과 필연이 존재합니다. 예를 들면 해외로 여행을 하던 중에 어릴 적 친구를 현지에서 만났다거나 어패류 음식을 먹다가 커다란 진주를 씹는 것은 우연 중에 우연입니다. 그러나 마땅히 공부해야 할 때에 열심히 공부하지 않아서 시험에 낙방하거나 교통법규를 습관적으로 어기다가 뜻하지 않은 사고를 당하는 것은 어쩔 수 없는 필연입니다.

본문에서 솔로몬은 필연적으로 일어날 수밖에 없는 분명한 사실을 이야기하고 있습니다. 지혜로운 자와 동행하면 당연히 지혜를 얻게 되고, 미련한 자와 사귀면 또한 당연히 해를 받게 된다는 것입니다(20절). 유유상종이라 했듯이 지혜 있는 사람이 지혜 있는 사람과 동행하고, 미련한 사람이 미련한 사람과 동행하는 것은 당연한 일입니다.

더 슬픈 일은 미련한 사람은 그 미련함으로 인해 죄가 죄인 줄도 모르고 살다가 재앙을 당하고, 지혜 있는 사람은 그 지혜로 선을 행하며 선한 보응을 받게 되는 것입니다(21절). 결국 미련한 사람은 미련한 사람과 동행하여 죄를 지으며 재앙 당하기를 반복하고, 지혜로운 사람은 지혜로운 사람과 동행하며 선을 행하고, 그에 따른 보상을 계속해서 받게 되는 선의 선순환과 악의 악순환을 반복하게 됩니다.

그러면 미련한 사람이 악의 악순환의 고리를 끊고 선의 선순환으로 삶

을 전환하는 길은 무엇일까요? 그 길은 믿음으로 우리의 지혜가 되시는 예수 그리스도를 따라가는 것입니다. 바울은 우리가 참된 지혜를 얻는 길이 어디에 있는지에 대해 분명하게 말씀하고 있습니다.

> 너희는 하나님으로부터 나서 그리스도 예수 안에 있고 예수는 하나님으로부터 나와서 우리에게 지혜와 의로움과 거룩함과 구원함이 되셨으니 기록된 바 자랑하는 자는 주 안에서 자랑하라 함과 같게 하려 함이라(고전 1:30-31).

우리의 지혜가 되시는 예수 그리스도를 전적으로 믿고 따라감으로 삶 속에서 미련한 것의 악순환을 끊어 버리고 지혜와 의로움과 거룩함과 구원을 소유하시기를 바랍니다.

나의 적용 • • •

하나님께서 다스리시니
소망이 있습니다

잠언 13장 22-25절

22 선인은 그 산업을 자자 손손에게 끼쳐도 죄인의 재물은 의인을 위하여 쌓이느니라
23 가난한 자는 밭을 경작함으로 양식이 많아지거니와 불의로 말미암아 가산을 탕진하는
   자가 있느니라
24 매를 아끼는 자는 그의 자식을 미워함이라 자식을 사랑하는 자는 근실히 징계하느니
   라
25 의인은 포식하여도 악인의 배는 주리느니라

하나님은 보이지 않는 분이시지만 의인에
게 상을 주시고 악인을 심판하심으로 살아 계심을 스스로 증거하시는 분
이십니다. 하나님께서 온 세상 만물을 다스리시기 때문에 세상이 악하여
의인을 미워하고 핍박해도 의인에게는 소망이 있습니다. 오늘 말씀은 하
나님께서 세상을 다스리시는 몇 가지 원리에 대해 말씀하고 있습니다.

첫째로 공의로운 재물은 상속되고 불의한 재물은 흩어지게 하십니다
(22절). 선인이 모은 재물은 출처가 분명합니다. 통장에 입출금한 근거가
확실하고, 무슨 일을 해서 모았는지 의심의 여지가 없습니다. 반면에 불
의한 재물은 출처가 불분명하고, 부정 축재나 비리가 아니면 설명되지 않
습니다. 하나님께서는 선인이 수고하여 모은 공의로운 재물은 자자손손
이어 가도록 복을 주시지만 죄인이 모은 재물은 그가 심판 당할 때에 물
려줄 후손이 없게 하시고 의인을 위해 쌓이게 하십니다.

둘째로 성실하게 살아가는 삶에 보상해 주십니다(23절). 고대 사회에서
의 땅은 하나님께서 주시는 축복의 상징이었습니다. 농사를 지어 풍년이
되면 비축할 양식이 생기고, 이를 근거로 또다시 경작해서 수고하면 가난

한 사람도 점점 많은 재산을 소유할 수 있었습니다. 그러나 아무리 부자라도 땅을 놀리고 수고하지 않으면 몇 해 되지 않아 가진 재산을 다 탕진할 수밖에 없었습니다. 마찬가지로 하나님은 이 시대도 삶의 현장에서 성실하게 살아가는 사람을 도우시고 복을 주십니다.

셋째로 영혼의 만족을 주시는 분이십니다(25절). 본문에서 의인이 포식을 한다는 말의 원어적 의미는 영혼이 만족하도록 먹는다는 뜻입니다. 사람의 마음이 평안해야 삶에 진정한 행복이 있습니다. 마음에 평안이 없으면 가진 것이 많아도 늘 불행할 수밖에 없습니다. 이처럼 하나님은 의인과 악인들의 마음을 주장하시되 의인은 범사에 평강이 있게 하시고, 악인은 두려움과 염려 속에 살게 하십니다.

온 세상 만물을 주관하시는 하나님께만 소망이 있습니다. 하나님께서 나의 삶도 책임지시고 인도해 주심을 믿으며 영혼의 만족감과 기쁨으로 살아가시기를 바랍니다.

나의 적용 • • •

14장

가정을 세우는 능력은 아내에게 있습니다

잠언 14장 1-2절

1 지혜로운 여인은 자기 집을 세우되 미련한 여인은 자기 손으로 그것을 허느니라
2 정직하게 행하는 자는 여호와를 경외하여도 패역하게 행하는 자는 여호와를 경멸하느
니라

한 가정이 바로 서려면 남편은 사회에서 열심히 일하면서 가정의 경제가 어려워지지 않도록 노력하고, 아내는 가정에서 자녀들을 돌보며 재태크에 힘을 써서 남편이 안정감을 가지고 직장생활을 할 수 있도록 도와야 합니다. 남편이 사회에서 너무 무능해도 가정이 어려움을 겪게 되고, 남편이 아무리 유능해도 아내가 지혜가 없어서 자녀들을 바르게 양육하지 못하고, 가정의 재정을 허비하면 역시 가정이 어려워집니다.

사실 남편의 능력보다 중요한 것은 아내가 삶의 지혜를 가지고 가정을 잘 돌보는 것입니다. 그래서 솔로몬은 가정을 세우고 허는 주체가 남편이 아니라, 여인이라고 말씀하고 있습니다(1절). 그러면 어째서 가정을 세우고 허는 주체가 남편이 아니라 여인일까요? 그것은 하나님께서 세워 놓으신 영적인 원리 때문입니다.

하나님께서는 "돕는 배필"로 하와를 아담에게 보내 주셨습니다(창 2:20). 돕는 배필에 해당하는 히브리어는 '에제르 케네그또'인데 그 의미는 '마주 보는 사이로서 돕는 자'라는 뜻입니다. 특히 에제르는 구약성경 전체에서 전능자이신 하나님께서 사람을 도우실 때에만 사용된 단어입니다. 그래서 돕는 배필로 하와를 보내신 것은 하나님을 대신해서 남편을 돕는 자로 붙여 주셨다는 의미입니다.

성경적 원리를 따르면 남편이 아내를 무시하면 결국 그 가정이 바로 설 수 없고, 아내가 신실한 믿음으로 하나님의 지혜를 구하지 않으면 역시 그 가정은 평안이 사라지고 불행하게 될 수밖에 없습니다. 그래서 솔로몬은 정직하게 행하는 자는 여호와를 경외하여도 패역하게 행하는 자는 여호와를 경멸한다는 말씀을 2절에 대구로 달면서 여호와를 경외하는 지혜로운 아내가 있는 가정이 건강하게 세워짐을 강조하고 있습니다.

하나님을 경외하는 가정은 남편과 아내가 서로의 권위를 인정해 주고 사랑하며 섬기는 가정입니다. 남편은 사회에서 아내는 가정에서 맡겨진 일을 성실하게 감당하며 하나님 주시는 지혜로 행복한 가정을 세워 가는 성도되기를 바랍니다.

나의 적용 • • •

믿음의 삶은
선택의 연속입니다

잠언 14장 3-5절

3 미련한 자는 교만하여 입으로 매를 자청하고 지혜로운 자의 입술은 자기를 보전하느니
  라
4 소가 없으면 구유는 깨끗하려니와 소의 힘으로 얻는 것이 많으니라
5 신실한 증인은 거짓말을 아니하여도 거짓 증인은 거짓말을 뱉느니라

소가 없으면 구유를 청소할 일도 없고, 여
물을 만들어다 주거나 들에 나가 꼴을 뜯길 일도 없습니다. 그러나 소를
데리고 밭을 간다거나, 젖소가 생산하는 우유를 얻을 수는 없습니다(4절).
본문은 인생에 찾아오는 동일한 상황 속에서 어떤 선택을 하며 살아가야
하는지에 대하여 말씀하고 있습니다.

첫째로 교만한 말을 버리고, 지혜로운 말을 선택해야 합니다(3절). 같
은 상황이라도 마음이 교만한 사람은 주위 사람의 감정을 상하게 하는 말
을 해서 스스로 원수를 만들지만, 지혜로운 사람은 자신이 실수를 했더라
도 겸손하게 자기를 낮추는 말로 상대방의 마음을 사고, 오히려 실수를
통해 자신의 성숙된 인격을 드러내어 사람을 얻습니다.

둘째로 삶을 긍정적인 태도로 바라보는 마음을 선택해야 합니다(4절).
어떤 일이든지 양면성이 있기 때문에 긍정적인 면을 볼 것인지, 부정적인
면을 볼 것인지는 자신의 선택입니다. 마음이 긍정적인 사람은 어려운 일
을 당해도 그로 인해 찾아오는 유익으로 인해 감사하며 어려움을 극복해
나가지만, 마음이 부정적인 사람은 감사해야 할 상황 속에서도 늘 불만이
많고, 말 실수를 해서 스스로를 불행하게 만듭니다.

셋째로 어떤 상황에서든지 사람을 살리는 말을 선택해야 합니다(5절).

우리 그리스도인들의 삶은 언제나 하나님의 법정 앞에 서 있는 것과 같습니다. 세상 법정에서 의로운 증인이 참된 것을 말하여 억울한 상황 속에 있는 사람을 살리는 것처럼, 그리스도인은 일상의 삶에서 늘 선하고 의로운 말을 선택하여 마음에 고통을 당하는 사람들을 위로하고 소망을 주는 존재입니다.

세상 법정에서 위증을 한 사람은 그에 상응하는 벌을 받는 것처럼, 그리스도인이 말로 범죄하여 사람을 실족하게 하면 하나님께서 친히 징계하심을 기억해야 합니다. 지혜로운 말과 긍정적인 삶의 태도로 자신을 지켜 나가고, 위로와 격려의 말로 이웃들을 살리며 하나님의 마음에 합한 자로 살아가시기를 바랍니다.

나의 적용 • • •

자기의 길을 아는 사람이
지혜로운 사람입니다

잠언 14장 6~9절

6 거만한 자는 지혜를 구하여도 얻지 못하거니와 명철한 자는 지식 얻기가 쉬우니라
7 너는 미련한 자의 앞을 떠나라 그 입술에 지식 있음을 보지 못함이니라
8 슬기로운 자의 지혜는 자기의 길을 아는 것이라도 미련한 자의 어리석음은 속이는 것
  이니라
9 미련한 자는 죄를 심상히 여겨도 정직한 자 중에는 은혜가 있느니라

정말 심각한 고민에 빠진 사람에게 "마음
이 좀 어때요?" 하고 물으면 한다는 말이 "내 마음을 저도 모르겠어요!"
합니다. 사람은 남의 마음을 헤아리는 것은 고사하고 자기 마음도 모르는
존재라는 것입니다.

슬기로운 사람은 자기가 지금 가고 있는 길이 옳은지 그른지를 분별할
줄 아는 사람입니다. 옳은 길이면 끝까지 그 길을 가면 되고, 그른 길이면
빨리 돌이켜서 바른 길로 가야 합니다. 미련한 사람은 지혜가 없어서 자
기가 가는 길이 어떤 길인 줄도 모르고 고집스럽게 그 길을 가다가 멸망
을 자초합니다(8절). 그렇다면 자기의 길이 옳은지 그른지를 분별하는 지
혜는 무엇일까요?

첫째로 삶에서 겸손한 마음으로 배우는 자세입니다(6절). 두 명이 길을
가면 한 사람은 스승이 된다고 하였고, 어린아이에게서도 배울 점이 있
다고 하였습니다. 주위 사람들이 나보다 너무 탁월하기 때문에 배울 점이
있는 것이 아닙니다. 겸손한 마음이 삶에서 많은 것을 깨닫고 배우게 하
는 지혜가 됩니다.

둘째로 미련한 사람을 멀리하는 삶입니다(7절). 미련한 사람과 일을 하

면 그 사람 때문에 피해를 보게 되고, 미련한 사람과 이야기를 나누면 대화가 안되어서 마음이 답답해집니다. 그래서 미련함은 자기와 남을 동시에 죽이는 죄입니다. 믿음의 길에서는 불신앙을 조장하는 미련한 사람들을 멀리해야 합니다. 우리는 주기도문에서 늘 "다만 악에서 구하옵소서!"라고 기도합니다. 미련한 자, 악한 자를 떠나는 것이 삶의 지혜요 바른 길을 가는 첩경입니다.

셋째로 죄를 미워하는 마음입니다(9절). 가장 미련한 사람은 자기가 죄를 짓고 있다는 사실을 알면서도 마음을 돌이키지 않는 사람입니다. 미련한 사람은 죄를 대수롭게 여기지 않습니다. 죄를 지으면서도 아무렇지도 않을 것이라고 생각하는 사람은 시한폭탄을 가슴에 품고 있으면서도 무서운 줄 모르는 어리석은 사람입니다. 죄는 반드시 심판이라는 부메랑이 되어 돌아옵니다.

자기의 가는 길을 아는 사람이 지혜로운 사람입니다. 하나님을 경외함으로 겸손의 길, 의로운 길을 가시기를 바랍니다.

나의 적용 • • •

하나님께서
기뻐하시는 길로 가야만 합니다

잠언 14장 10–13절

10 마음의 고통은 자기가 알고 마음의 즐거움은 타인이 참여하지 못하느니라
11 악한 자의 집은 망하겠고 정직한 자의 장막은 흥하리라
12 어떤 길은 사람이 보기에 바르나 필경은 사망의 길이니라
13 웃을 때에도 마음에 슬픔이 있고 즐거움의 끝에도 근심이 있느니라

사람은 자기가 배운 것과 경험한 것 이상을 알 수 없고, 자기 생각의 범위를 넘어선 일은 전혀 이해하지 못합니다. 어떤 일을 했을 때 생기는 모든 결과를 다 예측할 수 없기에 좋은 일이라고 생각하고 진행한 일이 나중에는 감당할 수 없는 나쁜 결과를 초래하기도 합니다(12절). 그러면 미래를 예측할 수 없고, 옳고 그름을 분별할 수도 없는 인생길에서 어떻게 하면 하나님께서 기뻐하시는 바른 길을 갈 수 있을까요?

첫째로 기도 가운데 기쁨을 주시는 길을 선택해야 합니다(10절). 살다 보면 우리의 현실이 절망적으로 보이고 우리의 지혜와 능력으로는 해결할 수 없을 것 같은 인생의 장애물이 나타날 때가 있습니다. 이런 순간이 전능하신 하나님께서 나를 도우실 수 있는 절호의 기회임을 알아야 합니다. 하나님께서는 이런 때에 기도하는 사람에게 소망을 주시고 마음에 기쁨이 충만하게 하셔서 인생의 장애물을 극복하고 하나님께서 기뻐하시는 길을 가게 하십니다.

둘째로 언제나 정직한 길로 가야 합니다(11절). 현실적인 이익을 얻거나 책임을 회피하기 위해 거짓말해서는 안 됩니다. 항상 정직하게 행하여 누구나 나의 행동을 예측할 수 있는 사람이 되어야 합니다. 무슨 오해

가 생겼을 때에, 사람들이 "아! 그 사람은 절대 그런 일을 할 사람이 아니야!"하고 인정해 주는 사람이 된다면 그는 정말 성공적인 인생을 산 사람입니다. 정직하게 살아가는 사람을 하나님께서 먼저 인정해 주시고, 다른 사람이 또한 그를 인정하게 하십니다.

셋째로 하나님께서 주시는 소망의 길로 가야 합니다(13절). 사람이 자기 욕망을 따라 살면 한 가지 일이 잘되어서 기쁨이 있더라도 다른 일이 안 되어 슬픔이나 근심이 찾아오기도 합니다. 이런 일이 반복되면 웃다가 울고, 울다가 웃고 하다가 마음에 조울증이 찾아오게 됩니다. 그러나 하나님은 우리에게 복을 주시되 결코 근심을 겸하여 주지 않으십니다. 하나님께서 주시는 소망의 길을 갈 때에 우리 인생은 참으로 안전하고 행복합니다. 하나님께서 기뻐하시는 길로 행하며 범사에 평강 누리시기를 바랍니다.

나의 적용 • • •

굽은 마음은
곧게 펴야 합니다

잠언 14장 14-19절

14 마음이 굽은 자는 자기 행위로 보응이 가득하겠고 선한 사람도 자기의 행위로 그러하리라

15 어리석은 자는 온갖 말을 믿으나 슬기로운 자는 자기의 행동을 삼가느니라

16 지혜로운 자는 두려워하여 악을 떠나나 어리석은 자는 방자하여 스스로 믿느니라

17 노하기를 속히 하는 자는 어리석은 일을 행하고 악한 계교를 꾀하는 자는 미움을 받느니라

18 어리석은 자는 어리석음으로 기업을 삼아도 슬기로운 자는 지식으로 면류관을 삼느니라

19 악인은 선인 앞에 엎드리고 불의한 자는 의인의 문에 엎드리느니라

마음이 굽어 있으면 주위 사람이나 환경을 바로 볼 수 없습니다. 그래서 선한 사람을 악하다 생각하고, 악한 사람을 선하게 생각합니다. 눈앞에 보이는 이익으로 인해서 죄를 지으면서도 양심의 가책을 느끼지 못합니다. 그러니 마음이 굽은 사람은 너무 쉽게 악한 행동을 하게 되고 자기 행위로 말미암아 죄에 따르는 보응을 받게 됩니다(14절).

마음이 곧은지 굽어 있는지를 스스로 분별할 능력이 없다면, 죄된 행실로 인한 보응을 면하기 위해 우리가 할 수 있는 최소한의 방침을 지켜 나가야 합니다. 그럴 때에 굽은 마음에서 돌이켜 곧은 마음을 품게 되고, 어리석음에서 벗어나게 됩니다. 그러면 그 최소한의 방침은 무엇일까요?

첫째로 범사에 신중하게 행동해야 합니다(15절). 어리석은 사람은 남의 말을 너무 쉽게 믿고 행동하다가 손해를 봅니다. 그 사람의 말이 아무리 진실한 조언이라 하더라도 판단하고 행동하는 것은 나의 몫입니다. 내 행

위로 인한 결과를 남이 책임져 주지 않습니다. 그래서 무슨 행동을 하기 전에 내가 들은 정보가 사실인지 아닌지를 신중하게 분별하고 행동해야 합니다.

둘째로 분노한 감정을 다스릴 줄 알아야 합니다(17절). 사람이 감정이 상하여 흥분을 하면 이성을 잃게 됩니다. 이성을 잃고 분노의 감정을 너무 쉽게 드러내는 사람은 필연적으로 상식에서 벗어난 말과 행동을 하게 되고 그 결과 원치 않는 문제에 휘말리게 됩니다. 어리석은 사람이 분노의 감정을 쉽게 드러냅니다. 그리고 그 어리석음을 반복합니다(18절).

셋째로 하나님을 경외하는 마음을 지켜 나가야 합니다(16절). 지혜로운 사람은 하나님을 두려워하는 마음으로 인하여 악에서 떠난 삶을 살아갑니다. 그러나 어리석은 사람은 자기의 굽은 마음을 믿고 악한 길을 가다가 멸망을 자초합니다. 자신의 생각이 옳고 그름을 판단할 수 없을 때에라도 하나님을 경외하는 마음으로 행하면 최소한 죄를 범하지는 않게 됩니다.

범사에 하나님을 경외하는 마음으로 신중하게 행동하며 마음을 잘 다스려 나감으로 굽은 마음을 곧게 펴고, 선한 행위의 상급을 받는 성도되기를 바랍니다.

나의 적용 ● ● ●

쌓아 놓은 재물이
그 사람의 인생을 말해 줍니다

잠언 14장 20–24절

20 가난한 자는 이웃에게도 미움을 받게 되나 부요한 자는 친구가 많으니라
21 이웃을 업신여기는 자는 죄를 범하는 자요 빈곤한 자를 불쌍히 여기는 자는 복이 있
　　는 자니라
22 악을 도모하는 자는 잘못 가는 것이 아니냐 선을 도모하는 자에게는 인자와 진리가
　　있으리라
23 모든 수고에는 이익이 있어도 입술의 말은 궁핍을 이룰 뿐이니라
24 지혜로운 자의 재물은 그의 면류관이요 미련한 자의 소유는 다만 미련한 것이니라

　　　　　　　　　　　　　　인생을 살아가면서 많은 재물을 소유하는
것은 참 좋은 일입니다. 그러나 많은 재물을 소유하는 것보다 재물을 소
유하게 된 과정이 더욱 중요합니다. 정직하게, 합법적으로 일해서 모은
재물은 사람의 영광이 되지만, 사기를 치거나 부정 축재를 해서 모은 재
물은 그 사람이 얼마나 많은 죄를 지었는가를 보여 주는 증거가 되기 때
문입니다(24절). 그러면 삶을 부하게 하고 영광의 면류관이 되는 재물을
소유한 사람은 어떤 사람일까요?

　첫째로 가진 재물로 가난한 자들을 위로하는 사람입니다(20-21절). 사
람은 가진 것이 너무 없으면 삶이 비천해집니다. 가진 것이 없으면 늘 다
른 사람의 신세를 지게 되니 가난한 사람은 이웃에게도 미움을 받게 됩니
다. 하나님은 가난한 사람을 업신여기지 않고, 불쌍히 여기며 돕는 사람
에게 복을 주십니다. 그래서 자신이 가진 것으로 구제하고 이웃을 섬기는
사람에게는 더 많은 이웃을 섬길 수 있도록 부하게 만드십니다.

　둘째로 선한 일을 추구하여 재물을 모으는 사람입니다(22절). 하나님께
서는 범죄하여 모은 악인의 재물은 모조리 흩어 버리시고, 그 쌓은 재물

로 인해 수치와 부끄러움을 당하게 하십니다. 그러나 선한 일을 추구하면서 성실하게 모은 재물은 의인의 삶에 영광이 되게 하시고, 인자와 진리로 그와 함께하셔서 그 재물로 하는 일마다 번성하게 하십니다.

셋째로 말만 무성한 사람이 아니라 목표를 이루기 위해 수고를 아끼지 않는 사람입니다(23절). 말만 많고 행함이 없는 사람은 궁핍해질 뿐이지만, 목표를 세우고 그것을 이루기 위해 수고를 아끼지 않는 사람은 그로 인해 많은 이익을 얻게 됩니다. 아무것도 하는 것 없이 말로 돈을 버는 사람은 사기꾼 밖에 없습니다. 그러나 성실한 사람은 날마다 수고함으로 재물을 더해 갑니다.

가진 것으로 베푸는 삶, 선을 추구하는 삶, 수고를 아끼지 않는 삶으로 내가 소유한 재물이 삶의 영광이 되게 하고, 그 재물로 많은 사람을 유익하게 하는 성도되기를 바랍니다.

나의 적용 • • •

하나님의 영광을
드러내는 삶

잠언 14장 25-28절

25 진실한 증인은 사람의 생명을 구원하여도 거짓말을 뱉는 사람은 속이느니라
26 여호와를 경외하는 자에게는 견고한 의뢰가 있나니 그 자녀들에게 피난처가 있으리라
27 여호와를 경외하는 것은 생명의 샘이니 사망의 그물에서 벗어나게 하느니라
28 백성이 많은 것은 왕의 영광이요 백성이 적은 것은 주권자의 패망이니라

한 나라의 국민이 늘어나거나 줄어드는 것은 국력의 강화와 쇠퇴를 의미합니다. 그래서 백성이 많은 것은 왕의 영광이 되고, 백성이 적은 것은 주권자의 패망이 됩니다(28절). 본문에서 솔로몬은 여호와를 경외함에 대하여 논하다가 왕의 영광과 주권자의 패망이라는 주제로 초점을 옮겨 가고 있습니다. 이런 사실을 통해 솔로몬이 정말로 이야기하고 싶은 것은 세상 나라의 흥망성쇠가 아니라 하나님 나라와 그의 영광에 있음을 알 수 있습니다.

하나님 나라가 패망하는 법은 결코 없지만, 구원받은 백성이 많아지는 것이 하나님의 영광이 된다는 사실은 분명합니다. 그렇다면 우리 그리스도인들이 하나님 나라의 지경을 넓혀 가며 그의 영광을 드러내기 위해 해야 할 일은 무엇일까요?

첫째로 복음으로 무장한 진실한 증인이 되어야 합니다(25절). 법정에 나간 진실한 증인은 그 입술의 말로 사람의 생명을 구원합니다. 마찬가지로 세상을 살아가는 그리스도인은 진리의 복음을 전하여 많은 영혼을 살립니다. 그리고 그들이 하나님 나라의 백성이 되게 하여 하나님의 영광을 드러냅니다.

둘째로 진실한 믿음을 후손들에게 물려주어야 합니다(26절). 부모님이

믿음과 현실 사이에서 흔들리지 않고 말씀에 순종하여 말씀의 능력을 드러내면, 자녀들은 부모님의 믿음을 보고 하나님 경외하는 마음을 배우게 됩니다. 그리고 하나님은 친히 자녀들의 피난처가 되셔서 자녀들이 진실한 믿음으로 자라나 장차 하나님의 영광이 되게 하십니다.

셋째로 믿음의 삶에 산 소망이 있음을 보여 주는 사람이 되어야 합니다(27절). 세상 사람들은 이미 죄와 사망의 그물에 걸려 고통을 겪고 있습니다. 그래서 스스로 감당할 수 없는 일이 생기면 너무 쉽게 인생을 포기합니다. 그러나 그리스도인은 생명의 샘이신 하나님을 의지하기에 어떤 상황에서도 소망을 잃지 않고 하나님의 도우심으로 다시 일어섭니다. 이런 모습을 보면 세상 사람들도 하나님께 소망이 있음을 알고 하나님께 돌아와 영광을 돌리게 됩니다.

세상에 소망을 주는 그리스도인으로 살아가며 사망의 그늘에 매어 있는 많은 영혼을 구원하는 성도되기를 바랍니다.

나의 적용 • • •

하나님께서
기뻐하시는 인생

잠언 14장 29-32절

29 노하기를 더디 하는 자는 크게 명철하여도 마음이 조급한 자는 어리석음을 나타내느
니라
30 평온한 마음은 육신의 생명이나 시기는 뼈를 썩게 하느니라
31 가난한 사람을 학대하는 자는 그를 지으신 이를 멸시하는 자요 궁핍한 사람을 불쌍히
여기는 자는 주를 공경하는 자니라
32 악인은 그의 환난에 엎드러져도 의인은 그의 죽음에도 소망이 있느니라

하나님은 의인의 인생을 귀히 여기셔서 그
의 삶을 통해 선한 일을 행하시고 심지어 그의 죽음까지도 가치 있고 의
미 있게 사용하십니다. 의인은 죽음에도 소망이 있어서 다른 사람들에게
어떤 인생을 살아가야 하는가에 대한 교훈을 주고 자신은 죽음을 통해 하
나님께서 주시는 영생을 소유하게 됩니다.

그러나 악인의 삶은 아무런 의미가 없기 때문에 살아서는 사람들의 비
난과 멸시를 받고, 죽어서는 하나님께 심판을 받아 영원한 지옥 형벌을
당하게 됩니다. 그러면 하나님께서는 어떤 사람을 귀히 여기시고 그의 삶
을 기쁘게 받아 주실까요?

첫째로 분노의 감정을 조절할 줄 아는 사람입니다(29절). 사람은 누구
나 감정이 상하면 마음속에서 분노가 일어날 수 있습니다. 그러나 지혜
로운 사람은 그 분노의 감정을 참고, 문제의 본질을 파악하려고 노력합
니다. 이해해 주고, 물러서야 할 때를 알고, 강하게 자신의 뜻을 주장해야
할 때를 압니다. 반면에 어리석은 사람은 상황도 파악하지 않고 분노하다
가 모든 것을 망쳐 버립니다.

둘째로 시기하지 않는 사람입니다(30절). 시기하는 마음은 다른 사람이 자기에게 무슨 해를 끼친 것도 아닌데 남이 잘되는 것을 못마땅히 여기고, 그 사람이 잘못되기를 은근히 바라는 마음입니다. 시기하는 마음을 품으면 스스로에게 뼈가 썩는 듯한 고통을 줍니다. 이런 마음을 품은 사람을 하나님께서는 미워하십니다. 비교 의식에 빠져 남을 시기하지 않고, 평온한 마음으로 내게 주신 것으로 인해 감사하는 사람을 기뻐하십니다.

셋째로 사람을 사랑하고 존중할 줄 아는 사람입니다(31절). 의인은 인간의 존엄성을 아는 사람입니다. 빈부귀천을 막론하고 사람이기 때문에 그를 존중합니다. 가난하다고 멸시하지 않고, 부유한 자에게 굽신거리지 않습니다. 하나님은 오직 하나님 앞에서만 자신을 낮출 줄 알고, 어느 누구든지 겸손한 마음으로 사랑하고 섬길 줄 아는 사람을 기쁘게 여깁니다.

스스로의 감정을 잘 다스리고, 사람 존중하는 마음으로 살아감으로 하나님을 기쁘시게 하고, 하나님의 선하신 뜻을 온전히 이루어 가는 성도되기를 바랍니다.

나의 적용 • • •

시대를 위해
중보하는 교회

잠언 14장 33-35절

33 지혜는 명철한 자의 마음에 머물거니와 미련한 자의 속에 있는 것은 나타나느니라
34 공의는 나라를 영화롭게 하고 죄는 백성을 욕되게 하느니라
35 슬기롭게 행하는 신하는 왕에게 은총을 입고 욕을 끼치는 신하는 그의 진노를 당하느
니라

🌿   지혜로운 사람과 어리석은 사람의 결정적
인 차이는 말에 있습니다. 지혜로운 사람은 정확한 정보를 가지고 있기
때문에 핵심적인 말 한 마디로 모든 것을 설명하고, 어리석은 사람은 아
는 것이 없기 때문에 많은 말로 무엇인가 설명하려 하지만 자기의 무지함
을 드러낼 뿐입니다(33절). 지도자의 가장 중요한 덕목은 시대를 정확하
게 읽어 내고 핵심을 이야기하는 지혜입니다

한 나라가 번영하려면 지혜로운 임금과 신하가 있어야 합니다. 왕이
시대를 정확하게 읽어 내고 공의를 행하면 신하들이 비리를 저지를 수가
없고 공직 사회의 기강이 바로 서게 됩니다. 사회 질서가 바로 서면 그 나
라 백성이 성실하고 정직하게 행하여 나라가 강성하고, 이웃 나라가 보기
에 영화로운 나라가 됩니다.

그러나 왕이 부패하여 악을 행하면 신하들이 먼저 타락하고, 국가의
기강이 문란해져 그 나라 백성 사이에 요행이나 편법이 기승을 부리고,
정직하게 사는 사람이 어리석은 사람이 되고 맙니다(34절). 지혜로운 왕
은 분별력이 있어서 간신들의 감언이설에 눈과 귀가 흐리지 않고, 슬기롭
게 행하는 신하를 사랑하여 그에게 은총을 베풀어 줍니다. 그리고 부정부
패로 욕을 끼치는 신하에게 진노하여 무거운 형벌을 내림으로 어느 누구

도 법과 질서를 어기지 못하도록 다스립니다(35절).

오늘날 우리나라의 현실을 지켜보면, 대통령을 비롯한 국가의 지도자들이 공과 사를 구별하지 못하고, 권력과 탐심에 눈이 멀어 정치, 경제, 사회, 교육 모든 분야에서 총체적 난국을 만들어 놓은 상황입니다. 어느 누구도 우리나라를 이 어려운 난국에서 구원할 수 없지만, 이 시대의 유일한 소망은 하나님을 의지하며 신실한 믿음으로 나라와 민족을 위해 중보하는 교회입니다.

지금의 국가적 위기가 우리 사회의 모든 부정부패를 척결하고 나라가 새롭게 되는 기회가 되도록 중보하여 하나님께서 주시는 회복의 역사를 함께 이루어 가는 성도되기를 바랍니다.

나의 적용 • • •

15장

복음을 전하는 입술이
가장 아름답습니다

잠언 15장 1-7절

1 유순한 대답은 분노를 쉬게 하여도 과격한 말은 노를 격동하느니라
2 지혜 있는 자의 혀는 지식을 선히 베풀고 미련한 자의 입은 미련한 것을 쏟느니라
3 여호와의 눈은 어디서든지 악인과 선인을 감찰하시느니라
4 온순한 혀는 곧 생명 나무이지만 패역한 혀는 마음을 상하게 하느니라
5 아비의 훈계를 업신여기는 자는 미련한 자요 경계를 받는 자는 슬기를 얻을 자니라
6 의인의 집에는 많은 보물이 있어도 악인의 소득은 고통이 되느니라
7 지혜로운 자의 입술은 지식을 전파하여도 미련한 자의 마음은 정함이 없느니라

경건한 신앙 위인들의 삶을 살펴보면 언어 생활에 있어서 신앙에 도움이 되는 많은 명언을 남겼습니다. 청교도의 창시자 존 낙스는 "기도하는 한 사람이 기도하지 않는 한 민족보다 강하다."라고 하였고, 찰스 스윈돌은 "은혜는 모든 기대를 버린 사람들에게 흘러들고, 그들을 통해 흘러나간다."라는 명언을 남겼습니다.

신앙의 위인들이 이러한 명언들을 남긴 것은 책상 머리에 앉아서 심사숙고를 한 끝에 내놓은 그런 말이 아닙니다. 일상의 삶 속에서 하나님과 교제하고, 하나님 임재의식 가운데 살아가다가 누군가와의 대화 속에서 영적 교훈을 주어야 할 때에 아주 재치있게 머릿속에 떠오르는 생각을 표현한 말입니다. 하나님의 임재의식 가운데 살아가는 사람들에게는 언어 생활의 몇 가지 공통점이 있습니다.

첫째로 하나님 앞에서 말로 범죄하지 않습니다. 경건한 사람들은 여호와의 눈이 어디에서든지 선인과 악인의 삶을 감찰하고 있다는 사실을 잘 알고 있기 때문에 언제나 말과 행동을 주의하고 삶 속에서 덕을 세우는 일에 최선을 다하여 살아갑니다.

둘째로 성품이 온유하여 유순한 말로 사람을 위로합니다. 화가 난 사람도 유순한 대답을 들으면 분노가 가라앉지만, 과격한 말 한 마디는 사람의 감정을 상하게 하고 분노가 끓어오르게 합니다(2절). 그래서 온순한 말은 사람의 마음을 위로하는 생명나무같은 양약이 되지만, 패역한 말은 마음을 상하게 하여 분쟁과 다툼을 일으킬 뿐입니다.(4절)

셋째로 지혜의 말로 사람들을 유익하게 합니다. 지혜로운 사람은 자신이 가진 지식을 나누어 주어서 어려움 가운데 있는 사람이 문제를 효율적으로 해결해 나갈 수 있도록 도와줍니다(2절). 그래서 지혜로운 사람은 의지적으로 이 귀한 지식을 다른 사람들에게 전파하려고 노력합니다(7절)

그리스도인이 가진 가장 아름다운 말은 복음을 전파하는 말입니다. 진리의 복음을 전하는 입술로 사람들을 위로하고, 인생에 소망을 주며, 참된 행복을 전하여 주는 성도되기를 바랍니다.

나의 적용 • • •

하나님은
진실한 마음을 원하십니다

잠언 15장 8–11절

8 악인의 제사는 여호와께서 미워하셔도 정직한 자의 기도는 그가 기뻐하시느니라
9 악인의 길은 여호와께서 미워하셔도 공의를 따라가는 자는 그가 사랑하시느니라
10 도를 배반하는 자는 엄한 징계를 받을 것이요 견책을 싫어하는 자는 죽을 것이니라
11 스올과 아바돈도 여호와의 앞에 드러나거든 하물며 사람의 마음이리요

하나님께서는 사람의 모든 생각과 마음을 다 아십니다. 무슨 행동을 하든지 순수한 마음으로 하는 것인지 무엇인가 사심을 가지고 하는 것인지를 이미 알고 계십니다. 하나님께서 기뻐하시는 마음으로 살면 범사에 유익하지만, 하나님 앞에서 가식적인 마음으로 살아가면 징계와 심판이 따를 뿐입니다. 그러면 하나님께서 기뻐하시는 마음을 가진 사람은 어떤 사람일까요?

첫째로 정직한 마음으로 기도하는 사람입니다(8절). 사무엘은 순종이 제사보다 낫고 듣는 것이 수양의 기름보다 낫다고 하였습니다. 왜 그런가 하면 제사드리는 이유는 자신의 죄를 고백하고 하나님께로 마음을 돌이키거나 주신 은혜에 감사하는 마음을 하나님께 드리기 위해서인데 악인이 제사를 드리는 이유는 마음을 드리기 위해서가 아니라 제물을 드리는 종교적 행위로 복을 얻으려는 악한 의도가 담겨 있기 때문입니다. 하나님께서는 제물이 아니라 진실한 마음을 드리며 기도하는 사람을 기뻐하시고 그 마음의 간절한 소원을 이루어 주십니다.

둘째로 공의의 길로 행하는 사람을 기뻐하십니다(9절). 우리가 기도하는 이유는 하나님의 뜻을 알고 바른 길로 가기 위해서입니다. 우리가 때로는 어리석어서 하나님의 뜻을 모르고 실수로 죄를 범할 수는 있지만,

악인은 실수가 아니라 마음에 쌓아 놓은 악을 따라 상습적으로 죄를 짓습니다. 하나님을 사랑하는 사람은 기도 가운데 하나님의 뜻을 분별하고 공의를 따라가는 삶을 추구하기에 하나님을 기쁘시게 합니다.

셋째로 말씀으로 자기 삶을 돌아보기를 즐거워하는 사람입니다(10절). 말씀은 항상 우리에게 결단을 요구합니다. 그래서 우리는 주의 말씀이 마음속에 들려올 때에 여전히 자기 맘대로 살 것인지 하나님 앞에 무릎 꿇고 순종할 것인지 결정해야 합니다. 순종하기 싫어하는 사람은 낙심하고 분을 내지만, 하나님의 뜻을 깨닫고 기뻐하는 사람은 비록 책망을 받을지라도 감사하며 그 뜻에 순종합니다.

언제나 정직한 마음으로 기도하고 주의 말씀에 순종하여 공의의 길을 가며 범사에 평강을 누리시기를 바랍니다.

나의 적용 • • •

오직 하나님께
소망이 있습니다

잠언 15장 12-14절

12 거만한 자는 견책 받기를 좋아하지 아니하며 지혜 있는 자에게로 가지도 아니하느니라
13 마음의 즐거움은 얼굴을 빛나게 하여도 마음의 근심은 심령을 상하게 하느니라
14 명철한 자의 마음은 지식을 요구하고 미련한 자의 입은 미련한 것을 즐기느니라

상황에 얽매어 사는 사람은 마음의 평정심과 기쁨을 유지할 수 없습니다. 그러나 하나님께 소망을 두는 사람은 현실적인 상황이 아무리 부정적이고 우울해도 밝은 미래를 생각하며 샘솟는 기쁨으로 살아갑니다. 바울이 항상 기뻐하라고(살전 5:16) 권면하는 이유는 우리의 현실이 부정적이고 답답해도 하나님께서 우리 삶에 역사하셔서 모든 어려움을 이기게 하시고 마음의 소원을 이루어 주실 것을 믿었기 때문입니다. 그러면 하나님께 소망을 두는 사람은 어떤 사람일까요?

첫째로 들을 귀가 있는 사람입니다(12절). 거만한 사람은 항상 자기가 옳다고 생각하기 때문에 다른 사람의 좋은 생각이나 의견을 수용하지 못합니다. 그리고 지혜로운 사람에게 조언을 구할 생각조차 하지 않습니다. 그러나 하나님께 소망을 두는 사람은 말씀과 기도 가운데 자신의 삶을 돌아보고, 주위 사람들의 입술을 통해 말씀하시는 하나님의 음성에 귀를 기울임으로 삶의 지혜를 얻습니다.

둘째로 오직 하나님으로 인해 기뻐하는 사람입니다(13절). 소유의 많고 적음이나 상황의 좋고 나쁨으로 인해 기뻐하는 것이 아니라 하나님께서 나와 함께하심을 믿음으로 기뻐하는 사람입니다. 삶의 모든 문제를 나의 지혜나 능력으로 해결할 수 없지만 나와 함께하시고 도우시기를 즐거워

하시는 하나님이 계시기에 근심하지 않습니다. 그래서 여호와로 인하여 즐거워하는 사람의 얼굴은 항상 밝게 빛나는 것입니다.

셋째로 날마다 새로워지는 사람입니다(14절). 명철한 사람은 지식을 구함으로 날마다 더 지혜로운 사람으로 변화되고, 미련한 사람은 그 미련한 말과 행동을 반복함으로 날이 갈수록 더 미련한 사람이 됩니다. 하나님께 소망을 두는 사람은 명철하여 예수님을 본받아 그리스도의 장성한 분량까지(엡 4:13) 인격과 성품이 자라가고, 성령의 인도하심을 따라 속사람이 강건해지는 사람입니다.

언제나 하나님께 소망을 둠으로 인격과 성품이 성숙해 가고, 어떤 상황 속에서도 마음의 평강과 기쁨을 누리며 하나님의 능력과 역사를 체험하며 살아가시기를 바랍니다.

나의 적용 ● ● ●

진정한 행복은
마음속에 있습니다

잠언 15장 15–18절

15 고난 받는 자는 그날이 다 험악하나 마음이 즐거운 자는 항상 잔치하느니라
16 가산이 적어도 여호와를 경외하는 것이 크게 부하고 번뇌하는 것보다 나으니라
17 채소를 먹으며 서로 사랑하는 것이 살진 소를 먹으며 서로 미워하는 것보다 나으니라
18 분을 쉽게 내는 자는 다툼을 일으켜도 노하기를 더디 하는 자는 시비를 그치게 하느
  니라

우리 인생의 날들이 항상 기쁘고 즐거울
수 없고, 그렇다고 언제나 고통스럽고 괴로울 수는 없습니다. 그러나 고
통스런 상황 가운데서도 마음의 평강과 기쁨을 유지하며 살아가는 사람
이 있고, 좋은 환경 속에서도 원망과 불평으로 인해 고통스런 삶을 자초
하는 사람이 있습니다(15절). 그러면 어떤 사람이 항상 즐거워하는 마음
으로 잔치하는 인생을 살아갈 수 있을까요?

첫째로 여호와 하나님을 경외하는 사람입니다(16절). 하나님을 경외하
는 사람은 비록 가진 것이 적어도 염려하지 않습니다. 공중의 나는 새를
먹이시고, 들의 꽃을 솔로몬이 입은 옷보다 더 아름답게 입히시는 하나님
을 의지하기에 삶에 근심이 없습니다. 그러나 아무리 부유한 사람이라 할
지라도 하나님을 모르는 사람은 인간이 해결할 수 없는 한계 상황에 부딪
힐 때마다 번뇌하고 근심하며 인생의 험악한 날을 보내게 됩니다.

둘째로 사랑을 품고 살아가는 사람입니다(17절). 마음속에 사랑이 가득
한 사람은 언제나 행복합니다. 사랑하는 사람들을 생각하기만 해도 행복
하고, 내가 하는 일이 사랑하는 아내, 자녀, 형제, 친구들을 유익하게 한
다고 생각하면 범사에 보람과 기쁨을 누리게 됩니다. 사랑하기 때문에 기

꺼이 자기를 희생하고 인내할 수 있으며, 그 사랑으로 인해 삶의 어떠한 위기도 함께 극복해 나갈 수 있습니다. 그래서 사랑으로 사는 사람의 삶은 잔치하는 것 같은 즐거움으로 가득합니다.

셋째로 마음의 평정심을 지켜 나가는 사람입니다(18절). 마음의 평정심을 잃어버린 사람은 사소한 일에도 분노합니다. 사실 그렇게 분노하고 다툴 일이 아닌데도 스스로 더 많이 상처를 받고 다툼을 일으킵니다. 그러나 노하기를 더디하는 사람은 크게 다툴 만한 일들도 사건의 전후를 잘 살피고 오해의 소지를 풀어내며 마음의 평정심을 지켜 나갑니다. 삶 속에 분쟁이 없고 이웃들에게 사랑과 존경을 받으며 살아가니 인생이 행복합니다.

인생의 행복은 소유의 많고 적음에 있지 않습니다. 오늘도 하나님을 경외하는 마음으로 사랑 안에서 행하며 더 행복한 삶을 살아가시기를 바랍니다.

나의 적용 • • •

내면세계의 질서가
바로 서야 합니다

잠언 15장 19-21절

19 게으른 자의 길은 가시 울타리 같으나 정직한 자의 길은 대로니라
20 지혜로운 아들은 아비를 즐겁게 하여도 미련한 자는 어미를 업신여기느니라
21 무지한 자는 미련한 것을 즐겨 하여도 명철한 자는 그 길을 바르게 하느니라

하나님을 경외하는 사람은 내면세계의 질
서가 바로잡혀 있고, 인생의 목표가 분명합니다. 그래서 무슨 일을 하든
지 의지가 강하고, 성실함과 진지한 태도로 자신에게 주어진 일을 잘 감
당합니다. 본문에서 솔로몬은 내면세계 질서가 바로 선 사람의 삶의 태도
는 어떠한가에 대하여 말씀하고 있습니다.

첫째로 정직한 마음으로 살아갑니다(19절). 솔로몬은 게으른 자와 정직
한 자를 대조시켜 이야기하고 있습니다. 왜 그럴까요? 게으른 자는 마땅
히 해야 할 일을 하지 않기 때문에 핑계가 많아지고, 핑계를 대다 보면 거
짓말을 하게 됩니다. 그러나 하나님을 경외하는 사람은 범사에 성실하기
에 변명할 것이 없고, 늘 정직한 마음으로 살아갑니다.

둘째로 부모를 공경하는 마음으로 살아갑니다(20절). 하나님을 경외하
는 사람은 언제나 삶의 우선순위가 분명합니다. 가장 먼저 나를 창조하신
하나님을 사랑하고 그 다음은 나를 낳아 주신 부모를 공경할 줄 압니다.
하나님께서는 부모를 공경하는 자에게 땅에서 잘되고 장수하는 복을 주
실 것을 약속하셨습니다(엡 6:3). 그래서 하나님을 사랑하고 부모님을 공
경하는 사람은 삶의 태도가 바르기 때문에 사회에서도 인정받고 성공하
는 인생을 살아가게 됩니다.

셋째로 실수를 교훈삼아 바른 길을 갑니다(21절). 무지한 사람은 미련

하게 행동하고, 그 어리석음을 계속해서 반복하기 때문에 패망의 길을 갑니다. 그러나 명철한 사람은 자기 삶에서 잘못된 것이 있으면 그것을 하나하나 개선시켜 나감으로 인생의 굽은 길도 바르게 펼쳐 갑니다. 바른 것은 더 잘 지켜 나가고 잘못된 것에서는 교훈을 얻어 똑같은 실수를 번복하지 않기 때문에 어제보다는 오늘이 오늘보다는 내일이 더 훌륭한 인생을 살아갑니다.

하나님을 경외하는 마음으로 내면세계의 질서를 바르게 세우고, 날마다 영적 성장을 이어 가며 하나님의 기쁘신 듯을 성취해 가는 성도되기를 바랍니다.

나의 적용 • • •

생명의 길을 가는
지혜로운 자

잠언 15장 22-24절

22 의논이 없으면 경영이 무너지고 지략이 많으면 경영이 성립하느니라
23 사람은 그 입의 대답으로 말미암아 기쁨을 얻나니 때에 맞는 말이 얼마나 아름다운고
24 지혜로운 자는 위로 향한 생명 길로 말미암음으로 그 아래에 있는 스올을 떠나게 되느니라

한 사람의 삶의 태도를 보면 그 사람의 미래가 어떻게 될 것인지를 짐작해 볼 수 있습니다. 삶의 순간순간 지혜를 구하며 성실하고 정직하게 사는 사람은 성공적인 미래를 살게 되고, 어리석고 미련하여 편법을 좋아하고, 남을 속이며 돈을 위해 사는 사람은 당장은 잘되는 것 같아도 반드시 불행한 미래를 맞이하게 됩니다. 그러면 생명의 길을 가는 지혜로운 사람은 어떤 사람일까요?

첫째로 회의보다는 의논할 줄 아는 사람입니다(22절a). 회의를 좋아하는 사람은 자기의 주장을 관철시켜 자기 마음대로 하려고 합니다. 그러나 의논을 하는 사람은 자기 마음대로 하는 것이 아니라 다른 사람들의 생각을 공유하여 가장 좋은 방법을 선택합니다. 그래서 회의하는 사람은 회의적인 생각에 빠져 망하지만, 의논하는 사람은 더 좋은 생각, 더 나은 아이디어를 찾아 일하기에 성공적인 미래가 펼쳐집니다.

둘째로 공통된 목표를 이루기 위해 함께 협력하는 사람입니다(22절b). 지략이 많으면 경영이 성립한다는 말은 공동체의 구성원들이 하나의 목표를 이루기 위해서 각자의 위치에서 전략적으로 열심히 일하는 것을 의미합니다. 계획을 세우는 사람, 역할을 분담하는 사람, 실무에서 일하는 사람들이 모두 지혜로워서 각자의 위치에서 효율적으로 일하기에 반드시

성공적인 미래를 맞이합니다.

　셋째로 임기응변이 아니라 항상 준비되어 있는 사람입니다(23절). 임기응변은 어쩌다 한 번 좋은 결과를 얻게 되는 것이지 늘 좋을 수는 없습니다. 위기를 잠깐 모면했는지는 몰라도 핑계와 거짓말을 하기 쉽습니다. 그러나 잘 준비된 사람은 어떤 상황에서도 시기적절한 말로 사람을 기쁘게 하고 지혜롭게 행하여 최상의 결과를 얻습니다.

　생명의 길을 가는 사람은 겸손한 사람입니다. 다른 사람의 좋은 의견을 수용할 줄 알고, 자신이 해야 할 일을 성실하게 감당하는 사람입니다. 늘 미래를 준비하며 최선의 결과를 얻는 사람입니다. 생명의 길을 가는 지혜로운 사람이 되어 더 나은 미래를 향해 나아가시기를 바랍니다.

　나의 적용 ● ● ●

하나님께서
들으시는 기도

잠언 15장 25-29절

25 여호와는 교만한 자의 집을 허시며 과부의 지계를 정하시느니라
26 악한 꾀는 여호와께서 미워하시나 선한 말은 정결하니라
27 이익을 탐하는 자는 자기 집을 해롭게 하나 뇌물을 싫어하는 자는 살게 되느니라
28 의인의 마음은 대답할 말을 깊이 생각하여도 악인의 입은 악을 쏟느니라
29 여호와는 악인을 멀리하시고 의인의 기도를 들으시느니라

    하나님께서는 기도하는 사람과 함께하시고 사랑해 주시며, 기도할 때에 가까이 오셔서 귀를 기울이시고 우리 기도를 들어주시는 분이십니다. 25-28절과 29절은 서로 다른 내용을 이야기하는 것처럼 보이지만, 실재로는 29절이 25-28절의 결론입니다. 오늘 말씀은 하나님께서 그의 기도를 들어주시는 사람은 어떤 사람인가를 이야기하고 있습니다.

첫째로 자신의 분수를 아는 사람입니다(25절). 하나님은 교만한 자의 집을 허시고, 과부의 지계를 정하시는 분이십니다. 그래서 자기 분수를 모르고 교만하게 행하는 사람을 부끄럽게 하시고, 사회적으로 아무런 보호를 받을 수 없는 과부의 소유가 다른 사람의 손에 넘어가지 않도록 붙들어 주시는 분이십니다. 그래서 겸손한 마음으로 하나님의 보호하심과 인도하심을 구하며 나아가는 사람은 반드시 그 기도에 응답을 받습니다.

둘째로 사람의 지혜와 꾀를 버리는 사람입니다(26-27절). 인간적인 생각은 삶의 문제를 빨리 해결하고 싶은 마음에 편법과 비리를 저지르게 만들고 헛된 이익을 탐하다가 가진 것까지 잃어버리게 합니다. 그러나 기도하는 사람은 사람의 지혜나 꾀를 버리고 하늘의 지혜와 방법을 구하기 때

문에 시간이 좀 걸려도 정도를 걸어가고 하나님의 기쁘신 뜻을 온전히 성취하게 됩니다.

셋째로 사려 깊게 생각하며 기도하는 사람입니다(28절). 의인은 말을 함부로 하지 않고, 무슨 질문에든지 깊이 생각하여 대답합니다. 그러나 악인은 감정에 치우친 말로 생각 없이 악한 말을 쏟아 냅니다. 우리가 하나님 앞에 기도할 때에 진실하게 자신의 감정을 쏟아 내는 것은 매우 중요합니다. 그러나 아무 생각 없이 자기 욕심대로 부르짖는 기도는 거절하십니다. 우리가 좀 더 진실한 마음으로 하나님 마음에 합한 것을 구할 때에 하나님께서는 다른 것도 겸하여 채우는 은혜를 베풀어 주십니다.

의인의 기도를 기뻐하시는 하나님을 의지하며, 늘 깨어 기도함으로 하나님의 보호와 인도하심 속에 마음의 평강을 누리며 살아가시기를 바랍니다.

나의 적용 • • •

보는 눈과 듣는 귀에
복이 있습니다

잠언 15장 30-33절

30 눈이 밝은 것은 마음을 기쁘게 하고 좋은 기별은 뼈를 윤택하게 하느니라
31 생명의 경계를 듣는 귀는 지혜로운 자 가운데에 있느니라
32 훈계 받기를 싫어하는 자는 자기의 영혼을 경히 여김이라 견책을 달게 받는 자는 지식을 얻느니라
33 여호와를 경외하는 것은 지혜의 훈계라 겸손은 존귀의 길잡이니라

솔로몬이 여호와를 경외하는 것은 지혜의 훈계라고 하였는데, 그 이유는 사람이 여호와를 경외하는 마음을 품게 될 때에 생각이 겸손해지고, 진리에 대한 수용력이 생기기 때문입니다. 하나님께서 자기를 경외하는 사람이 진리를 수용할 수 있도록 주시는 영적인 감각이 몇 가지 있습니다.

첫째로 선한 것을 보는 눈을 주십니다(30절). 눈이 밝은 사람은 좋은 시력으로 주변의 모든 것을 세밀하게 볼 수 있습니다. 선한 것을 보는 눈을 가진 사람은, 사람들이 부정적으로 생각하는 것 가운데서도 가능성과 장점을 찾아내서 활용함으로 유익을 얻습니다. 이렇게 하나님께서는 자기를 경외하는 사람들에게 선한 것을 보는 눈을 주셔서 마음속에 기쁨이 가득 차게 하시고 삶 속에서 의의 열매를 맺게 하십니다.

둘째로 들을 귀를 열어 주십니다(31절). 우매한 사람에게는 아무리 귀한 진리를 들려주어도 이해하지 못합니다. 그래서 어리석은 사람에게 진리를 말하는 것을 "소 귀에 경 읽기"라고 합니다. 하나님을 경외하는 자에게는 들을 귀를 주셔서 양이 목자의 음성을 아는 것처럼 진리의 말씀에 순종케 하십니다. 하나님을 경외하는 사람은 늘 말씀에 순종하며 살아감

으로 생명의 길, 축복의 길을 가게 됩니다.

셋째로 유순한 마음을 주십니다(32절). 마음이 강퍅한 사람은 훈계받기를 싫어합니다. 잘못된 길을 가고 있으면서도 돌이킬 줄 모릅니다. 그러나 하나님을 경외하는 사람은 온유하고 겸손한 마음으로 훈계와 책망을 수용함으로 날마다 영적 성장과 성숙을 이루어 갑니다.

주님께서는 "그러나 너희 눈은 봄으로, 너희 귀는 들음으로 복이 있도다(마 13:16)."라고 말씀하셨습니다. 하나님을 경외하는 마음으로 영적 감각이 깨어 있어서 진리의 말씀에 순종하여 생명의 길을 가는 성도되기를 바랍니다.

나의 적용 • • •

16장

우리의 행사를
여호와께 맡겨야 합니다

잠언 16장 1-4절

1 마음의 경영은 사람에게 있어도 말의 응답은 여호와께로부터 나오느니라
2 사람의 행위가 자기 보기에는 모두 깨끗하여도 여호와는 심령을 감찰하시느니라
3 너의 행사를 여호와께 맡기라 그리하면 네가 경영하는 것이 이루어지리라
4 여호와께서 온갖 것을 그 쓰임에 적당하게 지으셨나니 악인도 악한 날에 적당하게 하
   셨느니라

누군가에게 무슨 일을 맡긴다는 것은 그 사람을 신뢰하고 그의 실력을 인정하기에 책임지고 해결해 달라는 뜻입니다. 하나님께 온전히 맡긴 삶은 내가 원하는 대로가 아니라, 하나님께서 기뻐하시는 대로 결정되기에 경영하는 모든 것이 성취됩니다. 우리 인생은 수고하고 노력하고 애써서가 아니라 하나님께 온전히 맡겨 드림으로 범사에 형통함을 누리게 되는 것입니다. 그러면 하나님께 자신의 삶을 온전히 맡긴 사람은 어떤 사람일까요?

첫째로 삶의 모든 결정권을 하나님께 내어 드리는 사람입니다(1절). 사람은 생각이 정리되고 자기 의지가 결정되었을 때 그 생각을 말로 표현합니다. 항상 말보다 생각이 우선입니다. 그러나 하나님을 신뢰하는 사람은 자신의 계획이나 생각보다 기도가 먼저입니다. 기도하면 하나님께서 친히 우리 삶을 경영해 주십니다. 하나님의 주권을 인정하는 사람은 기도하는 사람입니다. 기도하는 사람은 복잡한 생각이 필요 없고, 오직 믿음의 기도로만 자신의 소망을 이룹니다.

둘째로 하나님 앞에서 자신을 바르게 성찰하는 사람입니다(2절). 하나님께 자신의 삶을 온전히 맡긴 사람은 심령을 감찰하시는 하나님을 두려

위할 줄 압니다. 그래서 타인에게는 하나님의 자비와 사랑을 가지고 관대하게 대하고, 자신의 삶은 하나님의 공의로 엄격하게 돌아보아 의로운 삶을 살아갑니다. 결국 나의 품은 뜻이 주의 뜻과 같이 되어서 범사에 하나님 주시는 형통함을 누리게 됩니다.

셋째로 하나님의 보호하심과 섭리 가운데 살아가는 사람입니다(4절). 하나님께서는 세상 모든 만물을 목적에 맞게 창조하셨습니다. 그래서 악인들조차도 하나님의 뜻을 이루기 위해 시기적절하게 사용하십니다. 하나님께 우리의 모든 삶을 맡겨 드릴 때, 다만 악에서 구하시는 섭리로 삶을 지켜 주시고, 하나님의 선하신 뜻대로 인도하셔서 마음의 경영을 이루게 하십니다.

우리 삶을 온전히 하나님께 맡겨 드림으로 수고하고 무거운 짐을 벗어 버리고 하나님의 인도하심을 따라 삶의 모든 소망을 성취하는 성도되기를 바랍니다.

나의 적용 • • •

인간관계를
풀어 가는 열쇠

잠언 16장 5-9절

5 무릇 마음이 교만한 자를 여호와께서 미워하시나니 피차 손을 잡을지라도 벌을 면하지
   못하리라
6 인자와 진리로 인하여 죄악이 속하게 되고 여호와를 경외함으로 말미암아 악에서 떠나
   게 되느니라
7 사람의 행위가 여호와를 기쁘시게 하면 그 사람의 원수라도 그와 더불어 화목하게 하
   시느니라
8 적은 소득이 공의를 겸하면 많은 소득이 불의를 겸한 것보다 나으니라
9 사람이 마음으로 자기의 길을 계획할지라도 그의 걸음을 인도하시는 이는 여호와시니
   라

세상에는 마음대로 되지 않는 일이 참 많
이 있습니다. 그중에 가장 어려운 것은 인간관계입니다. 그 어려운 인간
관계를 풀어 가는 가장 지혜로운 방법이 있습니다. 그것은 여호와를 기
쁘시게 하는 삶을 사는 것입니다. 그러면 여호와 하나님을 기쁘시게 하는
삶은 어떤 삶일까요?

첫째로 하나님 앞에 겸손한 마음으로 사는 삶입니다(5절). 교만한 사람
은 하나님을 두려워할 줄 모르기 때문에 주위 사람들을 무시하고 자기의
능력을 과시합니다. 자기가 가장 잘났기 때문에 다른 사람들의 의견을 수
용할 줄 모르고 독단적으로 행동합니다. 교만한 사람은 여호와께서 미워
하시고 그 행위대로 심판하십니다. 반면에 겸손한 마음으로 하나님을 의
지하는 사람은 하나님의 사랑을 입어 인간관계가 원만해지고, 돕는 사람
들을 붙여 주셔서 범사가 형통케 하십니다.

둘째로 인자와 진리로 행하는 삶입니다(6절). 인자와 진리로 행하는 사

람은 다른 사람의 잘못을 정확하게 찾아내지만 정죄하지 않고 품어 주기 때문에 그가 죄악의 길로 가지 않도록 보호합니다. 그래서 다른 사람의 죄를 용서할 줄 아는 사람은 인간관계의 폭이 넓어지고, 다른 사람의 죄를 용서한 것처럼 자신도 하나님께 용서하심을 받습니다.

셋째로 가장 선한 길로 인도하시는 하나님을 신뢰하는 삶입니다(9절). 하나님을 신뢰하는 사람은 불의한 이익을 탐하지 않습니다. 정직하게 행하여 얻은 적은 소득을 불의하게 행하여 얻는 많은 소득보다 더 귀하게 여깁니다(8절). 항상 정직하고 공의로운 삶을 살아가니 하나님의 기뻐하심을 입고, 범사에 가장 선한 길로 인도하시는 은혜를 누리게 됩니다.

어그러진 인간관계를 풀어 가는 만능키는 하나님을 기쁘시게 하는 삶입니다. 사람의 눈치를 보며 살지 말고, 하나님을 기쁘시게 하는 삶으로 나아가시기 바랍니다. 그래서 인간관계를 형통하게 하시고, 가장 선한 길로 인도하시는 하나님의 사랑 안에 거하시기를 바랍니다.

나의 적용 • • •

하나님께서 다스리시는
나라가 되어야 합니다

잠언 16장 10-15절

10 하나님의 말씀이 왕의 입술에 있은즉 재판할 때에 그의 입이 그르치지 아니하리라
11 공평한 저울과 접시 저울은 여호와의 것이요 주머니 속의 저울추도 다 그가 지으신 것이니라
12 악을 행하는 것은 왕들이 미워할 바니 이는 그 보좌가 공의로 말미암아 굳게 섬이니라
13 의로운 입술은 왕들이 기뻐하는 것이요 정직하게 말하는 자는 그들의 사랑을 입느니라
14 왕의 진노는 죽음의 사자들과 같아도 지혜로운 사람은 그것을 쉬게 하리라
15 왕의 희색은 생명을 뜻하나니 그의 은택이 늦은 비를 내리는 구름과 같으니라

이스라엘 왕은 본래 하나님 한 분이십니다. 하나님께서 왕 제도를 허락하신 것은 인간 왕을 인정하신 것이 아니라, 왕이 하나님의 대리자로서 나라를 다스리게 하시기 위해서였습니다. 그래서 이스라엘의 왕은 언제나 여호와의 율법책을 자기 옆에 두고 읽어 하나님 경외하는 법을 배우고 겸손하게 백성을 다스려야 할 의무가 있었습니다(신 17:18-20). 본문에서 솔로몬은 여호와의 율법에 근거하여 나라를 다스리는 왕은 어떤 사람인지에 대해 말씀하고 있습니다.

첫째로 국가의 상도덕이 바로 서게 하는 왕입니다(10절). 경제윤리가 무너질 때에 상인들은 저울 추를 속이는 방식으로 불의한 이익을 탐하였습니다. 그러나 왕이 저울추를 속이는 자들을 찾아내 엄벌에 처하면 국가의 기강이 바로 서고 백성은 정직하게 일을 하여 국가 경제가 더욱 활성화 되었습니다.

둘째로 공의로 나라를 다스리는 왕입니다(12절). 국가에서 무슨 일을

할 때에 뇌물로 수주를 받는다거나 왕과의 인척관계로 부당하게 특혜를 받는 식으로 일을 하면 선의의 경쟁이 이루어질 수 없습니다. 실력 있는 사람이 역량껏 일할 수 없는 사회가 되기 때문에 사회 전반에 걸쳐 총체적 부실을 낳게 됩니다. 왕이 인척들의 비리를 척결하고 공의롭게 나라를 다스리면 사회 전반에 걸쳐 내실을 기하게 되고, 왕위는 더욱 견고하게 서게 되는 것입니다.

셋째로 신하들의 진정 어린 충언에 귀를 기울이는 왕입니다(13-15절). 간신들의 감언이설에 넘어가지 않고, 정직하고 충성스런 신하들의 말과 백성들의 소리에 귀를 기울이는 왕은 언제나 가장 좋은 선택을 하게 되고, 국정 운영에 실수가 없게 됩니다.

요즘 우리나라는 정치, 경제, 교육, 문화 모든 영역이 총체적으로 부실하여 매우 어려운 상황에 처해 있습니다. 우리의 왕이신 하나님께서 은혜와 긍휼을 베풀어 주셔서 이 위기가 변하여 사회 모든 분야에서 개혁과 개선이 일어나고 대한민국이 세계 위에 다시금 도약하는 기회가 되게 하시기를 원합니다. 이를 위해 함께 중보하며 믿음의 역사를 일으키는 성도 되기를 바랍니다.

나의 적용 • • •

여호와를 의지하는 자에게 복이 있습니다

잠언 16장 16-20절

16 지혜를 얻는 것이 금을 얻는 것보다 얼마나 나은고 명철을 얻는 것이 은을 얻는 것보다 더욱 나으니라

17 악을 떠나는 것은 정직한 사람의 대로이니 자기의 길을 지키는 자는 자기의 영혼을 보전하느니라

18 교만은 패망의 선봉이요 거만한 마음은 넘어짐의 앞잡이니라

19 겸손한 자와 함께하여 마음을 낮추는 것이 교만한 자와 함께하여 탈취물을 나누는 것보다 나으니라

20 삼가 말씀에 주의하는 자는 좋은 것을 얻나니 여호와를 의지하는 자는 복이 있느니라

하나님께서 우리에게 복을 주시는 원리가 있습니다. 그것은 하나님의 말씀을 지켜 행하는 삶입니다. 마음을 온전히 하나님께로 향하고, 말씀을 지켜 행하는 사람은 하나님의 기뻐하심을 입고 범사가 잘되게 하시리라 약속해 주셨습니다(신 30:6). 본문은 말씀에 주의하며 여호와를 의지하는 사람의 삶은 어떤 것인지에 대해 이야기하고 있습니다.

첫째로 지혜를 추구하는 삶입니다(16절). 지혜를 얻는 것이 금을 얻는 것보다 낫고, 명철을 얻는 것이 은을 얻는 것보다 낫습니다. 왜냐하면 지혜로운 사람은 자산을 잘 관리하고 적합한 곳에 투자하여 적은 재산도 크게 증식시켜 가는 반면에 어리석은 사람은 그나마 가진 것조차도 낭비하고 탕진해 버리기 때문입니다. 여호와를 의지하는 사람은 하늘의 지혜를 얻어서 현실을 바르게 진단하고 주어진 상황을 빠르게 판단할 줄 알기 때문에 하는 일마다 번성하게 됩니다.

둘째로 의의 길을 가는 삶입니다(17절). 악한 길을 가면 필연적으로 악

한 결과를 맞이하게 되고, 선한 길을 가면 그 길에서 넘어지고 다시 일어서는 것을 반복해도 결국에는 선한 결과에 이르게 됩니다. 하나님을 의지하는 자는 이미 구원의 길을 가고 있기 때문에 그 영혼이 안전합니다. 그래서 이생에서는 하나님의 보호하심과 복을 누리고 내세에서는 영생을 소유하게 됩니다.

셋째로 겸손한 삶을 살아갑니다(18-19절). 하나님을 의지하는 사람은 위대하신 하나님, 지극히 선하신 하나님을 알기 때문에 항상 자신이 얼마나 부족하고 연약한 존재인지를 자각하며 살아갑니다. 그래서 이웃을 향해 결코 교만한 마음을 품지 않습니다. 교만한 마음이 믿음을 잃고 타락하는 지름길이라는 사실을 너무나 잘 압니다. 하나님 앞에 철저하게 겸손한 마음으로 나아가기 때문에 하나님의 기뻐하심을 입고, 스스로 낮추는 자를 지극히 높여 주시는 은혜를 누립니다.

오늘 하루의 삶에서도 지혜의 말씀을 담대히 붙들고 나아감으로 하나님의 기쁨이 되고, 하나님을 의지하는 자에게 주시는 복을 누리며 살아가시기를 바랍니다.

나의 적용 ● ● ●

선한 마음, 선한 말에 능력이 있습니다

잠언 16장 21-24절

21 마음이 지혜로운 자는 명철하다 일컬음을 받고 입이 선한 자는 남의 학식을 더하게 하느니라
22 명철한 자에게는 그 명철이 생명의 샘이 되거니와 미련한 자에게는 그 미련한 것이 징계가 되느니라
23 지혜로운 자의 마음은 그의 입을 슬기롭게 하고 또 그의 입술에 지식을 더하느니라
24 선한 말은 꿀송이 같아서 마음에 달고 뼈에 양약이 되느니라

최근의 의학적 연구에 따르면 항우울제인 세로토닌이 골밀도를 증가시킨다는 놀라운 연구결과가 나왔습니다. 세로토닌은 뇌에서 만들어지는 호르몬인데 이것이 부족하게 되면 우울한 마음 생기고 그 우울한 마음이 골다공증을 유발한다고 합니다. 세로토닌은 칭찬과 격려의 말을 들을 때에 활성화되는데, 솔로몬은 이러한 사실을 알고 선한 말은 꿀송이 같아서 마음에 달고 뼈에 양약이 된다고 하였습니다(24절). 그만큼 언어 생활이 중요하다는 것입니다. 그렇다면 신실한 그리스도인의 언어 생활은 어떠해야 할까요?

첫째로 선한 말로 다른 사람에게 지식를 더해 주는 삶입니다(21절). 스승은 가르침으로 제자들에게 학식을 더해 주고, 목사님은 열심히 말씀을 읽고 묵상하여 설교함으로 성도들에게 영적 지식을 더해 줍니다. 마찬가지로 신실한 그리스도인은 자신의 삶의 현장에서 얻은 생활의 지혜를 이웃에게 전하여 줌으로 이웃의 삶을 윤택하게 하는 사람입니다.

둘째로 말씀에 순종함으로 경건의 능력을 드러내는 삶입니다(22절). 명철한 자는 그 명철이 생명의 샘이 되어 지혜롭게 행함으로 인생에 어려움

이 없고, 미련한 자는 하는 행동도 미련하기 때문에 스스로 고난을 자초합니다. 우리 그리스도인은 스스로 지혜가 부족해도 진리의 말씀에 순종하여 명철한 자의 길을 갈 수 있습니다. 그리고 삶에서 체득된 진리의 말씀으로 이웃을 격려하고 세워 주는 사람이 됩니다.

셋째로 선한 마음을 품고 살아가는 삶입니다(23절). 타인을 위한 선한 마음이 입술을 통해 표현되면 사람들은 그가 슬기롭다고 이야기합니다. 또한 선한 마음으로 좋은 정보들을 받아들여 이웃에게 전하여 주면 사람들은 그의 입술에 지식이 있음으로 그를 가까이 하려 합니다. 그래서 선한 마음을 품고 살아가는 그리스도인은 이웃의 사랑을 받고, 관계의 폭이 넓어지며, 삶을 통해 복음을 증거하는 신실한 주님의 일꾼이 됩니다.

오늘도 선하고 아름다운 언어 생활로 이웃을 살리며 하나님 나라의 지경을 넓혀 가는 성도되기를 바랍니다.

[나의 적용] • • •

생명의 길을
가는 성도 2

잠언 16장 25-30절

25 어떤 길은 사람이 보기에 바르나 필경은 사망의 길이니라
26 고되게 일하는 자는 식욕으로 말미암아 애쓰나니 이는 그의 입이 자기를 독촉함이니라
27 불량한 자는 악을 꾀하나니 그 입술에는 맹렬한 불 같은 것이 있느니라
28 패역한 자는 다툼을 일으키고 말쟁이는 친한 벗을 이간하느니라
29 강포한 사람은 그 이웃을 꾀어 좋지 아니한 길로 인도하느니라
30 눈짓을 하는 자는 패역한 일을 도모하며 입술을 닫는 자는 악한 일을 이루느니라

사람은 하나님의 형상을 따라 지음 받았기 때문에 성령님을 의지하면 본능을 따라 살지 않고, 이성적인 사고를 통해 가장 바람직한 삶을 선택하며 살아갈 수 있습니다. 사람이 보기에 바른 길이란 생존본능을 따라 살아가는 삶을 말하는데, 그 끝에는 반드시 사망이 기다리고 있습니다(25절). 그러면 성령님을 의지함으로 인간의 본능을 넘어 생명의 길을 가는 삶은 어떤 삶일까요?

첫째로 생명이 아니라 사명을 위해 살아가는 삶입니다(26절). 고되게 일하는 자는 그 입이 자기를 독촉한다는 말은 사람이 너무 힘이 들면 먹고 싶은 욕망 때문에 무슨 행동이든 서슴지 않고 하게 된다는 뜻입니다. 생존을 위해 살면 조금만 힘들어도 본능적인 욕망을 따라 살게 되지만, 성령님을 의지하는 사람은 먹고 사는 문제보다 사명이 중요함을 알기 때문에 동물적인 본능을 이겨 내고 주신 사명을 따라 살아가게 됩니다.

둘째로 분노의 감정을 절제하고 화평케 하는 삶입니다(27-28절). 분노의 감정이 쉽게 일어나는 사람은 하나님의 뜻을 그르치기 쉽습니다. 마음에 분노가 쉽게 일어나고, 나로 인해 다툼과 분쟁이 발생한다면 그것은

성령님을 의지하지 않은 결과입니다. 성령께서 함께하시면 사람의 마음이 온유하고 겸손해지며, 다툴 만한 일도 그 사람으로 인해 잠잠케 됩니다. 우리는 하나님께 "화평케 하는 직책"을 받은 자입니다(고후 5:18). 성령님을 의지함으로 이 사명을 잘 감당하며 나아가야 합니다.

셋째로 이웃을 선한 길로 인도하는 삶입니다(29절). 성령께서는 우리의 도덕성과 윤리의식을 높여 주셔서 우리의 삶을 선한 생각, 선한 계획으로 가득 채워 주십니다. 그래서 사사로운 이익을 얻기 위해 이웃을 꾀어 악한 일을 도모한다거나 악한 일을 보고 묵인하지 않습니다. 바른 분별력을 가지고 선한 일에 힘쓰며 이웃을 유익하게 하는 삶을 살아갑니다.

어떤 길은 사람이 보기에 바릅니다. 그러나 성령 안에서 깨어 있는 사람은 그 길이 사망의 길이라는 사실을 잘 압니다. 성령 안에 깨어 있어서 화평케 하는 직책을 잘 감당하고 생명의 길을 가는 성도되기를 바랍니다.

나의 적용 • • •

하나님의 손에
붙들린 인생

잠언 16장 31-33절

31 백발은 영화의 면류관이라 공의로운 길에서 얻으리라
32 노하기를 더디하는 자는 용사보다 낫고 자기의 마음을 다스리는 자는 성을 빼앗는 자
보다 나으니라
33 제비는 사람이 뽑으나 모든 일을 작정하기는 여호와께 있느니라

❧   사람들은 서로 갈등이 생기거나 의사를 결
정하기 너무 어려운 경우 제비를 뽑습니다. 그 중요한 일을 누가 책임질
능력이 없으니 소위 운명에 맡겨 버리는 것입니다. 우리 그리스도인의 삶
은 운명에 맡긴 삶이 아니라 하나님의 의로운 손에 붙들려 살아가는 삶입
니다. 그러면 하나님의 손에 붙들려 살아가는 인생에게 주시는 은혜는 무
엇일까요?

첫째로 우연이 필연이 되게 하십니다(33절). 제비를 뽑더라도 우리는
자신이 원하는 제비를 뽑을 능력이 없지만, 하나님께서 우리가 원하는 제
비를 뽑아 주셔서 운명을 넘어서는 은혜로 살게 하십니다. 어떤 선택의
귀로에 놓여 있을 때에, 믿음의 사람은 자기 의지로 결정하지 않고 하나
님께 기도합니다. 그러면 하나님께서는 불가능도 가능하게 하시는 은혜
로 가장 선한 길로 인도해 주십니다.

둘째로 사망의 권세를 이기게 하십니다. 사람이 스스로 극복할 수 없
는 최대의 운명은 사망의 권세입니다. 그런데 이 사망의 권세조차도 우
리 그리스도인들을 어찌할 수가 없습니다. 예수님께서 죄와 사망의 권세
를 이기시고 부활하셔서 믿는 자들의 첫 열매가 되셨기 때문입니다(고전
15:20). 백발은 영화의 면류관이라 하였는데(31절) 하나님께서는 공의의

길로 행하는 사람이 사망의 권세에 매이지 않게 하셔서 현세에서는 장수의 복을, 내세에서는 영생을 선물로 주십니다.

셋째로 어그러진 본성을 고쳐 주십니다(32절). 화를 잘 내는 것, 마음을 다스리지 못하는 것은 타고난 성품 때문입니다. 사람의 마음은 자기 의지로 통제가 되질 않습니다. 주어진 본성에 따라 행동하게 되는 것이 사람의 운명입니다. 그러나 하나님께서 은혜를 주시면 성령께서 우리 마음을 새롭게 하시고 변화시켜 주셔서 새 사람이 되게 하십니다. 쉽게 분노하고 불안해 하던 마음이 평안해지고 온유하고 겸손한 사람이 되게 하십니다.

하나님의 의로운 손길에 붙들려 살아가는 인생은 자신의 의지로 어찌할 수 없는 운명을 넘어 삶의 진정한 위로와 평강을 얻습니다. 오늘도 전심으로 하나님을 의지하며 모든 한계 상황을 극복하고 하나님께서 주시는 평강의 길로 나아가는 성도되기를 바랍니다.

나의 적용 • • •

17장

마음을 연단하시는 하나님

잠언 17장 1-3절

1 마른 떡 한 조각만 있고도 화목하는 것이 제육이 집에 가득하고도 다투는 것보다 나으니라

2 슬기로운 종은 부끄러운 짓을 하는 주인의 아들을 다스리겠고 또 형제들 중에서 유업을 나누어 얻으리라

3 도가니는 은을, 풀무는 금을 연단하거니와 여호와는 마음을 연단하시느니라

❦ 도가니로 은을, 풀무로 금을 연단하듯이, 하나님께서 사람을 연단하시는 방법을 보면 저마다 다릅니다. 그럴 수밖에 없는 이유는 하나님께서 세상 모든 사람을 서로 다르게, 특별하게 창조하셨기 때문입니다. 그래서 사람이 하나님의 손에 붙들려서 온전히 연단되고 나면 그 사람만의 특별한 인격과 성품, 실력이 나타나게 되고, 세상에서 그 사람만이 감당할 수 있는 유일한 사명이 무엇인지를 알게 됩니다. 하나님께서 사람을 연단하실 때에 사용하시는 환경적인 요인이 몇 가지가 있습니다.

첫째는 경제적인 연단입니다(1절a). 물질적인 시련을 통과하지 않으면 내게 주신 재물이 얼마나 소중한 것인지를 알지 못하고, 가진 재물로 인해 가난한 사람들을 업신여기기까지 합니다. 물질적인 연단을 이긴 사람만이 모든 것이 하나님의 은혜요 축복임을 알고 겸손한 마음으로 다른 사람들을 섬길 줄 알게 됩니다.

둘째로는 인간관계를 통한 연단입니다(1절b). 인간관계가 좋지 못하고 삶 속에 다툼이 많으면 경제적으로 넉넉해도 평안함을 누릴 수 없습니다. 남편이, 아내가, 자식들이, 친구들이, 주위 사람들이 원수 같으면 하루하

루가 지옥입니다. 그래서 인간관계의 시련이 찾아올 때에 하나님 앞에 겸손히 자신을 낮추고 기도하는 사람은 마음의 문을 열고 닫는 권세가 하나님께 있음을 깨닫게 되고 하나님만 의지하는 사람이 됩니다.

셋째로는 사회적 신분을 통한 연단입니다(2절). 인격이 성숙한 사람, 실력을 갖춘 사람이 사회적으로 높은 자리에 오르면 그 사람으로 인해 많은 사람이 평안함과 만족감을 얻게 됩니다. 그러나 지혜로운 사람이 비천하게 여김을 받고, 어리석은 사람이 높은 지위에 오르게 될 경우 사회의 질서가 문란해지고 그 사람으로 인해 여러 사람이 고통을 겪게 됩니다. 주어진 삶의 자리에서 한 걸음, 한 걸음 하나님 뜻에 순종하며 나아갈 때에 하나님께서는 그런 사람을 존귀하게 높여 주셔서 혼탁한 시대를 바르게 세워 가는 빛과 같은 존재가 되게 하십니다.

마음을 연단하시는 하나님께서 나를 연단하실 때에, 온전히 연단되어 나의 나 됨을 바로 알고 주신 사명을 신실하게 감당해 가는 성도되기를 바랍니다.

나의 적용 • • •

진리를 분별하는
귀에 복이 있습니다

잠언 17장 4-5절

4 악을 행하는 자는 사악한 입술이 하는 말을 잘 듣고 거짓말을 하는 자는 악한 혀가 하는 말에 귀를 기울이느니라

5 가난한 자를 조롱하는 자는 그를 지으신 주를 멸시하는 자요 사람의 재앙을 기뻐하는 자는 형벌을 면하지 못할 자니라

하나님께서 온 세상 만물을 창조하실 때에 특별히 사람에게는 하나님의 형상을 주셨습니다. 그래서 빈부귀천을 막론하고 사람은 누구나 사랑받고 존중받을 권리가 있습니다. 하나님을 떠난 사람의 가장 큰 특징은 타인을 존중할 줄 모르고 이기적이라는 것입니다. 본문에서 솔로몬은 하나님을 떠난 사람들의 몇 가지 특징을 이야기하고 있습니다.

첫째로 악한 말을 잘 듣고 귀를 기울입니다(4절). 보는 눈은 자기의 시야를 벗어나면 더 이상 정보를 받아들이지 못하지만, 듣는 귀는 사방에서 나는 모든 소리를 통해 정보를 받아들입니다. 죽을 때에 가장 마지막까지 남아 있는 몸의 기능이 청력이라 하니 평생에 가장 많은 정보를 받아들이는 기관은 바로 귀입니다. 하나님을 떠난 사람은 항상 악한 말에 귀를 기울임으로 악한 정보를 수시로 받아들이고 악한 말과 행동으로 하나님께 범죄합니다.

둘째로 가난하고 연약한 사람들을 무시합니다(5절a). 자기보다 힘이 있는 사람 앞에서는 넙죽 엎드려 절하며 인심을 사려 하지만, 자기보다 못한 사람이다 싶으면 그 위에 군림하려고 하고 연약한 사람들을 괴롭힙니다. 솔로몬은 이런 자들에 대해 창조주 하나님을 멸시하는 자라 하였습니

다. 하나님을 두려워할 줄 모르니 사람 눈치나 보며 살고, 자기보다 못한 사람을 무시하는 것입니다.

셋째로 타인의 재앙을 기뻐합니다(5절b). 어려움에 처한 사람을 도우려 하지 않고, 오히려 그 사람의 불행을 보며 행복해 합니다. 이런 사람은 자신이 어려운 상황에 처하게 되었을 때에 어느 누구의 도움도 받을 수 없습니다. 타인이 어려움에 처한다고 자기에게 무슨 이익이 되는 것도 아닙니다. 도울 능력이 없다면 마음으로 동정해 주고, 말로 위로해 주는 것만으로도 선한 사람이 됩니다. 그러나 악한 자들은 마음으로 타인의 불행을 기뻐하다가 하나님의 심판을 자초합니다.

선한 말에 경청할 줄 아는 귀를 가진 사람에게 복이 있습니다. 언제나 진리의 말씀에 귀 기울이며 살아감으로 하나님의 마음을 기쁘시게 하는 성도되기를 바랍니다.

나의 적용 • • •

무엇이 가치 있는
인생인가?

잠언 17장 6절

6 손자는 노인의 면류관이요 아비는 자식의 영화니라

사람이 추구하는 다섯 가지 복—수(壽)·부(富)·강녕(康寧)·유호덕(攸好德)·고종명(考終命)—중에 첫 번째가 장수입니다. 과학이 아무리 발전을 해도 100년을 넘기지 못하는 인생이지만, 영원에 비하면 마치 작은 한 점과 같은 시간에 불과한 80평생이라는 짧은 시간을 살면서도 사람들이 가장 원하는 것은 장수입니다. 그러면 과연 오래살기만 하면 정말 행복할까요?

누군가 100세를 살다가 죽었다고 가정할 때에, 50살에 병상에 누워 고통을 겪으며 50년을 병원의 침대에서 움직이지도 못하며 식물인간처럼 살다가 100세에 죽은 사람을 행복하다 말할 수 있을까요? 50세까지는 심각한 죄 짓지 않고 순탄하게 살다가 원치 않는 사건에 얽혀서 죄 짓고 온 세상 사람들의 손가락질을 당하며 100세까지 살았다면 그의 삶이 정말 행복하다 할 수 있을까요?

손자가 노인의 면류관이 되는 이유는 할아버지의 영향력으로 손자가 자랑스럽고 훌륭한 인물로 성장했기 때문입니다. 장수하면서 수치스럽고 부끄러운 손자를 보았다면 그 노인은 안타깝게도 좀 더 일찍 생을 마감했다면 전혀 볼 필요가 없었던 고통스런 상황을 겪은 것입니다.

어떻게 아비가 자식의 영화가 될 수 있을까요? 아버지가 훌륭한 인격과 실력을 갖추어 인생에서 성공하고, 사람들의 사랑과 존경을 받으면 아들은 아버지의 그늘 아래서 행복한 삶을 살게 됩니다. 그래서 자녀들에게

본이되는 인생을 살아온 아버지는 자식들의 영화가 됩니다.

인생의 행복은 단순히 오래 사는 데에 있지 않습니다. 그저 건강하게 오래 살았다고 행복한 것도 아닙니다. 생명이 있는 동안에 그 사람이 무엇을 하였고, 얼마나 많은 사람을 유익하게 하였으며, 스스로의 생각에도 부끄러움이 없는 보람된 삶을 살았느냐가 중요합니다.

우리가 건강하게 행복하게 오래 사는 비결은 다른 데에 있지 않습니다. 그 비결은 여호와를 경외하며 그의 길을 걷는 삶에 있습니다(시 128:1-5). 언제나 여호와를 경외하는 진실한 믿음으로 하나님을 기쁘시게 하고, 장수의 복을 누리며 후손에게 영광이 되는 삶을 살아가시기를 바랍니다.

나의 적용 • • •

책임감 있는 인생을
살아야 합니다

잠언 17장 7-10절

7 지나친 말을 하는 것도 미련한 자에게 합당하지 아니하거든 하물며 거짓말을 하는 것
  이 존귀한 자에게 합당하겠느냐
8 뇌물은 그 임자가 보기에 보석 같은즉 그가 어디로 향하든지 형통하게 하느니라
9 허물을 덮어 주는 자는 사랑을 구하는 자요 그것을 거듭 말하는 자는 친한 벗을 이간하
  는 자니라
10 한 마디 말로 총명한 자에게 충고하는 것이 매 백 대로 미련한 자를 때리는 것보다 더
  욱 깊이 박히느니라

사람이 누군가에게 충고를 듣거나 매를 맞
았다고 하면 분명히 무엇인가 잘못을 했기 때문입니다. 지혜로운 사람과
미련한 사람의 차이점은 지혜로운 사람은 한 마디 말만 들어도 자신의 실
수와 잘못을 깨달아 바로 고쳐 나가지만, 미련한 사람은 자기 잘못으로
인해 무수히 해를 당하면서도 전혀 고칠 생각을 하지 않는다는 것입니다
(10절). 오늘 말씀에서 솔로몬은 총명한 사람과 미련한 사람이 자신의 잘
못을 해결해 나가는 방식에 대해 이야기하고 있습니다.

첫째로 미련한 자는 거짓말로 얼버무리고, 지혜로운 사람은 진실을 말
합니다(7절). 진실을 말하면 최소한 정상 참작을 받아 잘못한 만큼만 징계
받거나 그보다 덜 징계받게 되지만, 거짓말을 하면 아무리 잘 짜맞추어도
나중에 다 드러나서 더 큰 화를 불러오게 됩니다. 그리고 거짓말하는 사
람은 잘못이 드러나도 개선하지 않지만, 지혜로운 사람은 잘못이 드러나
면 삶의 태도를 바꿉니다.

둘째로 미련한 자는 뇌물로 문제를 해결하려 하고 지혜로운 사람은 자
기 잘못으로 피해를 입은 사람에게 보상하려고 노력합니다(8절). 같은 돈

을 쓰지만 미련한 사람은 자기 잘못을 감추기에 급급하고, 지혜로운 사람은 자기로 인해 고통을 당한 사람을 위로하고 용서받는 일에 우선순위를 둡니다.

셋째로 미련한 사람은 다른 사람의 잘못을 드러내서 자기 허물을 덮으려 하지만, 지혜로운 사람은 다른 사람의 과실을 덮어 주고 자신이 책임지려고 노력합니다(9절). 근본적인 문제가 자신에게 있는데 다른 사람에게 책임을 전가하려는 사람은 도덕성이나 양심이 전혀 없는 사람입니다. 살아서는 사람들의 지탄을 받고 죽어서는 하나님의 공의로운 심판만 있을 뿐입니다.

어리석은 사람만 잘못하고 실수하는 것이 아닙니다. 때로는 지혜로운 사람도 실수할 수 있습니다. 그러나 하나님 앞에서 자신을 정직하게 돌아보고 말씀에 순종하는 사람은 실수를 했어도 책임감 있게 문제를 해결하고 결코 넘어지지 않는 인생을 살아가게 됩니다. 말씀 앞에 정직히 행하며 책임감 있는 삶을 살아가시기를 바랍니다.

나의 적용 • • •

건전한 마음과 생각을
지켜 나가야 합니다

잠언 17장 11-13절

11 악한 자는 반역만 힘쓰나니 그러므로 그에게 잔인한 사자가 보냄을 받으리라
12 차라리 새끼 빼앗긴 암곰을 만날지언정 미련한 일을 행하는 미련한 자를 만나지 말
   것이니라
13 누구든지 악으로 선을 갚으면 악이 그 집을 떠나지 아니하리라

인격이 바로 된 사람은 자기에게 선을 행하는 사람에게 결코 악을 행하지 않습니다. 자기를 칭찬하는 사람에게 욕하는 사람이 없고, 자기를 위해 헌신적으로 섬겨 주는 사람을 미워하는 사람도 없습니다. 그런데 사람이 마음과 생각이 삐뚤어져 있으면 상식적으로 이해할 수 없는 비정상적인 행동을 합니다. 다른 사람을 믿지 못하고 무슨 일이든 의심이 가득찬 눈으로 보며 만사를 다 자기 맘대로 이해하고 생각합니다. 이런 사람에게 나타나는 몇 가지 특징이 있습니다.

첫째는 매사에 불만으로 가득 차 있습니다(11절). 항상 좋은 점보다 나쁜점, 잘한 것보다 잘못한 것만 보기 때문에 심지어 윗사람의 권위도 인정하지 않고, 비판만 하려고 합니다. 그러나 정작 자기가 무엇인가를 해야 할 때에는 말만 많지 무능해서 아무것도 하지 못합니다. 대안이 없는 비판만 일삼기 때문입니다.

둘째는 과격하고 폭력적인 성향이 강합니다(12절). 마치 새끼를 빼앗긴 암곰처럼 마음속에 분노가 가득해서 주변에 있는 사람이라면 누구하고나 다툴 준비가 되어 있습니다. 이런 사람과는 말을 섞지 말고 피하는 것이 상책입니다. 이야기를 나누다가 말 꼬투리라도 잡히면 그 사람과 다툼이 그치지 않기 때문입니다.

셋째는 선을 악으로 갚으려 합니다(13절). 항상 의심스런 눈으로 사람을 보기 때문에 누가 선행을 해도 있는 그대로 받아들이지 못합니다. '무슨 불순한 의도로 나에게 착한 행동을 하는가?'하고 의심하면서 사람을 경계합니다. 그러니 아첨하면서 이익을 보려는 사람이나 그 곁에 남아 있지 착하고 실력 있는 사람은 모조리 그의 곁을 떠나버립니다.

우리 마음에 감사가 충만하면 불만이 사라집니다. 성령의 임재를 구하며 살아갈 때에 폭력적인 성향이 사라지고 온유하고 겸손한 마음이 가득해집니다. 손해 보는 것을 두려워하지 말고 마음의 문을 열 때에 타인을 있는 모습 그대로 볼 수 있는 영적 시야가 열립니다. 감사하는 마음으로 성령의 도우심을 구하며 나아감으로 마음속에 있는 부정적인 생각과 정서를 몰아내고 수용성과 포용성으로 인간관계의 문을 바르게 열어 가시기를 바랍니다.

나의 적용 • • •

삶의 작은 일에서도
선을 향해 나아가야 합니다

잠언 17장 14-15절

14 다투는 시작은 둑에서 물이 새는 것 같은즉 싸움이 일어나기 전에 시비를 그칠 것이니라

15 악인을 의롭다 하고 의인을 악하다 하는 이 두 사람은 다 여호와께 미움을 받느니라

사람에게 선과 악이라는 것은 대단히 주관적인 것입니다. 자기의 인격과 도덕적인 수준에서 선과 악을 판단하기 때문입니다. 어떤 사람은 누군가에게 피해를 주어야만 죄이고 악이라고 생각합니다. 그러나 도덕적 수준이 조금 더 높은 사람은 마음으로 남을 미워하고 정죄하거나, 단순히 거짓말을 하는 것조차도 죄이고 악이라고 생각합니다.

사람이 자기 기준에서 선과 악을 분별하다 보면 자기에게 이익이 되는 사람을 선하다 하고, 손해가 되는 사람을 악하다 할 수 있습니다. 그러나 하나님께서는 자기 주관대로 악인을 의롭다 하고, 의인을 악하다 하는 사람들을 미워하십니다(15절). 그러면 사람은 어째서 선악 간의 혼란을 일으키게 되는 것일까요? 그것은 도덕 불감증 때문입니다.

한두 번 말씀을 어기고 죄 짓는 것을 용납하다 보면 양심이 무디어지고 도덕성의 혼란이 일어납니다. 마치 둑에서 물이 새기 시작할 때에 그 작은 틈을 빨리 메우면 문제가 생기지 않는데 그냥 내버려두면 둑 전체가 무너져 내리는 것처럼, 우리의 윤리의식과 도덕성도 말씀을 한두 번 범하다 보면 감각이 무디어져 인격을 망치게 되는 것입니다.

하나님께 사랑받을 만한 사람이 되려면 삶에서 작은 문제부터 정직하게 해결해 나가야 합니다. 사소하고 작은 악도 거절하고 항상 선한 일에

힘쓰는 사람이 되어야 합니다. 마음의 방향을 전환해서 죄짓지 않으려고 투쟁하는 사람이 아니라, 항상 의로운 삶을 살아가고자 최선을 다하는 사람이 되어야 합니다. 그럴 때에 죄와는 상관이 없는 의로운 인생이 되고 하나님의 사랑이 그의 삶에 임합니다.

　삶의 작은 문제들을 우습게 생각하고 방심하는 사람이 큰 문제를 일으킵니다. 작은 일들부터 선하고 의로운 방향으로 해결해 가려고 노력할 때에 그 작은 노력들이 모여 인생 전체를 선하고 의로운 방향으로 이끌어 가게 되는 것입니다. 작은 일에도 선함을 추구함으로 언제나 하나님의 사랑과 은혜 속에 살아가는 성도되기를 바랍니다.

나의 적용 • • •

미련함을
벗어버려야 합니다

잠언 17장 16~19절

16 미련한 자는 무지하거늘 손에 값을 가지고 지혜를 사려 함은 어찜인고
17 친구는 사랑이 끊어지지 아니하고 형제는 위급한 때를 위하여 났느니라
18 지혜 없는 자는 남의 손을 잡고 그의 이웃 앞에서 보증이 되느니라
19 다툼을 좋아하는 자는 죄과를 좋아하는 자요 자기 문을 높이는 자는 파괴를 구하는
　자니라

미련한 사람은 아무리 탁월한 스승을 만나
도 학습의 능력이 없기 때문에 수업료만 낭비합니다. 배우는 것 자체가
스트레스이고, 배운 지식을 삶에 적용하지도 못합니다. 그래서 아무리 많
은 돈을 들여도 미련한 사람의 그 미련함은 도무지 벗겨낼 수가 없습니
다. 미련한 사람의 삶에는 몇 가지 특징이 있습니다.

　첫째로 인간관계를 중요시하지 않습니다(17절). 그러니 진정한 친구 하
나 없고, 심지어는 자기 가족들과도 원만한 관계를 맺지 못합니다. 세상
은 자기 혼자 살아갈 수 있는 곳이 아닙니다. 그래서 지혜로운 사람은 항
상 주위에 있는 사람들을 잘 챙기고, 내가 도울 수 있는 일이면 최선을 다
해 돕습니다. 항상 선을 행하기에 힘쓰니 자신이 어려운 상황에 처할 때
에 도와줄 사람들이 많습니다.

　둘째로 자기의 능력을 과시합니다(18절). 미련한 사람이 사기를 당하기
쉬운 이유는 누가 자기를 칭찬해 주면 마음이 우쭐해져서 잘난 척 하기를
좋아하기 때문입니다. "이 정도 쯤이야 당신은 충분히 감당할 능력이 있
어요!"하면 보증을 서는 것도 마다하지 않습니다. 귀가 얇아서 크게 이익
이 될 것이라는 말에 쉽게 보증을 서 주게 되고, 그게 올무가 되어 경제적

어려움을 겪게 됩니다.

셋째로 다툼을 잘 일으킵니다(19절). 미련한 자는 이해력이 부족하기 때문에 일단 감정이 상하면 대화가 되질 않습니다. 미련한 자와 다툼이 생기면 지혜로운 사람이 참으려 해도 싸움이 그치지 않고, 싸워서 해결하려 하면 더 심각하게 문제가 발생합니다. 다툼이 일어나면 내 의지와 상관 없이 죄를 짓게 되기 때문에 미련한 자와는 말을 섞지 않는 것이 상책입니다.

미련함을 벗어 버리려면 마음의 변화가 일어나야 합니다. 사람의 마음은 성령께서 주장하십니다. 내 의지로는 안 되지만 성령께서 미련한 마음이 변하여 지혜로운 마음이 되게 하십니다. 날마다 성령님을 의지하며 나아감으로 삶의 미련함을 벗어 버리고 하늘의 지혜로 살아가는 성도되기를 바랍니다.

나의 적용 • • •

마음의 즐거움이
양약입니다

잠언 17장 20-22절

20 마음이 굽은 자는 복을 얻지 못하고 혀가 패역한 자는 재앙에 빠지느니라
21 미련한 자를 낳는 자는 근심을 당하나니 미련한 자의 아비는 낙이 없느니라
22 마음의 즐거움은 양약이라도 심령의 근심은 뼈를 마르게 하느니라

마음이 몸에 영향을 미친다는 것은 옛날부터 의사들 사이에 널리 알려져 왔습니다. 최근의 의학적 연구에서는 몸은 마음먹은 대로 반응한다는 사실이 밝혀졌습니다. 심지어 운동할 시간이 없을 경우 머릿속으로 운동하는 장면을 생각하는 것만으로도 근육량이 실재로 증가한다고 합니다. 또한 질병의 75%, 많게는 90%가 스트레스에 의한 것이라고 하니 마음의 건강이 얼마나 중요한지를 알 수 있습니다. 그러면 건강한 마음으로 삶의 평안을 누리는 길은 무엇일까요?

첫째로 긍정적인 생각으로 마음을 가득 채워야 합니다(20절a). 마음이 굽은 사람은 부정적인 생각 때문에 창의성을 가지고 삶에 도전하지 못합니다. 그러나 긍정적인 생각으로 가득한 사람은 어려운 상황에서도 포기하지 않고 끊임없이 도전하여 삶의 소망을 성취합니다. 믿음은 하나님을 향한 절대 긍정입니다. 나는 무능해도 하나님이 전능하심을 믿고 의지하며 나아갈 때에 삶에서 기적을 체험하게 됩니다.

둘째로 긍정적인 말로 삶을 가득 채워야 합니다(20절b). 긍정의 말은 삶에서 긍정의 열매를 맺고, 부정적인 말은 삶에서 부정적인 열매를 맺게 됩니다. 최고의 긍정의 언어는 기도입니다. 기도는 하나님을 향해 진실한 믿음을 가진 사람만 할 수 있는 영적 특권입니다. 패역한 혀로 부정적인 말을 하는 사람은 재앙에 빠지게 되지만 신실한 입술로 기도하는 자에게

는 하나님의 큰 구원이 임합니다.

셋째로 지혜로운 마음을 구해야 합니다(21절). 지혜로운 사람은 지혜로운 자녀를 낳고, 어리석은 사람은 어리석은 자녀를 낳습니다. 자녀가 문제가 아니라 지혜가 없어 자녀 교육을 바로 하지 못하는 부모가 문제입니다. 하나님은 지혜가 부족할 때에 구하면 후히 주시고 꾸짖지 않으시는 분이십니다. 날마다 하늘의 지혜를 구하고 그 지혜로 자녀를 양육하는 사람은 범사가 평안하고 마음이 즐겁습니다.

마음의 즐거움이 양약이라 했습니다. 긍정적인 생각, 적극적인 기도, 지혜를 구하는 마음으로 하늘의 평강을 누리며 삶의 소원을 성취해 가시기를 바랍니다.

나의 적용 ● ● ●

자신의 삶을 돌아볼 줄
알아야 합니다

잠언 17장 23-24절

23 악인은 사람의 품에서 뇌물을 받고 재판을 굽게 하느니라
24 지혜는 명철한 자 앞에 있거늘 미련한 자는 눈을 땅 끝에 두느니라

"등잔 밑이 어둡다."라는 속담이 있습니다. 가까이에서 일어나는 일을 잘 모른다거나 자기 사람을 분별하지 못할 때에 하는 말입니다. 미련한 사람은 자기 주변을 살필 줄 모르기 때문에 무슨 문제가 생기면 정작 도움이 될 만한 가까운 사람을 찾아가지 못하고 어리석은 방법으로 문제를 해결하려다가 손해를 봅니다. 그러면 자신의 삶을 돌아볼 줄 아는 사람은 어떤 사람일까요?

첫째로 주위 사람들을 존중할 줄 아는 사람입니다(24절). 미련한 사람의 시선은 항상 땅끝에 있습니다. 그래서 자기 가까이 있는 사람들의 실력을 인정하지 않고 도움 청하기를 부끄러워합니다. 그러나 분별력이 있는 사람은 주위 사람들로부터 조언을 구할 줄 알고 자기를 도와줄 능력 있는 사람을 파악하여 시기적절하게 협조를 구함으로 삶의 문제들을 지혜롭게 풀어갑니다.

둘째로 자신의 은사와 재능을 활용할 줄 아는 사람입니다. 하나님께서는 모든 사람에게 독특한 은사와 재능을 주셨는데, 미련한 사람은 자기에게 주신 은사는 무시하고 남의 은사와 재능만을 부러워합니다. 시선이 땅끝에 있어서 자신을 잘 살피지 못하기 때문입니다. 지혜로운 사람은 하나님께서 주신 은사와 재능을 날마다 개발하고 훈련하여 삶 속에 적용하고 이를 통해 자신의 꿈을 이루어 갑니다.

셋째로 뇌물을 멀리하여 이성적 분별력을 지켜 나가는 사람입니다(23절). 사람은 누구나 돈을 좋아합니다. 돈 준다는 데 거절하는 사람이 흔치 않습니다. 그러나 남에게 뇌물을 받는 순간 사람은 정상적인 판단을 할 수 없게 되고 죄의 길을 가게 된다는 사실을 기억해야 합니다. 사사로운 탐심을 멀리할 때에 미련한 자의 길에서 벗어나 바른 생각과 판단으로 의로운 삶을 살게 됩니다.

자기 자신을 돌아보아 내게 주신 것에 만족할 줄 알고 주위 사람들을 존중하며 살아감으로 미련한 자의 길에서 벗어나 의의 길을 가는 성도되기를 바랍니다.

나의 적용 ● ● ●

세상이 미워해도
두려울 것이 없습니다

잠언 17장 25-26절

25 미련한 아들은 그 아비의 근심이 되고 그 어미의 고통이 되느니라
26 의인을 벌하는 것과 귀인을 정직하다고 때리는 것은 선하지 못하니라

악인이 의인을 미워하는 이유는 의인으로 인해 자기의 죄악이 낱낱이 드러나기 때문입니다. 악인도 자기가 악하다는 사실을 스스로 잘 알고 있습니다. 그런데 의인으로 인하여 마음대로 악행을 할 수 없다는 것 때문에 악인은 의인을 괴롭히고 미워합니다.

의인을 미워했던 구약시대의 대표적인 악인은 사울입니다. 다윗이 골리앗을 물리친 후에 사울은 다윗을 이스라엘의 군대장관으로 삼았습니다. 그러나 자기를 위해서 그렇게도 충성을 다하며 가는 곳마다 지혜롭게 행하고 전장에 나가기만 하면 승리하고 돌아오는 다윗을 미워했습니다. 하나님을 경외함으로 의롭게 살아가는 다윗을 보면 하나님 앞에서 자기가 얼마나 죄가 많고 악한 사람인지 알게 되었기 때문입니다.

악인 중에 신약시대의 대표적인 인물은 가룟 유다입니다. 가룟 유다의 마음속에 악한 마귀가 들어가 예수님을 제사장들에게 팔아 버릴 마음을 주었습니다. 예수님께서는 가룟 유다의 악한 마음을 다 알고 계셨지만 그가 하는 행동을 그냥 내버려 두셨습니다. 오히려 최후의 만찬 자리에서는 친히 떡을 포도주에 찍어 가룟 유다의 입에 넣어 주시며 너를 사랑한다고 침묵의 메시지를 주셨습니다.

가룟 유다가 예수님을 팔아 버린 가장 큰 이유는 자기의 마음속의 악한 계획들을 다 들여다 보고 계시면서도 자기를 책망치 않으시고 오히려

사랑으로 인내하시는 예수님의 태도가 싫었기 때문입니다. 그리고 예수님을 보면 양심의 가책이 일어나는 것을 도저히 견딜 수가 없었기 때문입니다.

그리스도인답게 살면 세상 사람들로부터 핍박을 받는 것은 지극히 당연한 일입니다. 그러나 세상을 두려워할 것이 없습니다. 우리 주 예수님께서 이미 세상을 이기시고 승리하셨기 때문입니다. 의로운 삶으로 인해 세상의 미움을 받는다면 우리는 감사해야 합니다. 그로 인하여 하나님께서 우리를 위해 의의 면류관, 승리의 면류관을 예비해 두셨기 때문입니다. 승리를 주시는 주님께 감사드리며 의로운 삶으로 세상의 어두움을 밝게 비추며 나아가는 성도되기를 바랍니다.

나의 적용 • • •

때로는 침묵이
금보다 귀합니다

잠언 17장 27-28절

27 말을 아끼는 자는 지식이 있고 성품이 냉철한 자는 명철하니라
28 미련한 자라도 잠잠하면 지혜로운 자로 여겨지고 그의 입술을 닫으면 슬기로운 자로
여겨지느니라

언어 생활에 있어서 시기적절한 침묵과 말
은 대단히 중요합니다. 같은 말이라도 어떤 상황에서 어떤 시점에서 이야
기 하였느냐에 따라 돌아오는 결과는 천차만별이기 때문입니다. 말에 실
수가 없으려면 차라리 말을 하지 않는 편이 낫고, 가급적이면 말을 적게
하는 것이 좋습니다. 그러면 지혜로운 언어 생활에 있어서 침묵이 중요한
이유는 무엇일까요?

첫째로 존재의 소중함을 알게 하기 때문입니다(27절a). 사람이 슬픔을
당했을 때에 어떤 말로도 위로가 되지 않는 경우가 있습니다. 진정한 친
구는 그런 때에 함께 있어 주는 사람입니다. 친구의 일을 내 일처럼 생각
하고 마음 아파하며 함께 울어 주고 뒤에서 기도로 후원해 주는 사람입니
다. 슬픔 가운데 있는 사람은 수만 가지의 위로의 말보다 침묵하며 함께
있어 주는 것이 더 큰 위로가 될 수 있습니다.

둘째로 냉철한 이성으로 상황을 파악할 여유를 주기 때문입니다(27절
b). 참을 인자 세 번이면 살인도 면한다고 했습니다. 말을 하기 전에 잠깐
침묵하며 몇 초만 더 생각해도 말 실수를 줄일 수 있습니다. 반면에 마음
의 분노를 제어하지 못하고 즉흥적으로 말하는 사람은 나중에 꼭 후회하
게 됩니다. 그래서 야고보 사도는 듣기는 속히 하고 말하기는 더디 하며
성내기도 더디 하라(약 1:19)고 권면하였습니다.

셋째로 지혜로운 사람으로 여겨지기 때문입니다(28절). 미련한 사람도 미련한 말을 내기 전에는 사람들이 그를 미련하다 생각하지 않습니다. 지혜로운 사람은 다른 사람의 말을 들어주는 것을 좋아하고 많이 들어주지만 정곡을 찌르는 한 마디 말로 상대방을 제압하거나 마음에 감동을 줍니다. 반면에 미련한 사람은 남의 말 듣기를 싫어하고 자기 생각만 말하기를 좋아해서 소통이 안되고 늘 분쟁만 일으킵니다.

오늘 하루의 삶에서도 절제된 언어 생활로 자신의 삶을 성숙시켜 나가고, 사려 깊은 적은 말로 이웃에게 선한 영향력을 나타내며 살아가는 성도되기를 바랍니다.

나의 적용 ● ● ●

18장

믿음의 공동체 안에
지혜와 축복이 있습니다

잠언 18장 1-3절

1 무리에게서 스스로 갈라지는 자는 자기 소욕을 따르는 자라 온갖 참 지혜를 배척하느
  니라
2 미련한 자는 명철을 기뻐하지 아니하고 자기의 의사를 드러내기만 기뻐하느니라
3 악한 자가 이를 때에는 멸시도 따라오고 부끄러운 것이 이를 때에는 능욕도 함께 오느
  니라

하나님께서는 모세를 통해 말씀하시기를 이스라엘 공동체 가운데 거하여 그들의 하나님이 되어 주시겠다고 약속하셨습니다(출 29:45-46). 그래서 성도는 개인적인 신앙을 잘 지켜 나가는 것도 중요하지만, 교회 안에서 믿음의 사람들이 함께 모여 예배하고 사랑을 나누는 공동체적 신앙을 지켜 나가는 것은 더욱 중요합니다. 그렇다면 건강한 교회 공동체를 세워 가는 길은 무엇일까요?

첫째로 자기 욕심을 버리고 공동체에 주신 비전에 동참해야 합니다(1절). 교회 공동체 안에서 서로 자기의 욕심을 채우려고 하면 연합하는 마음이 생길 수가 없고, 공동체에 주신 비전을 공유할 수 없습니다. 그러나 하나님께서 교회에 주신 비전에 동참하여 헌신하면 내 삶에 필요한 모든 것들을 하나님께서 친히 공급해 주십니다.

둘째로 말하기를 절제하고 듣고 수용하는 지혜가 있어야 합니다(2절). 미련한 사람은 자기 생각이 잘못된 줄도 모르고 공동체를 무조건 자기 주장대로 끌고 가려고 합니다. 이런 이기적인 생각과 행동이 하나님의 뜻을 그르치고 공동체의 연합을 방해합니다. 그러나 지혜로운 사람은 사람들의 다양한 의견들을 종합해서 하나님께서 기뻐하시는 최선의 결과를 선

택함으로 공동체가 한 마음을 품고 나아가게 합니다.

셋째로 악은 뿌리까지 뽑아 버려야 합니다(3절). 성경을 보면 믿음의 공동체가 시작될 때마다 악한 자들이 그 연합을 방해했습니다. 가나안 정복전쟁 시에 아간 한 사람의 범죄로 아이성 전쟁에서 패배하여 이스라엘 백성들은 많은 생명을 잃었습니다. 또한 초대교회가 세워지던 과정에서는 아나니아와 삽비라 부부가 범죄하여 성도들이 성령을 속이고 사적 욕심에 사로잡히게 하는 악에 빠질 뻔 했습니다. 교회 공동체는 악을 조금이라도 허용하는 순간 하나님의 거룩하심을 잃어버리고 무너질 수 있습니다.

성도는 개인적인 신앙과 공동체적 신앙이 조화를 이룰 때에 가장 건강한 믿음으로 살아갈 수 있습니다. 내게 주신 믿음의 공동체를 사랑하고 그 안에서 하나님께 헌신하며 함께 복을 받고 은혜를 누리며 살아가는 성도되기를 바랍니다.

나의 적용 • • •

자기를 돌볼 줄 아는 사람이
다른 사람도 살립니다

잠언 18장 4-9절

4 명철한 사람의 입의 말은 깊은 물과 같고 지혜의 샘은 솟구쳐 흐르는 내와 같으니라
5 악인을 두둔하는 것과 재판할 때에 의인을 억울하게 하는 것이 선하지 아니하니라
6 미련한 자의 입술은 다툼을 일으키고 그의 입은 매를 자청하느니라
7 미련한 자의 입은 그의 멸망이 되고 그의 입술은 그의 영혼의 그물이 되느니라
8 남의 말하기를 좋아하는 자의 말은 별식과 같아서 뱃속 깊은 데로 내려가느니라
9 자기의 일을 게을리하는 자는 패가하는 자의 형제니라

깊은 곳에서 솟아오르는 물은 오염되지 않은 깨끗한 물입니다. 명철한 사람의 마음은 깊은 곳의 물처럼 깨끗하여 거짓을 말하지 않고 항상 정직한 말로 옳고 그름을 나타냅니다. 또한 솟구쳐 흐르는 냇물이 대지를 적시면서 동, 식물들의 생명을 보전해 주는 것처럼 한 사람의 지혜가 많은 사람을 살리고 삶을 풍성하게 합니다(4절). 그러면 생명을 살리고 사람을 유익하게 하는 삶은 어떤 삶일까요?

첫째로 옳은 것을 옳다 그른 것을 그르다 말하는 용기가 있어야 합니다(5절). 왜 사람이 옳고 그름에 대하여 바른 말을 하지 못할까요? 거짓말을 하는 이유는 자기가 손해를 볼까 두려워하기 때문입니다. 하나님은 두려워서 거짓을 말하며 악인을 두둔하거나 의인을 억울하게 만드는 사람을 기뻐하지 않으십니다. 그런 거짓말은 다툼을 일으키고(6절) 스스로 멸망을 자초하게 될 뿐입니다(7절). 손해를 두려워 말고 정직하게 행하는 사람이 하나님의 보호하심과 축복을 누립니다.

둘째로 입술을 무겁게 지킬 줄 알아야 합니다(8절). 남의 말을 하는 것은 흥미거리가 되지만 상대방의 마음에 큰 상처를 줄 수 있습니다. 특히

뒷담화가 드러나게 될 경우 큰 오해와 분쟁을 일으킬 수도 있습니다. 남의 말은 하지 않는 것이 가장 좋고, 굳이 말을 하려면 당사자가 있는 곳에서 하는 것이 지혜입니다.

셋째로 자신의 일을 먼저 돌아볼 줄 알아야 합니다(9절). 남의 말하기 좋아하는 사람의 특징은 자기 일을 돌볼 줄 모른다는 것입니다. 남의 것에 관심을 빼앗기고 있으니 자기 일에 신경쓸 시간이 없습니다. 다른 사람의 일에 간섭하려 하지 말고 내게 주어진 일을 성실하게 감당해 가는 사람이 지혜로운 사람입니다. 자기 일을 성실하게 하는 사람은 최소한 남에게 피해를 주지는 않습니다.

자기 자신을 먼저 돌아보며 바르고 정직한 삶을 추구함으로 범사에 하나님의 보호와 인도하심을 누리며 영혼을 살리는 일에 최선을 다하는 성도되기를 바랍니다.

나의 적용 ● ● ●

삶의 안정감을
어디에서 찾고 계십니까?

잠언 18장 10-11절

10 여호와의 이름은 견고한 망대라 의인은 그리로 달려가서 안전함을 얻느니라
11 부자의 재물은 그의 견고한 성이라 그가 높은 성벽 같이 여기느니라

우리 인생에는 돈으로 해결할 수 없는 일
이 너무 많습니다. 그런데 순리대로 하려면 돈으로 해결할 수 없는 일을
돈으로 해결하려다가 낭패를 보는 경우가 많습니다. 사업의 문제를 해결
하려고 뇌물을 썼다가 차후에 드러나서 법의 준엄한 심판을 받게 되고,
공직에 있는 사람은 불의의 재물에 눈이 어두워 뇌물을 받았다가 탈이 나
서 직위를 잃어버리기도 합니다.

어떤 일은 아예 재물로 해결할 수 없는 경우도 있습니다. 심각한 질병
에 걸리면 아무리 큰 돈을 의사에게 주어도 고칠 수 없고, 진로나 학업 문
제도 돈으로 해결할 수 없습니다. 돈을 잔뜩 싸들고 가서 시험을 본다고
좋은 성적이 나올 수 없고, 돈으로 진정한 사랑을 살 수도 없습니다. 가
장 심각한 문제는 돈으로 죄의 문제를 결코 해결할 수 없다는 것입니다.

예수님께서 심판주로 오시는 그날에 회개하지 않는 사람은 세상의 모
든 금은보화를 다 가지고 와서 죄의 용서를 구해도 아무 소용이 없게 됩
니다. 그럼에도 어리석은 사람들은 재물을 자신의 인생을 지지해 주는 견
고한 성처럼 생각하며 살아갑니다(11절).

우리의 삶에 진정한 안정감을 줄 수 있는 분은 오직 하나님 한 분이십
니다. 지혜가 부족할 때에 지혜를 구하면 지혜를 주시고, 두려워 낙심될
때에 기도하면 담대한 마음을 주셔서 상황을 이기게 하십니다. 창의적인

생각을 주셔서 다른 사람들이 경험할 수 없었던 새로운 세계를 열어 가게 하시고, 꼬인 인간관계를 풀어 주셔서 서로 사랑하고 존중하며 행복한 삶을 살게 하십니다. 그리고 인생의 마지막 날에는 예수의 이름으로 말미암은 죄사함과 영생의 은혜를 우리에게 주십니다.

여호와의 이름은 강한 적들의 공격을 막아 주는 견고한 망대와 같습니다(10절).

> 세상의 믿던 모든 것 끊어질 그날 되어도
> 구주의 언약 믿사와 내 소망 더욱 크리라
> 주 나의 반석이시니
> 그 위에 내가 서리라
> 그 위에 내가 서리라

찬송가 488장 3절의 가사와 같이 오늘도 우리의 견고한 반석이 되시는 하나님의 이름을 의지함으로 삶의 진정한 안정감을 가지고 살아가시기를 바랍니다.

나의 적용 • • •

건강한 심령이
되어야 합니다

잠언 18장 12-15절

12 사람의 마음의 교만은 멸망의 선봉이요 겸손은 존귀의 길잡이니라
13 사연을 듣기 전에 대답하는 자는 미련하여 욕을 당하느니라
14 사람의 심령은 그의 병을 능히 이기려니와 심령이 상하면 그것을 누가 일으키겠느냐
15 명철한 자의 마음은 지식을 얻고 지혜로운 자의 귀는 지식을 구하느니라

마음과 심령은 동의어 같지만 의미가 조금 다릅니다. 영어로 바꾸어 보면 더 쉽게 이해가 됩니다. 영어로 마음은 mind, 심령은 Spirit입니다. 마음은 사람의 생각이나 감정이 일어나는 장소라고 한다면, 심령은 하나님과 교제하는 장소입니다. 마음속 깊은 곳에 심령이 있고, 심령 안에서 성령의 역사와 능력이 나타나는 것입니다. 사람의 심령이 병을 능히 이길 수 있는 것은 건강한 심령에 성령의 능력과 역사가 나타나 회복과 치유의 은혜가 임하기 때문입니다(14절). 그러면 우리 그리스도인들이 건강한 심령을 지켜 나가는 길은 무엇일까요?

첫째로 겸손한 마음을 품고 살아가야 합니다(12절). 하나님께서는 교만한 마음을 미워하십니다. 교만한 마음은 하나님께서 베풀어 주신 은혜를 무시하고 다 자기가 잘나서 된 줄 압니다. 그러나 겸손한 마음은 심령을 강하게 하고 하나님과의 영적 교제를 든든하게 하여 모든 영광을 하나님께 돌려드립니다.

둘째로 입술을 제어하는 지혜가 있어야 합니다(13절). 사건의 전후를 알지 못하고 함부로 말을 하는 사람은 오해를 불러 일으키고, 그로 인해 수치와 부끄러움을 당하게 되며, 자신의 경솔함으로 인해 심령이 상하게 됩니다. 그래서 무슨 말이든 조급하게 하지 말고 하고 싶은 말도 아낄 줄

알아야 합니다. 꼭 필요한 말로 지혜롭게 소통하는 사람이 건강한 심령을 소유하게 됩니다.

셋째로 열린 마음으로 살아야 합니다(15절). 명철한 사람은 어떤 정보이든 받아들이는 넉넉한 마음과 들을 귀가 있습니다. 그러나 받아들인 정보를 모두 수용하는 것이 아니라 옳고 그른 것을 분별할 줄 압니다. 남들이 좋아한다고 무조건 따라가지 않습니다. 오직 성령께서 감동해 주시고 인도해 주시는 데로 순종하며 나아갑니다. 이런 사람의 심령은 강건하여 결코 범죄하지 않으며 언제나 하나님 기뻐하시는 의의 길로 행합니다.

겸손한 마음과 사려 깊은 언어 생활, 열린 마음으로 건강한 심령을 소유하고 매일의 삶에서 성령의 능력과 역사를 체험하며 살아가는 성도되기를 바랍니다.

나의 적용 ● ● ●

건강한 인간관계를 맺어 가야 합니다

잠언 18장 16-19절

16 사람의 선물은 그의 길을 넓게 하며 또 존귀한 자 앞으로 그를 인도하느니라
17 송사에서는 먼저 온 사람의 말이 바른 것 같으나 그의 상대자가 와서 밝히느니라
18 제비 뽑는 것은 다툼을 그치게 하여 강한 자 사이에 해결하게 하느니라
19 노엽게 한 형제와 화목하기가 견고한 성을 취하기보다 어려운즉 이러한 다툼은 산성 문빗장 같으니라

인생에서 가족 간의 관계만큼 중요한 것은 없습니다. 아무리 다른 사람들과의 관계가 좋아도 가족간의 갈등이 생기면 세상의 그 누구에게 받은 상처보다 마음에 더 큰 상처를 받게 되고, 세상 사람들보다 더 남같이 살게 됩니다. 솔로몬은 서로 노엽게 한 형제가 마음을 풀고 화목하게 되는 것이 전쟁에서 견고한 산성을 빼앗는 것보다 어렵고, 형제간의 다툼은 적이 침입할 수 없도록 산성 문빗장을 닫아 놓은 것과 같이 마음을 냉랭하게 만든다고 하였습니다(19절). 그래서 형제간의 관계든, 이웃과의 관계든 원만한 관계를 맺어 가는 것이 중요합니다. 그러면 원만한 인간관계를 맺어 가는 길은 무엇일까요?

첫째로 사랑과 관심을 가지고 살아야 합니다(16절). 사랑과 관심은 선물로 표현되고, 이기적인 욕망은 뇌물로 표현됩니다. 뇌물은 나중에 반드시 문제를 일으켜 삶을 고통 속으로 몰아가지만, 선물은 인간관계의 폭을 넓혀 주고 좋은 만남을 이어 가게 합니다. 사랑하는 사이는 서로 나누고 싶은 마음에 계속해서 선물이 오고 갑니다.

둘째로 옳고 그름을 바르게 분별하며 살아가야 합니다(17절). 어떤 일이든지 한 사람의 주장만을 듣지 말고 여러 사람의 의견을 종합하여 가장

좋은 것을 선택할 줄 알아야 합니다. 송사에서 한 쪽이 아무리 자기가 옳다고 주장해도 상대자가 와서 옳고 그름을 밝혀내는 것처럼 인간사에서는 한 사람의 주장이 무조건 옳을 수 없기 때문입니다. 올바른 판단을 하는 사람에게는 악한 사람이 가까이 할 수 없고, 그런 사람이 건전한 인간관계를 만들어 가게 됩니다.

셋째로 인간관계의 문제를 온전히 하나님께 맡겨 드려야 합니다(18절). 고대 사회에서는 강한 자들이 다투면 서로 큰 피해를 주기 때문에 제비뽑기로 분쟁을 해결하는 경우가 있었습니다. 제비뽑기는 인간의 운명도 주관하시는 하나님께 문제 해결의 주도권을 넘겨 드리는 것과 같습니다. 마찬가지로 어찌할 수 없는 인간관계의 문제들을 풀어 가려면 모든 것을 하나님께 맡겨 드리는 것이 정답입니다.

하나님의 도우심을 힘입어 사랑과 관심으로 하루를 살아가면서 인간관계의 폭을 넓혀 가고 존귀한 만남을 이어 가는 성도되기를 바랍니다.

나의 적용 • • •

언어 생활이
건강해야 합니다

잠언 18장 20-21절

20 사람은 입에서 나오는 열매로 말미암아 배부르게 되나니 곧 그의 입술에서 나는 것으로 말미암아 만족하게 되느니라

21 죽고 사는 것이 혀의 힘에 달렸나니 혀를 쓰기 좋아하는 자는 혀의 열매를 먹으리라

한 사람의 인격은 그 사람의 말과 행동을 통해 드러납니다. 악한 말을 하면 악한 사람이 되고, 선한 말을 하면 선한 사람이 됩니다. 말을 하고 그 말한 대로 행동하면 신실한 사람이 되고, 말을 하고 그대로 행동하지 않으면 실없는 사람이 됩니다. 말을 아끼는 사람은 사려 깊은 사람이 되고, 말을 너무 많이 하면 옳은 말을 해도 수다쟁이가 됩니다. 그래서 사람의 삶에서 언어 생활은 무엇보다 중요한 것입니다. 그러면 바람직하고 건강한 언어 생활을 하려면 어떻게 해야 할까요?

첫째로 자신이 말한 것은 해로울지라도 지킬 줄 아는 사람이 되어야 합니다(20절a). 사람이 입에서 나오는 열매로 배부르게 된다는 것은 자신이 말한 바를 그대로 실천하는 것을 의미합니다. 언행일치의 삶은 그 사람을 신뢰할 만한 사람이 되게 하고, 타인들의 신뢰를 얻은 사람은 높임을 받게 되며 그런 사람은 한 시대를 이끌어 가는 영향력 있는 지도자가 됩니다.

둘째로 긍정의 말로 긍정의 열매를 거두어야 합니다(20절b). 사람은 입술에서 나는 것으로 만족하게 된다 하였습니다. 말은 구속력이 있어서 자기가 한 말을 스스로 지키지 않으면 부끄러움을 당하게 되고, 약속한 바를 행하지 않으면 신뢰관계가 무너져서 사회 생활이 어려워집니다. 그러나 자기가 한 말을 책임감을 가지고 실천하는 사람은 수고의 열매를 맺게

되고 삶에서 보람과 만족감을 느끼게 됩니다.

셋째로 신중하게 말하고 행동해야 합니다(21절). 솔로몬은 사람이 죽고 사는 것이 혀의 힘에 달렸다고 하였습니다. 말에 신중하지 못하여 혀 쓰기를 좋아하는 사람은 말을 쉽게 내기 때문에 많은 말이 삶에 올무가 되어 버립니다. 차라리 말하지 않았으면 책임질 일도 없고, 문제를 일으킬 이유도 없었을 것을 부주의한 말 한 마디가 인생을 피곤하게 만듭니다.

건강한 언어 생활은 사람을 신뢰할 만하게 하고, 삶에 열매가 맺히게 하며, 그를 보람된 인생길로 인도합니다. 오늘 하루의 삶에서도 하나님 앞에서, 사람 앞에서 입술을 지혜롭게 제어함으로 선한 열매를 풍성히 맺고, 보람된 삶을 살아가는 성도되기를 바랍니다.

나의 적용 • • •

좋은 만남의
비결

잠언 18장 22-24절

22 아내를 얻는 자는 복을 얻고 여호와께 은총을 받는 자니라
23 가난한 자는 간절한 말로 구하여도 부자는 엄한 말로 대답하느니라
24 많은 친구를 얻는 자는 해를 당하게 되거니와 어떤 친구는 형제보다 친밀하니라

사람은 사회적 존재입니다. 무인도에 입고 먹고 쓸 것들을 풍족하게 마련해 주고 평생을 혼자 살다가 죽으라고 한다면, 아무리 많은 돈을 주어도 거기서 살려고 하는 사람은 없을 것입니다. 사람은 재물의 많고 적음에서 행복을 찾는 것이 아니라 관계성 속에서 행복을 찾기 때문입니다. 인생에서 진정한 행복을 얻으려면 무엇보다도 좋은 만남이 있어야 합니다. 그러면 좋은 만남을 이루어 가는 비결은 어디에 있을까요?

첫째로 아내를 귀히 여기는 사람입니다(22절). 아내는 '안(inner)의 해(Sun)'라는 말을 줄인 것입니다. 안의 해가 밝아야 행복하고, 안의 해가 어두우면 불행합니다. 솔로몬은 아내를 얻는 자는 여호와의 은총을 받은 자라 하였습니다. 아내를 하나님께서 주신 귀한 선물로 여기고 사랑하는 사람은 가정이 행복하기에 사회에서도 안정감을 가지고 살아갈 수 있고, 하나님의 은총 가운데 행복을 누리게 됩니다.

둘째로 사람을 존중할 줄 아는 사람입니다(23절). 사람들은 부자를 존중하고, 가난한 사람을 무시하는 성향이 있습니다. 그러나 하나님 앞에서는 부자도 없고 가난한 자도 없습니다. 선한 사람과 악한 사람만 있을 뿐입니다. 지혜로운 사람은 인간의 내면을 들여다볼 줄 아는 사람입니다. 그래서 부자나 가난한 자를 가리지 않고 선한 사람을 존중합니다. 선한

마음을 귀히 여길 줄 아는 사람에게 하나님께서는 좋은 만남을 주십니다.

셋째로 신중하게 친구를 사귈 줄 아는 사람입니다(24절). 누구하고나 좋은 관계를 유지하는 것은 바람직합니다. 그러나 아무하고나 친구관계를 맺는 것은 위험 천만한 일입니다. 많은 친구보다 진실한 친구를 얻는 사람이 행복한 사람입니다. 친구들은 인생의 어려움이 찾아오면 다 떠나가지만 진실한 친구는 가족보다 더 든든한 후원자가 되기 때문입니다. 예수님은 우리 인생에 가장 진실하신 친구입니다. 그래서 예수님이 우리 믿는 자들의 가장 든든한 후원자가 되어 주십니다.

예수님을 인생길의 진실한 친구로 삼아 마음에 참 평안을 누리며 날마다 좋은 만남을 이어 가는 성도되기를 바랍니다.

[나의 적용] • • •

19장

믿음은 고난을
축복으로 바꾸는 능력입니다

잠언 19장 1-3절

1 가난하여도 성실하게 행하는 자는 입술이 패역하고 미련한 자보다 나으니라
2 지식 없는 소원은 선하지 못하고 발이 급한 사람은 잘못 가느니라
3 사람이 미련하므로 자기 길을 굽게 하고 마음으로 여호와를 원망하느니라

하나님께서 주시는 고난은 우리의 인격을 성숙하게 하고, 믿음이 자라게 하며, 삶 속에서 하나님의 선하신 뜻을 온전히 이루게 합니다. 그러나 미련해서 자기 죄 때문에 고난 당하는 사람은 고난의 원인이 자신에게 있으면서도 하나님을 원망하다가 더 큰 죄를 짓습니다(3절). 고난으로 인해 범죄하지 않으며, 인생의 고난을 인격의 성숙과 축복의 기회로 바꾸어 가려면 어떻게 해야 할까요?

첫째로 요행을 바라지 말고 성실한 삶을 추구해야 합니다(1절a). 사람이 경제적으로 어려워지면 요행을 바라고 편법으로 문제를 해결하려고 하다가 죄를 짓게 됩니다. 그러나 그 어려움 속에서도 하나님을 의지하며 성실하게 살아가는 사람은 결코 범죄치 않고 결국에는 하나님의 도우심을 얻어 인생의 위기를 넘어서게 됩니다.

둘째로 불평불만을 버리고 항상 감사의 고백으로 살아가야 합니다(1절 b). 이해할 수 없는 고난이 찾아왔을 때에 사람은 가장 먼저 입술로 범죄하게 됩니다. 그러나 고난 속에서도 내게 주신 상황으로 인해 감사하고 긍정의 말로 기도하는 사람은 마귀도 어찌할 수 없습니다. 욥은 "주신 이도 여호와시요 거두신 이도 여호와시오니 여호와의 이름이 찬송을 받으실지니이다(욥 1:21)." 하며 믿음의 고백으로 고난을 이겨 냈습니다.

셋째로 조급한 마음을 버려야 합니다(2절). 아브라함은 하나님의 약속

을 기다리지 못해서 가정불화의 원인인 이스마엘을 낳았고, 사울은 블레셋과의 전쟁에서 조급한 마음에 사무엘을 기다리지 못하고 스스로 제사를 드리다가 타락의 길로 갔습니다. 아무리 위급해도 죽으면 죽으리라 하는 믿음으로 하나님을 신뢰하고 기다리는 사람이 믿음으로 죽고자 하는 자를 반드시 살리시는 부활의 은혜를 누리게 됩니다.

고난이 찾아왔을 때에 그 고난을 축복의 기회로 바꾸는 사람이 있고, 고난 속에 범죄하다가 더 큰 죄에 빠지는 사람이 있습니다. 조급한 마음과 불평을 버리고 언제나 하나님의 능력과 역사를 기대하며 인내함으로 고난을 축복의 기회로 변화시키는 성도되기를 바랍니다.

나의 적용 • • •

선인과 악인을
분별하는 지혜가 있어야 합니다

잠언 19장 4-7절

4 재물은 많은 친구를 더하게 하나 가난한즉 친구가 끊어지느니라
5 거짓 증인은 벌을 면하지 못할 것이요 거짓말을 하는 자도 피하지 못하리라
6 너그러운 사람에게는 은혜를 구하는 자가 많고 선물 주기를 좋아하는 자에게는 사람마다 친구가 되느니라
7 가난한 자는 그의 형제들에게도 미움을 받거든 하물며 친구야 그를 멀리하지 아니하겠느냐 따라가며 말하려 할지라도 그들이 없어졌으리라

인생에 굴곡이 없으면 사람은 자기 믿음의 현주소를 알지 못하고, 다른 사람의 믿음도 도무지 이해하지 못합니다. 그러나 삶에서 산전수전 다 겪으며 가난하게도 살아 보고 부하게도 살아 보고 하면, 어떤 사람이 가까이 해야 할 선한 사람이고 어떤 사람이 가까이 해서는 안되는 사람인가 분별하는 법을 배우게 됩니다. 열 길 물 속은 알아도 사람의 마음은 알 수 없다고 하였는데, 어떻게 하면 우리는 선한 사람을 분별하고 건강한 인간관계를 맺어 갈 수 있을까요?

첫째로 기회가 되는 대로 베푸는 삶을 살아가야 합니다. 재물이 많으면 친구가 많아지고, 가난하면 친구가 끊어진다고 하였습니다(4절). 사람들에게는 내가 부유하거나 가난한 것이 중요치 않고, 내게서 무엇을 얻을 수 있는가가 중요하기 때문입니다. 우리는 주위 사람들의 필요를 채워 줄 능력이 없습니다. 그러나 우리가 정말로 줄 수 있는 것은 예수 그리스도 안에 있는 영생과 복음의 능력입니다. 이 복음을 전할 때에 받아들이는 사람이 선하고 좋은 사람입니다.

둘째로 진리를 말하는 입술로 살아가야 합니다(5절). 거짓 증인이 법정

에서 벌을 면하지 못하는 것처럼, 거짓말하는 사람은 하나님께로부터 벌을 면하지 못합니다. 우리가 입을 열어 선하고 바른 말을 할 때, 대적하며 부정적인 반응을 하는 사람이 악인이고, 긍정적 반응을 하며 수용하는 사람이 선인입니다. 그래서 진리의 입술이 선악을 분별하는 능력이 됩니다.

셋째로 선물로 사람을 분별할 수 있습니다(6절). 무엇인가 아쉬운 사람이 자기 문제를 해결하고자 돈을 쓰면 뇌물이 되고, 동등한 권위에 있는 사람이 누군가에게 돈을 쓰면 그것은 선물이 됩니다. 그리고 자기보다 못한 사람에게 선물을 주면 그건 타인에게 베푸는 은혜가 됩니다. 뇌물을 쓰는 사람은 악인이고, 선물할 줄 알고, 은혜를 베풀 줄 아는 사람은 선인입니다.

진리의 말씀으로 복음을 전하는 입술에 선인과 악인을 분별하는 지혜가 있습니다. 늘 깨어 복음을 전하여 영혼을 구원하고 나누고 베푸는 삶을 통해 더 풍성한 삶으로 나아가는 성도되기를 바랍니다.

나의 적용 • • •

마음을 다스림이
범사에 유익합니다

잠언 19장 8-11절

8 지혜를 얻는 자는 자기 영혼을 사랑하고 명철을 지키는 자는 복을 얻느니라
9 거짓 증인은 벌을 면하지 못할 것이요 거짓말을 뱉는 자는 망할 것이니라
10 미련한 자가 사치하는 것이 적당하지 못하거든 하물며 종이 방백을 다스림이랴
11 노하기를 더디 하는 것이 사람의 슬기요 허물을 용서하는 것이 자기의 영광이니라

어떤 상황이 벌어졌을 때에 그 상황을 자기에게 유익한 방향으로 바꾸어 가는 사람이 지혜로운 사람입니다. 화가 나고 분노할 일이 생겼을 때에, 화를 내고 분노하는 것이 유익한가, 참고 인내하는 것이 유익한가 셈을 해 보아야 합니다. 단지 화를 내고 분노해서 자기감정을 조금 풀 수는 있지만, 그로 인해 인간관계가 어그러지고 자기에게 불이익이 오게 된다면 차라리 인내하고 참는 것이 좋습니다.

다윗이 압살롬의 난을 피해 도피하던 시절 베냐민 지파의 유지였던 시므이는 돌을 던지며 다윗과 그의 신하들을 모욕하였습니다. 그때에 다윗의 충신 아비새가 말합니다.

"제가 강을 건너가서 저자의 머리를 베어 오게 해 주십시오."

그러나 다윗은 이 일로 분노하지 않았고, 압살롬의 난을 평정하고 돌아올 때에 오히려 시므이를 용서해 주었습니다. 그러자 시므이는 다윗이 베푼 은혜에 감사하여 베냐민 지파 모든 사람을 모아서 다윗에게 충성하도록 만들었습니다.

만약 다윗이 시므이에게 분노하여 그를 잡아 죽였다면 화를 조금 풀 수 있었을지는 몰라도 압살롬의 난 평정 이후 베냐민 지파를 통합하는 데는 어려움을 겪었을지도 모릅니다. 솔로몬은 이런 사실을 기억하고 노하

기를 더디하는 것이 사람의 슬기이며 허물을 용서하는 것이 자기의 영광이라고 말한 것입니다(11절).

자기감정을 절제할 줄 아는 사람이 지혜로운 사람입니다. 지혜로운 사람은 자기 영혼을 사랑하기 때문에 쉽게 분노하지 않습니다. 오히려 절제하는 삶으로 인해 복을 받습니다(8절). 거짓을 말하지 않는 신실한 삶으로 타인들의 존중을 받고(9절), 남을 다스리는 자리에 오르지 결코 다스림을 받지 않습니다(10절).

마음을 다스리는 사람이 자기 영혼을 살리고, 타인의 존중을 받으며 하나님께도 존귀히 여김을 받습니다. 감정은 사람에게 푸는 것이 아니라 기도로 하나님께 풀어 가는 것이 지혜입니다. 오늘 하루도 마음을 잘 다스림으로 하나님과 사람 앞에 존귀히 여김을 받는 성도되기를 바랍니다.

나의 적용 • • •

베푸신 은혜에
응답해야 합니다

잠언 19장 12-15절

12 왕의 노함은 사자의 부르짖음 같고 그의 은택은 풀 위의 이슬 같으니라
13 미련한 아들은 그의 아비의 재앙이요 다투는 아내는 이어 떨어지는 물방울이니라
14 집과 재물은 조상에게서 상속하거니와 슬기로운 아내는 여호와께로서 말미암느니라
15 게으름이 사람으로 깊이 잠들게 하나니 태만한 사람은 주릴 것이니라

하나님께서 은혜를 베풀어 주실 때에 사람은 마땅히 은혜받을 준비가 되어 있어야 합니다. 하나님께서 큰 은혜를 예비해 두셔도 받을 만한 그릇이 안 되면 아무 유익이 없습니다. 그러면 어떤 사람이 하나님께서 예비하신 은혜를 나의 것으로 소유하며 풍성한 삶을 살아갈 수 있을까요?

첫째로 그 은혜만이 나를 살리심을 믿는 사람입니다. 하나님은 우리의 왕이십니다. 왕이 진노하면 그 진노는 울부짖는 사자와 같아서 그 앞에서 살아남을 백성이 없고, 왕이 은혜를 베풀면 그 은혜를 받는 백성은 범사에 형통하지 못할 것이 없습니다(12절). 하나님께서는 철저하게 자신을 낮추고 그 은혜만이 나를 살리심을 믿고 기도하는 사람의 길을 시온의 대로와 같이 활짝 열어 주십니다.

둘째로 하나님께서 은혜를 베푸실 때에 적극적으로 반응하며 나아가야 합니다. 하나님께서 슬기로운 여인을 보내 주셔도 그 사람의 진가를 알아보지 못하고 귀히 여기며 사랑하지 않는다면 그 사람을 배우자로 얻을 수 없습니다(14절). 세상만사가 다 마찬가지입니다. 하나님께서 은혜를 베푸실 때에 그 은혜를 알고 적극적으로 반응하는 사람만이 하나님께서 예비하신 복을 자기의 것으로 소유하게 됩니다.

셋째로 부지런히 자신의 삶을 가꾸어 나가야 합니다. 자녀를 양육할 때에 지혜를 가르치지 않으면 나중에는 미련한 자녀로 인해 고통을 겪게 되고, 부지런히 아내를 사랑하고 아껴 주지 않으면 늘 다투게 되어서 그 아내는 지붕에서 새는 비처럼 끊이지 않는 근심거리가 됩니다(13절). 마찬가지로 게으른 사람은 노력하지 않기 때문에 아무리 좋은 환경이 주어져도 활용하지 못해 망하게 됩니다. 베풀어 주신 은혜에 감사하며 부지런히 삶을 가꾸어 나가는 사람에게 하나님께서 예비하신 더 좋은 미래가 펼쳐집니다.

> 보라 지금은 은혜받을 때요 보라 지금은 구원의 날이로다(고후 6:2).

바로 지금이 하나님의 은혜를 받을 만한 때입니다. 그 은혜의 때를 알아보고 반응하며 열심을 다해 삶을 가꾸어 나감으로 더 풍성한 삶, 더 풍성한 미래를 열어 가시기를 바랍니다.

나의 적용 • • •

하나님께
꾸어 드리는 삶

잠언 19장 16–18절

16 계명을 지키는 자는 자기의 영혼을 지키거니와 자기의 행실을 삼가지 아니하는 자는 죽으리라
17 가난한 자를 불쌍히 여기는 것은 여호와께 꾸어 드리는 것이니 그의 선행을 그에게 갚아 주시리라
18 네가 네 아들에게 희망이 있은즉 그를 징계하되 죽일 마음은 두지 말지니라

사람은 무엇으로도 하나님의 은혜에 보답할 방법이 없습니다. 베푸신 은혜에 감사드리는 것은 보답이 아니라 사람이 행할 마땅한 도리입니다. 은혜 받았다고 헌금을 많이 하고 아무리 열심히 봉사해도 하나님께는 아무런 유익이 없습니다. 그런데 마치 하나님께서 무슨 신세를 지신 것 같은 마음이 드시게 하는 삶이 있습니다. 그건 어떤 삶일까요?

첫째로 세상에서 손해를 볼지라도 신실하게 계명을 지켜 나가는 삶입니다(16절). 세상 사람들처럼 적당히 양심을 속이며 살면 손해 볼 일이 없고, 때로는 이익을 얻을 수 있습니다. 그런데 자기에게 손해가 되더라도 하나님을 사랑하고 신뢰하기 때문에 불이익을 감수하고, 말씀대로 정직하게 사는 사람을 보시면 하나님께서 감동하십니다. 마치 하나님 때문에 그 사람이 손해 본 것 같이 여기셔서 그의 삶에 함께하시고 갑절의 은혜를 베풀어 주십니다.

둘째로 가난한 자들을 불쌍히 여기는 삶입니다(17절). 하나님은 고아의 아버지이시며 과부의 재판장이라 하였습니다(시 68:2). 고아와 과부는 예나 지금이나 어느 누구의 보호도 받을 수 없는 가장 연약한 사람들입니

다. 그들을 보호하실 책임이 하나님께 있는데, 하나님을 대신해서 그들을 보호하고 돌보며 선을 베푸는 사람을 보시면 하나님께서는 스스로 그 사람에게 신세를 지신 것처럼 생각하십니다. 그리고 그의 선행을 반드시 갚아 주십니다.

셋째로 소망을 가지고 자녀를 바르게 양육하는 삶입니다(18절). 우리는 자녀를 마치 자기의 소유처럼 생각합니다. 그래서 때로는 말도 함부로 하고, 다른 일로 화가 났을 때 그 감정을 자녀들에게 풀려고 할 때가 있습니다. 그러나 자녀는 우리 소유가 아니라 하나님의 소유입니다. 하나님께서는 자녀들을 대신 키우라고 우리에게 맡겨 주셨습니다. 그래서 자녀들을 사랑으로 징계하며 바르게 양육하면 장차 자녀가 부모의 소망이 되게 해 주십니다.

하나님의 은혜에 보답하는 길이 여기에 있습니다. 오늘 하루도 하나님께서 기뻐하시는 길로 행함으로 하나님께서 친히 갚아 주심을 누리며 살아가는 성도되기를 바랍니다.

나의 적용 ● ● ●

성령의 은혜로
천성을 제어해야 합니다
잠언 19장 19–23절

19 노하기를 맹렬히 하는 자는 벌을 받을 것이라 네가 그를 건져 주면 다시 그런 일이 생기리라
20 너는 권고를 들으며 훈계를 받으라 그리하면 네가 필경은 지혜롭게 되리라
21 사람의 마음에는 많은 계획이 있어도 오직 여호와의 뜻만이 완전히 서리라
22 사람은 자기의 인자함으로 남에게 사모함을 받느니라 가난한 자는 거짓말하는 자보다 나으니라
23 여호와를 경외하는 것은 사람으로 생명에 이르게 하는 것이라 경외하는 자는 족하게 지내고 재앙을 당하지 아니하느니라

사람의 인격을 결정하는 네 가지 요소가 있습니다. 그것은 지성, 인성, 영성, 천성입니다. 지성은 학습을 통해 확장되고, 인성은 사람이 자라온 환경을 통해 형성됩니다. 그리고 영성은 말씀과 기도를 통해 깨달은 바를 삶에서 실천함으로 훈련됩니다. 그런데 변하지 않는 것이 하나 있습니다. 그것은 태어날 때부터 주어지는 천성입니다.

노하는 마음(18절), 인자한 마음(22절a), 가난해도 거짓이 없고 진실한 마음(22절b), 이 모든 것이 사람이 타고난 천성입니다. 천성은 사람이 태어나서 죽을 때까지 변하지 않으며 인생 전체에 영향을 줍니다. 천성은 그냥 내버려 두면 실수를 만발하게 하고, 인생을 망쳐 버리는 무서운 본성이지만, 성령께서 제어해 주시고 시기적절하게 사용해 주시면 인생에서 놀라운 역사를 이루게 하는 힘이 됩니다. 그러면 성령의 능력으로 천성을 지배하는 사람은 어떤 사람일까요?

첫째로 들을 귀가 있는 사람입니다(20절). 성령께서는 우리 마음을 감

동시켜 주셔서 사람들의 바른 권면을 분별하게 하시고, 말씀과 기도 가운데 하나님의 음성을 깨닫게 하십니다. 그래서 들을 귀가 열린 사람은 천성을 제어하고 성령의 인도하심을 따라 살게 됩니다.

둘째로 하나님의 뜻을 따라가는 사람입니다(21절). 자기가 생각하고 계획한 것들이 많이 있어도 그 모든 것들을 내려놓고 하나님의 뜻을 구하는 사람을 성령께서 인도해 주십니다. 나의 지식, 생각, 능력을 포기하는 순간에 성령께서 역사하시기 시작하십니다.

셋째로 하나님을 경외하는 마음으로 사는 사람입니다(23절). 하나님을 경외하는 사람은 자기 마음대로, 자기 성격대로 살지 못합니다. 정말 무서운 사람 앞에서는 자기 성격이 다 죽는 법입니다. 하나님을 두려워할 줄 알고, 진심으로 하나님을 사랑하면 천성이 제어되고, 그의 삶에 범죄함이 없기 때문에 재앙을 당하는 법이 없습니다. 하나님 주시는 은혜로 족하게 지냅니다.

성령의 은혜와 인도하심을 따라 천성을 죽이고 하나님의 선하신 뜻에 순종하며 살아가는 성도되기를 바랍니다.

나의 적용 • • •

지식의 말씀에서
떠나지 말아야 합니다

잠언 19장 24-29절

24 게으른 자는 자기의 손을 그릇에 넣고서도 입으로 올리기를 괴로워하느니라
25 거만한 자를 때리라 그리하면 어리석은 자도 지혜를 얻으리라 명철한 자를 견책하라
   그리하면 그가 지식을 얻으리라
26 아비를 구박하고 어미를 쫓아내는 자는 부끄러움을 끼치며 능욕을 부르는 자식이니라
27 내 아들아 지식의 말씀에서 떠나게 하는 교훈을 듣지 말지니라
28 망령된 증인은 정의를 업신여기고 악인의 입은 죄악을 삼키느니라
29 심판은 거만한 자를 위하여 예비된 것이요 채찍은 어리석은 자의 등을 위하여 예비된
   것이니라

사람은 하나님을 아는 지식이 있을 때에 자신의 존재 의미와 가치를 알 수 있으며, 분명한 목표를 가지고 보람 있는 인생을 살아갈 수 있습니다. 반면에 하나님을 떠난 사람은 세상의 모든 것을 다 소유해도 결국에는 허무함이라는 인생의 종착역에 이르게 됩니다. 이런 사실을 잘 알고 있었던 솔로몬은 하나님을 아는 지식의 말씀에서 떠나게 하는 교훈을 멀리하라고 권면하였습니다(27절). 그러면 하나님을 아는 지식의 말씀을 지켜 나가는 길은 무엇일까요?

첫째로 타산지석의 지혜가 있어야 합니다(25절). 지혜로운 사람은 다른 사람이 죄를 범하여 고통당하는 것을 보면 거기서 인생을 배우고 죄의 길로 가지 않습니다. 그런데 어리석은 사람은 다른 사람이 죄의 길에서 고통받는 것을 보고도 자기는 그렇게 되지 않을 것이라는 잘못된 신념으로 똑같이 망하는 길을 갑니다. 믿음 안에 있으면서도 하나님을 떠나 범죄하는 삶을 부러워하고 자기도 그렇게 살아 보고 싶어하는 사람은 가장 어리석은 사람입니다.

둘째로 사람에게 주신 본성에 순응하며 살아야 합니다(26절). 사람의 양심에 담겨 있는 가장 귀한 본성은 부모가 자식을 사랑하기 때문에 자기를 희생하는 마음과 자녀가 부모를 공경하는 마음입니다. 이 마음을 알 때에 부모의 사랑을 통해 우리를 향하신 하나님 사랑을 배우고, 또한 하나님을 부모님처럼 공경하는 마음을 알게 되며 지식의 말씀에서 떠나지 않습니다. 부모를 공경할 줄 모르고 구박하며 쫓아 내는 패륜아에게 돌아오는 것은 온갖 부끄러움과 능욕뿐입니다.

셋째로 진실을 가리는 말을 삼가해야 합니다(28절). 법정에 선 증인이 위증을 할 경우 죄 없는 사람을 억울하게 하기 때문에 위증죄는 크게 처벌을 받습니다. 사람이 거짓을 말하는 이유는 전지전능하신 하나님을 두려워하지 않거나 전혀 믿지 않기 때문입니다. 거짓말은 살아 계신 하나님을 무시하는 행위입니다. 그래서 하나님을 아는 지식의 말씀으로 충만한 사람은 결코 거짓을 말하지 않습니다.

하나님을 아는 지식이 세상에서 가장 고상한 지식입니다. 늘 말씀을 가까이 함으로 하나님 사랑 안에 거하며 하나님과 친밀한 교제를 나누는 성도되기를 바랍니다.

나의 적용 • • •

20장

꼭 필요한 싸움만 싸워야 합니다

잠언 20장 1–3절

1 포도주는 거만하게 하는 것이요 독주는 떠들게 하는 것이라 이에 미혹되는 자마다 지혜가 없느니라

2 왕의 진노는 사자의 부르짖음 같으니 그를 노하게 하는 것은 자기의 생명을 해하는 것이니라

3 다툼을 멀리하는 것이 사람에게 영광이거늘 미련한 자마다 다툼을 일으키느니라

모든 사람의 생각이나 의견이 항상 일치할 수 없기 때문에 인간관계에서는 언제나 다툼이 일어날 수 있습니다. 어떤 경우에는 갈등을 해결해 가는 과정에서 서로의 문제점이 드러나 서로를 더 잘 알게 되고 이전보다 더 친밀한 관계가 되기도 합니다. 그래서 갈등을 어떻게 처리하는가는 한 사람의 인격과 성품을 평가하는 기준이 됩니다. 그러면 잘못된 갈등을 피하고 원만한 인간관계를 맺어 가는 길은 무엇일까요?

첫째로 이성적 판단력이 흔들리지 않도록 주의해야 합니다(1절). 사람의 이성을 가장 쉽게 마비시키는 것은 음주입니다. 그래서 점잖은 사람도 술에 취하면 말과 행동에서 원치 않는 실수를 하게 되고 다툼을 일으킵니다. 술 뿐만 아니라 탐심이나 정욕, 분노의 감정도 마찬가지입니다. 그래서 이런 감정이 일어나 이성이 흔들리지 않도록 순간순간 자신을 지켜 나가는 것이 중요합니다.

둘째로 항상 권위를 존중할 줄 알아야 합니다(2절). 인간관계에서 나보다 높은 권위를 가진 사람은 왕과 같습니다. 관계의 주도권이 그에게 있기 때문에 윗사람의 권위에 도전하고 대들었다가 남는 것은 징계 밖에 없

습니다. 윗사람과의 갈등을 풀어 가려면 인내하면서 나의 처지를 하나님께 그대로 아뢰며 기도해야 합니다. 그러면 최종적인 권위자이신 하나님께서 그의 문제점이 구체적으로 드러나게 하시고 친히 징계하셔서 나의 정직함을 신원해 주십니다.

셋째로 아무런 유익이 없는 다툼은 피해야 합니다(3절). 쉽게 흥분하고 다툼을 일으키는 사람은 타인들로부터 무시를 당하지만, 다툼을 멀리하는 사람은 존중을 받습니다. 그리스도인은 복음을 위해서는 어떤 불의와도 타협하지 않고 싸워야 합니다. 그러나 삶의 문제로는 주님을 위해 양보하고 물러설 수 있는 용기가 필요합니다. 그러면 비록 관계에서는 손실을 보는 것 같아도 하나님께서 더 풍성한 것으로 채워 주시는 은혜를 베풀어 주십니다.

다툼을 멀리하되, 오직 복음을 위해서만 싸우는 진실한 그리스도인이 되어 범사에 하나님께서 함께하시고 복 주심을 누리시기 바랍니다.

나의 적용 • • •

마음속 깊은 곳에
하나님의 뜻이 담겨 있습니다

잠언 12장 4-5절

4 게으른 자는 가을에 밭 갈지 아니하나니 그러므로 거둘 때에는 구걸할지라도 얻지 못하리라

5 사람의 마음에 있는 모략은 깊은 물 같으니라 그럴지라도 명철한 사람은 그것을 길어 내느니라

농부가 게을러서 파종할 시기를 놓치면 추수할 때에 아무것도 거두지 못합니다(4절). 마찬가지로 인생에서도 자기 개발을 위해 투자해야 할 시기에 아무것도 하지 않고 있으면 기대할 것 없는 안타까운 미래를 맞이하게 됩니다. 하나님께서는 모든 사람의 마음속 깊은 곳에 모략을 넣어 두셨습니다. 이 모략은 깊은 물과 같아서 시기 적절하게 그것을 길어내는 사람만이 삶의 유익을 얻습니다. 그렇다면 자신의 마음속 깊은 곳에 하나님께서 담아 주신 모략을 길어내는 방법은 무엇이고 그것이 주는 삶의 유익은 무엇일까요?

첫째로 내게 주신 은사와 재능을 부지런히 개발해야 합니다. 우물을 팔때 보면 먼저 수맥 탐지기로 물이 흐르는 위치를 찾아냅니다. 잘못 찾아서 엉뚱한 곳을 파 내려가면 아무리 시간을 들여 땅을 파도 물이 나오지 않습니다. 마찬가지로 하나님께서 내게 주신 삶의 현장, 내게 주신 은사와 재능 속에서 하나님의 뜻을 찾고 열심히 개발해 나가는 사람에게 하늘의 지혜가 열립니다.

둘째로 참된 회개를 통해 하나님의 도우심을 힘입어야 합니다. 우물을 팔 때에 수맥이 터져서 물이 솟아난다고 바로 그 물을 먹을 수 있는 것이 아닙니다. 2-3일 정도 흙탕물이 뿜어져 나온 후에 맑은 물이 솟아나기 시

작하는데 그때부터 우물물을 먹을 수 있게 됩니다. 마찬가지로 내 안에 있는 흙탕물같이 더러운 것들을 다 뿜어내고 회개할 때에 생명력 있는 삶을 살아가게 됩니다.

셋째로 모략을 길어낸 사람은 환경의 지배를 받지 않게 됩니다. 한 번 우물이 터져 나오기 시작하면, 그 우물은 가물어도 마르지 않고, 눈과 비가 내려도 맑은 물이 계속해서 솟아나게 하며 많은 사람을 유익하게 합니다. 마찬가지로 마음속 깊은 곳의 모략을 길어내 하늘의 지혜를 소유한 사람이 어떤 어려운 환경도 극복해 내고 남을 유익하게 하는 복된 인생을 살아가게 됩니다.

내게 주신 삶의 현장에서 주신 은사와 재능을 개발하며 하늘의 지혜를 소유하고, 하나님과 동행하며 범사에 평강 누리는 성도되기를 바랍니다.

나의 적용 ● ● ●

하나님께서는
한결같은 마음을 기뻐하십니다

잠언 20장 6-10절

6 많은 사람이 각기 자기의 인자함을 자랑하나니 충성된 자를 누가 만날 수 있으랴
7 온전하게 행하는 자가 의인이라 그의 후손에게 복이 있느니라
8 심판 자리에 앉은 왕은 그의 눈으로 모든 악을 흩어지게 하느니라
9 내가 내 마음을 정하게 하였다 내 죄를 깨끗하게 하였다 할 자가 누구냐
10 한결같지 않은 저울 추와 한결같지 않은 되는 다 여호와께서 미워하시느니라

상거래에서 가장 중요한 것은 양심을 지키는 것입니다. 상인이 너무 과하게 이윤을 남기려고 하면 구매자의 마음이 편치 않습니다. 또한 구매자가 상품의 가격을 너무 깎아서 사려고 하면 파는 사람의 마음이 상합니다. 서로가 자기 입장만 생각하고 배려하지 않기 때문에 비싸게 팔고 싸게 사려는 다툼이 일어납니다. 상거래 뿐만이 아니라 세상만사가 한결같지 않은 되와 추처럼 자기 중심대로 생각하고 판단하는 마음 때문에 어그러집니다. 하나님께서는 이런 이기적인 마음을 미워하십니다(10절). 그러면 하나님께서 기뻐하시는 한결같은 마음을 품는 사람은 어떤 사람일까요?

첫째로 사심 없이 인자한 마음으로 선을 행하는 사람입니다(6절). 사람들은 자기가 베푼 선행에 대하여 자랑하기를 좋아합니다. 그러나 하나님 앞에 충성스러운 사람은 선을 행한 그 자체로 즐거워하고 만족합니다. 이렇게 순전한 마음으로 선을 행하는 사람을 하나님께서는 의롭다고 인정하시고 그의 후손들에게 복을 주십니다(7절).

둘째로 공의를 행하는 삶입니다(8절). 모든 것에 대한 결정권을 가진 왕은 자기 눈에 보기에 옳고 그른 것을 분별하여 자기의 선한 뜻대로 악

한 것들을 물리치고 심판합니다. 우리는 내가 판단하고 내 뜻대로 행할 수 있는 삶의 영역 속에서 옳은 것을 분별하며 살아가고자 최선을 다해 노력해야 합니다. 그러면 하나님께서 우리의 삶의 영향력이 더 크게 뻗어 갈 수 있도록 왕과 같은 권세를 주십니다.

셋째로 항상 자신의 마음속을 살펴야 합니다(9절). 하나님 앞에서는 어느 누구도 의로울 수 없습니다. 선을 행하면서도 교만한 마음으로 하나님 앞에 죄를 지을 수 있고, 자신의 선한 행실을 남들이 알아주지 않으면 서운한 마음에 시험에 들기도 합니다. 심지어는 자신의 의로운 행실을 공공연히 드러내어 자랑하기까지 합니다. 그러나 하나님께서는 베푸신 은혜에 감사함으로 겸손히 행하는 사람을 기뻐하시고 그의 삶에 더 큰 은혜를 베풀어 주십니다.

한결같은 마음으로 하나님과 사람 앞에서 충성스럽게 행하며 하나님의 마음을 기쁘시게 하는 성도되기를 바랍니다.

나의 적용 • • •

경건의 습관이
운명을 넘어서게 합니다

잠언 20장 11-13절

11 비록 아이라도 자기의 동작으로 자기 품행이 청결한 여부와 정직한 여부를 나타내느
니라
12 듣는 귀와 보는 눈은 다 여호와께서 지으신 것이니라
13 너는 잠자기를 좋아하지 말라 네가 빈궁하게 될까 두려우니라 네 눈을 뜨라 그리하면
양식이 족하리라

미국의 철학자요 사상가인 윌리엄 제임스
는 "사고가 바뀌면 행동이 바뀌고, 행동이 바뀌면 습관이 바뀌고, 습관이
바뀌면 성격이 바뀌고, 성격이 바뀌면 운명이 바뀐다."는 유명한 명언을
남겼습니다. 이처럼 일상의 삶에서 건전한 생각으로 좋은 습관을 체질화
하는 것은 매우 중요한 일입니다. 그러면 경건의 습관을 생활화하기 위해
서는 어떻게 해야 할까요?

첫째로 말이 아니라 삶으로 인격을 드러내는 사람이 되어야 합니다(11
절). 말을 못하는 어린아이는 행위로 자기가 무엇을 했는지를 보여 줍니
다. 옷이 깨끗하면 얌전히 있었다는 증거이고, 흙먼지가 잔뜩 묻어 있으
면 어디서 요란하게 놀다 왔다는 것을 알 수 있습니다. 마찬가지로 사람
은 말이 아니라 행위로 자신의 인격을 드러내는 존재입니다. 하루하루의
정직한 삶이 경건의 습관을 체질화시킵니다.

둘째로 분별력을 가지고 살아야 합니다(12절). 하나님께서는 우리에게
듣는 귀와 보는 눈을 주셨습니다. 그러나 우리가 듣기 좋은 말에만 귀를
기울이고, 보고 싶은 것만 보려고 하면 바른 분별력을 가지고 살 수 없습
니다. 마음에 거슬리는 말도 수용해서 자신을 돌아보고, 주변 환경을 주

의깊게 살펴볼 줄 아는 사람이 바른 분별력을 가지고 경건한 삶을 살아갈 수 있습니다.

셋째로 명확한 목표를 가지고 살아야 합니다(13절). 목표가 없는 사람은 게을러집니다. 그리고 게으른 사람은 시간만 나면 눕고 싶어 하고 자고 싶어 합니다. 빈궁한 삶은 이러한 게으름의 결과입니다. 삶의 목표가 분명한 사람은 자투리 시간까지도 그 목표를 이루기 위해 잘 활용합니다. 그리고 하루하루를 성실하게 살아가면서 경건의 습관을 체질화합니다.

하나님과 동행하며 날마다 경건의 습관을 체질화하여 운명조차 바꾸시는 하나님의 은혜와 평강을 누리는 성도되기를 바랍니다.

나의 적용 ● ● ●

복음을 전하는 입술이
금보다도 귀한 보배입니다

잠언 20장 14-25절

14 물건을 사는 자가 좋지 못하다 좋지 못하다 하다가 돌아간 후에는 자랑하느니라

15 세상에 금도 있고 진주도 많거니와 지혜로운 입술이 더욱 귀한 보배니라

16 타인을 위하여 보증 선 자의 옷을 취하라 외인들을 위하여 보증 선 자는 그의 몸을 볼
모 잡을지니라

17 속이고 취한 음식물은 사람에게 맛이 좋은 듯하나 후에는 그의 입에 모래가 가득하게
되리라

18 경영은 의논함으로 성취하나니 지략을 베풀고 전쟁할지니라

19 두루 다니며 한담하는 자는 남의 비밀을 누설하나니 입술을 벌린 자를 사귀지 말지니
라

20 자기의 아비나 어미를 저주하는 자는 그의 등불이 흑암 중에 꺼짐을 당하리라

21 처음에 속히 잡은 산업은 마침내 복이 되지 아니하느니라

22 너는 악을 갚겠다 말하지 말고 여호와를 기다리라 그가 너를 구원하시리라

23 한결같지 않은 저울 추는 여호와께서 미워하시는 것이요 속이는 저울은 좋지 못한 것
이니라

24 사람의 걸음은 여호와로 말미암나니 사람이 어찌 자기의 길을 알 수 있으랴

25 함부로 이 물건은 거룩하다 하여 서원하고 그 후에 살피면 그것이 그 사람에게 덫이
되느니라

❧   보통 물건을 사는 사람이 싼값에 그 제품
을 구입하려 할 때에 사용하는 가장 흔한 방법은 그 물건의 흠을 잡는 것
입니다. 실재로 제품에 결점이 있는 것도 아닌데 자꾸 좋지 못하다, 좋지
못하다 하며 물건의 값을 낮추려 합니다. 그래놓고 싼값에 사서 집에 돌
아오면 친구나 지인에게 이 좋은 제품을 얼마나 싸게 잘 사 왔는지를 자
랑합니다.

이런 행위는 겉과 속이 완전히 다른 사람의 모습입니다. 솔로몬은 물

건을 구입할 것이면서 결점을 지적하는 행위가 좋지 못함을 경고하면서 (14절) 지혜로운 입술이 금, 은보다도 훨씬 더 가치가 있음을 이야기합니다(15절). 싼값에 재화를 구입하려고 거짓을 말하는 값싼 지혜를 버리고 금은보다도 귀한 지혜를 소유하라는 것입니다.

최근 인터넷사이트 eBay에 워렌 버핏과의 점심식사 건이 경매에 올라 무려 40억 원에 낙찰되었는데 점심 식사를 하면서 워렌 버핏의 투자 멘토링과 주식 유망주 추천을 받는 시간입니다. 그가 조언하는 대로 투자를 하면 엄청난 이익을 얻을 수 있기 때문에 많은 사업가들이 매년 이 경매에 참여한다고 합니다. 이처럼 지혜로운 사람의 말 한 마디는 금이나 은보다 훨씬 더 가치가 있기 때문입니다.

우리 그리스도인들은 세상의 그 무엇보다도 누구보다도 보배로운 진리를 소유한 존재입니다. 이 진리는 바로 우리 구주 예수 그리스도입니다. 예수님은 워렌 버핏보다 더 대박 맞는 인생을 누구에게나 선물로 주시는 분이십니다. 세상 사람들은 이 진리를 모르기 때문에 금과 은에 마음을 빼앗겨 이기적인 생각 속에 평안 없는 인생을 살아가고 있습니다.

그리스도인은 이 진리를 세상 사람들에게 나누어 줌으로 저들을 죄와 사망의 권세에서 구원하고, 참된 생명의 길, 평강의 길로 인도해야 하는 중요한 사명이 있습니다. 우리의 입술에 한 영혼의 생명이 달려 있음을 기억하고 말과 행동에 늘 진실하여 많은 영혼을 구원하는 성도되기를 바랍니다.

나의 적용 ● ● ●

불확실한 미래를
밝게 열어 가는 비결

잠언 20장 16-18절

16 타인을 위하여 보증 선 자의 옷을 취하라 외인들을 위하여 보증 선 자는 그의 몸을 볼
모 잡을지니라
17 속이고 취한 음식물은 사람에게 맛이 좋은 듯하나 후에는 그의 입에 모래가 가득하게
되리라
18 경영은 의논함으로 성취하나니 지략을 베풀고 전쟁할지니라

사람이 성공하는 인생을 살아가려면 분명
한 삶의 목표와 계획이 필요합니다. 그러나 자기 생각과 자기 계획이 아
니라 하나님께서 주시는 확실한 비전이 있어야 합니다. 사람이 길을 계획
할지라도 그 길을 인도하시는 분은 하나님이시기 때문입니다. 그러면 인
생에 찾아오는 위험부담을 최소화하고 하나님께서 주시는 평안한 삶을
살아가려면 어떻게 해야 할까요?

첫째로 과장된 이익을 멀리해야 합니다(16절). 타인과 외인은 친분이
없는 사람들입니다. 친분도 없는 사람에게 보증을 서게 되는 이유는 그
들이 과장된 이익을 제시하기 때문입니다. 지인의 소개로 알게 된 사람
이 상식 밖의 사업 투자를 제안하고, 너무 높은 수익을 제시하니까 솔깃
한 마음에 투자하고 보증을 섭니다. 마음속의 탐심이 투자를 부추기는데
그 탐심 때문에 사기를 당합니다. 요행을 바라지 말고 주어진 삶에 최선
을 다하는 것이 정답입니다.

둘째로 정직한 삶을 추구해야 합니다(17절). 속임수는 한두 번은 통할
지 몰라도 계속해서 속이려 하면 신용을 완전히 잃어버려서 아무것도 할
수 없게 됩니다. 속이고 취한 음식물은 사기치는 행위를 의미하는데, 남

을 속여서 이익을 얻으면 잠시는 유익한 것 같지만 나중에는 입에 모래가 가득한 것처럼 탈이 나서 인생을 망쳐 버리게 됩니다. 그러나 정직하게 성실하게 일해서 모은 재물은 쉽게 흩어지지 않습니다.

셋째로 미래를 준비하는 지혜가 필요합니다(18절). 기업의 오너(Owner)는 임원들의 의견을 수렴하고 기업의 현실을 정확하게 진단하는 통찰력이 필요합니다. 그래야 불확실한 미래를 대비하여 회사를 더 발전시켜 나갈 수 있습니다. 국가간에 전쟁 시에도 적에 대한 정확한 분석과 전술이 필요합니다. 전력이 아무리 우수해도 전략이 없으면 전쟁에서 승리할 수 없기 때문입니다.

그런데 인생에서 불확실한 미래를 준비하는 참된 지혜는 전지전능하신 하나님께서 주십니다.

과장된 이익을 멀리하고 하나님만 의지하는 정직한 삶으로 불확실한 미래를 두려움 없이 열어 가는 성도되기를 바랍니다.

나의 적용 • • •

하나님을 경외하는 삶은
자녀 교육의 지름길입니다

잠언 20장 19-21절

19 두루 다니며 한담하는 자는 남의 비밀을 누설하나니 입술을 벌린 자를 사귀지 말지니라

20 자기의 아비나 어미를 저주하는 자는 그의 등불이 흑암 중에 꺼짐을 당하리라

21 처음에 속히 잡은 산업은 마침내 복이 되지 아니하느니라

사람은 태어나면서부터 세상과 다양한 관계를 맺어 갑니다. 그중에 가장 중요한 관계는 부모와의 관계입니다. 사람은 부모와의 관계에서 사랑의 감정을 배우고 정서적 안정감을 누리며 인격이 형성되기 때문입니다. 그러면 자녀들이 좋은 관계성을 맺어 가도록 하기 위해 가르쳐야 할 삶의 태도는 무엇일까요?

첫째로 듣기는 속히 하고 말하기는 더디하기를 가르쳐야 합니다(19절). 하나님께서 사람에게 두 눈과 두 귀를 주시고 입을 하나 주신 것은 두 배로 보고 두 배로 듣되 말은 절반만 하라는 뜻이 담겨 있습니다. 남의 말하기 좋아하는 사람은 말 실수를 많이 하게 되고, 자기와는 상관없는 사실을 퍼뜨리고 다니다가 관계를 망칩니다. 입이 무거울수록 관계는 좋아지는 법입니다.

둘째로 하나님을 경외하는 마음을 가르쳐야 합니다(20절). 부모가 믿음이 없어서 삶 속에 불평이 많고 하나님을 원망하면 자녀들은 하나님을 원망하는 것이 아니라 부모를 원망합니다. 부모가 천부이신 하나님을 원망하니 자녀들도 자기 부모를 원망하는 것입니다. 십계명에 부모 공경을 약속 있는 첫 계명으로 주신 것은 부모를 공경하는 자에게 복을 주셔서 천부 하나님을 경외하고 공경하는 법을 가르치시기 위해서입니다. 하나님

을 경외하는 사람은 범사가 형통하고 관계가 좋아집니다.

셋째로 유산이 아니라 믿음을 물려주어야 합니다(21절). 열심히 일만 하는 것보다 눈에 보이지 않는 아이디어가 더 많은 돈을 벌게 하는 것처럼 보이는 물질세계보다 보이지 않으시는 하나님을 붙잡는 삶이 더 복되고 형통합니다. 속히 잡은 산업의 원어적 의미는 부모의 유산을 미리 요구해서 받은 재물을 의미하는데 이렇게 자녀들이 신앙교육이 바로 되지 않으면 부모의 재산이나 탐하게 됩니다. 유산을 물려주면 자녀들 사이에 분쟁이 일어나지만 믿음을 물려주면 하늘의 평강이 임합니다.

하늘 아버지이신 하나님을 경외하는 믿음을 유산으로 물려주는 부모가 훌륭한 부모입니다. 하나님을 경외하는 삶으로 자녀들에게 믿음의 본이 되고 사랑과 공경을 받는 성도되기를 바랍니다.

나의 적용 • • •

하나님은 자원하는 마음을 기뻐하십니다

잠언 20장 22-25절

22 너는 악을 갚겠다 말하지 말고 여호와를 기다리라 그가 너를 구원하시리라

23 한결같지 않은 저울 추는 여호와께서 미워하시는 것이요 속이는 저울은 좋지 못한 것이니라

24 사람의 걸음은 여호와로 말미암나니 사람이 어찌 자기의 길을 알 수 있으랴

25 함부로 이 물건은 거룩하다 하여 서원하고 그 후에 살피면 그것이 그 사람에게 덫이 되느니라

사람이 하나님 앞에서 뜻을 정하고 자신이 정한 바를 그대로 실천하는 것을 서원이라 합니다. 그런데 성숙하지 못한 사람은 자신의 처지가 긴박할 때에 스스로 해결할 수 없는 삶의 문제들을 "하나님께서 해결해 주시면 이렇게 하겠습니다." 하는 식으로 서원을 합니다. 그러나 조급하게 서원한 사람은 삶의 문제가 해결되었을 때에 서원한 바를 지키려 하지 않습니다. 차라리 서원하지 않았으면 하나님께 범죄하지 않았을 것인데 서원한 바를 어김으로 하나님의 역사를 체험하고도 죄만 짓고 믿음의 길에서 벗어나게 됩니다. 이런 조급한 서원을 피하고 하나님 앞에 온전한 믿음으로 살아가려면 어떻게 해야 할까요?

첫째로 복수심을 버리고 하나님을 신뢰해야 합니다(22절). 하나님은 복수심을 기뻐하지 않으십니다. 복수를 하려는 사람은 자기가 당한 것 이상을 돌려주려 하기 때문에 하나님 앞에 범죄하게 됩니다. 원수를 갚는 것은 공의의 하나님께 맡기고 하나님의 역사를 기다리는 사람이 범죄치 않으며 결국에는 믿음으로 승리합니다.

둘째로 양심의 저울이 바로 되어야 합니다(23절). 양심의 저울이 잘못

된 사람은 한결같지 않은 추와 속이는 저울로 상거래에서 부정행위를 하고, 일상의 삶에서도 남을 속이며 죄를 짓습니다. 반면에 나에게나 남에게나 동일한 기준을 적용할 줄 아는 사람은 타인에게 범죄치 않으며 하나님 앞에 신실한 믿음으로 살아갑니다.

셋째로 가장 선한 길로 인도하시는 하나님을 신뢰해야 합니다(24절). 조급한 서원은 하나님을 신뢰하지 못하기 때문에 하나님과 거래하려는 마음에서 생겨납니다. 그러나 나의 인생을 가장 선한 길로 인도하시는 하나님을 신뢰하면 조급한 마음에서 벗어나 언제나 자발성을 가지고 하나님 뜻에 순종하는 사람이 됩니다.

조급한 마음을 버리고 선하신 하나님을 신뢰함으로 자원하는 마음으로 하나님을 기쁘시게 하는 성도되기를 바랍니다.

나의 적용 • • •

하나님께서 다스리시니
평안함이 있습니다

잠언 20장 26-28절

26 지혜로운 왕은 악인들을 키질하며 타작하는 바퀴를 그들 위에 굴리느니라
27 사람의 영혼은 여호와의 등불이라 사람의 깊은 속을 살피느니라
28 왕은 인자와 진리로 스스로 보호하고 그의 왕위도 인자함으로 말미암아 견고하니라

세상의 모든 사람은 저마다 자기만의 왕국을 세우고 살아갑니다. 심지어 사회에서 무능한 가장조차도 자기 집에서는 왕 노릇을 하려고 합니다. 그래서 아내와 자녀들에게 자기의 권위를 과시하며 군림하려고 합니다. 이런 왕국에는 평안함이 없고 늘 분쟁이 일어날 뿐입니다. 그러면 우리의 가정이 하나님께서 다스리시는 왕국이 되게 하려면 어떻게 해야 할까요?

첫째로 선악을 분별하는 지혜를 가르쳐야 합니다. 농부가 곡식을 키질하고 타작하는 바퀴를 굴려 쭉정이를 날려 버리고 알곡을 거두는 것처럼, 지혜로운 왕은 백성들 사이의 악을 벗겨 내고 의로운 삶을 살아가도록 다스립니다(26절). 마찬가지로 지혜로운 가장은 자녀들이 악을 멀리하고 선을 사랑하도록 가르칩니다. 가정에서부터 인성이 바르게 교육될 때에 사회는 범죄가 사라지고 건강해지는 법입니다.

둘째로 영혼의 등불을 밝혀 하나님과 교제해야 합니다.(27절). 영혼의 등불을 밝히려면 회개를 통해 죄를 씻어내고 성령의 임재를 구해야 합니다. 영혼의 등불이 꺼진 사람은 내면이 어두어져서 자기 마음속에 무엇이 들어 있는지 알지 못하고 세속적인 욕망을 따라 살기에 마음에 평안함이 없습니다. 그러나 성령의 임재로 영혼의 등불이 밝아지면 하나님께서 주시는 참된 위로와 평안이 마음속에 충만하게 됩니다.

셋째로 삶의 주권을 온전히 하나님께 드려야 합니다(28절). 백성의 사랑과 존경을 받는 성군은 인자와 진리로 백성들을 다스리기 때문에 왕위가 날마다 견고해져 갑니다. 그러나 폭군의 삶에는 평안함이 없습니다. 백성들을 압제하고, 신하들을 의심하니 모반이 일어날까 두려워서 밤잠을 설치기 때문입니다. 우리의 삶 속에서 하나님의 주권을 인정하며 나아갈 때에 나를 통해 삶의 현장에 성군 하나님의 통치가 이루어지고 하늘의 평화가 임하게 되는 것입니다.

회개하는 심령으로 마음을 새롭게 하여 삶의 현장에 하나님의 나라가 임하게 하고, 하나님의 다스리심 속에 하늘의 평강과 축복을 누리며 살아가는 성도되기를 바랍니다.

나의 적용 • • •

사람은 하나님을 경외할 때에 가장 아름답습니다

잠언 20장 29-30절

29 젊은 자의 영화는 그의 힘이요 늙은 자의 아름다움은 백발이니라
30 상하게 때리는 것이 악을 없이하나니 매는 사람 속에 깊이 들어가느니라

솔로몬은 전도서에서 하나님께서 세상의 만물을 지으실 때에 모든 것들이 때를 따라 아름답게 하셨다고 말하였습니다(전 3:11). 이 말씀은 모든 만물이 어떤 시기마다 가지고 있어야 할 본질적인 모습이 있어야 한다는 것입니다. 봄, 여름, 가을, 겨울이 그 계절에 맞는 모습으로 옷을 입을 때에 자연은 아름답고, 과일은 그 이름과 모양에 맞는 향과 맛이 날 때에 아름답습니다.

사람도 마찬가지입니다. 부모는 부모다워야 아름답고 자녀는 자녀다워야 아름답습니다. 스승은 스승다운 지혜와 권위가 있어야 아름답고, 제자는 제자답게 겸손히 배울 줄 알아야 아름답습니다. 젊은 사람은 패기와 열정이 있고 건강해야 아름답고 노인은 세월의 흔적을 보여 주는 지혜와 자연스레 희어진 백발을 하고 있을 때에 아름답습니다.

아이가 한숨을 쉬고 근심하거나 어른같은 말투를 쓰는 것은 별로 보기 좋지 않고, 어른이 말과 행동이 아이같고 철이 없으면 사람들이 그를 보며 눈살을 찌부립니다. 사람의 인생에서 유아기, 아동기, 청소년기, 청년기, 장년기, 노년기 이 모든 시기에 자기 나이와 신분에 맞는 인격과 성품으로 행동함이 아름다운 것입니다.

그러면 사람이 자신의 본분에서 벗어나지 않고 때에 따라 아름다운 삶을 살아가게 하는 것은 무엇일까요? 시기적절한 징계입니다. 솔로몬은

상하게 때리는 것이 악을 없이 한다고 했는데 아무 때나 상하게 때리는 것이 아니라 악한 일을 행하고도 반성할 줄 모르는 사람이 죄를 깨닫도록 가차없이 징계해야 한다는 것입니다(30절). 그래야 다시는 죄를 지을 생각을 하지 않게 되기 때문입니다.

인간이 가장 아름다운 때가 언제일까요? 피조물로 자기 위치를 분명히 알고 만물의 창조주이신 하나님을 사랑하고 경배하며 예배할 때에 인간은 가장 아름답습니다. 하나님을 경외하는 사람은 때를 따라 아름답게 하시는 하나님의 은혜 안에 살며 결코 책망 받을 만한 행동을 하지 않습니다. 참된 예배자로 살아가며 인생의 모든 순간을 아름다운 삶으로 가득 채워 가는 성도되기를 바랍니다.

나의 적용 • • •

21장

인간관계를 열어 가는 마스터 키

잠언 21장 1-4절

1 왕의 마음이 여호와의 손에 있음이 마치 봇물과 같아서 그가 임의로 인도하시느니라
2 사람의 행위가 자기 보기에는 모두 정직하여도 여호와는 마음을 감찰하시느니라
3 공의와 정의를 행하는 것은 제사 드리는 것보다 여호와께서 기쁘게 여기시느니라
4 눈이 높은 것과 마음이 교만한 것과 악인이 형통한 것은 다 죄니라

봇물은 논밭 사이를 지나도록 만들어 놓은 물길입니다. 농부는 이 봇물을 자기가 원하는 데로 열고 닫아서 논밭의 곡물이나 채소에 물을 줍니다. 농부가 물길을 자기 마음대로 열어서 농사를 짓는 것처럼, 하나님께서는 사람의 마음을 열고 닫으셔서 하나님의 뜻하신 바를 이루십니다(1절). 하나님께서 나를 위해 사람들의 마음을 열어 주시기만 하면 인생의 어떤 어려운 문제도 쉽게 해결될 수 있습니다. 하나님께서는 어떤 사람을 위해 마음의 문을 열어 주실까요?

첫째로 하나님 보시기에 정직히 행하는 사람입니다(2절). 사람은 누구나 자기에게는 관대하고, 남에게는 엄격한 기준을 적용하려 합니다. 그래서 자기 생각에는 정직한 것 같아도 하나님 보시기에는 그렇지 못한 경우가 많습니다. 하나님 보시기에 정직한 사람은 자기의 의로움을 드러내려고 정직히 행하는 것이 아니라 하나님을 사랑하고 사모하기 때문에 정직히 행합니다. 이런 사람을 위해 하나님께서는 관계의 문을 활짝 열어 주십니다.

둘째로 하나님을 기쁘시게 하는 사람입니다(3절). 하나님은 공의와 정의를 행하는 삶을 제사보다도 기쁘게 여기십니다. 우리의 모든 삶이 예배의 한 과정입니다. 한 주간을 정직하고 의롭게 살고 그 삶을 드려 예배의

자리에 나오는 사람을 하나님께서 기뻐하십니다. 그리고 이러한 참된 예배자의 삶에 인간관계의 형통함을 더해 주십니다.

셋째로 겸손히 행하는 사람입니다(4절). 사람이 눈이 너무 높으면 만족할 줄 모릅니다. 좋은 것을 너무 많이 경험한 사람은 더 좋은 것을 주지 않는 이상 감사할 줄 모릅니다. 또한 마음이 교만하면 사람을 무시할 뿐만 아니라 하나님을 경외할 줄 모릅니다. 오직 겸손히 행하는 사람이 타인의 마음을 얻고 하나님께 사랑받습니다. 늘 겸손히 행하는 사람을 위해 하나님께서는 관계의 문을 열어 주십니다.

사람의 마음을 얻으려고 눈치 보고 뇌물 주고 해 봐야 아무 소용이 없습니다. 관계의 문을 열고 닫는 권세는 하나님께 있기 때문입니다. 겸손함과 정직한 삶으로 하나님의 기뻐하심을 입어 형통한 인간관계를 열어 가시기를 바랍니다.

나의 적용 • • •

부지런함과
조급함의 차이

잠언 21장 5절

5 부지런한 자의 경영은 풍부함에 이를 것이나 조급한 자는 궁핍함에 이를 따름이니라

부지런한 사람과 조급한 사람의 모습을 보면 둘 다 정신없이 바빠 보입니다. 그런데 부지런한 삶과 조급한 삶에는 결정적인 차이가 있습니다. 부지런한 사람은 풍성한 삶에 이르고, 조급한 사람은 결국 궁핍함에 이르게 된다는 것입니다(5절). 그러면 조급함을 버리고 부지런한 삶을 살아가는 비결은 무엇일까요?

첫째로 우선순위가 분명해야 합니다. 조급한 사람은 우선순위가 잘못되어 급한 일만 쫓아다닙니다. 그리고 너무 바쁘게 지내다 보니 중요한 일을 놓쳐버립니다. 중요한 일을 놓치고 급한 일만 쫓아다니니 궁핍함에 이릅니다. 그러나 부지런한 사람은 삶의 우선순위가 분명합니다. 급한 일은 조금 포기하더라도 중요한 일을 먼저 처리합니다. 중요한 일들을 놓치지 않으니 조급한 일들이 사라지고 수고하고 노력한 삶의 결과로 풍부함에 이르게 됩니다.

둘째로 분명한 비전을 가지고 살아야 합니다. 삶의 목표가 분명한 사람은 자신의 비전을 성취하고자 모든 생활방식을 바꿉니다. 그래서 시간과 체력과 재물을 낭비하지 않습니다. 시간을 아끼기 위해 놀러 다니는 일을 절제하고, 잠을 줄입니다. 너무 비싼 옷을 입거나 음식을 먹지 않고 저축하여 비전을 이루기 위한 일에 투자합니다. 삶이 비전에 집중해 있으니 결국에는 소망하는 바를 이루고 풍부한 삶에 이릅니다.

셋째로 예수님과 동행하는 삶을 살아야 합니다. 주님과 동행하는 사람

은 언제나 말씀과 기도에 전념하고 주님의 뜻에 순종하기 때문에 하늘의 지혜를 소유하게 됩니다. 인생의 모든 결정권을 주님께 드리니 삶의 모든 순간에 내 뜻보다 주님의 뜻이 우선이 되고, 최상의 선택과 최선의 결과를 얻게 됩니다. 그리고 그 최선의 선택과 결과가 모여 풍성한 삶에 이르게 됩니다.

무엇을 하든 조급한 선택은 항상 차선의 결과를 초래하고 2류 인생을 살게 만듭니다. 그러나 부지런히 주님과 동행하는 사람은 언제나 최상의 선택 최선의 결과를 얻어 일류인생을 살아갑니다. 조급함을 버리고 부지런한 삶으로 풍성함에 이르는 성도되기를 바랍니다.

나의 적용 ● ● ●

십자가 그늘 밑에
생명 길이 있습니다

잠언 21장 6-8절

6 속이는 말로 재물을 모으는 것은 죽음을 구하는 것이라 곧 불려다니는 안개니라
7 악인의 강포는 자기를 소멸하나니 이는 정의를 행하기 싫어함이니라
8 죄를 크게 범한 자의 길은 심히 구부러지고 깨끗한 자의 길은 곧으니라

같은 장소를 가더라도 가는 길은 다양합니다. 막히는 길이 있고, 소통이 원활한 길이 있습니다. 또 소통이 원활한 길이라 하더라도 목표한 장소를 향하는 길이 아니라면 그 길로 가서는 안 됩니다. 아무리 빨리 달려 보아야 목표한 장소에 갈 수 없기 때문입니다. 인생길에서도 막히는 길같아도 가장 순탄한 길이 있고, 빠른 길인 것 같아도 멸망하는 길이 있습니다. 그러면 순탄한 인생길은 어떤 길일까요?

첫째로 정직하게 행하는 길입니다(6절). 속이는 말로 재물을 모으려는 사람은 바람에 불려다니는 안개 같아서 재물을 모으지 못할 뿐만 아니라 안개가 속히 사라져 버리는 것처럼 그 인생의 수고가 헛될 뿐입니다. 거짓말로 남을 속이는 것보다 정직함을 지켜 나가는 삶이 훨씬 쉽습니다. 계속 거짓말을 하려면 자기가 한 거짓말을 모조리 외우고 있어야 하고, 자기가 하는 거짓말들이 서로 모순되지 않아야 하기 때문입니다. 시간이 좀 걸리는 것 같아도 정직하게 행하는 길이 가장 형통한 길입니다.

둘째로 온유한 마음으로 살아가는 길입니다(7절). 악인의 강포는 자기를 소멸시킵니다. 쉽게 분노하는 사람은 그 분노의 감정이 뇌에 영향을 주어 뇌졸중을 유발할 수 있고, 심장의 기능에 장애를 일으킬 수 있습니다. 그래서 쉽게 분노하며 폭력을 휘두르기를 좋아하고 정의를 행하기를 싫어하는 사람은 스스로 자기를 해치는 사람입니다. 온유한 마음으로 사

는 사람이 영적으로나 육적으로나 강건하며, 건전한 사고를 가지고 순탄한 삶을 살아갑니다.

셋째로 죄의 길에서 벗어나 생명의 길로 가야 합니다(8절). "죄를 크게 범한 자의 길"에 대한 원어적 의미는 '죄의 무거운 짐을 진 자'입니다. 죄의 짐은 그 어떤 짐보다 무거워서 그 짐 아래 있는 사람의 마음에서 평안을 빼앗아 가고 반드시 그 영혼을 멸망시킵니다. 오직 예수님의 십자가 앞에 그 죄의 짐을 내려놓고 주님의 보혈의 공로를 의지하여 나아갈 때에 영혼에 자유함을 얻으며 생명 길로 가게 됩니다.

정직한 마음, 온유한 마음으로 무거운 죄의 짐을 십자가 앞에 내려놓고 생명 길로 행하는 성도되기를 바랍니다.

나의 적용 • • •

선을 행하는 마음에
평안이 있습니다

잠언 21장 9–13절

9 다투는 여인과 함께 큰 집에서 사는 것보다 움막에서 사는 것이 나으니라
10 악인의 마음은 남의 재앙을 원하나니 그 이웃도 그 앞에서 은혜를 입지 못하느니라
11 거만한 자가 벌을 받으면 어리석은 자도 지혜를 얻겠고 지혜로운 자가 교훈을 받으면
　 지식이 더하리라
12 의로우신 자는 악인의 집을 감찰하시고 악인을 환난에 던지시느니라
13 귀를 막고 가난한 자가 부르짖는 소리를 듣지 아니하면 자기가 부르짖을 때에도 들을
　 자가 없으리라

　　　　　　　　사람은 마음에 평안함이 있을 때에 선한 생각과 창의적인 사고가 가능해집니다. 스트레스를 받는다거나 두려운 마음, 불안한 마음, 염려하는 마음으로 가득 차 있으면 남을 배려한다거나 선을 행하기가 어렵습니다. 다투는 여인과 큰 집에서 사는 것보다 움막에 사는 것이 낫다는 말은 물질적 풍요로움보다 마음의 평안이 중요함을 이야기하는 것입니다(9절). 그렇다면 어떤 사람의 삶에 마음의 평안이 있을까요?

　첫째로 마음으로 다른 사람을 축복하는 삶입니다(10절). 악인은 마음에 평안함이 없는데 그 이유는 늘 마음속으로 남을 저주하기 때문입니다. 다른 사람이 잘되든 잘못되든 그게 자신의 삶과는 아무런 상관이 없는데도 타인의 재앙을 원합니다. 그러니 이웃이 자기보다 조금만 잘되면 시기심에 마음의 평안을 잃어버립니다. 그러나 다른 사람을 축복하는 마음에는 시기와 질투가 들어올 틈이 없고, 늘 선한 생각으로 가득하기 때문에 마음에 평안이 있습니다.

　둘째로 삶의 모든 순간을 배움의 기회로 삼는 삶입니다(11절). 나쁜 것

들을 스스로 다 겪어 보아야 인생의 교훈을 얻을 수 있는 것이 아닙니다. 오히려 악을 행하는 자들이 징계 받는 것을 보고 자기의 삶을 돌아볼 줄 아는 사람이 지혜로운 사람입니다. 선한 일은 직접 행함으로 기쁨을 누리고, 악한 일은 타인의 삶을 통해 교훈을 받아 죄의 길에서 벗어나는 사람에게 마음의 평안이 있습니다.

셋째로 하나님께서 나의 삶을 감찰하고 계심을 기억하는 삶입니다(12절). 하나님께서 판단하시는 악의 기준은 단순히 죄를 범하는 것을 넘어서 마땅히 선을 행해야 할 때에 선을 행치 않는 것을 악으로 여기십니다. 어려운 상황에 있는 사람이 도움을 구할 때에 귀를 막고 거절하면 그것을 악하게 여기십니다(13절). 그리고 그 사람이 자기도 어려움에 빠져 기도할 때에 그의 기도를 거절하십니다. 결국 악을 행하는 사람은 환란 가운데 던져 버리십니다.

적극적으로 선을 행하는 사람은 하나님의 은혜가 충만하며 그 마음속에 하늘의 평강이 임합니다. 범사에 선을 행함으로 하나님께서 주시는 위로와 평강을 누리시기를 바랍니다.

나의 적용 • • •

힘써 하나님을
알아 가야 합니다

잠언 21장 14-18절

14 은밀한 선물은 노를 쉬게 하고 품 안의 뇌물은 맹렬한 분을 그치게 하느니라
15 정의를 행하는 것이 의인에게는 즐거움이요 죄인에게는 패망이니라
16 명철의 길을 떠난 사람은 사망의 회중에 거하리라
17 연락을 좋아하는 자는 가난하게 되고 술과 기름을 좋아하는 자는 부하게 되지 못하느
  니라
18 악인은 의인의 속전이 되고 사악한 자는 정직한 자의 대신이 되느니라

솔로몬은 잠언 9장 10절에서 여호와를 경외하는 것이 지혜의 근본이요 거룩하신 자를 아는 것이 명철이라 하였습니다. 따라서 명철의 길을 떠난다는 것은 하나님을 알기를 포기한 행위로서 그런 행위의 결과는 사망의 길에 이를 수밖에 없습니다. 하나님께서는 하나님을 더 깊이 알고자 힘쓰는 사람에게 명철한 마음을 주시고 모든 삶의 정황을 바르게 분별하여 심판의 자리를 면하게 하십니다. 그러면 하나님께서 주시는 명철함이 우리 삶에 주는 유익은 무엇일까요?

첫째로 정의를 행함으로 삶에 즐거움이 가득합니다(15절). 의인은 선을 행함으로 마음에 기쁨이 충만하고 사람들의 사랑을 받기 때문에 두려움이 없습니다. 그러나 악인은 선을 행할 줄 모르고 늘 악한 짓만 하기 때문에 사람들의 미움을 받고 복수에 대한 두려움으로 마음이 불안합니다. 의인은 선을 행함으로 상급을 받으나 악인은 혹시 선한 일을 해도 근본이 악하기 때문에 심판을 받습니다. 명철한 마음이 악의 길에서 떠나게 하며 마음에 즐거움이 충만하게 합니다.

둘째로 향락을 멀리하고 절제하는 삶을 살게 합니다(17절). 어리석은

사람은 노는 것만 좋아합니다. 명철한 사람은 주어진 재물을 잘 관리하고 자기 개발에 힘씀으로 재물이 늘어가는 반면에 어리석은 사람은 가진 것으로 놀고 먹기만 좋아하다가 삶이 궁핍해집니다. 명철한 마음은 삶을 규모있게 하고 범사에 절제하여 인생에 낭비가 없게 함으로 풍성한 삶에 이르게 합니다.

셋째로 옳고 그름을 바르게 분별하여 의인의 길로 행하게 합니다(18절). 세상은 악해서 의인이 힘이 없으면 모함하고 궁지에 몰아넣어 파멸시키려 합니다. 그러나 하나님께서는 의인에게 명철한 마음을 주셔서 모든 어려움을 이기게 하십니다. 그리고 악인의 거짓된 실체가 완전히 드러나게 하셔서 의인은 구원하시고 악인이 심판의 자리를 차지하게 만드십니다. 명철한 마음이 악한 자들의 올무에서 벗어나게 합니다.

하나님은 힘써 하나님을 알고자 하는 사람에게 명철한 마음을 주십니다. 명철한 마음을 소유하여 범사에 하나님의 보호하심과 축복을 누리며 풍성한 삶을 살아가는 성도되기를 바랍니다.

나의 적용 • • •

지혜 있는 자의 집에
귀한 보배와 기름이 있습니다

잠언 21장 19-20절

19 다투며 성내는 여인과 함께 사는 것보다 광야에서 사는 것이 나으니라
20 지혜 있는 자의 집에는 귀한 보배와 기름이 있으나 미련한 자는 이것을 다 삼켜 버리
느니라

인생을 살아감에 있어서 중요한 만남이 몇
가지 있습니다. 태어나는 순간 어떤 부모를 만나느냐에 따라 그 사람의
경제적인 삶의 수준과 인성이 결정되고, 자라나면서는 어떤 스승을 만나
느냐에 따라 미래의 직업과 진로가 결정됩니다. 그리고 어떤 배우자를 만
나느냐에 따라 그 사람의 행복이 결정됩니다.

아무리 좋은 직장에서 일을 하고 경제적으로 여유있는 생활을 해도 배
우자를 잘못 만나면 평생을 다투며 마음의 평안을 얻지 못하고 살게 됩니
다. 그래서 솔로몬은 다투며 성내는 여인과 함께 살려느니 차라리 광야에
서 홀로 지내는 것이 낫다고까지 말합니다(19절). 좋은 배우자를 얻는 것
이 경제적으로 넉넉한 삶보다 더 중요한 행복의 조건이 된다는 뜻입니다.

예수님께서는 결혼에 대하여 하나님께서 짝지어 주신 것을 사람이 나
눌 수 없다고 말씀하셨습니다(마 19:6). 결혼을 해서 가정을 이룬다는 것
은 자기 의지가 아니라 하나님의 뜻에 따라 이루어진 것이며 내게 주신
배우자를 하나님께서 주신 최고의 선물로 여기며 살라는 말씀입니다.

2016년 통계를 보면 우리나라 이혼률이 OECD 국가 중 1위라고 합니
다. 그만큼 이혼을 쉽게 생각하고 있으며, 결혼을 할 때에 배우자를 신중
하게 선택하지 못한 결과라고 할 수 있습니다. 이혼의 주요 원인을 살펴
보니 1위가 성격 차이, 2위가 경제 문제, 3위가 가족간 불화였다고 합니

다. 경제적인 문제보다 서로 이해하고 배려하며 사랑하지 못했기 때문에 이혼을 선택한 것입니다.

지혜 있는 자의 집에는 귀한 보배와 기름이 있으나 미련한 자는 이것을 다 삼켜 버린다고 했습니다(20절). 이는 단순히 경제적인 면을 이야기한다기보다 자기에게 주신 배우자를 보배와 기름처럼 귀하게 여기고 사랑하며 사는 것이 행복의 원천임을 말씀하는 것입니다. 어리석은 사람은 하나님께서 아무리 좋은 배우자를 주셔도 자기 마음에 만족하지 못해 분을 내고 다투다가 불행을 자초합니다.

서로 배려하고 아끼고 사랑하는 마음으로 내게 주신 배우자를 하나님께서 주신 최고의 선물로 여기며 행복한 가정을 세워 가시기를 바랍니다.

나의 적용 ● ● ●

공의와 인자를
구하는 삶

잠언 21장 21-23절

21 공의와 인자를 따라 구하는 자는 생명과 공의와 영광을 얻느니라
22 지혜로운 자는 용사의 성에 올라가서 그 성이 의지하는 방벽을 허느니라
23 입과 혀를 지키는 자는 자기의 영혼을 환난에서 보전하느니라

공의와 인자는 상반되는 의미를 가지고 있습니다. '공의'에 해당하는 히브리어 '체다카'는 악을 전혀 용납치 않고 철저하게 징계하는 행위를 의미하고, '인자'에 해당하는 히브리어 '헤세드'는 끝까지 책임지는 사랑을 의미합니다. 하나님께서는 인간의 죄는 철저하게 찾아내서 심판하시지만 끝까지 책임적인 사랑을 베푸시는 분이십니다.

하나님은 예수 그리스도의 십자가 사건을 통해 공의와 사랑의 완벽한 조화를 보여 주셨습니다. 십자가의 은혜로 구원받은 우리는 하나님의 공의와 인자를 구하며 살아감이 마땅합니다. 그러면 공의와 인자를 행하는 삶은 어떠한 삶이며 하나님께서 이러한 삶에 주시는 보상은 무엇일까요?

첫째로 죄를 미워하되 사람을 사랑하는 삶입니다(21절). 하나님께서 우리 죄를 미워하시고 심판하셨지만 우리를 사랑하시고 구원하신 것처럼 우리도 공의와 인자를 행하며 살아갈 때에 삶 속에서 영혼을 구원의 열매를 맺으며 하나님께서 친히 우리의 삶을 영광스럽게 하시는 은혜를 누리게 됩니다.

둘째로 하늘의 지혜를 의지하는 삶입니다(22절). 지혜로운 자가 힘을 가진 용사보다 강한 것처럼, 하늘의 지혜를 소유한 사람은 세상의 권세를 능히 이깁니다. 예수님께서는 십자가를 지실 때에 세상 정사와 권세에 저

항하지 않으시고 불의한 자들에게 속수무책으로 자기 생명을 내어 주셨습니다. 그러나 이것이 하나님의 지혜였고 죄의 세력을 이기는 강력한 능력이었습니다. 우리 자신을 죽이는 것이 하나님의 역사를 드러내는 유일한 길이며 세상을 이기는 능력이 됨을 기억해야 합니다.

셋째로 말보다 행함으로 의를 드러내는 삶입니다(23절). 예수님은 십자가를 지실 때에 빌라도의 법정에서 아무런 변명도 하지 않으셨습니다. 갖은 모함과 거짓증언 앞에서도 끝까지 침묵을 지키셨습니다. 예수님의 삶이 그 모든 모함과 거짓 증언들이 거짓임을 보여 주고 있었기 때문입니다. 주님처럼 삶에서 공의를 행하며 입과 혀를 지키는 자는 그 영혼을 하나님께서 보전해 주십니다.

공의와 인자를 구하는 삶으로 하나님의 선하신 뜻을 행하며 하늘의 지혜로 세상을 이기는 성도되기를 바랍니다.

나의 적용 ● ● ●

겸손, 성실, 베푸는 삶의
비밀

잠언 21장 24–26절

24 무례하고 교만한 자를 이름하여 망령된 자라 하나니 이는 넘치는 교만으로 행함이니라
25 게으른 자의 욕망이 자기를 죽이나니 이는 자기의 손으로 일하기를 싫어함이니라
26 어떤 자는 종일토록 탐하기만 하나 의인은 아끼지 아니하고 베푸느니라

타인들의 호감을 갖는 사람이 인생에서 보편적으로 성공할 가능성이 높고, 주위 사람들의 미움을 받는 사람은 성공하기가 어렵습니다. 모든 사람이 한결같이 싫어하는 세 종류의 인간이 있는데, 우리가 이런 성품을 경계하고 역으로 삶에 적용한다면 하나님의 은혜와 사랑안에 성공하는 인생을 살아갈 수 있습니다. 그럼 이 세 종류의 인간은 어떤 사람일까요?

첫째로 교만한 사람입니다(24절). 온유하고 겸손한 사람은 다른 사람에게 호감을 주지만, 교만한 사람은 미움을 받습니다. 교만한 사람은 남을 배려할 줄 모르고, 무시하는 말투로 감정을 상하게 하기 때문입니다. 사람은 하나님의 형상을 따라 지음받은 존재이기 때문에 교만하여 다른 사람을 무시하면 창조주 하나님을 무시하는 죄를 짓는 것입니다. 하나님을 무시하는 교만한 사람이 인생이 순탄할 수 없습니다.

둘째로 게으른 사람입니다(25절). 부지런하고 성실한 사람은 누구에게나 사랑받지만 게으른 사람은 지켜보는 사람을 답답하게 하고 짜증나게 만듭니다. 달란트 비유에서 한 달란트 받은 종은 주인이 올 때까지 아무 일도 하지 않고 있다가 악하고 게으른 종이라고 책망받고 쫓겨났습니다. 부지런한 사람은 그 성실함으로 인해 더 많은 것을 보상받습니다. 그러나

게으른 사람은 일하기 싫어하고 쉬고만 싶어하는 욕망에 이끌려 살다가 있는 것조차 잃어버리고 궁핍해집니다.

셋째로 지나친 탐심으로 사는 사람입니다(26절). 욕심 없는 마음이 항상 좋은 것은 아닙니다. 일 욕심도 필요하고, 재물에 대한 욕심도 적당히 필요합니다. 무엇인가를 얻고자 하는 마음은 성취 동기를 자극하고 삶에 활력을 주기 때문입니다. 그러나 지나친 탐심으로 나누기를 거절하고, 혼자 모든 것을 다 차지하려는 사람은 누구와도 화목할 수가 없습니다. 탐심이 다툼과 분쟁을 일으키기 때문입니다.

하나님께서는 겸손한 사람, 성실한 사람, 베푸는 사람을 기뻐하십니다. 겸손한 마음, 성실한 마음으로 아낌없이 나누고 베푸는 삶으로 하나님의 기뻐하심을 입어 하나님께서 주시는 성공에 이르기를 바랍니다.

나의 적용 • • •

믿음을 검증하는
내적 증거

잠언 21장 27-29절

27 악인의 제물은 본래 가증하거든 하물며 악한 뜻으로 드리는 것이랴
28 거짓 증인은 패망하려니와 확실히 들은 사람의 말은 힘이 있느니라
29 악인은 자기의 얼굴을 굳게 하나 정직한 자는 자기의 행위를 삼가느니라

참과 거짓이 대립하면 언제나 진실이 승리
할 수밖에 없습니다. 거짓말은 실체가 없기에 아무리 그럴 듯해도 결국에
는 무너집니다. 반면에 진실은 왜곡될 수 없고, 그 사실을 보고 들은 증인
이 분명하게 밝혀낼 수 있습니다. 믿음의 길에서도 마찬가지입니다. 아무
리 사람이 신실해 보이고 든든한 믿음을 가진 사람 같아도 그 사람의 믿
음의 진실성은 하나님과 자기 자신만이 알고 있습니다. 그러면 내 믿음이
진실하다는 사실을 알 수 있는 내적 증거는 무엇일까요?

첫째로 예물을 드릴 때에 기쁨이 충만합니다(27절). 믿음이 없는 사람
이 하나님께 예물을 드리는 것은 얼마나 힘들고 괴로운 일인지 모릅니다.
십 원 한 푼도 헌금으로 드리는 것이 아깝습니다. 악인들은 자기의 악한
행위를 정당화하고 마음의 위로를 얻기 위해서 예물을 드립니다. 하나님
께서는 이런 예물을 가증히 여기시고 미워하십니다. 반면에 진실한 믿음
을 소유한 사람은 하나님께 드림에 기쁨이 충만하고, 주신 은혜와 축복으
로 인해 늘 감사합니다.

둘째로 하나님의 음성을 들음으로 내적 확신을 가지고 살아갑니다(28
절). 거짓 증인은 패망하지만 사실을 확실히 보고 들은 사람의 말이 힘이
있는 것처럼, 하나님 말씀을 들은 사람은 내적 담대함을 가지고 살아갑니
다. 하나님 말씀이 귀에 들려지고 마음판에 새겨진 사람은 어떤 상황이나

환경에서도 흔들림이 없고 세상을 이기는 믿음으로 살게 됩니다.

셋째로 행위로 자신의 진실함을 드러내며 살아갑니다(29절). 악인이 자기 얼굴을 굳게 한다는 것은 표정 하나 변하지 않고 거짓말을 하는 것과 죄를 범하면서도 얼굴색 하나 변하지 않는 모습을 의미합니다. 그러나 정직한 자는 말이 아니라 행위를 바르게 함으로 사람들에게 자신의 진실함을 나타냅니다. 믿음의 확신은 그 사람의 정직한 삶을 통해 표현되는 것입니다.

하나님께 드림이 기쁨이 되고, 말씀을 묵상하는 가운데 하나님의 음성이 들려온다면 내 믿음은 확실한 믿음입니다. 이 믿음으로 세상을 이기며 담대하게 살아가시기를 바랍니다.

나의 적용 ● ● ●

하나님의 시선이 머무는 믿음으로 살아야 합니다

잠언 21장 30-31절

30 지혜로도 못하고, 명철로도 못하고 모략으로도 여호와를 당하지 못하느니라
31 싸울 날을 위하여 마병을 예비하거니와 이김은 여호와께 있느니라

❧   창조주 하나님과 피조물된 인간이 힘이나 지혜를 겨룬다는 것은 불가능한 일입니다(30절). 하나님께서는 이미 자연을 통해서 인간이 살아가는 세상이 얼마나 불안전한 곳인지를 알려 주셨습니다. 몇 해 전에 일어났던 네팔의 대지진, 일본을 강타했던 쓰나미, 그밖의 많은 자연재해들은 사람이 가진 과학기술이나 지혜가 얼마나 미약한 것인지를 잘 보여 주었습니다.

그럼에도 세상 사람들은 자신이 하나님을 대적할 수 있는 무슨 힘이나 권력이라도 있는 것처럼 착각하며 살아가고 있습니다. 그래서 너무나도 자연스럽게 하나님을 대적하면서 믿음으로 사는 사람들을 우습게 생각하고 핍박합니다.

참 모순적인 것은 하나님을 대적하면서도 사람들은 자기가 가진 무엇인가를 의지하고 있다는 사실입니다. 자기가 가진 지혜를 의지하고, 자기가 가진 권력을 의지하고, 자기가 가진 재물을 의지해서 하나님을 대적합니다. 그래서 세상에서 잘나고 무엇인가 많이 소유한 사람일수록 더욱 마음이 교만하고 어리석으며 하나님을 대적하려고 합니다.

온 세상이 이렇게 미친듯이 날뛰며 하나님을 대적하는 시대입니다. 이런 세상에서 하나님을 사랑하고 의지하는 사람은 캄캄한 밤 하늘의 빛나는 별처럼 하나님의 사랑과 관심을 집중시키는 존재가 됩니다. 그래서 세

상이 자기들의 지혜와 힘과 권력으로 하나님을 대적할 때에 그들을 물리치는 하나님의 도구로 존귀하게 쓰임받게 됩니다.

믿음으로 살며 세상을 이기는 길은 그들보다 더 나은 지혜, 그들보다 더 강력한 힘과 권력을 소유하는 것이 아닙니다. 그건 애초부터 불가능한 일입니다. 믿음의 사람이 세상의 지혜, 세상의 힘을 더 많이 소유한다고 해서 세상을 이길 수 없기 때문입니다. 세상을 이기는 힘은 하늘로부터 말미암은 신령한 지혜와 능력에서 나옵니다.

믿음 없는 시대일수록 믿음으로 사는 사람에게 하나님의 관심이 집중됩니다. 그리고 믿음을 붙잡는 사람에게 하늘의 지혜와 능력을 부으셔서 세상을 이기게 하십니다. 하나님께서 주목하실 만한 신실한 믿음으로 세상을 이기는 성도되기를 바랍니다.

나의 적용 • • •

22장

하나님을 경외하는 삶에 행복이 있습니다

잠언 22장 1-4절

1 많은 재물보다 명예를 택할 것이요 은이나 금보다 은총을 더욱 택할 것이니라
2 가난한 자와 부한 자가 함께 살거니와 그 모두를 지으신 이는 여호와시니라
3 슬기로운 자는 재앙을 보면 숨어 피하여도 어리석은 자는 나가다가 해를 받느니라
4 겸손과 여호와를 경외함의 보상은 재물과 영광과 생명이니라

세상 사람들이 행복을 위해 소유하기를 원하는 세 가지는 부와 명예와 건강입니다. 그러나 이 세 가지는 모두 잡으려 하면 도망가 버리는 무지개와 같습니다. 그런데 부와 명예와 건강을 소유하는 가장 확실한 길이 있습니다. 그 길은 바로 겸손과 여호와를 경외하는 삶입니다(4절). 그러면 겸손한 마음으로 여호와를 경외하는 삶은 어떤 삶일까요?

첫째로 하나님의 은총을 구하는 삶입니다(1절). 사람이 선택할 수 있는 것과 선택할 수 없는 것이 있습니다. 은총은 나의 선택으로 얻을 수 있는 것이 아니라 하나님께서 주권적으로 베풀어 주셔야 얻을 수 있습니다. 세상 제물보다 하나님을 사랑하고 귀히 여기는 사람이 하나님의 마음을 얻을 수 있으며 이런 사람에게 하나님께서 은총을 베풀어 주십니다. 재물을 따라가는 사람에게는 재물이 도망가지만 하나님의 은총을 입은 사람에게는 재물이 따라와서 붙습니다.

둘째로 사람을 존중하는 마음으로 살아야 합니다(2절). 사람이 소유한 모든 것들을 다 제거해 놓았을 때에 가장 마지막에 남는 것이 그 사람의 인격입니다. 결국 마음속에 하나님의 형상이 담겨 있는 사람이 존귀한 사람이고, 교만과 탐심과 욕망만 남아 있는 사람은 무가치한 사람입니다.

부한 자나 가난한 자나 하나님께서 지으셨음을 기억하고 소유의 많고 적음에 관계없이 한 사람, 한 사람을 존중할 줄 아는 자를 하나님께서 귀히 여기시고 인생에 복을 주십니다.

셋째로 민감한 영적 감각으로 선악을 분별하는 삶입니다(3절). 슬기로운 사람은 범사에 하나님의 뜻을 구합니다. 그래서 죄를 지을 만한 상황이 보이면 신속하게 피해 갑니다. 그러나 어리석은 사람은 현실의 이익에 눈이 어두워서 재앙을 보지 못하고 나가다가 크게 해를 당합니다. 성실함과 정직함으로 쌓은 재물은 하나님께서 보호해 주시지만 죄의 삯으로 얻은 재물은 흩어 버리시고 그 재물이 변하여 재앙이 되게 하십니다.

겸손과 여호와를 경외하는 삶을 추구함으로 재물과 영광과 생명을 보상으로 얻으며 진정한 행복을 누리는 성도되기를 바랍니다.

나의 적용 • • •

마땅히 행할 길로
가야 합니다

잠언 22장 5-6절

5 패역한 자의 길에는 가시와 올무가 있거니와 영혼을 지키는 자는 이를 멀리하느니라
6 마땅히 행할 길을 아이에게 가르치라 그리하면 늙어도 그것을 떠나지 아니하리라

어떤 길이든 목적지가 있습니다. 경부고속
도로를 타고 가면 부산으로 가고, 영동고속도로를 타면 동해로 갑니다.
부산에 가고 싶은 사람이 영동고속도로를 아무리 빨리 달려도 부산에 도
착할 수 없습니다. 이미 시작이 잘못되었기 때문입니다.

이처럼 의인의 길과 악인의 길이 다릅니다. 의인의 길을 가는 사람이
그 길을 가다 실족하여 넘어질 수 있고, 상처받을 수 있습니다. 그러나 다
시 일어나 목적지에 도달하는 순간 그동안의 모든 수고가 기쁨으로 변하
게 됩니다. 거기에는 하나님의 위로와 보상이 있기 때문입니다.

반면에 악인의 길을 가는 사람은 그 길에서 때로는 선을 행하고 기쁨
을 얻는 순간이 있다 하더라도 결국에는 패망이라는 종착역에 이르게 됩
니다. 그래 봐야 악인의 길이기 때문입니다. 결국 사람은 처음에 어떤 길
을 선택하느냐에 따라서 인생의 행복과 미래가 결정되는 것입니다.

인생에는 진정한 행복과 밝은 미래를 얻기 위해 마땅히 행할 길이 있
습니다. 하나님께서는 "너희의 구속자시요 이스라엘의 거룩하신 이이신
여호와께서 이르시되 나는 네게 유익하도록 가르치고 너를 마땅히 행할
길로 인도하는 네 하나님 여호와라(사 48:17)." 말씀하셨습니다. 그리고
솔로몬은 "하나님을 경외하고 그의 명령들을 지키는 것이 모든 사람의
본분(전 12:13)"이라고 하였습니다.

하나님을 사랑하고 그 명령을 하나하나 성실하게 지켜 나가는 삶이 모든 사람이 마땅히 가야 할 길이며 인생의 본분입니다. 이렇게 인생의 본분을 따라 살아갈 때에 패역한 자의 길에서 벗어나게 되고, 그 가는 길에는 가시와 올무같은 인생의 장애물들이 사라집니다(5절).

지금 내가 걸어가고 있는 이 길이 하나님께서 기뻐하시는 길, 마땅히 가야 할 길인지 살펴보아야 합니다. 그 길이 의인의 길이라면 시온의 대로와 같은 형통함이 있을 것이고, 그 길이 악인의 길이라면 아무리 수고하고 노력해도 패망이 기다리고 있을 뿐입니다.

하나님을 경외하는 마음으로 주의 말씀을 지켜 행함으로 마땅히 가야 할 길로 행하며 하나님의 보호하심과 은혜와 축복을 누리는 성도되기를 바랍니다.

나의 적용 • • •

평등한 세상을
이루어 가는 원리

잠언 22장 7-9절

7 부자는 가난한 자를 주관하고 빚진 자는 채주의 종이 되느니라
8 악을 뿌리는 자는 재앙을 거두리니 그 분노의 기세가 쇠하리라
9 선한 눈을 가진 자는 복을 받으리니 이는 양식을 가난한 자에게 줌이니라.

가장 이상적인 사회는 모든 사람이 소유에 상관없이 인격적인 존중을 받고 평등하게 살아가는 사회입니다. 그러나 어떤 사회에서도 인간이 만들어 놓은 제도 안에서는 평등이 없고, 가난한 자의 인격이 존중되지 않습니다. 하나님께서 이러한 불평등한 세상에서도 약자들을 보호하시고 모든 사람이 존중받게 하시는 원리가 있습니다.

첫째는 뿌린 대로 거두게 하십니다(7절). 잠언이 인정하는 부자는 성실함과 정직함이 바탕이 되어 성공한 사람이고, 가난한 자는 게으르고 나태해서 있는 것까지 잃어버린 사람입니다. 그래서 가난한 자는 생존을 위해 부자를 의존하게 되고, 돈을 빌린 자는 채주에게 엄한 말을 듣고 그가 시키는 일을 할 수밖에 없습니다. 하나님께서는 뿌린 대로 거두게 하셔서 게으른 자들의 교만한 마음을 꺾으시고, 인격적 존중을 받기 위해서는 스스로 성실하게 일해야 함을 알게 하십니다.

둘째로 악한 행위는 반드시 재앙에 이르게 하십니다(8절). 악한 자는 주위에 있는 선한 사람들을 핍박하고, 자기의 이익을 위해서라면 무슨 일도 서슴지 않고 행합니다. 그래서 주위 사람들에게 피해를 주면서도 자기는 만족스러운 결과를 얻었다고 생각합니다. 그러나 하나님께서는 악을 행하는 자에게 재앙을 내리셔서 악한 행위로 쌓은 모든 재물을 흩어 버리시고, 악인이 품은 모든 분노의 기세를 꺾어 약한 자들을 위로하시고 소

망을 주십니다.

셋째로 선을 행하는 자에게 복을 내려 주십니다(9절). 선한 눈을 가진 사람은 어려운 처지에 있는 사람을 보면 긍휼한 마음이 일어납니다. 그래서 그의 선한 본성으로 고통당하는 사람을 외면하지 못하고, 자기가 가진 것을 나누어 주어 연약한 자들을 위로합니다. 선한 눈을 가진 사람은 세상을 향하신 하나님의 마음을 알게 되며 이렇게 하나님의 마음을 품고 선을 행함으로 하나님의 은혜와 축복을 누리게 됩니다.

정직하고 성실한 삶으로 자신의 삶을 윤택하게 하고 나누고 섬기는 삶을 통해 하나님의 사랑을 실천함으로 인간의 존엄성이 인정받고 모든 사람이 평등을 누리는 사회를 만들어 가는 성도되기를 바랍니다.

나의 적용 ● ● ●

정결한 마음이 삶을
존귀하게 합니다

잠언 22장 10−11절

10 거만한 자를 쫓아내면 다툼이 쉬고 싸움과 수욕이 그치느니라
11 마음의 정결을 사모하는 자의 입술에는 덕이 있으므로 임금이 그의 친구가 되느니라

사람의 마음은 투명한 유리병과 같습니다. 그 마음속에 다양한 색깔의 생각을 담을 수 있습니다. 악한 생각을 담으면 사람의 말과 행동이 거칠어져서 주위 사람들과 다툼을 일으키고 선한 생각을 담으면 선한 말과 행동으로 사람들에게 덕을 세우며 귀히 여김을 받습니다. 결국 마음속에 어떤 생각을 담느냐가 그 사람의 인격과 삶을 결정하는 것입니다. 그러면 정결한 마음을 품고 살아가는 사람에게는 어떤 유익이 있을까요?

첫째로 선한 말로 덕을 쌓아 갑니다. 위로의 말과 격려의 말, 칭찬의 말을 하는 데는 돈이 들지 않습니다. 그런데 마음이 악한 사람은 선한 말을 하는 것이 얼마나 어려운지 모릅니다. 질투하는 마음, 시기하는 마음이 있으면 입술이 천근만근 무거워서 남에게 칭찬하는 말을 낼 수가 없습니다. 그러나 마음의 정결을 사모하는 사람은 선한 말을 할 때에 마음이 시원해지고 기쁨이 생깁니다. 그래서 시기적절한 말로 사람들을 위로하며 덕을 세웁니다.

둘째로 좋은 만남이 이어집니다. 유유상종이라는 말이 있습니다. 같은 생각을 가진 사람, 같은 수준의 사람들이 함께 모인다는 것입니다. 그래서 선한 생각과 선한 행동을 하는 사람은 좋은 만남이 계속되어 선한 일에 힘쓰는 의인의 길을 가고, 악한 마음으로 죄를 짓는 사람은 악한 사람

들과 함께하면서 죄인의 길을 가게 됩니다.

셋째로 존귀한 사람이 됩니다. 아무리 뛰어난 실력을 가진 사람도 다른 사람들에게 인격적인 신뢰를 얻지 못하면 사회에 영향력을 끼치지 못합니다. 그러나 선한 마음으로 자기 일에 힘쓰며 덕을 세워 가는 사람은 만인들의 사랑을 받으며 성실한 삶을 통해 자신의 분야에서 탁월한 성과를 나타냅니다. 그리고 사회에 영향력 있는 인물이 되어 국가가 중요한 결정을 해야 할 때에 대통령도 자문을 구할 만한 사람이 됩니다.

마음이 청결한 자는 복이 있나니 하나님을 볼 것이요(마 5:8).

말씀하신 것처럼 언제나 정결한 마음으로 하나님의 임재 안에 살아가시기 바랍니다. 그래서 세상에서도 존귀히 여김을 받고 선한 영향력을 나타내며 살아가는 성도되기를 바랍니다.

나의 적용 • • •

하나님을 아는 지식이 제일입니다

잠언 22장 12-15절

12 여호와의 눈은 지식 있는 사람을 지키시나 사악한 사람의 말은 패하게 하시느니라
13 게으른 자는 말하기를 사자가 밖에 있은즉 내가 나가면 거리에서 찢기겠다 하느니라
14 음녀의 입은 깊은 함정이라 여호와의 노를 당한 자는 거기 빠지리라
15 아이의 마음에는 미련한 것이 얽혔으나 징계하는 채찍이 이를 멀리 쫓아내리라

세상에는 다양한 분야의 지식이 존재하며 그 지식들은 상호 보완적인 역할을 합니다. 예를 들면 수영 선수가 열심히 훈련을 하는 것만으로는 좋은 기록을 내는 데 한계가 있습니다. 이를 보완하기 위해 과학적으로 설계한 수영복이 기록을 단축시킵니다. 세상 모든 지식들은 거미줄처럼 얽혀 있는데 이 모든 지식의 중심에 하나님을 아는 지식이 있습니다. 그러면 하나님을 아는 지식이 자라 가려면 어떻게 해야 할까요?

첫째로 부지런히 하나님을 찾아야 합니다(13절). 게으른 사람은 변명이 많아서 자기가 성실하지 못한 이유를 이리 저리 둘러댑니다. 경건의 훈련도 마찬가지입니다. 영적으로 나태한 사람은 기도하지 못하는 이유, 말씀 묵상을 하지 못하는 이유, 믿음이 자라지 못하는 이유가 많습니다. 경건의 훈련에는 생각보다 순종이 앞서야 합니다. 하나님 뜻이면 인간적인 생각과 변명을 버리고 부지런히 순종할 때에 하나님을 아는 지식이 자라가게 됩니다.

둘째로 성결한 삶을 추구해야 합니다(14절). 하나님께서 가장 미워하시는 행위가 음란입니다. 음란한 마음을 가지고는 정상적인 사랑을 나눌 수 없습니다. 이성을 성적 만족감을 얻기 위한 도구로만 생각하기 때문입니

다. 사랑에 대한 왜곡된 감정으로 육체의 정욕을 탐하는 사람은 거룩하신 하나님의 임재 앞에 설 수 없습니다. 육체의 정욕을 그리스도의 보혈로 씻어 내고 성결한 마음으로 하나님을 찾는 사람에게 하나님을 아는 지식이 풍성해집니다.

셋째로 지혜로운 마음을 구해야 합니다(15절). 미련한 사람은 옳고 그름을 모르고 무조건 자기 생각대로 행동합니다. 아이는 삶의 경험이 없기 때문에 자기에게 해가 되는 행동도 서슴지 않고 합니다. 부모님들은 그런 어리석은 행동이 얼마나 잘못된 것인지를 가르치기 위해서 회초리를 듭니다. 지혜로운 사람은 하나님 말씀으로 자신의 삶을 성찰하고, 말씀으로 책망받기를 즐거워하므로 하나님을 아는 지식이 충만해집니다.

성실함과 성결함, 지혜로운 마음을 추구함으로 하나님을 아는 지식이 자라나서 하나님의 보호 안에 살아가는 성도되기를 바랍니다.

나의 적용 • • •

뇌물과 선물의
차이

잠언 22장 16절

16 이익을 얻으려고 가난한 자를 학대하는 자와 부자에게 주는 자는 가난하여질 뿐이니
라

사람은 자기보다 잘사는 사람의 삶을 동경
하고, 못사는 사람에 대해서 무시하려는 성향이 있습니다. 그리고 더 많
은 것을 소유하려고 가난한 자의 소유를 빼앗고, 부자들의 비위를 맞추려
고 합니다. 부자가 되려고 자기보다 강한 자의 것을 빼앗는다는 것은 불
가능한 일이고, 강한 자가 자기를 돌보아 주어야 자기가 원하는 일을 해
서 돈을 벌 수 있다고 생각하기 때문입니다.

가난한 자의 노동력을 착취하고 그들을 학대해서는 결코 부자가 될 수
없습니다. 하나님께서는 가난한 자의 보호자가 되셔서 모든 악행을 지켜
보시고 징계하시기 때문입니다. 또한 부자에게 주는 자도 결코 부자가 될
수 없습니다. 부자들은 자기들이 가진 힘을 과시하며 사람들에게 뇌물을
받지만, 뇌물을 받았다고 약자의 편의를 봐 주지 않기 때문입니다.

부자가 뇌물을 받고 약자의 편의를 봐 주면 비리가 되지만, 뇌물을 받
았다 해도 약자가 원하는 것을 불법적으로 도와주지 않으면 비리가 되지
않으니 뇌물을 받았다고 부자가 약자를 도와줄 이유가 전혀 없습니다. 거
기다가 약자는 강자가 자기의 요구를 들어주지 않았다고 나중에 따질 수
도 없습니다. 그럼에도 어리석은 사람들은 부자에게 뇌물을 주면 자기가
원하는 바를 이룰 수 있다고 생각합니다.

이렇게 가난한 자를 학대하거나 부자에게 뇌물을 주는 행위는 아무런

유익이 되지 못하고 결국 자기 삶에 손실만 가져올 뿐입니다. 그러나 가난한 자를 배려하고 섬기는 사람, 부자들의 힘을 의지하지 않고 하나님을 의지하며 도우심을 구하는 사람은 하나님의 은총을 힘입어 범사에 형통하게 됩니다.

아랫사람이 자기가 무슨 이익을 얻으려고 윗사람에게 재물을 바치는 것을 뇌물이라 하고, 윗사람이 아랫사람을 긍휼히 여겨 재물을 나누어 주는 것을 선물이라고 합니다. 나보다 부족한 사람들을 긍휼히 여길 줄 알고, 뇌물보다 선물로 하나님의 마음을 얻어 하나님의 보호하심과 축복을 누리며 살아가는 성도되기를 바랍니다.

나의 적용 • • •

어진 스승과
지혜로운 제자 1

잠언 22장 17-18절

17 너는 귀를 기울여 지혜 있는 자의 말씀을 들으며 내 지식에 마음을 둘지어다
18 이것을 네 속에 보존하며 네 입술 위에 함께 있게 함이 아름다우니라

지혜로운 제자가 어진 스승을 만나면 배움에 있어서 파격적인 성장이 이루어집니다. 어진 스승은 제자가 이해할 수 있는 선에서 가르침을 시작하여 지적으로 성장해 가는 수준에 맞추어 더 높은 차원의 지식을 전달합니다. 본문은 어진 스승의 가르침 앞에 제자가 어떤 자세로 배움의 길을 갈 때에 삶의 변화가 나타나는지에 대해 말씀하고 있습니다.

첫째로 스승의 말씀에 집중해서 귀를 기울여야 합니다(17절a). 언어를 배울 때에 가장 중요한 것이 듣기입니다. 바로 듣지 못하면 이해할 수 없고, 이해할 수 없으면 표현할 수도 없기 때문입니다. 배움의 길에서도 스승의 말씀을 하나라도 놓치지 않으려고 집중해서 들어야 스승의 뜻을 확실하게 이해할 수 있습니다. 자기가 듣고 싶은 부분만 듣는다거나, 집중하지 못해서 가르침의 핵심을 놓쳐 버린다면 배움의 진보가 나타나지 않습니다.

둘째로 스승의 말씀을 마음판에 새겨 실천해야 합니다(17절b). 머리에만 담겨진 지식은 행동으로 나오지 않습니다. 사람이 몰라서가 아니라 아는 것을 너무 우습게 생각하고 무시하기 때문에 실수합니다. 그러나 마음판에 새겨진 지식은 삶의 경험을 통해 얻어지는 것으로서 유익한 것은 반복하고, 무익한 것은 실수를 되풀이하지 않도록 주의함으로 배움에 진보

가 나타납니다. 그래서 지혜로운 제자는 가르침을 머리에 새기지 않고 가슴에 새깁니다.

셋째로 스승의 가르침을 늘 입으로 읊조리며 되뇌어야 합니다(18절). 입으로 읊조리는 것은 스승의 가르침을 귀히 여기며 그 가르침을 잊지 않으려고 끊임없이 노력하는 행위입니다. 눈으로 보는 것과 함께 입으로 읊조리면 머릿 속으로 생각하는 동시에 자기 귀에 다시 들려져서 스스로를 가르치는 이중적인 효과가 나타납니다. 스승의 말씀을 귀히 여기며 반복해서 읊조릴 때에 마음속 깊숙히 가르침이 새겨짐으로 배움의 진보가 나타납니다.

예수님은 우리의 가장 훌륭한 스승이십니다. 주님의 말씀을 경청하고 가슴에 새기고 읊조리며 살아감으로 날마다 믿음의 진보가 나타나고 삶이 성숙되어 가는 성도되기를 바랍니다.

나의 적용 ● ● ●

어진 스승과
지혜로운 제자 2

잠언 22장 19-21절

19 내가 네게 여호와를 의뢰하게 하려 하여 이것을 오늘 특별히 네게 알게 하였노니
20 내가 모략과 지식의 아름다운 것을 너를 위해 기록하여
21 네가 진리의 확실한 말씀을 깨닫게 하며 또 너를 보내는 자에게 진리의 말씀으로 회
   답하게 하려 함이 아니냐

중세의 신학자 토마스 아퀴나스는 "철학은 신학의 시녀"라고 하였습니다. 철학이 무엇입니까? 인간의 이성과 지식의 정점에 서 있는 학문입니다. 그런데 철학이 신학의 시녀라고 하였으니, 하나님을 아는 지식이 없으면 철학도 무용지물이고 세상을 바르게 이해할 수 없다는 것입니다. 어진 스승은 제자들이 철학적 사고를 통해 하나님을 아는 지식에 이르게 하는 사람입니다. 그러면 하나님을 아는 지식에 이르게 하는 바른 가르침은 무엇일까요?

첫째로 하나님을 의뢰하게 하는 가르침입니다(19절). 세상의 모든 분야에는 지식의 한계가 존재합니다. 영적인 세계를 알지 못하면 이해할 수 없는 지식들이 너무 많기 때문입니다. 어리석은 스승들은 그 한계를 인정하지 않고 인간의 이성과 지식이 무한한 것처럼 가르치며 하나님을 떠나게 만들지만, 어진 스승은 인간의 이성과 지식의 한계를 가르치고 하나님을 의지하는 마음을 가르치는 사람입니다.

둘째로 진리의 말씀을 확실히 깨닫게 하는 가르침입니다(21절a). 유대인들은 세계에서 가장 높은 IQ를 가진 것으로 알려져 있습니다. 그런데 유아기의 IQ는 다른 나라 사람들과 거의 동일합니다. 유대인들이 성인이 되어 높은 지성을 소유하게 되는 이유는 어려서부터 스승의 가르침을 따

라 성경을 반복해서 읽고 암송하기를 습관화하였기 때문입니다. 말씀이 마음판에 확실하게 새겨질 때에 하나님을 아는 지식으로 세속적인 지식을 넘어서는 사람이 됩니다.

셋째로 말씀대로 순종하게 하는 가르침입니다(21절b). 하나님의 말씀은 머리에 담은 지식으로 그치면 삶에 아무런 유익이 없습니다. 그러나 그 말씀을 삶에서 실천해 나갈 때에 하늘의 능력과 권세를 체험하게 됩니다. 어진 스승은 스스로 본이 되어 말씀을 실천함으로 말씀의 능력을 제자들에게 가르치는 사람입니다.

세상 모든 학문 위에 하나님을 아는 지식이 있습니다. 우리의 가장 탁월한 스승되시는 예수님의 발자취를 따라 하나님을 아는 지식에 충만하여서 세상을 이기는 성도되기를 바랍니다.

나의 적용 • • •

약한 자의 기도를
들으시는 하나님

잠언 22장 22-23절

22 약한 자를 그가 약하다고 탈취하지 말며 곤고한 자를 성문에서 압제하지 말라
23 대저 여호와께서 신원하여 주시고 또 그를 노략하는 자의 생명을 빼앗으시리라

사람들은 세상이 본래 약육강식의 피라미드 구조로 되어 있다고 생각합니다. 그러나 하나님께서는 세상을 그런 구조로 창조하지 않으셨습니다. 이리와 어린 양이 함께 먹고 사자가 소처럼 짚을 먹으며 해함도 없고 상함도 없는 곳으로 창조하셨습니다(사 65:25).

아담과 하와의 범죄 이후 자연 만물의 창조질서가 어그러지면서 힘이 있는 강한 것들이 약한 것들을 억압하는 구조로 세상은 바뀌어 버렸습니다. 그럼에도 사람이 동물과 다른 점이 있습니다. 동물들은 생존만을 위해 먹고 먹히는 관계를 반복하지만, 인간은 행복을 위해 강자와 약자가 협력하고 서로를 도우며 공생의 관계를 유지해 간다는 것입니다.

하나님께서 약자를 보호하시고 강자들과 상호 공존의 관계를 이루어 가게 하시는 방법이 있습니다. 그 방법은 약자의 기도에 응답해 주시는 것입니다. 약한 자는 억울한 일을 당할 때에 어느 누구도 자신을 도와줄 사람이 없기에 절박한 상황에서 간절한 마음으로 하나님께 부르짖어 호소하게 됩니다. 그러면 하나님께서는 강한 자가 범한 모든 죄악상이 낱낱이 드러나게 하셔서 공권력이 그를 심판하지 않을 수 없도록 섭리해 주십니다.

이처럼 약한 자들의 기도를 들으시고 강한 자들을 치심으로 강한 자들이 함부로 약한 자들을 괴롭히지 못하게 하시고, 오히려 힘과 권력이 있

는 자들이 약자들을 보호하고 섬겨 줄 때에 그런 강자들에게 더욱 큰 은혜와 복을 주셔서 더 많은 사람을 위로하고 도울 수 있게 하십니다. 그래서 강자와 약자가 서로 조화를 이루고 섬기며 공존해 나가게 하십니다.

힘과 권력은 남용하라고 주신 것이 아니라 섬기라고 주신 것입니다. 약할 때에는 절대 강자이신 하나님을 더욱 의지함으로 고난을 이겨 내고, 내게 힘과 능력을 주실 때에 주신 은혜로 인하여 연약한 사람들을 더욱 잘 섬기며 나아가는 성도되기를 바랍니다.

나의 적용 • • •

악한 감정에 오염되지 않도록
주의해야 합니다

잠언 22장 24–25절

24 노를 품는 자와 사귀지 말며 울분한 자와 동행하지 말지니
25 그의 행위를 본받아 네 영혼을 올무에 빠뜨릴까 두려움이니라

사람의 마음은 다른 사람의 감정에 크게 영향을 받습니다. 명랑한 사람과 만나서 이야기를 나누면 내 마음도 밝아지고 우울한 사람을 만나 대화를 나누면 내 삶에 무슨 문제가 있는 것도 아닌데 마음이 우울해집니다. 그래서 삶 속에서 좋은 인간관계를 맺어 가는 것은 대단히 중요합니다. 그러면 사람을 분별하고 악한 감정에 오염되지 않도록 하기 위해 스스로를 지켜 나가는 길은 무엇일까요?

첫째로 노를 품는 자를 멀리해야 합니다(24절a). 멀리해야 할 대상은 노를 품은 자가 아니라 노를 품는 자입니다. 노를 품은 자는 어떤 한 가지 일로 인해 화가 난 사람이라면, 노를 품는 자는 매사에 화내기를 잘하는 사람입니다. 누구에게나 화나는 일이 생기지 않을 수는 없습니다. 그러나 매사에 분노하길 잘하고 당치도 않는 의협심에 사로잡혀 행동하는 사람은 시한폭탄과 같아서 언젠가 꼭 큰 사고를 치게 됩니다. 이런 사람을 멀리 해야 우리 영혼이 안전합니다.

둘째로 울분한 자와 동행하지 말아야 합니다(24절b). 울분에 찬 사람은 마음에 품은 분노가 극도에 달하여 폭발 직전까지 이른 사람입니다. 울분에 찬 사람의 특징은 화가 난 근본적인 이유는 다른 사람에게 있는데 아주 사소한 꼬투리를 잡아 엉뚱한 사람에게 분노를 폭발시킨다는 것입니다. 그러니 주위에 있는 사람들을 늘 긴장하게 만들고 분쟁의 원인이 됩

니다. 이런 사람과는 가까이 하지 않는 것이 상책입니다.

셋째로 악한 자들의 행위를 따르지 말아야 합니다(25절). 분노의 감정, 울분의 감정을 품은 사람들의 공통점은 결국 폭력적인 행위를 하게 된다는 것입니다. 바울 사도는 "분을 내어도 죄를 짓지 말며 해가 지도록 분을 품지 말고 마귀에게 틈을 주지 말라(엡 4:26-27)." 하였습니다. 분이 난 감정을 행동으로 옮기지 말라는 것입니다. 분노하는 자리에 마귀가 틈을 타고 죄를 짓게 만들기 때문입니다.

바른 분별력을 가지고 악한 자들의 행실을 멀리함으로 죄의 길에서 벗어나 영혼의 건강을 지켜 나가는 성도되기를 바랍니다.

나의 적용 • • •

탐심을 버리고
하나님의 손을 붙잡아야 합니다

잠언 22장 26-27절

26 너는 사람과 더불어 손을 잡지 말며 남의 빚에 보증을 서지 말라
27 만일 갚을 것이 네게 없으면 네 누운 침상도 빼앗길 것이라 네가 어찌 그리하겠느냐

사람의 마음에 탐심이 들어가면 눈앞에 보이는 이익으로 인해 이성적이고 합리적인 판단을 하지 못하게 됩니다. 그래서 때로는 악한 사람과 손을 잡기도 하고, 사업하는 사람의 빚보증을 서기도 합니다. 많은 이익을 얻을 것이라는 헛된 생각으로 보증을 서지만 탐심을 따라간 결과 반드시 큰 피해를 당하게 됩니다. 그러면 어떻게 해야 마음의 탐심을 버리고 바른 것을 선택하며 살아갈 수 있을까요?

첫째로 무엇을 하든지 하나님의 손을 붙잡고 나아가야 합니다(26절a). 우리의 지혜와 능력에는 한계가 있기에 목표를 이루기 위해서는 협력해 줄 사람들이 반드시 필요합니다. 그러나 어떤 사람에게 도움을 청하게 되든지 그 사람의 능력을 의지하지 말고 먼저 하나님의 도우심을 구해야 합니다. 하나님께 기도하며 선택한 사람은 끝까지 문제를 일으키지 않지만 상황 때문에 선택한 사람은 이익을 나누어야 하는 순간에 분쟁을 일으키고 큰 손해를 끼칩니다.

둘째로 보증을 서지 말고 순수한 마음으로 베풀어야 합니다(26절b). 줄 수 있으면 그냥 주어야지 수익을 얻을 마음에 보증을 서서는 안 됩니다. 탐심은 원금과 이자를 기대하며 보증을 서지만 베푸는 마음은 긍휼과 사랑을 전제로 합니다. 그래서 탐심의 끝은 파멸에 이르고, 긍휼과 사랑을 베풀면 하나님께서 보상해 주시는 은혜로 나누어 준 곳에는 손실이 있어

도 다른 곳에서 갑절로 채우시는 복을 받습니다.

셋째로 보증에 따르는 최악의 결과를 예측하고 행동해야 합니다(27절). 보증을 선 사람은 갚을 것이 없으면 누운 침상까지도 빼앗기게 된다 하였습니다. 보증을 서더라도 자기가 가진 자산의 범위를 넘어서까지 보증을 서서는 안되며, 잘못 보증을 서면 삶의 안정감이 뿌리째 뽑히는 무서운 결과를 초래한다는 것입니다. 보증 서기 전에 먼저 최악의 결과를 예측할 수 있다면 잘못된 연민의 감정이나 탐심으로 보증을 서는 행위는 멈출 수 있습니다.

삶의 안정감의 근원을 재물에 두는 것이 아니라 오직 하나님께 둠으로 탐심을 버리고 무엇을 하든지 하나님의 손을 붙잡고 평강의 길을 가는 성도되기를 바랍니다.

나의 적용 • • •

내게 주신 은사를
개발해야 합니다

잠언 22장 28-29절

28 네 선조가 세운 옛 지계석을 옮기지 말지니라
29 네가 자기의 일에 능숙한 사람을 보았느냐 이러한 사람은 왕 앞에 설 것이요 천한 자
   앞에 서지 아니하리라

지계석이란 고대 근동사회에서 땅의 경계를 표시하는 돌입니다. 만약 누군가가 지계석을 옮겨 놓았다면 땅의 경계가 바뀌어 버리기 때문에 그런 행위는 절도죄에 해당하였습니다. 그러나 악한 사람들은 어떤 이유로든 이 돌이 넘어질 경우 본래 위치에 두지 않고 옮겨 놓아 더 많은 땅을 차지하려고 분쟁을 일으켰습니다. 옛 선조들의 지계석을 옮기지 말라는 말씀에는 단지 땅을 도둑질을 하지 말라는 것보다 좀 더 깊이 있는 영적 진리가 담겨 있습니다.

첫째로 내게 허락하신 소유에 만족하며 살아가야 합니다(28절). 남이 가진 것을 부러워 말고 내게 주신 것에 만족하며 살아갈 때에 하나님께서 그 삶을 번성하게 하시고 복을 내려 주십니다. 달란트의 비유를 보면 임금님은 종들의 분량에 맞게 각각 달란트를 나누어 주었습니다. 두 종들은 자기에게 주신 것을 가지고 열심히 노력하여 배를 남겼고, 한 달란트 받은 종은 아무것도 하지 않았기 때문에 가진 것조차 빼앗기고 말았습니다.

둘째로 하나님께서 주신 은사를 부지런히 사용하여 개발해야 합니다(29절a). 하나님께서는 모든 사람에게 저마다 독특한 은사를 나누어 주셨습니다. 그래서 자신에게 주신 은사를 활용해야지 다른 사람의 은사가 활용되어야 할 곳에 참견하고 나서는 행위는 지계석을 옮기는 것과 같습니다. 주신 은사를 발견하여 지속적으로 활용하고 개발하는 사람이 자기 일

에 능숙한 사람이 되고, 삶에서 보람을 느끼며 다른 사람들을 유익하게 하는 사람이 됩니다.

셋째로 하나님께서는 주신 은사를 통해 우리를 존귀하게 세워 주십니다(29절b). 어떤 분야에서든 잘하는 사람은 널려 있지만 탁월한 사람은 많지 않습니다. 하나님께서 주신 은사에는 우리 삶을 향하신 하나님의 계획과 뜻이 담겨 있는데 하나님께서는 주신 은사를 성실하게 개발해 나가는 사람에게 시대를 넘어서는 탁월함을 주십니다. 그리고 그 탁월함이 사람을 존귀하게 하여 왕 앞에 서게 합니다.

내게 주신 은사를 귀히 여기며 지속적으로 개발해 나감으로 하나님의 선하신 뜻과 계획을 성취하고 세상 가운데서 존귀하게 세워 주심을 받는 성도되기를 바랍니다.

나의 적용 ● ● ●

23장

신앙에도
예절이 필요합니다

잠언 23장 1-3절

1 네가 관원과 함께 앉아 음식을 먹게 되거든 삼가 네 앞에 있는 자가 누구인지를 생각하며
2 네가 만일 음식을 탐하는 자이거든 네 목에 칼을 둘 것이니라
3 그의 맛있는 음식을 탐하지 말라 그것은 속이는 음식이니라

사람이 어떤 능력을 가지고 있는가 만큼 예절을 갖추는 것 또한 중요합니다. 실력과 예절을 동시에 갖춘 사람은 사람들에게 더 많이 사랑받고 존귀히 여김을 받습니다. 사람의 본능을 넘어서게 하는 것이 바로 예절인데 예절을 잘 배운 사람은 윗사람에게는 인정 받고 아랫사람에게는 존경을 받습니다. 그러면 믿음의 삶에서 하나님 앞에 예의 바른 신앙생활을 하는 길은 무엇일까요?

첫째로 내 삶이 하나님 앞에 있음을 기억해야 합니다(1절). 사람은 누구나 권위 있는 사람 앞에서 행동을 조심합니다. 예절 바른 사람은 식사할 때에 윗사람이 먼저 음식을 먹기 시작하면 따라서 음식을 먹습니다. 길을 가다가도 윗사람을 보면 인사하고 옆으로 비켜 설 줄 알고, 어른이 말씀하실 때에는 주의 깊게 경청합니다. 마찬가지로 하나님을 경외하는 사람은 내 삶이 하나님 앞에 있음을 알기에 항상 자신의 행동을 삼가며 살아갑니다.

둘째로 탐심을 절제해야 합니다(2절). 식탐이 있는 사람은 맛있는 음식을 보면 어쩔 줄 모릅니다. 재물에 탐심이 있는 사람은 재물을 얻기 위해서라면 불의한 일도 마다하지 않습니다. 육체의 욕망을 따라 사는 사람은 정욕을 다스리지 못해 부끄러움을 당합니다. 그러나 하나님을 경외하는

사람은 본능을 넘어서 하나님의 말씀에 순종할 줄 압니다. 모든 정욕과 욕심을 십자가에 못박고 성령의 능력을 의지하여 살아가기 때문입니다.

셋째로 본질적인 것이 무엇인지를 생각하며 살아야 합니다(3절). 사업을 하거나 사회에서 무슨 중요한 직책을 맡았을 때에 누가 식사를 대접한다고 찾아왔다면 그 사람은 밥을 먹기 위해 온 사람이 아닙니다. 무엇인가 청탁하거나 자기에게 필요한 일에 협조를 구하기 위해 온 것입니다. 함께 먹고 선물이라도 받았다면 이미 청탁에 걸려든 것입니다. 본질을 뚫어 보는 눈이 있어야 비리에 연루되지 않습니다. 하나님 앞에 예의 있는 사람은 불의한 이익을 탐하지 않습니다.

하나님을 경외하는 사람은 하나님 앞에 최고의 예절을 지켜 나갑니다. 하나님 앞에 예의 있는 사람이 되어 하나님께는 사랑받고 사람들에게는 존귀히 여김을 받는 성도되기를 바랍니다.

나의 적용 • • •

하나님께서
부유하게 하시는 사람

잠언 23장 4-5절

4 부자 되기에 애쓰지 말고 네 사사로운 지혜를 버릴지어다
5 네가 어찌 허무한 것에 주목하겠느냐 정녕히 재물은 스스로 날개를 내어 하늘을 나는 독수리처럼 날아가리라

명심보감을 보면 큰 부자는 하늘에 달려 있고 작은 부자는 부지런함에 달려 있다고 했습니다. 사람이 성실히 노력하면 작은 부자는 될 수 있지만, 하늘의 도움 없이는 큰 부자가 될 수 없다는 뜻입니다. 그래서 작은 부자는 내 능력으로 부자가 되었다고 생각하여 자만하지만 큰 부자는 하늘의 은혜로 부자가 되었다고 생각하며 선한 일에 힘쓰게 됩니다. 그러면 하나님은 어떤 사람을 큰 부자가 되게 하실까요?

첫째로 부자가 되려 애쓰는 것이 아니라 선한 목표를 가지고 살아가는 사람입니다(4절a). 큰 부를 소유한 사람들의 이야기에는 공통점이 있습니다. 인색하면 부자가 될 수 없고, 돈이 목표가 되면 실패하게 된다는 것입니다. 오히려 넉넉하게 베풀면 인심을 얻고, 선한 목표를 가지고 계획을 세우고 실천하면 돕는 사람들이 생기더라는 것입니다. 믿음이 없는 사람들까지도 이런 고백을 하는 것을 보면 하나님께서 베푸신 일반은총의 원리가 여기에 있음을 알 수 있습니다.

둘째로 자신의 지혜를 버리고 하늘의 지혜를 구하는 사람입니다(4절b). 우리는 항상 자신의 지혜와 경험을 의지해서 현실의 문제를 풀어 나갑니다. 그러나 과거의 경험이 항상 현실의 상황과 맞아 떨어지지는 않습니다. 급변하는 세상에서 동일한 생각, 동일한 방식으로 살아서는 낭패를

보기 쉽습니다. 그러나 기도하면서 하늘의 지혜를 구하면 하나님께서는 창조적인 생각과 능력을 부어 주셔서 전혀 새로운 방식을 찾게 하시고 가장 합리적인 방법으로 문제를 풀어 가도록 도우십니다.

셋째로 부당한 이익을 탐하지 말고 합리적인 이익을 추구하는 사람입니다(5절). 무슨 일을 하든지 허무한 것에 주목하는 사람은 노력하고 수고한 것은 하나도 없으면서 이익만 얻으려는 도박꾼과 같습니다. 도박을 하는 사람은 아주 가능성이 없는데도 배당율이 높으니까 탐심으로 큰 돈을 걸었다가 가진 것마저 모두 잃어버리고 맙니다. 그러나 합리적인 이익을 추구하는 사람은 안정적으로 수익이 늘어가면서 자기도 모르는 사이에 큰 부자가 됩니다.

마음의 탐심을 버리고 하늘의 지혜를 구하며 선한 일에 힘쓰는 삶으로 나의 삶을 부요하게 하시는 하나님의 은혜를 체험하며 살아가시기를 바랍니다.

나의 적용 • • •

이런 사람과는
음식을 나누지 마세요!

잠언 23장 6-9절

6 악한 눈이 있는 자의 음식을 먹지 말며 그의 맛있는 음식을 탐하지 말지어다
7 대저 그 마음의 생각이 어떠하면 그 위인도 그러한즉 그가 네게 먹고 마시라 할지라도
  그의 마음은 너와 함께하지 아니함이라
8 네가 조금 먹은 것도 토하겠고 네 아름다운 말도 헛된 데로 돌아가리라
9 미련한 자의 귀에 말하지 말지니 이는 그가 네 지혜로운 말을 업신여길 것임이니라

사람은 누군가와 쉽게 음식을 먹지 않습니다. 사람이 함께 음식을 먹는다는 것은 서로 마음의 벽을 허물고 친밀한 관계가 되었음을 의미합니다. 음식을 함께 먹을 때에 경계심과 긴장감이 풀리고, 좀 더 진솔한 대화를 나눌 수 있게 됩니다. 그래서 처음 만나는 사람과는 보통 차를 마시거나 식사를 하면서 관계의 문을 열어 갑니다. 오늘 말씀은 절대 함께 음식을 먹지도 말고 교제하지도 말아야 할 사람에 대하여 경계하고 있습니다.

첫째로 악한 눈이 있는 자입니다(6절). 악한 눈은 모든 일을 부정적으로 보는 눈입니다. 삶의 유익을 얻고자 합법보다 불법적인 방식을 찾는 눈입니다. 같은 것을 보고 있으면서도 악한 눈으로 보기 때문에 죄를 짓습니다. 이런 사람이 차려 놓은 음식을 먹었다가는 반드시 탈이 납니다. 함께 음식을 먹거나 나누어서는 안되는 사람입니다.

둘째로 마음의 생각이 악한 자입니다(7절). 눈은 마음의 창이어서 보면 마음에 탐심이 생기고, 보면 마음이 유혹됩니다. 그런데 마음의 생각이 악한 자는 이미 악한 것을 너무 많이 보고 행하여 마음이 오염된 사람입니다. 마음이 악하니 계획하는 것들도 악하고, 음식을 베풀며 환대하는

것처럼 보여도 상대방에게 마음을 주지 않고 이용해 먹으려 할 뿐입니다. 이런 사람의 계획에 함께하여 이익을 탐하면 그것이 올무가 되어 나중에는 큰 손해를 보게 됩니다(8절).

셋째로 들을 귀가 없는 자입니다(9절). 소 귀에 경 읽기라는 속담처럼 들을 귀가 없는 자는 미련하여서 지혜로운 사람이 아무리 좋은 조언을 해주어도 듣지 않습니다. 악한 눈에 마음까지 오염된 사람은 악한 계획, 악한 생각에만 관심이 있어서 선한 말과 계획을 들려주면 귀를 닫아 버립니다. 몰라서, 지혜가 없어서 미련한 것이 아니라 악한 것에만 관심을 두어 미련한 자입니다.

우리의 눈과 귀는 무엇을 보고, 무엇을 들으며, 우리의 마음에는 무엇이 담겨 있습니까? 악한 것에 관심을 두면 악한 자들과 교제하게 됩니다. 예수님의 마음을 품고 살아감으로 악한 자들을 멀리하고 늘 선한 것을 추구하며 살아가시기를 바랍니다.

나의 적용 ● ● ●

하나님께서 정하신 삶의 경계를 지켜야 합니다

잠언 23장 10–11절

10 옛 지계석을 옮기지 말며 고아들의 밭을 침범하지 말지어다
11 대저 그들의 구속자는 강하시니 그가 너를 대적하여 그들의 원한을 풀어 주시리라

하나님은 세상의 모든 것에 질서와 경계를 정하셨습니다. 빛과 어두움, 낮과 밤, 하늘과 땅, 바다와 육지, 봄, 여름, 가을, 겨울의 사계절, 그 밖의 많은 자연질서를 정해 두셨고, 사람이 살아가는 동안에 지켜 나가야 할 규정을 정하셨습니다. 그리고 사람 위에 사람이 없고, 사람 밑에 사람이 없음을 알게 하시고자 율법을 주셨습니다.

율법의 정신을 배우면 인류를 향한 하나님의 사랑을 깨달을 수 있고, 모든 사람의 인격은 마땅히 존중되어야 함을 알게 됩니다. 그래서 하나님을 믿는 사람들은 결코 이웃을 해하지 않으며, 서로의 사생활을 존중하고, 예절을 갖출 줄 압니다. 그리고 인간관계에서 지켜 나가야 할 선을 절대로 넘지 않습니다.

창조세계에 하나님께서 정해 놓으신 경계가 무너지면 바로 재앙으로 나타납니다. 예를 들어 높은 파도가 쓰나미가 되어 몰려와 바다의 경계선을 넘어 육지를 덮어 버리면 많은 사람이 죽거나 삶의 터전을 잃어버리게 됩니다. 사계절이 뒤죽박죽 되어서 여름에 갑자기 추워지면 따뜻한 나라에서는 영상에서도 사람이 얼어 죽게 됩니다.

마찬가지로 하나님께서 율법으로 정해 놓으신 삶의 경계를 무너뜨리고 넘어가는 사람이 있으면 그 사람은 반드시 큰 재앙을 당하게 됩니다. 그 경계를 무너뜨리는 행위 중 하나가 옛 지계석을 옮기는 행위이고, 고

아들의 밭을 침범하는 행위입니다. 누가 이런 악한 행위를 할까요? 바로 힘과 권력이 있는 자들입니다. 힘이 있으니까 자기의 권한을 넘어서까지 사람들에게 압력을 행사하고, 부당하게 해고하며, 자기의 이익을 위해 권력을 남용합니다. 자기에게 힘이 있어서 어느 누구도 대항할 수 없다고 생각하니 마음대로 권력을 휘두르는 것입니다.

그러나 고아들의 구속자가 되시는 하나님께서 강하고 능하신 팔로 그들을 보호하시고 원한을 풀어 주시며 그들을 괴롭히는 악한 자들을 심판하십니다(11절). 결국 힘 없고 연약한 자들을 괴롭히는 것은 하나님을 대적하는 행위입니다. 하나님께서 정해 놓으신 삶의 경계를 지켜 나가며 연약한 사람을 위로하고 하나님의 사랑을 실천하는 성도되기를 바랍니다.

나의 적용 • • •

영혼을 살리는 가르침

잠언 23장 12-14절

12 훈계에 착심하며 지식의 말씀에 귀를 기울이라
13 아이를 훈계하지 아니하려고 하지 말라 채찍으로 그를 때릴지라도 그가 죽지 아니하리라
14 네가 그를 채찍으로 때리면 그의 영혼을 스올에서 구원하리라

한 사람의 인격이 바로 서기 위해서는 좋은 부모와 좋은 스승을 만나야 합니다. 스승같은 부모, 부모같은 스승을 만나서 가르침을 받는 사람은 훌륭한 인격으로 세상을 살아갈 수 있습니다. 오늘 말씀은 스승과 제자가 가져야 할 마음가짐은 무엇인가에 대하여 말씀하고 있습니다. 스승은 어떤 마음으로 가르치고, 제자는 어떤 마음으로 배워야 할까요?

첫째로 스승은 훈계하기를 주저하지 말고, 제자는 그 훈계를 달게 받아야 합니다(12절a). 스승같은 부모는 제자가 사랑스럽다고 징계를 주저하지 않습니다. "세 살 버릇이 여든까지 간다."고 제자가 처음에 습관이 잘못들이면 인생을 망칠 수 있기 때문입니다. 또한 가르침을 받는 사람은 훈계를 받을 때에 마음이 좀 불편하더라도 스승의 말씀을 전적으로 수용해야 합니다. 자기 마음대로 생각하고 자기 마음대로 행동해서는 바른 교훈을 얻을 수 없기 때문입니다.

둘째로 스승은 바른 것을 분별하여 가르치고, 제자는 그 가르침에 귀를 기울여야 합니다(12절b). 가장 나쁜 스승은 연구하지 않고, 성장하지 않는 사람입니다. 시대의 변화를 읽지 못하고 구태의연한 가르침을 베푸는 스승에게는 배울 것이 없습니다. 그러나 기존의 학문적 바탕을 토대로

새로운 시대를 해석하고 적용하는 가르침은 탁월함을 넘어서 위대한 제자를 만들어 냅니다. 제자가 이러한 스승의 가르침에 귀를 기울이고 그 가르침을 계승 발전시켜 나갈 때에 청출어람이 가능해지는 것입니다.

셋째로 스승은 제자에 대한 애착과 책임감으로 가르치고, 제자는 잘못된 고집을 신속히 버려야 합니다(13-14절). 게으른 스승은 제자의 실수를 보고도 대충 넘어갑니다. 제자에 대한 애착이 없고, 배울 마음이 없으면 어차피 안 된다는 생각에 잘못해도 그냥 내버려 둡니다. 그러나 부모 같은 스승은 그렇지 않습니다. 채찍을 들어 때릴지라도 아이의 생각과 행동이 바뀔 때까지 포기하지 않습니다.

부모는 스승같고 스승이 부모같을 때에 그 아래서 가르침을 받는 제자는 시대를 이끌어 가는 탁월한 지도자로 자라납니다. 겸손한 마음으로 주 안에서 스승된 사람들을 존경하고 또한 아비된 마음으로 다음 세대를 가르치며 살아가는 성도되기를 바랍니다.

나의 적용 • • •

오직 하나님께
소망을 두는 사람

잠언 23장 15-18절

15 내 아들아 만일 네 마음이 지혜로우면 나 곧 내 마음이 즐겁겠고
16 만일 네 입술이 정직을 말하면 내 속이 유쾌하리라
17 네 마음으로 죄인의 형통을 부러워하지 말고 항상 여호와를 경외하라
18 정녕히 네 장래가 있겠고 네 소망이 끊어지지 아니하리라

믿음으로 살려고 하면 때로는 시험들만 한 일이 많이 생깁니다. 특히 불의한 사람이 득세하고, 그들이 하는 일이 잘 되는 것을 보면 "아 나는 이게 뭔가?" 하는 회의적인 생각까지 들기도 합니다. 하나님께서는 이런 생각을 기뻐하지 않으십니다. 그러나 불의한 사회 속에서도 오직 하나님께 소망을 두는 사람을 기뻐하시고 위로하시며 산 소망을 주십니다. 하나님께만 소망을 두는 사람은 어떤 사람일까요?

첫째로 하나님의 마음을 기쁘시게 하는 사람입니다(15절). 마음이 지혜로운 사람은 무엇을 하든지 하나님을 최우선으로 생각합니다. 삶의 모든 순간에서 하나님의 뜻을 구합니다. 하나님께서 우리에게 가장 선하고 아름다운 길, 복되고 생명된 길을 예비해 두셨는데, 우리가 먼저 하나님의 마음과 뜻을 구하니 그렇게 살려고 애쓰는 모습을 보시면 심히 기뻐하십니다.

둘째로 정직한 입술로 살아가는 사람입니다(16절). 부정한 입술의 사람은 자기가 내놓은 말을 행동으로 옮기지 않습니다. 아무리 좋은 말을 해도 말뿐인 사람입니다. 그러나 정직한 입술의 사람은 마음에 간사함이 없고 선한 것을 말하며, 하나님께 서원한 것은 해로울지라도 지킬 줄 압니다(시 15:4). 이런 사람은 하나님 앞에서 신용등급이 AAA입니다. 비록 어

려움에 처할 수 있어도 믿음의 금고에서 무한인출이 가능합니다.

셋째로 죄인의 형통을 부러워하지 않는 사람입니다(17절).

> 무릇 의인들의 길은 여호와께서 인정하시나 악인들의 길은 망하
> 리로다(시 1:6).

하나님의 자녀들이 망하는 길을 가는 죄인의 형통을 부러워해서는 안 됩니다. 자기만 잘 살겠다고 죄 짓고, 남에게 해를 끼치는 사람을 부러워하는 마음은 하나님을 신뢰하지 못하고, 말씀의 능력을 무시하는 불신에서 나옵니다. 어리석은 죄인의 길을 버리고 하나님께서 인정하시는 길로 행하는 사람에게 참 소망이 있습니다.

오직 하나님께 소망을 두는 사람에게 미래가 있습니다. 그가 소망하는 일을 이루시되, 그 소망이 성취었을 때에 또 다른 소망을 주시고 다시금 이루게 하는 은혜를 무한 반복하게 하십니다(18절). 이 믿음으로 오늘도 승리하시기를 바랍니다.

나의 적용 • • •

말씀은 들음에서 실천까지 가야 합니다

잠언 23장 19절

19 내 아들아 너는 듣고 지혜를 얻어 네 마음을 바른 길로 인도할지니라

믿음은 들음에서 난다고 하였습니다. 그 이유는 믿음은 막연하고 알 수 없는 무엇인가를 믿는 것이 아니라 확실한 사실과 진리를 믿는 것이기 때문입니다. 실체가 없는 것은 아무리 거짓말로 꾸며대도 결국에는 거짓으로 드러납니다. 그러나 진리는 명확하고 분명한 실체가 있기 때문에 설명을 해 주면 이해가 되고 이해가 되면 믿을 수 있습니다. 그러면 우리의 믿음이 더욱 견고해지는 길은 무엇일까요?

첫째로 말씀을 경청하는 삶입니다. 주의 말씀을 들을 귀가 열려 있어야 합니다. 유대인들은 쉐마 교육을 통해 후손들에게 성경을 가르쳤습니다. 성경은 본래 읽는 책이 아니라 들려주는 책입니다. 그래서 하나님께서는 모세를 통해 율법책을 읽어 가르칠 것을 명령하셨습니다. 눈으로 보는 것보다 귀로 듣는 것이 더욱 집중이 잘되고 가슴에 깊이 새겨집니다. 듣기 위해서는 말씀이 선포되는 자리로 힘써 나아가야 합니다. 자꾸 듣고 경청할 때에 믿음이 자랍니다.

둘째로 말씀 안에 담긴 지혜를 사모해야 합니다. 간절히 사모하는 마음으로 말씀이 선포되는 자리에 나아가면 하나님께서는 깨달음을 주십니다. 습관적인 종교생활과 의무감으로 예배의 자리에 나오는 사람은 말씀을 들어도 깨달음이 없습니다. 노는 데는 한두 시간도 짧은데 말씀은 30~40분도 길게 느껴집니다. 하나님은 사모하는 영혼에게 만족감으로 채우시며 주린 영혼에게 좋은 것으로 채워 주시는 분이십니다(시 107:9). 그

래서 사모하는 마음으로 말씀을 경청하는 자에게 하늘의 지혜로 충만하게 하십니다.

셋째로 말씀을 실천하는 삶을 살아야 합니다. 말씀을 들어 지혜를 얻으면 우리 마음에 기쁨이 충만해지고 하나님을 신뢰하는 마음으로 가득차게 됩니다. 그런데 말씀을 들은 기쁨으로 끝나서는 안 됩니다. 말씀은 깨달음을 위한 것이 아니라 삶의 현장에서 실천하기 위해 주신 것입니다. 듣고 행하면 말씀의 역사가 삶에 나타나고 삶에 말씀의 역사가 나타날 때 믿음은 더욱 견고해집니다.

말씀을 듣고 깨달아 실천하는 삶을 통해 믿음이 더욱 성숙하고, 말씀이 삶에서 현실이 되는 성도되기를 바랍니다.

음식보다 습관이
중요합니다

잠언 23장 20-21절

20 술을 즐겨 하는 자들과 고기를 탐하는 자들과도 더불어 사귀지 말라
21 술 취하고 음식을 탐하는 자는 가난하여질 것이요 잠 자기를 즐겨 하는 자는 해어진
옷을 입을 것임이니라

음식이 사람을 부정하게 하거나 반대로 거룩하게 할 수 없습니다. 그런데 음식에 대한 습관이 사람을 부정하거나 경건하게 할 수는 있습니다. 사람들은 좋은 일이 생기면 좋다고 술과 고기를 먹고, 나쁜 일이 생기면 나쁘다고 술과 고기를 먹습니다. 습관이 잘못된 것입니다. 본문은 이렇게 습관이 잘못든 사람들과는 더불어 사귀지 말라고 경고하고 있습니다(20절). 그 이유는 무엇일까요?

첫째로 과도한 술과 고기는 건강을 헤치기 때문입니다. 현대인들의 삶은 스트레스의 연속이라 해도 과언이 아닙니다. 그런데 좋은 일, 나쁜 일을 술과 고기로 푸는 습관은 건강에 아주 치명적입니다. 스트레스로 인해 생기는 활성화 산소에 술과 고기가 만나면 1급 발암물질인 아세트 알데히드가 만들어지는데, 이 물질이 몸에 통증을 유발하고 만병의 근원이 되기 때문입니다.

둘째로 술과 고기를 즐겨하는 사람들은 삶이 건전하지 못하기 때문입니다. 술을 마시는 습관이 잘못된 사람은 취했을 때 술주정이 심합니다. 술을 마시기 전과 술을 마시고 취한 후 모습이 완전히 다릅니다. 술을 마시고 큰 실수를 해도 취해서 그랬다는 어설픈 변명을 합니다. 그래서 스스로를 통제할 수 없는 상황까지 술과 고기를 마시고 먹는 사람은 도무지 믿을 수가 없습니다. 이런 사람과는 무슨 일을 함께해도 망할 수밖에 없

습니다.

셋째로 술과 고기를 좋아하는 자는 가난해지기 때문입니다. 본문은 술과 고기를 즐겨하는 자와 잠자기를 좋아하는 자를 동일선상에서 비교하고 있습니다. 그들의 공통점은 몸이 게을러서 가난해진다는 것입니다. 지나친 술과 고기는 몸을 피곤하게 만들고 몸이 피곤해지면 게을러지는 것은 당연한 일입니다. 결국 부지런하지 못하고 게으른 사람은 필연적으로 가난해집니다.

술과 고기를 탐하는 것은 인생을 망치는 지름길입니다. 어떤 모임이든 기쁨과 슬픔, 좋은 일과 나쁜 일을 함께 풀어 가는 건전한 문화를 만들어 가는 것이 중요합니다. 건강한 생각, 건강한 습관, 건강한 나눔으로 영육 간의 건강을 지켜 나아가시기를 바랍니다.

나의 적용 ● ● ●

진리를 사되
팔아서는 안 됩니다

잠 23장 22-25절

22 너를 낳은 아비에게 청종하고 네 늙은 어미를 경히 여기지 말지니라
23 진리를 사되 팔지는 말며 지혜와 훈계와 명철도 그리할지니라
24 의인의 아비는 크게 즐거울 것이요 지혜로운 자식을 낳은 자는 그로 말미암아 즐거울
　 것이니라
25 네 부모를 즐겁게 하며 너를 낳은 어미를 기쁘게 하라

세상에는 돈을 주고 살 수 있는 것이 있고 아무리 많은 돈을 주어도 결코 살 수 없는 것들이 있습니다. 각종 재화는 돈을 주면 얼마든지 구입할 수 있지만 진리, 지혜, 훈계, 명철같은 무형의 가치는 돈으로 사고 팔 수 없습니다. 그럼에도 오늘 말씀은 그것들을 사기는 해도 팔지는 말라고 권면합니다(23절). 그러면 진리를 사되 팔지는 말라는 권면이 의미하는 바는 무엇일까요?

첫째로 하나님을 경외하며 진리를 추구하는 삶입니다. 진리를 산다는 것은 진리를 얻기 위해 수고하고 노력하는 행위를 의미합니다. 사람이 진리를 갈망할수록 세상 모든 것들의 거짓과 허물 많음을 깨닫게 되고, 하나님의 거룩하심을 사모하게 됩니다. 그러나 하나님을 경외하는 마음을 잃어버린 사람은 진리를 팔아 버린 사람과 같아서 그 인생은 악을 향해 달려가 죄인의 길을 걷게 됩니다.

둘째로 진리를 배우고 실천하는 삶입니다. 진리를 배운 후에 삶에 적용하고 실천하지 않으면 그 진리의 가치를 팔아 버린 것과 같습니다. 물건을 구입해서 소유한 후에 필요할 때 사용하지 못한다면 팔아 버려서 없는 것과 다름이 없기 때문입니다. 예를 들어 부모를 공경하는 자는 그 인

생에서 복 받고 장수한다는 진리를 배우고 실천하면 하나님께서 복을 주시지만, 알고도 행치 않으면 아무런 유익이 없습니다.

셋째로 진리 안에서 행함으로 부모의 마음을 기쁘시게 하는 삶입니다(24절). 모든 부모님들의 소망은 자녀들이 미래가 밝게 열려 훌륭한 인물이 되는 것입니다. 진리를 얻으려고 애쓰는 사람에게 하나님께서는 말씀 안에서 지혜와 훈계와 명철을 주시는데 이러한 무형의 가치를 소유한 사람은 인생에서 반드시 성공하여 부모의 기쁨이 됩니다. 마찬가지로 우리가 진리 되신 예수님을 따르며 나갈 때에 하늘의 지혜를 소유하여 하나님을 기쁘시게 하는 거룩한 사람이 됩니다.

진리를 얻고자 수고를 아끼지 않으며 진리 안에 행함으로 하나님을 기쁘시게 하는 성도되기를 바랍니다.

나의 적용 ● ● ●

알고도
당하지는 마세요!

잠언 23장 26-28절

26 내 아들아 네 마음을 내게 주며 네 눈으로 내 길을 즐거워할지어다
27 대저 음녀는 깊은 구덩이요 이방 여인은 좁은 함정이라
28 참으로 그는 강도 같이 매복하며 사람들 중에 사악한 자가 많아지게 하느니라

사냥꾼이 동물을 잡기 위해 함정을 팔 때에는 동물들이 다니는 좁은 길에 깊이 파 놓습니다. 넓은 길에 함정을 파려고 하면 어지간히 크게 파지 않고는 동물을 잡을 수 없고, 적당히 파서는 잡은 동물이 도망칠 수 있기 때문입니다. 음녀는 깊은 구덩이요 좁은 함정이라는 말은 한 번 걸려들면 절대 빠져나올 수 없으며 걸려든 결과는 파멸이라는 뜻입니다. 그러면 어떻게 해야 음녀의 길에서 벗어날 수 있을까요?

첫째로 지혜자에게 마음을 주고 그의 길에 시선을 집중해야 합니다(26절). 성경이 말하는 음녀는 단순히 창기만을 의미하지 않습니다. 진리에서 벗어나게 하는 세속적인 가르침과 하나님을 떠나게 만드는 배교 행위가 음녀입니다. 음녀의 유혹은 치명적이어서 마음을 조금만 주어도 벗어날 수 없고 눈으로 보면 그 유혹을 피할 수 없게 됩니다. 우리가 모든 지혜의 근원이 되시는 주 예수님께 마음을 온전히 드리고 시선을 집중할 때에 이 악한 음녀의 함정에서 벗어날 수 있습니다.

둘째로 스스로 음녀의 유혹을 피할 수 있다는 교만을 버려야 합니다(28절a). 이 음녀는 어떤 때는 거리, 어떤 때는 광장의 모퉁이에 서서 지나다니는 사람들을 유혹하는 자입니다(잠 7:12). 특정한 어떤 지역이 아니라 평범한 삶의 현장에서 매복하고 있습니다. 잠시라도 긴장을 늦추면 여지

없이 걸려들게 됩니다. 삶의 모든 순간에 겸손한 마음으로 성령님을 의지할 때에 우리는 세속의 유혹과 음녀의 길에서 벗어날 수 있습니다.

셋째로 음녀에게 유혹된 사람의 결과에 주목해야 합니다(28절b). 사냥꾼이 올무 놓는 것을 동물이 보면 다 허사입니다. 그런데 사람은 참 어리석어서 음녀에게 유혹된 결과가 얼마나 사람을 처참하게 만드는지 알면서도 음녀를 쫓아갑니다. 각종 스캔들에 걸려서 살아남은 사람이 없습니다. 하나님은 질투하시는 하나님이십니다. 그래서 음녀에게 유혹된 자가 반드시 파멸되는 것처럼 배도의 길 끝에는 반드시 하나님의 진노가 있습니다.

알고도 당하면 바보입니다. 영적 긴장감을 늦추지 말고, 늘 성령님을 의지함으로 음녀의 길에서 벗어나 하나님의 사랑 안에 거룩한 길을 가는 성도되기를 바랍니다.

나의 적용 • • •

술에 취하지 말고
성령에 취해야 합니다

잠언 23장 29-35절

29 재앙이 뉘게 있느뇨 근심이 뉘게 있느뇨 분쟁이 뉘게 있느뇨 원망이 뉘게 있느뇨 까닭 없는 상처가 뉘게 있느뇨 붉은 눈이 뉘게 있느뇨

30 술에 잠긴 자에게 있고 혼합한 술을 구하러 다니는 자에게 있느니라

31 포도주는 붉고 잔에서 번쩍이며 순하게 내려가나니 너는 그것을 보지도 말지어다

32 그것이 마침내 뱀 같이 물 것이요 독사 같이 쏠 것이며

33 또 네 눈에는 괴이한 것이 보일 것이요 네 마음은 구부러진 말을 할 것이며

34 너는 바다 가운데에 누운 자 같을 것이요 돛대 위에 누운 자 같을 것이며

35 네가 스스로 말하기를 사람이 나를 때려도 나는 아프지 아니하고 나를 상하게 하여도 내게 감각이 없도다 내가 언제나 깰까 다시 술을 찾겠다 하리라

바울 사도는 "술 취하지 말라 이는 방탕한 것이니 오직 성령으로 충만함을 받으라(엡 5:18)."고 권면하였습니다. 본문은 특별히 음주가 얼마나 해로운 것인지에 대해 경고하고 있는데 술을 즐겨하는 자에게 재앙과 근심과 분쟁, 원망이 있고(29절) 헛것이 보이며(33절) 정신적인 문제가 생긴다고 말씀하고 있습니다(35절). 바울 사도가 "술 취하지 말고 성령 충만을 입으라."고 말씀한 데에는 술취함과 성령 충만 사이에 몇 가지 공통점이 있기 때문입니다. 어떤 공통점과 차이점이 있을까요?

첫째로 제 정신이 아닙니다. 술에 취한 사람은 이성적 능력을 상실해서 제 정신이 아니고, 성령에 취한 사람은 마음에 기쁨이 충만하여서 제 정신이 아닌 것처럼 보입니다. 그러나 차이점은 술에 취한 인생은 파멸을 향해 달려가고 성령에 취한 인생은 자신의 능력이 아닌 하늘의 능력으로 불가능한 것도 가능하게 하는 기적 속에 산다는 것입니다.

둘째로 고통을 느끼지 못합니다. 술에 취한 사람은 감각이 마비되어서 길을 가다 어디에 부딪쳐도 아픈 줄을 모릅니다. 성령에 취한 사람도 고통을 느끼지 못합니다. 아침 일찍 일어나 늦은 밤에 하루 일과를 마쳐도 성령께서 부어 주시는 힘으로 사명을 감당하기에 피곤치 않습니다. 술에 취한 사람은 술에서 깨어나면 감각도 깨어나 육체의 고통이 배가되지만 성령에 취한 사람은 깨어나도 이 일이 내 힘과 지혜로 된 일이 아님을 알고 감사합니다.

셋째로 더 깊이 취하고 싶어합니다. 술 취한 사람은 술에서 깨어나면 더 독한 술을 찾고 더 취하고 싶어합니다. 마찬가지로 성령에 취한 사람도 더 많이 취하여 더 깊은 하나님의 임재 가운데 들어가고 싶어합니다. 술에 취한 사람은 깨어나 더 독한 술을 찾다가 중독에서 벗어나지 못하고 방탕한 삶을 살게 되지만, 성령에 취한 사람은 더 거룩하고 경건하고 성숙한 인격으로 자라갑니다.

술은 쳐다보지도 말아야 합니다. 술 취하지 말고 오직 성령의 충만함을 입어 내 힘과 지혜가 아닌 하늘의 능력으로 세상을 이기며 하나님과 더 깊은 교제 가운데 나아가는 성도되기를 바랍니다.

나의 적용 • • •

24장

악인의 형통을
부러워하지 마세요 1

잠언 24장 1-2절

1 너는 악인의 형통함을 부러워하지 말며 그와 함께 있으려고 하지도 말지어다
2 그들의 마음은 강포를 품고 그들의 입술은 재앙을 말함이니라

선인과 악인을 구별하는 기준은 무엇일까요? 선인과 악인은 하나님을 경외하는 사람인가 그렇지 않은 사람인가에 따라 구별됩니다. 하나님의 도우심으로 형통함을 누리는 자가 선인이고, 악한 생각과 계획으로 형통함을 누리려는 자가 악인입니다. 악인들은 온갖 불법와 편법을 이용해서 형통함을 누리려 하는데 오늘 말씀은 그런 악인의 형통을 부러워하지 말고 그들과 가까이 하지도 말라고 명령하고 있습니다. 그 이유는 무엇일까요?

첫째로 악인의 형통은 잠시 뿐입니다. 하나님께서는 의인의 길은 인정하시지만 악인의 길은 망하게 하시는 분이십니다(시 1:6). 만약 악인의 형통함을 부러워하는 마음을 가졌다면 그 악인과 동일한 죄를 범한 것과 같습니다. 그 마음의 이면에는 나도 그렇게 하고 싶은데 하지 못했다는 후회가 담겨 있고, 행위로만 범죄하지 않았지 이미 마음으로는 범죄하였기 때문입니다.

둘째로 악인과 함께하면 해를 당할 뿐이기 때문입니다(1절b). 악인과 함께 있으려 한다는 말은 악인이 형통함을 얻은 방법을 알고 싶어서 그와 교제하려는 것을 의미입니다. 그러나 악인들은 마음에 폭력적인 계획을 품고 있어서(2절a) 함께하는 사람까지도 자기의 목적을 이루는 수단으로 이용한 후에 해치려 합니다. 그래서 악한 자들의 지혜를 얻으려고 사귐을

갖으려는 생각 자체가 어리석은 것입니다.

셋째로 악인의 마음과 입술에는 재앙이 담겨 있기 때문입니다(2절b). 악인의 생각과 계획은 하나님께서 미워하십니다(잠 15:26). 악인은 말로 다른 사람을 해롭게 할 뿐만 아니라, 그가 하는 말들은 하나님의 심판을 불러올 뿐입니다. 악한 자의 생각과 계획을 듣고 뭔가 이익이 있을 것 같아서 기웃거리다가는 하나님께서 심판하실 때에 함께 망할 수밖에 없습니다.

악인의 형통함을 부러워하지 말고 그의 근처에는 얼씬도 하지 말아야 합니다. 오직 하나님께서 주시는 형통함으로 기뻐하고 즐거워하며 그 은혜 안에 만족하고 살아가는 성도되기를 바랍니다.

나의 적용 • • •

아름다운 인생을
만들어 가는 세 가지 요소

잠언 24장 3-4절

3 집은 지혜로 말미암아 건축되고 명철로 말미암아 견고하게 되며
4 또 방들은 지식으로 말미암아 각종 귀하고 아름다운 보배로 채우게 되느니라

성경이 말하는 집은 단순히 건물만을 의미하지 않습니다. 가문이나 가정 또는 한 사람의 인생을 의미하기도 합니다. 여호와께서 집을 세우지 아니하시면 세우는 자의 수고가 헛되다 하였는데(시 127:1), 이 말씀 역시 건물보다는 한 가정과 그 가장의 인생을 의미하는 것입니다. 인생에서 행복한 가정과 아름다운 삶을 이루어 가는 데는 세 가지 요소가 필요합니다.

첫째로 지혜입니다(3절a). 잠언은 반복해서 여호와를 경외하는 것이 지혜의 근본임을 강조하고 있습니다. 사람이 인생에서 창조주 하나님을 알고 그를 경외하는 마음으로 살아간다면 그 사람은 인생에서 아무것도 염려할 일이 없습니다. 하나님을 경외하는 사람에게 하늘의 신령한 지혜를 부어 주셔서 세상의 지혜와 방법으로는 해결할 수 없는 인생의 모든 문제들을 순적하게 풀어 가도록 하시기 때문입니다.

둘째로 명철입니다(3절b). 명철은 사리를 분별하는 능력을 의미하는데, 쉬운 말로는 이해력(understanding)이라고 합니다. 명철한 사람은 어떤 사람이나 사물을 보았을 때에 감각적으로 선한 것인지 악한 것인지를 분별해 내고, 이 상황에서 나는 어떻게 행동할 것인지를 신속하게 결정합니다. 이런 능력은 "주의 법도들로 말미암아 내가 명철하게 되었으므로 모든 거짓 행위를 미워하나이다(시 119:104)." 말씀하신 것처럼, 하나님의 말

씀을 반복해서 실천하는 삶을 통해 습득하게 됩니다.

셋째로 지식입니다(3절b). 집이 인생을 의미한다면 그 집에 속한 방들은 삶의 다양한 분야라고 할 수 있습니다. 사람이 다방면에 지식이 풍부할수록 그 지식을 활용하여 윤택한 삶을 살아갈 수 있고, 각종 귀하고 아름다운 보배로 인생의 방들을 가득 채우게 됩니다(4절). 하나님께서는 우리의 인생에 함께하셔서 삶에서 겪은 작은 경험이 유용한 지식으로 쌓여가게 하시고 이 지식들을 활용하여 삶의 현장에서 모든 일을 순적하게 풀어 가도록 인도해 주십니다.

하나님께서 주시는 지혜와 명철과 지식으로 아름다운 가정, 아름다운 인생을 살아가는 성도되기를 바랍니다.

나의 적용 • • •

하나님의 전략으로
승리하는 삶

잠언 24장 5-7절

5 지혜 있는 자는 강하고 지식 있는 자는 힘을 더하나니
6 너는 전략으로 싸우라 승리는 지략이 많음에 있느니라
7 지혜는 너무 높아서 미련한 자가 미치지 못할 것이므로 그는 성문에서 입을 열지 못하
  느니라

🦋 　　　　　　고대 팔레스타인 사회에서 성문은 법을 집
행하는 장소였습니다. 왕이나 관리가 성문에 앉아 있으면 법적 분쟁이 있
는 당사자들이 문제를 가지고 와서 호소합니다. 그때에 미련한 자가 성
문에서 입을 열지 못하는 이유는 그가 진리를 말할 수 없기 때문입니다(7
절). 사람은 지혜가 없어서 미련한 것이 아니라 죄를 지었기 때문에 미련
해집니다. 세상은 악인들이 죄를 범하는 현장인 동시에 하나님의 공의가
실행되는 장소입니다. 죄악이 난무하는 세상에서 세상의 지혜와 권세를
이기고 승리하는 길은 무엇일까요?

첫째로 하나님께서 주시는 지혜로 강해져야 합니다(5절a). 하나님께서
지혜를 주시면 세상이 감당할 수 없는 사람이 됩니다. 솔로몬은 일천번제
를 드림으로 지혜를 받아 지금까지도 세상에서 가장 지혜로운 사람의 대
명사가 되었고, 다니엘은 하나님께서 주신 지혜로 세상 왕국이 세 번이나
교체되는 상황에서도 계속해서 국무총리가 되었습니다. 하나님께서 주시
는 지혜가 세상을 이깁니다.

둘째로 하나님을 아는 지식 안에 자라가야 합니다(5절b). 지혜는 노력
으로 얻을 수 있는 것이 아니라 전적으로 하나님께서 주시는 은혜의 선물
입니다. 반면에 지식은 수고와 노력을 통해 얻는 것입니다. 하나님을 아

는 지식은 말씀을 묵상함으로 자라갑니다. 말씀을 깊이 묵상할수록 하나님을 아는 지식이 풍성해지고, 하나님과 깊이 있는 인격적 교제를 통해 얻은 지혜는 어떤 상황과 환경 속에서도 마음의 평정심을 유지하는 큰 힘이 됩니다.

셋째로 하나님의 전략으로 싸워야 합니다. 세상 나라의 전쟁에서도 좋은 전략을 가진 군대가 승리합니다. 그러나 아무리 사람의 전략이 탁월해도 하나님의 전략을 이길 수는 없습니다. 하나님께서 주시는 창조적인 생각과 전략이 세상의 방법과 전략의 허를 찌르고 세상 사람들이 상상할 수 없는 방식으로 승리하게 합니다.

날마다 하늘의 지혜를 간구하며 하나님을 아는 지식에 자라가시기 바랍니다. 그래서 하나님께서 주시는 탁월한 전략으로 세상을 이기고 하나님께 영광을 돌리며 살아가는 성도되기를 바랍니다.

나의 적용 ● ● ●

과정과 결과가 모두 선해야
진정한 성공입니다

잠언 24장 8–9절

8 악행하기를 꾀하는 자를 일컬어 사악한 자라 하느니라
9 미련한 자의 생각은 죄요 거만한 자는 사람에게 미움을 받느니라

사람이 무슨 일을 하든지 과정과 결과, 모두 중요합니다. 아무리 좋은 결과를 얻었다 하더라도 과정이 악하면 그 일은 악한 일이고, 진행 과정이 좋았다 하더라도 나쁜 결과를 얻는다면 그 또한 악한 일일 뿐입니다. 그러나 하나님께서 행하시는 일은 모든 과정이 선하고 그로 인해 얻게 되는 결과 역시 선합니다. 그러면 하나님의 뜻을 따라 선한 열매를 맺으려면 어떻게 해야 할까요?

첫째로 인간적인 수고와 노력을 버리고 하나님의 은혜를 구해야 합니다(8절). 사람이 실수로 악을 행하는 것이 아니라 계획적으로 악을 행하는 이유는 무엇인가 얻고 싶은 것이 있기 때문입니다. 그걸 얻으려고 악한 계획을 세우고 실천합니다. 그래서 자신이 원하는 바를 스스로 얻으려는 사람은 악한 일을 꾀하게 되고, 하나님을 의지하여 선한 일에 힘쓰는 사람은 자신이 원하는 바를 은혜로 소유하게 됩니다.

둘째로 미련한 자의 생각을 버리고 하나님의 계획을 붙잡아야 합니다(9절a). 사람은 마음에 생각한 것을 행동으로 옮기게 되어 있는데, 미련한 사람이 미련한 것을 생각해서 행동으로 옮겨 버리면 그걸 수습하느라 너무나 많은 사람이 고통을 겪게 됩니다. 인간적인 생각은 항상 미련할 뿐입니다. 말씀과 기도 가운데 하나님께서 보여 주시는 비전을 붙잡고 하나님의 선하신 뜻을 실천해 나가면 거기에 형통함이 있고 선한 결과가 나옴

니다.

셋째로 거만한 마음을 버리고 겸손한 마음으로 행해야 합니다(9절b). 사람은 자기 노력으로 무엇인가 성취하였을 때에 교만해지기 쉽습니다. 자신의 성공으로 인해 마음이 교만해서 거만한 행동을 하면 주위에 있는 사람들의 미움을 받습니다. 겸손한 사람은 자신의 성공으로 인해 사람들의 인정을 받고 더 많은 사람을 얻게 되지만 거만한 사람은 성공을 해도 주변에 함께 기뻐할 사람이 없습니다.

하나님께서 주시는 성공은 과정과 결과가 모두 선하여 많은 사람을 유익하게 합니다. 인간적인 계획과 교만한 마음을 버리고 겸손히 하나님의 은혜를 구함으로 소망하는 바를 성취하고 관계의 문을 지혜롭게 열어 가시기를 바랍니다.

나의 적용 • • •

믿음의 사람은 환난 가운데서도 낙심치 않습니다

잠언 24장 10-12절

10 네가 만일 환난 날에 낙담하면 네 힘이 미약함을 보임이니라
11 너는 사망으로 끌려가는 자를 건져 주며 살륙을 당하게 된 자를 구원하지 아니하려고
   하지 말라
12 네가 말하기를 나는 그것을 알지 못하였노라 할지라도 마음을 저울질 하시는 이가 어
   찌 통찰하지 못하시겠으며 네 영혼을 지키시는 이가 어찌 알지 못하시겠느냐 그가 각
   사람의 행위대로 보응하시리라

인생에 환난이 찾아왔을 때에, 환난을 극복할 힘이 있는 사람은 낙담하지 않습니다. 그러나 자신이 감당할 수 없는 상황이라고 생각하면 좌절하고 낙담하게 됩니다. 인생에는 누구에게나 감당할 수 없는 환난이 찾아올 수 있습니다. 믿음이 없는 사람은 거기에서 인생이 끝나 버리지만 하나님을 신뢰하는 사람은 자기의 능력이나 힘이 아니라 하나님의 은혜로 그 환란을 이겨 냅니다. 그러면 환난을 이기고 승리하는 사람은 어떤 사람일까요?

첫째로 하나님께 자신의 믿음을 드러내는 사람입니다(10절). 믿음 있는 사람은 자기 힘으로 세상을 사는 것이 아니라 하나님께서 주시는 능력으로 살아갑니다. 환난 날에도 낙심하지 않았다는 것은 자신의 믿음을 하나님 앞에 분명하게 드러내는 행위입니다. 어려운 상황에 처했을 때에 낙심하는 이유는 하나님께서 도우실 것을 믿지 못하였기 때문입니다. 환란이 와도 낙담치 않고 담대히 하나님을 신뢰하는 사람은 내 힘이 아니라 하나님께서 주시는 능력으로 반드시 승리합니다.

둘째로 하나님께 소망이 있음을 전하며 살아갑니다(11절). 세상 사람들

은 감당할 수 없는 환난이 찾아 왔을 때에 낙담하여 스스로 인생을 포기하는 경우가 많습니다. 진실한 그리스도인은 인생의 벼랑 끝에 몰린 사람들을 외면하지 않습니다. 누군가의 인생에 찾아온 환난은 복음을 전할 절호의 기회이기 때문입니다. 환난 당하는 사람에게 예수님을 전하면 내 힘으로는 그를 도울 수 없지만, 복음이 그들의 인생을 변화시켜 사망에서 건져내고 죽을 영혼을 살리게 됩니다.

셋째로 하나님의 마음을 품고 살아갑니다(12절). 환난을 이기고 승리하는 믿음을 소유한 사람은 하나님의 마음을 체험적으로 알게 됩니다. 자신이 겪은 고난을 하나님께서 어떤 마음으로 지켜보시고 도우셨는지를 잘 압니다. 그래서 다른 사람이 환난 가운데 있을 때에 하나님의 마음으로 그들을 보고 하나님의 도우심을 구하며 중보합니다. 하나님은 사람의 행위대로 보응하시는데 환난 당한 사람을 외면하는 사람을 죄 없다 하지 않으십니다. 하나님의 마음을 저버렸기 때문입니다.

믿음이 환난을 이깁니다. 환란 가운데 낙심치 말고, 담대한 믿음으로 승리하며 또 다른 사람을 구원하는 성도되기를 바랍니다.

나의 적용 ● ● ●

말씀 안에
달콤한 인생이 있습니다

잠언 24장 13-14절

13 내 아들아 꿀을 먹으라 이것이 좋으니라 송이꿀을 먹으라 이것이 네 입에 다니라
14 지혜가 네 영혼에게 이와 같은 줄을 알라 이것을 얻으면 정녕히 네 장래가 있겠고 네
   소망이 끊어지지 아니하리라

고대 사회에서 사람이 먹을 수 있는 가장
달콤하고 맛있는 음식은 꿀이었습니다. 꿀은 세상에서 유일하게 상하지
않는 식품이라고 하는데, 5000년 전에 만들어진 피라미드 안에서 밀봉된
상태로 발견된 꿀을 지금도 먹을 수 있다고 하니 거의 영구적으로 상하지
않는다고 할 수 있습니다. 그런데 본문은 지혜가 꿀처럼 유익하다고 말씀
하고 있습니다(14절a). 어떤 점에서 그럴까요?

첫째로 지혜는 인생에 참된 즐거움을 줍니다(13절). 꿀이 육체의 건강
에 유익한 것처럼, 지혜는 사람의 영혼에 유익합니다. 다윗은 시편 19장
10절에서 여호와의 말씀은 많은 금보다 사모할 만하며 송이꿀보다도 달
다고 고백하였는데 그 이유는 하나님의 말씀 안에 담겨 있는 지혜가 사람
을 더욱 부하게 하고 인생을 즐겁게 하기 때문입니다. 다윗은 주의 말씀
에 순종함으로 인생을 송이꿀보다 달콤하게 하시는 하나님의 역사를 체
험한 것입니다.

둘째로 지혜가 인생의 미래를 밝게 하기 때문입니다(14절a). 시편 119
편 기자는 "주의 말씀은 내 발의 등이요 내 길에 빛이니이다(시 119:105)."
라고 고백하였습니다. 인생길에 앞을 볼 수 없는 어두움이 찾아와도 말씀
이 등이 되고 빛이 되어 실족치 않게 하고 밝은 미래를 향해 나아가게 한
다는 뜻입니다. 주의 말씀은 불확실한 미래를 향해 확고한 신념으로 살아

가도록 인도해 주는 이정표입니다. 말씀에 순종하는 사람에게 참된 지혜가 임하고 이 지혜가 사람의 미래를 밝게 합니다.

셋째로 지혜가 인생의 소망이 끊어지지 않게 합니다(14절b). 하나님은 우리의 소망을 이루어 주시는 분이십니다. 소망이 끊어지지 않게 하신다는 것은 하나님께서 지혜를 소유한 사람의 소망이 성취되었을 때에 또 다른 소망을 그에게 주셔서 계속해서 새로운 소망을 품고 나아가게 하신다는 뜻입니다. 하나님의 말씀을 붙잡고 살아가는 사람은 인생이 지루할 수가 없습니다. 새로운 소망으로 인해 삶이 날마다 새롭기 때문입니다.

말씀 안에 담겨진 지혜를 추구함으로 인생의 소망이 끊어지지 않는 탈콤한 인생을 살아가는 성도되기를 바랍니다.

나의 적용 • • •

하나님께서
일으켜 세우십니다

잠언 24장 15–16절

15 악한 자여 의인의 집을 엿보지 말며 그가 쉬는 처소를 헐지 말지니라
16 대저 의인은 일곱 번 넘어질지라도 다시 일어나려니와 악인은 재앙으로 말미암아 엎드러지느니라

칠전팔기의 주인공 권투선수 홍수환 장로님은 70년대 어린아이들의 우상과 같았습니다. 1977년 11월 26일 파나마에서 벌어진 챔피언 도전전은 아이들의 놀이에 자주 등장하는 메뉴였는데, "지옥에서 온 악마"라 불리우는 카라스키아에게 2라운드에서만 무려 네 차례나 다운을 당하고도 일어나 3회 48초만에 카라스키아를 넉다운시키고 승리한 경기였기 때문입니다.

하나님께서는 의인과 악인 사이를 지켜보시고 심판하시는데, 의인과 악인이 싸우면 의인은 일곱 번 넘어져도 반드시 일어나 승리케 하시는 분이십니다. 하나님의 자녀들이 이 사실을 확실하게 믿는다면 인생에서 두려워할 것이 없습니다. 그러면 하나님께서 다시 일으키시는 의인은 어떤 사람일까요?

첫째로 하나님의 품 안에서 안식을 찾는 사람입니다(15절). 의인의 집은 하나님께서 세워 주시는 집입니다. 그가 쉬는 처소는 평범한 집이 아니라 하나님의 품입니다. 만약 악인이 하나님의 품에 쉼을 얻고 있는 의인 집을 헐고 그의 평안을 빼앗으려 한다면 그것은 하나님을 대적하는 행위가 됩니다. 그래서 대적하는 악인은 하나님께서 반드시 심판하시고 의인에게는 평안을 주십니다.

둘째로 결코 포기하지 않는 믿음을 소유한 사람입니다(16절a). 아무리

현실이 절망스러워도 하나님께서 나와 함께하심을 믿는 사람은 하나님께서 반드시 일으켜 세우십니다. 내가 일어설 힘이 있어서가 아니라 하나님께서 힘을 주셔서 일어서는 것입니다. 그래서 "내게 능력 주시는 자 안에서(빌 4:13)" 모든 것을 할 수 있게 하십니다.

셋째로 악인의 심판을 하나님께 맡기는 사람입니다(16절b). 악인으로 인해 고통을 당할 때에 스스로 복수를 계획하면 결국 범죄하게 됩니다. 아무리 합법적으로 복수한다 하더라도 하나님께서는 악인에게 보복하려는 행위를 기뻐하지 않으십니다. 하나님께서는 악인은 자기 꾀에 빠져 스스로 망하게 하시고 오직 하나님의 도우심을 구하는 의인을 다시 일으켜 세우십니다.

오늘도 신실한 믿음으로 하나님 품에 거하며 하나님께서 일으키시는 은혜로 승리하는 성도되기를 바랍니다.

나의 적용 • • •

누가
나의 원수입니까?

잠언 24장 17-18절

17 네 원수가 넘어질 때에 즐거워하지 말며 그가 엎드러질 때에 마음에 기뻐하지 말라
18 여호와께서 이것을 보시고 기뻐하지 아니하사 그의 진노를 그에게서 옮기실까 두려우
   니라

우리가 삶에서 만나는 사람들 중에 원수가
될 수 있는 사람은 누구일까요? 친분이 있는 사람이나 지인들 중에서는
원수가 될 수 있지만 전혀 모르는 사람이 원수가 될 수는 없습니다. 그런
데 나에게는 원수인 사람이 하나님께는 원수가 아닐 수 있습니다. 그래서
원수가 넘어질 때에 즐거워하지 말고 그가 엎드러질 때에 기뻐하지 말아
야 합니다(17절). 그러면 원수의 넘어짐을 보는 우리의 마음가짐은 어떠
해야 할까요?

첫째로 원수의 넘어짐을 통해 삶의 교훈을 얻어야 합니다(17절). 나의
원수가 반드시 악인은 아닙니다. 인간관계는 복잡하게 얽혀 있어서 선한
사람과도 감정상의 문제로 원수가 될 수 있습니다. 심지어는 교회 안에서
도 서로 원수를 지는 사람들도 있습니다. 원수의 넘어짐을 보았다면, 그
가 왜 그런 잘못을 하게 되었으며, 그런 상황에 빠지게 되었는지를 보고
자신의 삶을 반성할 줄 아는 사람이 지혜로운 사람입니다.

둘째로 원수의 넘어짐으로 인해 마음으로 범죄치 않도록 주의해야 합
니다(18절a). 대부분의 사람들은 원수가 고난을 당하면 '그것 참 잘되었
다! 나를 그렇게도 힘들게 하더니 저런 고통을 겪는구나!' 하며 기뻐합니
다. 그러나 원수가 당하는 고난이 하나님께서 그를 연단하시는 과정이라
면 그가 겪는 고난을 기뻐하는 것은 죄가 될 수 있습니다. 원수의 고난을

기뻐하다가 죄를 범치 말고, 오히려 그가 연단의 과정을 통해 삶이 변화되기를 기도하는 마음을 품어야 합니다.

셋째로 원수의 넘어짐을 기뻐하는 자에게 도리어 하나님의 진노가 임함을 기억해야 합니다(18절b). 악인이 마음을 돌이켜 회개하고 하나님 앞에 의인이 되면 그에게는 더 이상 심판이 없습니다. 반면에 의인이 마음에 범죄하여 하나님 앞에서 악인이 되면 그에게는 하나님의 준엄한 심판이 있을 뿐입니다. 원수의 넘어짐을 기뻐하는 사람은 필연적으로 마음에 범죄하게 되고 하나님 앞에 악인이 됩니다. 그리고 원수가 받는 심판의 자리에 자기가 가서 앉게 됩니다.

원수의 넘어짐을 기뻐하지 말고 주님의 마음으로 그의 변화를 위해 중보할 줄 아는 성도되기를 바랍니다.

나의 적용 • • •

악인의 형통을
부러워하지 마세요 2

잠언 24장 19-20절

19 너는 행악자들로 말미암아 분을 품지 말며 악인의 형통함을 부러워하지 말라
20 대저 행악자는 장래가 없겠고 악인의 등불은 꺼지리라

하나님을 신뢰하는 사람은 악인의 형통을
보면 경계심을 갖습니다. 잠시 잠깐은 그들이 흥하는 것 같지만, 하나님
께서 심판하실 때에 자취도 없이 사라질 운명이기 때문입니다. 그러면 악
인의 형통을 부러워하지 말아야 하는 근본적인 이유는 무엇일까요?

첫째로 하나님께서 악인의 형통을 부러워하는 사람을 기뻐하지 않으
시기 때문입니다(19절). 사람이 행악자들로 인해 분을 품고, 그들의 형통
함을 부러워하는 이유는 자기는 의롭게 살려고 노력해도 되는 것이 없는
데 악인들은 잘 먹고 잘 사는 것 같은 부당한 현실 때문입니다. 왜 의롭게
살아도 되는 일이 없을까요? 하나님 앞에서 자기 의가 살아 있기 때문입
니다. 우리는 "내가 행한 의를 보아서 복 주세요!" 하지만 하나님은 우리
에게 아무런 공로가 없어도 전적인 은혜로 복을 주시는 분이십니다. 하나
님께서는 자기 의로 상처받고 악인의 형통을 부러워하는 사람을 미워하
십니다.

둘째로 행악자들은 미래가 없기 때문입니다(20절a). 행악자들은 내일이
없는 하루살이 같은 인생입니다. 그러니 내일 당장 무슨 일이 일어날 것
인지 생각하지 않습니다. 온갖 편법과 술수로 자기가 처한 상황만 모면하
려 죄를 짓습니다. 그들이 편하고 빠른 길을 가는 것 같지만 그 인생은 모
래성과 같아서 감당할 수 없는 위기 앞에서 순식간에 허물어져 버립니다.

그러나 말씀 안에서 정도를 걸어가는 성도는 오늘이 내일을 받쳐 주는 든든한 디딤돌이 되어 밝은 미래를 열어 갑니다.

셋째로 악인의 등불은 반드시 꺼지기 때문입니다(20절b). 악인의 등불의 원어적 의미는 '악인의 생명 또는 번영'입니다. 그래서 악인의 등불이 꺼진다는 것은 악인의 죽음을 의미하거나 번영했던 삶이 완전히 망한다는 뜻입니다. 사람이 악을 행하여 장수하고 번영했다면 그의 삶은 어느 누구도 따르고 싶지 않은 칠흑같이 어두운 인생이었을 뿐입니다. 그러나 의를 행하여 하나님께서 주시는 생명과 번영을 누리는 사람은 그의 삶이 빛과 같아서 많은 사람이 따라가는 본이 되는 인생이 됩니다.

자기 의를 완전히 버리고 악인의 형통을 부러워 말며 오직 하나님 은혜로 살아가는 성도되기를 바랍니다.

나의 적용 • • •

세상의 모든 권위는
하나님께 속한 것입니다
잠언 24장 21-22절

21 내 아들아 여호와와 왕을 경외하고 반역자와 더불어 사귀지 말라
22 대저 그들의 재앙은 속히 임하리니 그 둘의 멸망을 누가 알랴

이스라엘은 신정국가였기 때문에 역사 속에서 왕은 하나님의 대리자였습니다. 그래서 왕을 대적하는 행위는 하나님을 대적하는 것과 같았습니다. 그러나 우리는 오늘날 하나님의 통치를 인정하지 않는 세상 나라에 속해 살아가고 있습니다. 그러면 여호와와 왕을 경외하라는 말씀은 오늘 우리의 삶에서 어떤 의미가 있을까요?

첫째로 하나님께서 세우신 권위를 존중할 줄 알아야 합니다(21절a). 우리가 현재 처해 있는 모든 환경은 하나님께서 허락하신 상황입니다. 하나님께서는 아무 이유와 목적 없이 우리를 삶의 현장으로 보내시는 것이 아니라 우리의 인격과 삶을 연단하시려고 보내십니다. 권위를 존중하지 않는 사람은 연단이 끝나지 않습니다. 하루 빨리 연단을 마치고 답답한 현실에서 벗어나 하나님께서 기뻐하시는 곳에서 사명을 감당하려면 윗사람의 권위를 존중하며 하나님의 때를 기다릴 줄 알아야 합니다.

둘째로 악한 계획을 품은 자들을 멀리해야 합니다(21절b). 마음에 원망과 불평이 가득한 사람은 자기 마음을 털어 놓을 곳을 찾게 됩니다. 마음에 불만이 가득하니 사귀는 사람들은 모두 부정적이고, 반역이나 꿈꾸는 사람들과 함께하게 됩니다. 윗사람의 권위를 무시하고 악한 말로 뒷담화나 나누는 사람은 좋지 못한 이미지만 갖게 되고 자신이 속한 공동체에서 도태될 수밖에 없습니다.

셋째로 권위를 무시하는 사람에게는 재앙이 임할 뿐입니다(22절). 힘을 가진 사람에게 불만을 품고 대적하면 돌아오는 것은 관용이 없는 징계 뿐입니다. 윗사람의 부정과 부패, 불의를 폭로하고 다닌다고 결코 문제가 해결되지 않습니다. 빈 수레는 요란하기만 하지 되는 일은 하나 없습니다. 하나님을 경외하는 사람은 함부로 권위를 무시하지 않습니다. 하나님께서 만들어 주시는 상황과 만남 속에서 잠잠하게 하나님의 뜻을 구하고 문제를 해결할 수 있는 방법을 지혜롭게 찾아냅니다.

지금 내가 속한 곳이 하나님께서 나를 연단하시는 장소임을 기억하고 권위에 순응하며 하나님의 때를 기다릴 줄 아는 지혜로운 성도되기를 바랍니다.

나의 적용 • • •

법은 징계가 아니라
견책을 위해 존재합니다

잠언 24장 23-25절

23 이것도 지혜로운 자들의 말씀이라 재판할 때에 낯을 보아 주는 것이 옳지 못하니라
24 악인에게 네가 옳다 하는 자는 백성에게 저주를 받을 것이요 국민에게 미움을 받으려니와
25 오직 그를 견책하는 자는 기쁨을 얻을 것이요 또 좋은 복을 받으리라

권력은 누구의 손에 쥐어지느냐에 따라 폭력으로 변하거나 정의를 지켜 나가는 힘으로 사용될 수 있습니다. 사법권은 각종 권력이 오용되지 않도록 조절하는 능력을 가지고 있는데 한 나라의 사법권이 부패하면 공정한 사회가 유지될 수 없게 됩니다. 그러면 법을 집행하는 사람들이 건강한 사회를 유지하기 위한 행동 기준으로 삼아야 할 원칙들은 무엇일까요?

첫째로 사적인 감정에 영향을 받지 않도록 주의해야 합니다(23절). 판사가 뇌물을 받고 판결을 굽게 하거나 자기와 친분이 있는 사람이라고 죄를 눈감아 주면 돈 많은 사람이나 인맥이 좋은 사람은 죄 짓는 것을 두려워하지 않게 됩니다. 그리고 온갖 편법이 난무하여 사회 혼란을 초래하게 됩니다. 그래서 법을 집행하는 사람들은 도덕성과 양심이 살아 있어야 하고, 어떤 경우에도 사적 감정에 영향을 받아서는 안 됩니다.

둘째로 철저한 조사를 통해 선악 간에 바른 판결을 해야 합니다(24절). 권력 있는 사람이 범죄하면 사법부가 그 죄를 덮으려고 적당한 선에서 조사하고 사건을 마무리하려는 경우가 있습니다. 유전무죄 무전유죄가 통하는 사회는 인간의 존엄성이 지켜질 수 없고, 배금주의와 물질만능주의가 지배하는 사회가 되고 맙니다. 법이 공의롭게 실행되어 부와 권력 위

에 군림할 때 어느 누구도 부나 권력으로 인간의 존엄성을 무시하고 죄를 범할 수 없는 건강한 사회가 됩니다.

셋째로 법은 징계를 위해서가 아니라 견책을 위해 실행되어야 합니다 (25절). 사람은 누구나 범죄할 수 있습니다. 법이 징계를 목적으로 실행되면 사람은 범죄한 이후 악인으로 평생을 살게 됩니다. 그러나 견책을 위해 실행되면 사람의 악을 제거하고 마음을 돌이켜 의로운 삶을 살게 하는 훌륭한 도구가 됩니다. 법이 심판을 위해서만 사용되기 때문에 악한 사람이 죄에서 돌이킬 수 없게 하고 더 악한 사람이 되게 만드는 것입니다.

우리가 법조인은 아니어도 옳고 그름을 분별하고 누군가를 책망하는 자리에 설 수 있습니다. 그런 때에 징계보다는 견책하는 마음으로 사람을 살리고 세워 주는 성도되기를 바랍니다.

나의 적용 • • •

건전한 언어 생활에
인간관계의 평안함이 있습니다

잠언 24장 26절

26 적당한 말로 대답함은 입맞춤과 같으니라

사람들은 대화를 하다가 감정이 상하면 서로에게 말로 큰 상처를 줍니다. 당한 것만큼만 돌려주면 좋겠는데, 항상 자기가 당한 것보다 언어 폭력의 수위가 더 높아져서 말로 시작한 다툼이 주먹다짐까지 가는 경우가 많습니다. 그러나 지혜로운 사람은 감정이 상할 만한 상황에서도 서로의 감정이 격해지지 않도록 적당한 말로 조율할 줄 압니다. 그러면 적당한 말로 대답함은 입맞춤과 같다는 말은 무슨 뜻일까요?

첫째로 사람의 감정은 행위보다 말에 더 큰 영향을 받습니다. 사람의 행위는 항상 오해의 소지가 있습니다. 배려의 차원에서 한 행동이 상대방에게는 상처가 될 수 있고, 습관적으로 하는 행동이 불쾌한 감정을 유발할 수 있습니다. 그런데 이런 행동에 말실수를 더하면 폭탄의 뇌관에 불을 붙인 것과 같습니다. 그러나 행위로 인해 오해가 생겼을 때에 겸손한 말 한마디가 분노를 잠재운다는 것입니다.

둘째로 진실을 말하면 오해가 생기지 않습니다. 적당한 말의 원어적 의미는 올바름, 정직, 공정함을 뜻하는데, 특히 법정에서 증인이 자신이 알고 있는 사실을 있는 그대로 말하는 것을 의미합니다. 그 진실함이 사람의 누명을 벗겨 주기도 하고, 진범을 잡는데 큰 도움이 되기도 합니다. 마찬가지로 항상 바르고 정직한 말을 생활화하는 사람의 삶에는 오해의 소지가 없고, 분쟁이 일어나지 않습니다.

셋째로 지혜로운 말 한 마디가 모든 분쟁을 잠재웁니다. 팔레스타인 문화에서 서로 입을 맞춘다는 것은 매우 보편적인 인사법으로서 화해, 사랑, 존경을 의미합니다. 사람이 서로 입을 맞추게 되면 더 이상 무슨 말을 할 수 없게 됩니다. 그런데 적합한 말 한 마디가 입맞춤과 같다는 것은 적합한 말 한 마디가 사랑과 신뢰, 존경의 관계를 회복시키고, 분쟁을 종식시킨다는 뜻입니다.

그리스도인은 말과 행실이 진실해야 합니다. 특히 바르고 정직한 말을 생활화하여 진실한 삶을 살아가고, 인간관계의 평안함을 누리는 성도되기를 바랍니다.

나의 적용 • • •

하나님의 섭리와
은혜를 누리는 삶

잠언 24장 27-29절

27 네 일을 밖에서 다스리며 너를 위하여 밭에서 준비하고 그 후에 네 집을 세울지니라
28 너는 까닭 없이 네 이웃을 쳐서 증인이 되지 말며 네 입술로 속이지 말지니라
29 너는 그가 내게 행함 같이 나도 그에게 행하여 그가 행한 대로 그 사람에게 갚겠다 말
   하지 말지니라

믿음의 삶에는 하나님의 보호와 인도하심
이 있습니다. 모든 일이 하나님의 섭리와 은혜 안에서 이루어집니다. 그
렇다고 모든 일을 하나님께서 다 하시지는 않으십니다. 항상 사람이 해야
할 일과 하나님께서 행하실 일들을 구별해 놓으십니다. 그러면 사람이 스
스로 해야 할 일을 온전히 감당할 때에 하나님께서는 어떻게 섭리해 주실
까요?

첫째로 사람이 성실한 삶을 추구하면 하나님께서는 인생을 살아가는
기반을 세워 주십니다(27절a). 농부가 밭에서 아무리 열심히 일해도 적절
한 햇빛과 비가 없으면 좋은 결과를 얻을 수 없는 것처럼 믿음 없이 열심
히 살기만 한다고 미래가 보장되는 것이 아닙니다. 하나님을 의지하는 믿
음으로 자신이 속한 삶의 현장에서 성실하게 살아가면 하나님께서 복을
주셔서 사회적, 경제적 기반을 든든히 세워 주시고 인간관계의 폭이 넓어
지게 하십니다.

둘째로 사람이 결혼을 준비하면 하나님은 훌륭한 배우자를 예비해 주
십니다(27절b). 오늘 우리 사회 젊은이들의 추세는 혼술밥영입니다. 혼자
술마시고, 혼자 밥 먹고, 혼자 영화를 봅니다. 젊은이들이 누구를 사귀고
만나고 하는 것 자체가 사치가 되어 버린 시대입니다. 그러나 경제적 어

려움을 두려워 말고 가정을 이루고자 뜻을 정하면 하나님께서는 인생의 행복을 함께 가꾸어 갈 훌륭한 배우자를 선물로 주십니다. 현실은 불가능해 보여도 믿음은 불가능한 현실을 넘어서게 합니다.

셋째로 사람이 믿음으로 인내하면 하나님께서는 그의 믿음대로 갚아 주십니다(28-29절). 분노하는 마음, 복수하는 마음을 잠재우는 것은 하나님을 신뢰하는 믿음입니다. 믿음은 스스로를 심판자의 자리에서 내려오게 합니다. 그리고 심판하시는 모든 권세는 하나님께 있음을 인정하게 합니다. 그래서 억울함을 당해도 이웃에게 보복하거나 차후에 거짓 증언으로 그를 해치려 하지 않습니다. 그러면 하나님께서는 그의 삶의 모든 문제를 친히 해결해 주시고 평강을 주십니다.

나의 할 일은 무엇이고 하나님께서 행하실 일은 무엇인지를 바르게 분별하여 하나님의 섭리와 은혜 안에 평강을 누리는 성도되기를 바랍니다.

나의 적용 • • •

게으름은
금물입니다!

잠언 24장 30–34절

30 내가 게으른 자의 밭과 지혜 없는 자의 포도원을 지나며 본즉

31 가시덤불이 그 전부에 퍼졌으며 그 지면이 거친 풀로 덮였고 돌담이 무너져 있기로

32 내가 보고 생각이 깊었고 내가 보고 훈계를 받았노라

33 네가 좀 더 자자, 좀 더 졸자, 손을 모으고 좀 더 누워 있자 하니

34 네 빈궁이 강도 같이 오며 네 곤핍이 군사 같이 이르리라

사람이 사는 곳과 살지 않는 곳은 자연의 모습이 다릅니다. 사람이 사는 곳은 온기가 있고, 질서 정연합니다. 그러나 사람이 살지 않는 곳은 왠지 으스스하고, 나뭇가지나 들풀이 우거져 거친 모습을 나타냅니다. 그런데 지혜자가 본 어느 밭과 포도원은 마치 사람이 살지 않는 곳처럼 가시덤불이 퍼져 있고 거친 풀로 덮였으며 돌담이 무너져 있었습니다(31절). 이를 보고 지혜자는 많은 생각을 하고 훈계를 받았습니다(32절). 그가 얻은 깨달음은 무엇이었을까요?

첫째로 게으른 자는 자기가 가진 것으로도 유익을 얻지 못합니다. 게으른 자의 밭이 가시덤불로, 거친 풀로 덮인 이유는 밭에 나가서 일하지 않았기 때문입니다. 땅은 정직해서 농부가 수고한 만큼 소출을 냅니다. 마찬가지로 사람이 아무리 가진 자산이 많아도 그것을 활용해서 열심히 일하지 않으면 아무것도 얻을 수 없습니다.

둘째로 경영의 지혜가 있어야 합니다. 많은 토지를 가지고 있어도 혼자서 그걸 다 경작할 수는 없습니다. 함께 일할 사람이 필요하고, 효율적으로 일할 수 있는 농기계도 필요합니다. 어리석은 사람은 경영의 지혜가 없어서 투자할 때와 거둘 때를 모릅니다. 그러니 하는 일마다 손실이 나

서 함께 일할 사람이 없어지고, 나중에는 그나마 가진 것까지 잃어버리게 됩니다.

셋째로 나태한 마음이 궁핍한 삶을 자초합니다. 좀 더 자자, 좀 더 졸자, 손을 모으고 좀 더 누워 있자(33절) 하는 마음이 생기는 것은 삶의 긴장감을 잃어버렸기 때문입니다. 이 정도는 쉬어도 돼, 아직은 여유가 있어 하며 게으름을 피우다가는 잘되는 일도 망쳐 버립니다. 달리는 말에 채찍질 한다고 했습니다. 쉴 때에는 쉬더라도 해야 할 일을 미리미리 해 두는 사람이 나중에 실수하지 않습니다. 여유 부리는 사이에 빈궁이 강도같이 오고 곤핍이 군사같이 이르는 것입니다(34절).

일상에서나 영성을 지켜 나가는 삶에서나 그리스도인이 가장 경계해야 하는 것은 게으름입니다. 성실하게 하늘의 지혜를 구하여 살아감으로 내게 주신 삶의 현장에서 풍성한 열매를 거두며 살아가는 성도되기를 바랍니다.

나의 적용 • • •

25장

영적 각성을 위한
삶의 지혜가 필요합니다
잠언 25장 1절

1 이것도 솔로몬의 잠언이요 유다 왕 히스기야의 신하들이 편집한 것이니라

남유다 왕국은 솔로몬 왕 이후 선한 왕과 악한 왕이 반복해서 왕위에 오르며 약 200년의 시간이 흘러갑니다. 그러다가 히스기야 왕 때에는 북왕국 이스라엘은 하나님 앞에 범죄하여 이미 앗수르에 의해 멸망당한 상황이었고, 남유다 역시 바벨론의 침략으로 풍전등화의 위기에 처해 있었습니다.

이런 국가적 위기 앞에서 백성들을 바르게 가르치고 온전한 신앙을 회복시키기 위해 히스기야는 솔로몬의 잠언을 수집하도록 신하들에게 명령합니다. 그래서 3,000여 개에 달하는 솔로몬의 잠언을 추리고 추려서(왕상 4:32) 128개로 정리하고 편집한 잠언집이 25장부터 29장까지의 말씀입니다. 여기에는 하나님 앞에서 나라를 새롭게 하고 민족의 중흥을 이루려 했던 히스기야 왕의 소망이 담겨 있습니다.

히스기야의 신하들이 수집하고 편집한 128개의 잠언집을 깊이 묵상하면 영적으로 어둡고 혼란스런 이 시대 가운데서 다시금 견고한 믿음을 회복하고 하나님께서 주시는 은혜와 회복을 누리는 길이 무엇인지에 대해 배울 수 있습니다. 그렇다면 인생의 위기 상황 앞에서 절망하고 주저앉아 버리지 않고, 다시금 용기 있게 일어서는 길은 무엇일까요?

첫째는 본이 되는 신앙의 위인에게서 배워야 합니다. 그래서 히스기야는 솔로몬의 지혜를 배워 백성들을 깨우침으로 나라를 새롭게 하려고 솔로몬의 잠언을 수집하도록 했습니다.

둘째는 영적인 변화를 위한 강력한 갈망이 필요합니다. 히스기야는 자신과 국가의 현실적인 위기를 해결하는 유일한 길은 하나님 앞에서 영적으로 새로워지는 것임을 깨달았고, 그렇게 하고자 솔로몬의 잠언을 편집하게 한 것입니다.

셋째는 함께할 믿음의 동역자를 세워야 합니다. 솔로몬의 잠언을 편집한 신하들은 히스기야와 함께 나라의 미래를 생각하고 마음을 나눌 수 있는 친구와 같은 사람들이었습니다. 여기에는 이사야 선지자도 포함되어 있었습니다.

히스기야 왕이 편집한 솔로몬의 제2잠언집을 묵상하면서 믿음을 새롭게 하고 어두운 이 시대를 이기는 지혜를 소유하는 성도되기를 바랍니다.

나의 적용 ● ● ●

영적 각성은
겸손한 마음에서 시작됩니다

잠언 25장 2-7절

2 일을 숨기는 것은 하나님의 영화요 일을 살피는 것은 왕의 영화니라
3 하늘의 높음과 땅의 깊음 같이 왕의 마음은 헤아릴 수 없느니라
4 은에서 찌꺼기를 제하라 그리하면 장색의 쓸 만한 그릇이 나올 것이요
5 왕 앞에서 악한 자를 제하라 그리하면 그의 왕위가 의로 말미암아 견고히 서리라
6 왕 앞에서 스스로 높은 체하지 말며 대인들의 자리에 서지 말라
7 이는 사람이 네게 이리로 올라오라고 말하는 것이 네 눈에 보이는 귀인 앞에서 저리로 내려가라고 말하는 것보다 나음이니라

히스기야 왕은 바벨론의 위협 앞에 놓인 남유다가 위기 상황을 극복하고 영적으로 각성하여 다시금 번영하려면 왕과 신하가 모두 하나님 앞에 겸손하고 각자의 위치에서 신실하게 행해야 한다고 생각했습니다. 그래서 솔로몬의 잠언들 중에서 왕과 신하들이 하나님 앞에서 가져야 할 마음가짐과 교훈을 솔로몬의 제2잠언집 첫 머리에 편집해 놓았습니다. 그러면 하나님 앞에 신실하게 행하는 사람의 마음가짐은 어떠해야 할까요?

첫째로 영적으로 깨어서 하나님의 행하심을 바라보아야 합니다(2-3절). 하나님은 겸손한 분이셔서 우리의 삶에 행하신 일을 스스로 숨기십니다. 그래서 영적으로 깨어 있지 않으면 하나님께서 행하신 일을 부모님이나 친구가 도와주어서 된 줄 알고, 때로는 교만한 마음에 자기가 무슨 능력이 있어서 해낸 줄로 착각합니다. 그러나 영적으로 민감한 사람은 하나님께서 얼마나 섬세하게 나의 삶을 살피시고 도우셨는지를 깨닫고 찬양과 감사와 영광을 하나님께만 돌려 드립니다.

둘째로 악한 자가 머리를 들 수 없는 문화를 만들어 가야 합니다(4-5

절). 하나님을 경외하는 왕은 부지런히 국정을 돌보면서 충신과 간신이 누구인지를 분별하고, 또한 하나님을 경외하는 신하들은 성실하게 주어진 직책을 잘 감당하며 불의한 일을 도모하는 자들을 경계합니다. 은에서 찌끼를 제하는 것처럼 국가의 성장을 방해하는 간신들을 제거하면 그 나라가 견고해지는 것입니다.

셋째로 겸손히 행하며 하나님의 때를 기다릴 줄 알아야 합니다(6-7절). 예수님께서는 혼인잔치에 청함 받은 사람의 비유에서(눅 14장) 자기를 낮추는 자는 높아지고, 자기를 높이는 자는 낮아지리라 말씀하셨습니다. 베드로 사도 역시 "하나님의 능하신 손 아래서 겸손하라 때가 되면 너희를 높이시리라(벧후 5:6)." 권면하였습니다. 하나님은 겸손하신 분이셔서 묵묵히 일하며 겸손히 행하는 사람을 높이심으로 하나님의 살아 계심을 나타내십니다.

그리스도인은 언제나 영적으로 깨어 있어서 악한 것들을 멀리하고 겸손히 행해야 합니다. 이러한 신실한 삶으로 하나님의 능력과 역사를 체험하고 자기를 낮추는 자를 높여 주시는 은혜로 살아가시기를 바랍니다.

나의 적용 • • •

분쟁 해결에는
신중함이 필요합니다

잠언 25장 8-10절

8 너는 서둘러 나가서 다투지 말라 마침내 네가 이웃에게서 욕을 보게 될 때에 네가 어찌
할 줄을 알지 못할까 두려우니라
9 너는 이웃과 다투거든 변론만 하고 남의 은밀한 일은 누설하지 말라
10 듣는 자가 너를 꾸짖을 터이요 또 네게 대한 악평이 네게서 떠나지 아니할까 두려우
니라

   대인 관계에서 모든 사람과 좋은 관계를
유지할 수는 없습니다. 가까이 지내던 이웃과도 분쟁이 생길 수 있고 심
지어는 가족 관계에서도 법적인 분쟁이 벌어지기도 합니다. 본문에서 솔
로몬은 이웃과 분쟁이 벌어졌을 때에 성숙한 사람은 어떻게 그 상황에 접
근하고 대처하는가에 대해 말씀하고 있습니다.

첫째로 신중하게 생각하고 행동해야 합니다(8절). 사건의 전후를 살펴
도 나에게 허물이 없다면, 당당하게 맞서고, 나에게도 허물이 있다면 법
정까지 가려 하지 말고 정직하게 허물을 인정하여 합의하는 것이 좋습니
다. 법정에서 재판이 시작되면 나에게도 잘못이 있는 경우 승소와 패소를
예측할 수 없고 상황이 어떻게 변하게 될지 알 수 없기 때문입니다. 오히
려 법정 분쟁 전에 양자간의 합의를 도출함으로 서로의 상한 감정을 풀면
더 나은 관계를 만들어 갈 수 있습니다.

둘째로 어떤 경우에도 인신공격은 피해야 합니다(9절). 법정에서의 인
신공격은 사건의 본질을 흐리려는 의도에서 시작됩니다. 법정 공방이 오
가다 감정이 상하면 상대방의 성격이나 평상시의 습관을 언급하면서 그
렇기 때문에 이런 일이 벌어졌다는 식으로 사건의 본질을 왜곡합니다. 가

장 나쁜 인신공격은 친밀할 때에 나누었던 비밀까지 폭로하는 것입니다. 법정 공방을 하고 있다는 것이 이미 결별을 의미하지만 여기까지 가면 관계의 회복은 더 이상 기대할 수 없습니다.

셋째로 인신공격은 결국 자신의 인격을 망가뜨림을 기억해야 합니다 (10절). 본문에 나오는 이웃의 원어적 의미는 벗, 이웃, 형제를 뜻합니다. 그래서 재판정에 오는 사람들은 모두 지인일 가능성이 높은 재판입니다. 이런 때에 인신공격을 하면 "나는 어떤 비밀도 폭로할 수 있는 전혀 믿을 수 없는 사람입니다."라고 공개적으로 선언하는 것과 같습니다. 결국 듣는 모든 지인의 구설수에 오르게 되고, 악평이 떠나지 않게 되어 대인 관계에 큰 장애를 초래하게 됩니다.

옳고 그름보다 인간관계를 더 중요시하고, 분쟁이 생기더라도 관계의 회복에 집중할 줄 아는 지혜로운 성도되기를 바랍니다.

나의 적용 • • •

하나님의 마음을
시원케 하는 사람

잠언 25장 11-15절

11 경우에 합당한 말은 아로새긴 은 쟁반에 금 사과니라
12 슬기로운 자의 책망은 청종하는 귀에 금 고리와 정금 장식이니라
13 충성된 사자는 그를 보낸 이에게 마치 추수하는 날에 얼음 냉수 같아서 능히 그 주인
   의 마음을 시원하게 하느니라
14 선물한다고 거짓 자랑하는 자는 비 없는 구름과 바람 같으니라
15 오래 참으면 관원도 설득할 수 있나니 부드러운 혀는 뼈를 꺾느니라

추수하는 날 열심히 일하느라 몸에서 열이
날 때에 얼음냉수를 마시면 속이 얼마나 시원한지 모릅니다. 충성된 사자
가 주인의 뜻을 정확하게 전달하여 사명을 완수하면 더운 날에 얼음냉수
를 마신 것처럼 주인의 마음을 시원케 합니다. 그리스도인은 하나님께서
세상에 보내신 충성된 사자입니다. 하나님의 마음을 시원케 하는 충성된
그리스도인의 삶은 어떠해야 할까요?

첫째로 적합한 때에 말할 줄 알아야 합니다(11절). 경우에 합당한 말은
분노를 쉬게 하고, 큰 위로를 주며, 사람의 마음을 얻게 합니다. 인내하며
적합한 타이밍에 온유하게 말을 하면 관원도 설득할 수 있습니다(15절).
그래서 솔로몬은 경우에 합당한 말이 아로새긴 은쟁반에 놓인 금 사과처
럼 아름답다 하였습니다. 전도 역시 타이밍이 중요합니다. 삶의 위기에
처한 사람에게 정확한 타이밍에 복음을 전하여 그 영혼을 구원하는 사람
이 하나님의 마음을 시원케 하는 충성된 사자가 됩니다.

둘째로 들을 귀가 열려 있어야 합니다(12절). 바르게 들은 사람이 정보
를 정확하게 전달할 수 있습니다. 그래서 솔로몬은 슬기로운 자의 책망을

들을 줄 아는 귀는 아름다운 금 고리와 장신구로 귀를 꾸민 것처럼 아름답다 하였습니다. 주의 말씀으로 자신의 삶을 돌아보고 늘 근신하는 마음으로 말씀을 실천하는 사람이 하나님의 마음을 정확하게 알 수 있고, 하나님 사랑을 세상에 전하며 하나님의 마음을 시원케 하는 충성된 사자가 됩니다.

셋째로 말과 행동이 일치하는 사람이 되어야 합니다(14절). 팔레스타인 사람들은 구름이 일어나면 이제 곧 비가 내려 물을 얻을 수 있을 것이라고 기대합니다. 그러나 비가 내리지 않고 구름이 바람에 밀려가면 구름이 일어나지 않았을 때보다도 더욱 크게 실망합니다. 말로 사람들의 기대를 한껏 높여 놓고 약속을 지키지 않는 사람의 모습이 이와 같습니다. 그리스도인은 언행일치의 삶으로 세상을 섬기며 하나님의 마음을 시원케 하는 사람이 되어야 합니다.

충성된 사자가 되어 진리의 복음을 전하며 하나님의 마음을 시원케 하는 성도되기를 바랍니다.

나의 적용 • • •

과유불급!
무엇에든지 절제가 필요합니다

잠언 25장 16-19절

16 너는 꿀을 보거든 족하리만큼 먹으라 과식함으로 토할까 두려우니라
17 너는 이웃집에 자주 다니지 말라 그가 너를 싫어하며 미워할까 두려우니라
18 자기의 이웃을 쳐서 거짓 증거하는 사람은 방망이요 칼이요 뾰족한 화살이니라
19 환난 날에 진실하지 못한 자를 의뢰하는 것은 부러진 이와 위골된 발 같으니라

고대 팔레스타인에서 꿀은 가장 맛이 좋은 음식으로, 한 번 먹기 시작하면 절제하기 어려운 음식 중에 하나였습니다. 그러나 꿀을 너무 많이 먹으면 몸에서 열이 나고 복통이나 설사를 일으킬 수 있기 때문에 솔로몬은 꿀을 보면 족하게 먹되 과식하지 말라고 권면하고 있습니다. 이 말씀이 우리의 삶에서 주는 교훈은 무엇일까요?

첫째로 성품의 변화를 위해서는 절제가 필요합니다(16절). 절제는 성령께서 우리에게 주시는 은사 중에 하나인데, 그리스도인은 절제를 통해 인간적인 본능을 이기고 하나님의 성품에 참여하게 됩니다. 인간적인 본능은 "더 많이, 더 즐겁게, 더 편안하게"라는 생각으로 육체의 정욕을 부추기며 죄를 짓게 만들지만, 절제의 은사를 받으면 나누고, 인내하고, 헌신하며 선을 행할 줄 아는 거룩한 사람이 됩니다.

둘째로 인간관계의 유익을 위해서도 절제가 필요합니다(17절). 이웃집에 너무 자주 가서 수다를 떠는 사람은 남의 사생활을 침해하게 되어 미움을 받게 됩니다. 또한 이웃의 비밀을 알게 되었을 때에 악한 사람은 거짓 증언을 해서 이웃을 치고 거기서 불의한 이익을 얻으려고까지 합니다(18절). 건전한 인간관계를 유지하려면 지나치게 남의 사생활을 알려하지 말고 행동에 절제하며 배려하는 삶이 필요합니다.

셋째로 고난 가운데에서도 절제할 줄 알아야 합니다(19절). 인생에 어려움이 찾아왔을 때에 사람은 지푸라기라도 잡는 심정으로 누구에게나 손을 벌리고 도움을 청하려고 합니다. 그러나 환난 날에 진실하지 못한 자에게 도움을 청하면 그가 도움이 될 것 같지만 결국 부러진 이와 위골된 발처럼 아무 힘도 되지 않고, 오히려 더 큰 불행을 초래하게 됩니다. 아무리 어려워도 나의 도움은 천지를 지으신 여호와 하나님께 있음을 믿으며 인내해야 합니다.

날마다 성령의 도우심을 따라 절제하며 살아감으로 육체의 정욕을 이기고, 하나님의 성품에 참여하는 거룩한 성도되기를 바랍니다.

나의 적용 ● ● ●

원수도 친구로 변화시키는 숯불 작전

잠언 25장 20-22절

20 마음이 상한 자에게 노래하는 것은 추운 날에 옷을 벗음 같고 소다 위에 식초를 부음 같으니라
21 네 원수가 배고파하거든 음식을 먹이고 목말라하거든 물을 마시게 하라
22 그리 하는 것은 핀 숯을 그의 머리에 놓는 것과 일반이요 여호와께서 네게 갚아 주시리라

원수와과 관계를 회복한다는 것은 결코 쉬운 일이 아닙니다. 그런데 원수가 어려움에 빠졌을 때에 그를 돕고자 하는 넉넉한 마음만 품을 수 있다면, 원수가 친구로 변하는 기적같은 일이 일어날 수 있습니다. 본문에서 솔로몬은 그 비결을 우리에게 전하고 있습니다. 원수를 친구로 변하게 하는 방법은 무엇일까요?

첫째로 진실로 긍휼히 여기는 마음을 품어야 합니다(20절). 마음이 상한 사람에게는 아무리 듣기 좋은 노래를 불러 주어도 위로가 되지 않습니다. 오히려 소다 위에 식초를 부으면 거품이 부글거리며 끓는 것처럼 분노를 일으킬 뿐입니다. 원수가 어려움에 처했을 때에 위로하겠다고 말 한 마디를 잘못 던지면 오히려 격한 감정을 일으켜 관계만 더 악화될 뿐입니다. 관계의 회복을 위해서는 먼저 그를 진실로 불쌍히 여기는 마음이 필요합니다.

둘째로 위로의 말보다는 실제적인 도움을 주어야 합니다(22절a). 원수가 어려움에 처했을 때에는 무슨 말을 해도 오해가 생길 수 있습니다. 그러나 원수가 주릴 때에 그에게 음식을 주고, 그가 목말라 할 때에 물을 주어 마시게 하여 실질적인 필요를 채워 주면 원수는 마음에 감동을 받게

됩니다(21절). 이렇게 악을 선으로 갚으면 원수는 양심에 가책을 받아 자기 머리에 숯불을 올려놓은 것처럼 고통을 느끼게 되고 원수된 마음을 돌이켜 깨졌던 관계를 회복하게 됩니다.

셋째로 하나님께서 채워 주심을 믿고 베풀어야 합니다(22절b). 원수에게 무엇인가를 베푼다는 것은 상식의 선에서 불가능한 일입니다. 복수를 해도 모자랄 것을 선행으로 갚는다는 것은 지나친 모순이기 때문입니다. 그러나 원수를 사랑하라는 주님의 명령에 순종할 때에 우리는 하나님의 성품에 참여하게 되며, 이를 통해 인간관계 회복의 역사를 체험하게 됩니다. 그리고 나의 모든 손실을 하나님께서 친히 채워 주시는 놀라운 은혜를 누리게 됩니다.

하나님께서는 우리에게 화목케 하는 직분을 주셨습니다(고전 5:18). 이 직분에는 가까운 사람들뿐만 아니라 원수들도 포함됩니다. 원수도 감동시키는 삶으로 신의 성품에 참여하며 하나님을 기쁘시게 하는 성도되기를 바랍니다.

나의 적용 ● ● ●

마음의 성벽을
지켜야 합니다

잠언 25장 23-28절

23 북풍이 비를 일으킴 같이 참소하는 혀는 사람의 얼굴에 분을 일으키느니라
24 다투는 여인과 함께 큰 집에서 사는 것보다 움막에서 혼자 사는 것이 나으니라
25 먼 땅에서 오는 좋은 기별은 목마른 사람에게 냉수와 같으니라
26 의인이 악인 앞에 굴복하는 것은 우물이 흐려짐과 샘이 더러워짐과 같으니라
27 꿀을 많이 먹는 것이 좋지 못하고 자기의 영예를 구하는 것이 헛되니라
28 자기의 마음을 제어하지 아니하는 자는 성읍이 무너지고 성벽이 없는 것과 같으니라

전쟁을 할 때에 성벽이 무너져 있으면 적들은 별 수고 없이 그 성읍을 공격해서 빼앗고 약탈할 수 있습니다. 하나님의 자녀들이 마음을 지키지 못하면 그 마음이 무너진 성벽과 같아서 악한 원수 마귀가 너무 쉽게 생각을 흔들어 놓아 믿음을 저버리게 합니다. 그래서 그리스도인은 하나님 앞에서 자신의 마음을 잘 지켜 나가는 것이 매우 중요합니다. 마음을 바르게 제어하는 그리스도인이 되려면 어떻게 해야 할까요?

첫째로 분쟁의 원인을 제거해야 합니다(23절). 이스라엘 기후에서 북동풍이 불면 비가 내리는 것처럼 비방하는 말과 공격적인 언사는 사람의 얼굴에 분이 나게 합니다. 그래서 말로 심령을 상하게 하는 아내와 큰 집에 사는 것보다 혼자 움막에 살아도 마음 편하게 지내는 것이 낫다는 것입니다(24절). 이처럼 사람의 모든 일에는 인과관계가 존재하는데, 낙심의 원인을 제공하는 사람이나 환경을 원천적으로 피하는 것이 상책입니다.

둘째로 의로운 마음을 지켜 나가야 합니다(26절). 의인이 악인에게 굴복하는 것은 우물이 흐려지고 샘이 오염되어 먹을 수 없게 됨과 같습니

다. 의인이 악인에게 굴복당하는 것을 인정하는 사회는 한 사람의 의인만 죽인 것이 아닙니다. 물을 마시면 죽을 수밖에 없는 오염된 샘처럼 그 사회는 심각하게 오염되어 버린 것입니다. 사회가 오염되지 않도록 막는 길은 순교를 당하더라도 의로움을 버리지 않겠다는 의연한 자세입니다. 의인이 생존을 위해 악인에게 굴복해서는 안 됩니다.

셋째로 명예욕을 버려야 합니다(27절). 꿀을 너무 많이 먹으면 열이 나고 복통이 나는 것처럼, 명예에 욕심을 부리는 사람은 그것을 얻기까지 마음에 평안이 없고 나중에는 인생이 추해집니다. 명예는 스스로 얻으려고 해서 가질 수 있는 것이 아니라, 신실하고 헌신된 삶을 살아갈 때에 다른 사람들이 세워 줌으로 얻게 되는 것입니다. 명예를 얻고자 선을 행함이 아니라 선을 행함으로 명예가 따라오는 것입니다.

마음을 바르게 제어함으로 하나님의 보호하심과 은혜 속에 담대한 믿음으로 살아가는 성도되기를 바랍니다.

나의 적용 ● ● ●

26장

미련함은
견딜 수 없는 죄입니다

잠언 26장 1절

1 미련한 자에게는 영예가 적당하지 아니하니 마치 여름에 눈 오는 것과 추수 때에 비 오는 것 같으니라

팔레스타인의 기후에서 여름에 눈이 온다거나 추수하는 시기에 비가 내린다는 것은 극히 드문 일이었습니다. 만약 이런 이상기후 현상이 일어난다면 농작물에 막대한 피해를 주어서 많은 어려움을 겪게 됩니다. 미련한 사람이 영예를 얻어 높은 지위에 오르게 된다면 이런 이상 기후현상처럼 사람들에게 큰 피해를 주게 된다는 것입니다. 어째서 그럴까요?

첫째로 미련한 사람은 항상 잘못된 결정을 하기 때문입니다. 미련한 사람이 높은 지위에 올라 잘못된 결정을 하게 되면 아랫사람들은 그 문제를 수습하느라 일만 많아지고 한 시도 마음이 편할 날이 없습니다. 윗사람이 지혜롭게 바른 결정을 할 때에 함께하는 사람들도 평안함 가운데 주어진 역할을 감당하게 됩니다.

둘째로 미련한 사람은 부지런해도 문제입니다. 미련한 사람이 높은 자리에 앉아서 부지런하게 일하면 문제는 더욱 심각해집니다. 자기 나름대로는 열심히 해보겠다고 나서지만, 가는 곳마다 시작하는 일마다 문제가 생깁니다. 차라리 게으르기라도 하면 문제가 덜 생길 것을 부지런히 다니면서 사고를 치고 문제를 만듭니다. 결국 함께하는 사람들에게 고통을 줄 뿐입니다.

셋째로 미련한 사람이 결단을 하면 수습할 길이 없습니다. 한 공동체

의 수장은 그 공동체의 미래를 생각하고 유익한 길로 나아가도록 최선을 다하는 사람이 되어야 합니다. 그런데 미련한 사람이 사소한 결정이 아니라 그 공동체의 사활을 결정해야 하는 순간에 잘못된 결단을 하면 남은 것은 파산뿐입니다. 미련한 사람은 누구의 말도 듣지 않기 때문에 한 번 결단하면 그 의지를 꺾을 수 있는 사람이 없습니다. 그래서 미련한 사람의 결단은 공동체를 파멸로 몰고가는 죄입니다.

누가 미련한 자 입니까? 학식과 인품, 인격이 모자란 사람이 아니라 하나님이 없다 하며 자기 생각, 자기 판단으로 사는 사람입니다. 하나님을 부인하는 미련한 삶은 자기뿐만 아니라 함께하는 사람에게도 견딜 수 없는 고통을 줍니다. 하나님 앞에 신실한 삶으로 바른 결정을 해 나가며 함께하는 모든 사람을 유익하게 하는 성도되기를 바랍니다.

나의 적용 ● ● ●

미련한 자를
분별하는 지혜가 필요합니다

잠언 26장 2-12절

2 까닭 없는 저주는 참새가 떠도는 것과 제비가 날아가는 것 같이 이루어지지 아니하느
 니라

3 말에게는 채찍이요 나귀에게는 재갈이요 미련한 자의 등에는 막대기니라

4 미련한 자의 어리석은 것을 따라 대답하지 말라 두렵건대 너도 그와 같을까 하노라

5 미련한 자에게는 그의 어리석음을 따라 대답하라 두렵건대 그가 스스로 지혜롭게 여길
 까 하노라

6 미련한 자 편에 기별하는 것은 자기의 발을 베어 버림과 해를 받음과 같으니라

7 저는 자의 다리는 힘 없이 달렸나니 미련한 자의 입의 잠언도 그러하니라

8 미련한 자에게 영예를 주는 것은 돌을 물매에 매는 것과 같으니라

9 미련한 자의 입의 잠언은 술 취한 자가 손에 든 가시나무 같으니라

10 장인이 온갖 것을 만들지라도 미련한 자를 고용하는 것은 지나가는 행인을 고용함과
 같으니라

11 개가 그 토한 것을 도로 먹는 것 같이 미련한 자는 그 미련한 것을 거듭 행하느니라

12 네가 스스로 지혜롭게 여기는 자를 보느냐 그보다 미련한 자에게 오히려 희망이 있느
 니라

미련한 사람은 자기의 미련함으로 인해 가장 먼저 자기에게 해를 끼치고, 또한 주변에 있는 사람에게도 큰 해를 끼치게 됩니다. 본문에서 솔로몬은 미련한 사람과 함께하는 것을 경계하면서 피치 못해 미련한 사람을 만났을 때에 그를 어떻게 다루어야 하는가에 대해 말씀하고 있습니다. 미련한 자를 다루는 원리는 무엇일까요?

첫째로 미련한 자를 무시하되 그의 잘못은 정확하게 꾸짖어야 합니다(4-5절). 미련한 자의 말에는 대꾸할 가치도 없습니다. 그와 말을 섞다가는 대화하는 사람도 미련한 자 취급을 받게 될 뿐입니다. 가급적이면 상종하지 않는 것이 좋고, 미련한 자는 어리석어서 자기 스스로를 지혜롭게

여기니 대꾸를 하려면 한 마디의 말로라도 정확하게 그의 어리석음을 꾸 짖어 주어야 합니다.

둘째로 중요한 일을 맡겨서는 안 됩니다(6-9절). 미련한 자를 사신으로 보내면 의사소통을 바로 하지 못해서 주인에게 큰 해를 끼치고(6절), 일을 잘할 것 같아서 높은 자리에 앉혀 놓으면 투석용 무기인 물매에 돌을 묶어놓는 것처럼 전혀 쓸모없는 행동을 합니다(8절). 거기다가 그의 입에서 나오는 말은 술 취한 자의 손에 든 가시나무 같아서 많은 사람에게 상처를 주고 해를 끼칩니다(9절). 그러니 중요한 일을 맡길 수 없습니다.

셋째로 소속감이 없는 사람을 고용해서는 안 됩니다(10절). 미련한 자는 지나가는 행인과 같아서 소속감이나 열심이 없고 책임감 있게 일하지 않습니다. 거기다가 일을 배우려는 마음도 없어서, 실수를 해도 개가 토한 것을 도로 먹는 것처럼 실수를 반복합니다(11절). 이렇게 미련한 자를 고용하는 순간 주인은 마음 고생과 물질적 피해를 당하게 됩니다. 그럼 미련한 자를 어떻게 분별해야 할까요? 스스로를 지혜롭게 여기고 배우려는 겸손함이 없는 사람이 세상에서 가장 미련한 자입니다(12절). 우리에게는 항상 주님께 배우려는 겸손함이 필요합니다. 주님 앞에 겸손히 무릎꿇고 하늘의 지혜를 구함으로 미련한 자를 멀리하고 범사에 유익한 삶을 살아가는 성도되기를 바랍니다.

나의 적용 • • •

게으름은
극복해야 할 죄입니다

잠언 26장 13-16절

13 게으른 자는 길에 사자가 있다 거리에 사자가 있다 하느니라
14 문짝이 돌쩌귀를 따라서 도는 것 같이 게으른 자는 침상에서 도느니라
15 게으른 자는 그 손을 그릇에 넣고도 입으로 올리기를 괴로워하느니라
16 게으른 자는 사리에 맞게 대답하는 사람 일곱보다 자기를 지혜롭게 여기느니라

에디슨은 천재는 1%의 영감과 99%의 노력으로 만들어진다고 하였습니다. 그래서 사람에게 아무리 탁월한 재능과 지식이 있어도 활용하고 개발하지 않으면 아무런 유익이 없습니다. 게으른 사람이 똑똑하기까지 하면 참 곤란합니다. 차라리 평범한 머리를 가졌다면 배우려는 마음이라도 가질 수 있기에 게으름을 벗어날 수 있지만, 자기가 더 똑똑하다 생각하면 남의 말도 듣지 않기 때문입니다(16절). 그러면 게으른 사람의 공통적인 특징은 무엇일까요?

첫째로 변명이 많습니다(13절). 게으른 사람은 자기가 성실하게 열심히 일하지 않는 데에 늘 이유를 갖다 붙입니다. 길에 사자가 있다, 거리에 사자가 있다 하면서 어딜 가는 것도 차일 피일 미룹니다. 자기는 능력이 있지만 상황과 환경이 이래서 일을 못한다 하며 아무런 도전도 하지 않습니다. 재능을 활용해야 삶의 장애물도 극복하고 넘어설 수 있는데 변명만 하다가 끝나는 인생입니다.

둘째로 잠자는 것만 좋아합니다(14절). 문짝은 돌쩌귀(경첩)로 출입구에 붙어서 열고 닫히는 일을 반복할 뿐, 절대 떨어져 나가지 않습니다. 그런데 게으른 사람은 마치 돌쩌귀를 따라 도는 문짝처럼 침대에 붙어서 굴러다니기만 반복합니다. 아침에 잠에서 깨어날 때에 이불을 박차고 신속

하게 침대에서 벗어날 줄 아는 사람이 게으름을 이길 수 있습니다.

　셋째로 그나마 가진 것도 활용치 않습니다(15절). 게으른 사람의 극치는 밥 한술을 떠서 자기 입에 넣는 것조차도 귀찮아하는 것입니다. 밥을 먹어야 몸에 힘이 나고 체력이 있어야 무엇이라도 할 수 있습니다. 그런데 밥 먹는 것조차 귀찮아한다면 명줄을 놓는 것 외에 할 일이 없습니다. 게으른 사람은 가진 자산이나 재능도 활용치 않고 썩히다가 결국에는 파산하고 맙니다.

　게으름은 인생을 망치는 가장 악한 습관이고 죄입니다. 에디슨의 말을 역으로 생각하면 1%의 영감이 없으면 99%의 노력도 소용이 없는 법입니다. 하나님께서 주시는 창조적인 지혜를 구하고 내게 주신 은사와 재능을 성실하게 활용하여 삶의 지경을 넓혀 가는 성도되기를 바랍니다.

나의 적용 • • •

남의 말을 옮겨 봐야
좋을 것이 없습니다

잠언 26장 17-22절

17 길로 지나가다가 자기와 상관 없는 다툼을 간섭하는 자는 개의 귀를 잡는 자와 같으니라

18 횃불을 던지며 화살을 쏘아서 사람을 죽이는 미친 사람이 있나니

19 자기의 이웃을 속이고 말하기를 내가 희롱하였노라 하는 자도 그러하니라

20 나무가 다하면 불이 꺼지고 말쟁이가 없어지면 다툼이 쉬느니라

21 숯불 위에 숯을 더하는 것과 타는 불에 나무를 더하는 것 같이 다툼을 좋아하는 자는 시비를 일으키느니라

22 남의 말하기를 좋아하는 자의 말은 별식과 같아서 뱃속 깊은 데로 내려가느니라

사람이 맛좋은 음식을 먹으면 몸이 쉽게 흡수하는 것처럼 남의 말하기 좋아하는 자의 말은 사람의 마음속에 깊숙히 들어가 상처를 주기도 하고 다른 사람에 대한 오해를 불러 일으키기도 합니다. 본문에서 솔로몬은 여러가지 비유를 들어서 남의 말을 하고 다니는 사람이 자신과 타인에게 얼마나 큰 해를 끼치게 되는지에 대해 이야기하고 있습니다.

첫째로 자기와 상관 없는 일에 간섭하다가 해를 당합니다(17절). 남의 말하기 좋아하는 자는 참견하기를 좋아합니다. 누가 자기를 심판장으로 세워준 것도 아닌데 남의 이야기에 끼어들어 옳고 그름을 가려주겠다고 나섭니다. 사나운 개의 귀를 잡았다가는 손을 물릴 수밖에 없는데, 자기와 상관이 없는 일에 끼어들어 참견하는 것은 지나가는 개의 귀를 잡는 행위와 같아서 반드시 큰 피해를 당하게 됩니다.

둘째로 말을 옮기다가 거짓말을 하게 되어 이웃에게 해를 끼칩니다(19절). 거짓말이 무서운 이유는 전혀 사실이 아니어도 사람의 이미지를 부

정적으로 만들어 놓기 때문입니다. 그래서 이웃을 속이고 거짓말을 하는 것은 불화살을 쏘아서 사람을 죽이는 미친 행위와 같습니다(18절). 사실을 정확히 알지도 못하면서 남의 말을 옮기고 다니면 결국 거짓말을 하게 되고, 한 사람의 이미지를 망쳐 놓아 큰 피해를 줄 수 있습니다. 그래서 남의 말 하는 것을 늘 조심해야 합니다.

셋째로 남의 말하기 좋아하는 자가 다툼의 근원입니다(20-21절). 장작불은 더 이상 태울 나무가 없으면 꺼져버립니다. 마찬가지로 말쟁이도 입을 닫으면 더 이상 다툼이 생기지 않습니다. 남의 말하기 좋아하고 말을 옮기는 행위는 숯불 위에 숯을 더하고, 타는 불에 나무를 더하는 것과 같아서 시비와 다툼이 끊이지 않게 합니다. 싸움이 커지려 할 때에 감정을 죽이고 먼저 입만 닫고 참아도 다툼이 끝이 납니다.

남의 말하기를 좋아해서 말을 잘못 옮기면 타인에게 피해를 줄 뿐만 아니라 나 자신도 해를 당할 수 있습니다. 항상 입술을 굳게 지킴으로 말로 인한 실수를 최소화하고 한 마디의 말을 하더라도 덕을 세우는 입술로 살아가는 성도되기를 바랍니다.

나의 적용 • • •

낮은 은을 입힌 토기 같은 사람을 멀리하세요

잠언 26장 23–26절

23 온유한 입술에 악한 마음은 낮은 은을 입힌 토기니라
24 원수는 입술로는 꾸미고 속으로는 속임을 품나니
25 그 말이 좋을지라도 믿지 말 것은 그 마음에 일곱 가지 가증한 것이 있음이니라
26 속임으로 그 미움을 감출지라도 그의 악이 회중 앞에 드러나리라

그릇들 중에 가장 값이 싼 그릇은 토기입니다. 그런데 토기장이들은 토기에 은을 도색해 놓아 마치 은 그릇처럼 보이게 하여 진짜 은 그릇은 아니더라도 가치가 있어 보이게 할 수 있었습니다. 토기에 바르는 질이 낮은 은은 장신구를 만들 때에 불순물과 함께 남은 찌꺼기 은입니다. 악한 마음을 품은 사람이 온유한 말을 하며 누군가를 속이는 행위가 바로 질이 낮은 은을 입힌 토기와 같다는 것입니다. 그러면 낮은 은을 입힌 토기같은 위선적인 사람을 분별하는 방법은 무엇일까요?

첫째로 듣기 좋은 말만 하는 사람은 의심해 보아야 합니다(24절). 원수는 듣기 좋은 말로 현혹시켜 상대방을 속이고, 결정적인 순간에 뒤통수를 칩니다. 귀가 얇아서 칭찬하는 말에 넘어가고, 이익이 된다는 말에 넘어가고, 정에 끌리는 말에 넘어가는 순간 이미 원수의 올가미에 걸려든 것입니다. 사람은 그가 하는 말이 아니라 행실로 분별해야 합니다.

둘째로 위선적인 사람의 속마음은 한결같이 악함을 기억해야 합니다(25절). 그가 비록 좋은 말을 하더라도 믿지 말아야 할 것은 겉과 속이 다른 사람이기 때문입니다. 위선자의 마음에 일곱가지 악한 것이 들어있다는 표현은 실재로 딱 일곱가지 악한 것이 있다기보다는 7이라는 완전수

를 사용해서 그의 마음이 완전히 썩어 있음을 말하는 것입니다. 마음이 썩어 부패한 사람은 아무리 선한 말을 해도 그의 행동은 항상 악할 수밖에 없습니다.

셋째로 위선자의 실체는 시간이 분별해 줍니다(26절). 낮은 은을 입힌 토기는 시간이 지나면 도색한 은이 금방 벗겨져 버립니다. 은을 입힌 토기가 약간의 기스에도 도색이 벗겨져 버리는 것처럼, 위선자는 관계 안에서 약간의 상처만 받아도 본색을 드러냅니다. 진짜 은 그릇은 기스가 나도 은색을 유지하듯이 진실한 친구는 관계에서 서로 상처를 받아도 서로를 아끼고 사랑하는 마음이 변하지 않습니다. 결국 누가 진실한 사람인가는 시간이 분별해 줍니다.

좋은 말을 하고 겉이 멀쩡해 보인다고 좋은 사람이 아닙니다. 좋은 사람은 언제나 한결같고 시간이 흐를수록 더 아름다운 관계를 맺어 가는 사람입니다. 말보다는 사람의 중심을 보는 지혜를 하늘 아버지께 구하며 선한 관계를 맺어 가는 성도되기를 바랍니다.

나의 적용 • • •

하나님의 공의로우심을
의지해야 합니다

잠언 26장 27-28절

27 함정을 파는 자는 그것에 빠질 것이요 돌을 굴리는 자는 도리어 그것에 치이리라
28 거짓말하는 자는 자기가 해한 자를 미워하고 아첨하는 입은 패망을 일으키느니라

하나님께서는 공의로운 분이십니다. 공의
란 악한 것을 전혀 용납하지 않는 성품입니다. 우리가 하나님의 공의로
우심을 믿을 때에 세상의 어떠한 불의 앞에서도 두려워하지 않고, 담대한
믿음으로 살아갈 수 있습니다. 하나님께서는 악한 일을 도모하는 자들을
심판하셔서 하나님의 백성들을 구원하심으로 자신의 공의로우심을 드러
내십니다. 그러면 하나님께서 악한 자들을 심판하시고 공의를 드러내시
는 방법은 무엇일까요?

첫째로 자기가 판 함정에 빠지게 하십니다(27절). 함정을 파서 잘 덮어
두어도 함정을 판 사실을 상대방이 알아버리면 아무 소용이 없습니다. 또
한 역으로 이용해서 함정을 판 사람을 거기에 몰아넣을 수도 있습니다.
지혜의 하나님께서는 하나님의 자녀들을 원수가 파 놓은 함정에서 벗어
나게 하시고, 그 함정에 원수들을 몰아넣어 심판하심으로 하나님의 공의
를 드러내십니다.

둘째로 스스로의 모순에 걸려 넘어지게 하십니다(28절a). 거짓말을 하
고 그 거짓말을 감추려고 한다면 또 다른 거짓말을 해야 합니다. 그렇게
계속 거짓말을 하다 보면, 나중에는 처음 말과 나중 말이 모순이 되어서
자기가 스스로 거짓말을 하고 있음이 드러나게 됩니다. 거짓말하는 자는
자기의 거짓말을 감추려고 자기가 해를 끼친 사람을 모함하고 미워하지

만 하나님께서는 그의 악함을 드러내셔서 거짓말하는 자를 심판하심으로 자신의 공의를 나타내십니다.

셋째로 아첨하는 입으로 패망케 하십니다(28절b). 칭찬과 아첨은 본질적으로 다릅니다. 칭찬은 사실에 근거해서 사람의 옳은 행위를 인정하고 높여 주는 행위라면, 아첨은 상대방에게 잘 보이려고 사실을 과장하고, 악한 행위조차 잘한 일인 것처럼 칭송하는 행위입니다. 아첨은 하는 사람이나 듣는 사람에게 모두 백해무익입니다. 윗사람은 잘못된 선택을 해서 망하고, 아랫사람은 잘못된 선택을 하게 만들어서 함께 망하게 됩니다.

공의의 하나님께서 온 세상을 주관하시기 때문에 선한 일을 도모하면 선한 결과를 얻고, 악한 일을 도모하면 필연적으로 악한 결과를 얻게 됩니다. 언제나 진실한 믿음으로 하나님의 공의를 구하며 그의 보호하심과 인도하심 속에 살아가는 성도되기를 바랍니다.

나의 적용 ● ● ●

27장

자기 자랑을 버리고
칭찬받는 삶을 추구해야 합니다
잠언 27장 1-2절

1 너는 내일 일을 자랑하지 말라 하루 동안에 무슨 일이 일어날는지 네가 알 수 없음이니라

2 타인이 너를 칭찬하게 하고 네 입으로는 하지 말며 외인이 너를 칭찬하게 하고 네 입술로는 하지 말지니라

과거는 이미 지나갔고, 미래는 아직 오지 않았기에 사람의 지혜와 능력으로 과거와 미래를 어떻게 해 볼 수는 없습니다. 거기다가 사람은 현재 조차도 자기 마음대로 할 수 없는 연약한 존재입니다. 이렇게 자기 의지로 어찌할 수 없는 인생에서는 자기 자랑을 버리고 모든 것을 아시는 하나님만 의지하며 살아가는 삶이 최선입니다. 그러면 하나님을 의지하는 겸손한 삶은 어떤 삶일까요?

첫째로 자기 자랑을 버리는 삶입니다(1절). 내일 일을 자랑하는 자는 어리석은 사람입니다. 내일은 인간의 영역이 아니라 하나님의 영역인데, 미래를 자랑한다는 것은 미래를 자신이 좌지우지할 수 있다는 교만한 마음의 표현이기 때문입니다. 현재를 자랑하는 사람도 역시 어리석습니다. 현재는 과거라는 기반 위에 서 있는 것인데, 하나님의 은혜로 누리는 축복을 자기 힘으로 된 것으로 여기며 교만한 마음을 품었기 때문입니다. 자기 자랑은 교만에서 나오고, 겸손은 하나님을 경외하는 마음에서 나옵니다.

둘째로 칭찬받을 만한 삶을 살아야 합니다(2절a). 선하고 의로운 사람은 자기를 칭찬하지 않습니다. 칭찬받고자 선을 행하는 것이 아니라, 선하게 사니까 주위에 있는 사람들이 그의 선한 행실을 칭찬합니다. 하나님

을 경외하는 마음은 선하고 의로운 삶으로 표현되어 타인의 칭찬을 받게 되고, 하나님이 없는 교만한 마음은 자기 자랑으로 나타나 타인의 감정을 상하게 하고 미움을 받습니다.

셋째로 선한 영향력을 확장시켜 나가야 합니다(2절b). 같은 선한 일이라도 자기가 말하면 자랑이 되고, 남이 말하면 칭찬이 됩니다. 어원적으로 타인은 이웃이나 지인을 의미하고, 외인은 외국인을 의미하는데, 외국인까지 칭찬하는 상황이라면, 이는 선한 영향력이 크게 확장된 것을 의미합니다. 그리스도인의 선한 행실은 나와 가정에서 시작하여 이웃, 사회, 국가를 유익하게 하는 데까지 확장되어 나아가야 합니다.

옳다 인정함을 받는 자는 자기를 칭찬하는 자가 아니라 주께서 칭찬하시는 자입니다(고후 10:18). 겸손한 마음으로 선을 행하며 주님께 칭찬받는 성도되기를 바랍니다.

[나의 적용] • • •

미련한 사람도 사랑으로 권면하면 변화됩니다

잠언 27장 3–9절

3 돌은 무겁고 모래도 가볍지 아니하거니와 미련한 자의 분노는 이 둘보다 무거우니라
4 분은 잔인하고 노는 창수 같거니와 투기 앞에야 누가 서리요
5 면책은 숨은 사랑보다 나으니라
6 친구의 아픈 책망은 충직으로 말미암는 것이나 원수의 잦은 입맞춤은 거짓에서 난 것이니라
7 배부른 자는 꿀이라도 싫어하고 주린 자에게는 쓴 것이라도 다니라
8 고향을 떠나 유리하는 사람은 보금자리를 떠나 떠도는 새와 같으니라
9 기름과 향이 사람의 마음을 즐겁게 하나니 친구의 충성된 권고가 이와 같이 아름다우니라

공사 현장에서 벽돌이나 모래를 운반해 보면 적은 양도 얼마나 무거운지 모릅니다. 그런데 미련한 자의 분노는 돌이나 모래보다도 더 무거워서 어느 누구도 그 분노를 감당하기가 어렵습니다(3절). 본문은 친구의 면책과 미련한 자의 분노를 한 문맥에서 다루고 있습니다. 결국 미련한 자는 책망을 받으면 분노를 일으키기 때문에 지혜롭게 권면해야 한다는 것입니다. 그러면 미련한 자를 바르게 책망하는 방법은 무엇일까요?

첫째로 사랑으로 책망해야 합니다(5절). 무조건 잘못을 지적하면 미련한 자는 전혀 이해하지 못하고 분노합니다. 그러나 먼저 정서적인 교감이 있는 사람이 말을 하면 미련한 사람도 이성적으로는 이해를 잘 못해도 들으려고 합니다. 어떤 논리적 말이나 합리적인 설명보다 사랑하고 이해하고 있다는 마음을 충분히 전달해 주는 것이 중요합니다. 사랑으로 책망할 때에 마음이 통하는 법입니다.

둘째로 그가 필요로 할 때에 책망해야 합니다(7절). 배부른 자는 꿀도 싫어하고 주린 자에게는 쓴 것도 달다고 하였습니다. 그만큼 당사자가 절실히 원할 때에 조언을 하는 것이 좋은 효과를 낼 수 있습니다. 들을 자세가 되어 있지 않은 미련한 자에게 바른 말, 책망하는 말을 하면 그의 분노를 일으키게 되고 도리어 큰 피해를 당할 수 있습니다(4절).

셋째로 충성된 권고로 책망해야 합니다(9절). 충성은 복종하는 행위보다도 일관성 있는 태도를 말합니다. 친구에게 충성되게 권고하는 것은 같은 일을 상황에 따라 다르게 말하지 않는 태도입니다. 기름은 미끌거리는 성질이 변하지 않고, 향은 고유의 냄새가 변하지 않습니다. 이처럼 친구의 충성된 권고도 변치 않는 일관성이 있기에 아름다운 것입니다. 미련한 사람도 친구의 한결같은 사랑과 태도에 의해 변화될 수 있는 것입니다.

친구가 미련하면 그를 돕기가 참 어렵습니다. 그러나 사랑해 주고 이해해 주고 권면해야 할 적당한 시기를 분별하며 인내해 주면 미련한 친구도 깨닫는 날이 옵니다. 친구의 충성된 권고가 아름답다 한 것처럼 일관성 있는 신실한 태도로 주위 사람들을 섬기며 세워 주는 성도되기를 바랍니다.

나의 적용 ● ● ●

유비무환의 지혜가
필요합니다

잠언 27장 10-13절

10 네 친구와 네 아비의 친구를 버리지 말며 네 환난 날에 형제의 집에 들어가지 말지어
   다 가까운 이웃이 먼 형제보다 나으니라
11 내 아들아 지혜를 얻고 내 마음을 기쁘게 하라 그리하면 나를 비방하는 자에게 내가
   대답할 수 있으리라
12 슬기로운 자는 재앙을 보면 숨어 피하여도 어리석은 자들은 나가다가 해를 받느니라
13 타인을 위하여 보증 선 자의 옷을 취하라 외인들을 위하여 보증 선 자는 그의 몸을 볼
   모 잡을지니라

길을 가다가 빙판이나 웅덩이가 있으면 돌아서 가는 것이 좋습니다. '아 나는 빙판 위를 걸어도 절대 넘어지지 않아. 웅덩이를 지나가도 내 옷과 신발은 더러워질 리가 없지.' 이런 생각을 하면서 무시하고 지나가는 사람은 없습니다. 이처럼 슬기로운 사람은 재앙을 보면 대비하고 피할 줄 알지만 어리석은 사람은 무시하다가 더 큰 해를 당합니다(13절). 우리 삶에서 예상되는 재앙꺼리를 지혜롭게 대비하고 피해가려면 어떻게 해야 할까요?

첫째로 이웃과의 관계를 잘 맺어야 합니다(10절). 세상을 살다 보면 친형제보다 더 깊은 사랑의 관계를 맺게 되는 친구나 이웃이 있습니다. 그래서 인생에 환란이 와서 가족조차도 돌보아 주지 않고 외면할 때에 불쌍히 여겨주고 도와주는 친구들도 있습니다. 지금 자기가 하는 일이 잘되고 힘이 좀 있는 것 같다고 주위 사람들을 무시하고 함부로 대하는 사람은 환난 날이 찾아왔을 때에 어느 누구에게도 도움을 받을 수 없는 고독한 외톨이가 되고 맙니다.

둘째로 자녀들을 부지런히 살펴서 근심의 씨앗을 제거해야 합니다(11

절). 어린 자녀들의 생활습관이나 성품이 잘못되어 있으면 빨리 바로잡아 주어야 합니다. 괜찮아지겠지 하며 그냥 내버려두면 세 살 버릇 여든까지 간다고 성인이 되었을 때에는 부모가 감당할 수 없는 실수를 번복해서 큰 근심거리가 됩니다. 어린 자녀들의 잘못된 생활습관과 버릇은 예고된 환란꺼리임을 기억해야 합니다.

셋째로 자기의 능력을 과신하지 말아야 합니다(13절). 사람이 누군가를 위해 보증을 서는 이유는 헛된 이익을 얻으려 한다거나 자기 능력을 과신하기 때문입니다. 동정심에 위태한 사업을 하고 있는 가족이나 친구를 위해 보증을 섰다가는 자기의 능력을 넘어서는 상황이 될 때에 모든 소유를 잃어버릴 수 있습니다. 거기다가 나중에는 빚을 갚기 위해 자기 몸을 볼모로 잡혀 막노동까지 해야 하는 비참한 처지가 되고 맙니다.

하나님께서 주시는 슬기로운 마음으로 삶을 바르게 분별하며 주의 날개 그늘 아래서 재앙을 넘어가고 범사에 평강을 누리는 성도되기를 바랍니다.

나의 적용 • • •

지혜롭게 칭찬하고
지혜롭게 다투어야 합니다

잠언 27장 14-16절

14 이른 아침에 큰 소리로 자기 이웃을 축복하면 도리어 저주 같이 여기게 되리라
15 다투는 여자는 비 오는 날에 이어 떨어지는 물방울이라
16 그를 제어하기가 바람을 제어하는 것 같고 오른손으로 기름을 움키는 것 같으니라

"불면증 환자가 잠을 자는데 깨워서 수면제를 주지 않는다."는 말이 있습니다. 의사들 사이에서 이치에 맞지 않게 진료하는 행위에 비유해서 하는 말입니다. 인간관계에서도 마찬가지입니다. 칭찬할 때와 다투어야 할 때가 있는데 어느 경우에도 과도해서는 안 되며 시기적절하게 할 줄 알아야 차후에 더 좋은 관계를 유지할 수 있습니다. 그러면 어떻게 칭찬하고 다투어야 할까요?

첫째로 드러내어 칭찬할 일이 있고, 가만히 숨겨 두어 덕을 세워야 할 일이 있습니다(14절a). 노하우를 전하는 것이나 생활 방식에 본이 되는 일을 드러내어 칭찬하면 다른 사람들도 그 방식을 따라가며 유익을 얻습니다. 그러나 누군가에게 경제적으로나 정서적으로 도움을 주어 선행을 한 것은 감추어두는 것이 좋습니다. 선행을 드러내면 때로는 칭찬받은 사람이 교만해 질 수도 있지만, 감추어 두면 당사자의 마음에는 기쁨이 계속되고, 하나님께서 기억하시고 그에게 복을 주십니다.

둘째로 같은 칭찬을 반복적으로 계속하는 것은 좋지 않습니다(14절b). 이른 아침에 이웃을 큰 소리로 칭찬하면 곤히 잘 자던 이웃이 깜짝 놀라 잠에서 깹니다. 지금 이웃에게 필요한 것은 칭찬이 아니라 편안한 잠입니다. 같은 칭찬을 반복하는 것은 칭찬으로 이웃의 단잠을 깨우는 행위와 같습니다. 그런 행위는 사람의 얼굴을 부끄럽게 만들고 나중에는 칭찬이

저주로 여겨지게 만듭니다.

셋째로 끝을 보겠다는 분쟁은 금물입니다(15절). 옛날에 비가 내릴 때에 초가집 천정에서 물이 새면 대책이 없었습니다. 그저 양동이로 물을 받아다 버리는 번거로운 일을 비가 그칠 때까지 계속해야 했습니다. 다투는 여자가 비오는 날에 이어 떨어지는 물방울 같다는 말은 싸우기 시작하면 끝장을 보려는 어리석은 사람에 비유한 표현입니다. 다툼은 서로의 의견을 조율하고 더 좋은 방향으로 나가기 위한 것이지 관계를 끊으려고 다투는 행위는 어리석은 것입니다.

칭찬과 다툼 모두 과하면 탈이 납니다. 시기적절한 칭찬, 건설적인 다툼으로 더 좋은 관계를 이루어 가는 성도되기를 바랍니다.

나의 적용 • • •

좋은 만남을
맺어 가야 합니다

잠언 27장 17-19절

17 철이 철을 날카롭게 하는 것 같이 사람이 그의 친구의 얼굴을 빛나게 하느니라

18 무화과나무를 지키는 자는 그 과실을 먹고 자기 주인에게 시중드는 자는 영화를 얻느
   니라

19 물에 비치면 얼굴이 서로 같은 것 같이 사람의 마음도 서로 비치느니라

인생을 살아가며 우리는 많은 만남을 갖
습니다. 대부분의 만남은 스쳐 지나가듯하는 의미없는 만남입니다. 그러
나 어떤 만남은 매우 소중한 만남이어서 그 사람과의 만남이 인생의 전환
점이 되기도 하고, 또 어떤 만남은 '차라리 그 사람을 만나지 않았다면 내
삶이 이렇게 되지는 않았을 텐데….' 하는 후회를 일으키기도 합니다. 그
러면 어떤 만남이 좋은 만남일까요?

첫째로 서로에게 성장과 성숙을 주는 만남입니다(17절). 철과 철이 부
딪치게 되면 서로 닿는 부분이 날카로워지면서 은색으로 밝게 빛나게 됩
니다. 예를 들어 녹슨 못 두 개를 서로 비벼 보면 녹슨 부분이 벗겨지면서
은색으로 변하는 것을 보게 됩니다. 이처럼 좋은 만남은 서로의 모가 난
부분을 벗겨 내어 인격적 성장과 성숙을 이루게 하고 만남이 지속될수록
서로를 영광스럽게 하는 만남입니다.

둘째로 서로를 돌보아 삶에서 풍성한 열매를 맺게 하는 만남입니다(18
절). 무화과나무는 농부의 보살핌 속에 건강하게 자라고 농부는 무화과나
무가 맺은 열매로 많은 수입을 거두게 됩니다. 또한 "종살이를 하더라도
대감집에서 하라!"는 격언처럼 높은 주인을 섬기는 종은 밖에서 주인의
권세를 자기 것처럼 누렸습니다. 마찬가지로 좋은 만남은 서로를 사랑으

로 섬기어 풍성한 열매를 맺게 하고 그 열매로 서로의 삶을 윤택하게 하는 만남입니다.

셋째로 서로의 마음을 기쁘고 즐겁게 하는 만남입니다(18절). 거울이 귀하던 시절에 자기의 얼굴을 살피려면 물가에 가서 얼굴을 비추어 보았습니다. 사람의 마음은 마치 거울과 같아서 만나는 사람의 얼굴을 표정을 보면 그 사람이 나를 어떻게 생각하고 있는가를 알 수 있습니다. 반가운 표정, 미소를 짓는 표정은 나에 대해 좋은 감정이 있다는 뜻이고, 불편한 표정, 찡그린 표정은 좋지 못한 감정이 있다는 의미입니다. 좋은 만남은 서로를 사랑하고 아껴 주는 마음으로 서로에게 기쁨을 주는 만남입니다.

우리는 삶 속에서 주변 사람들과 어떤 만남을 가지고 살아가고 있을까요? 서로를 성숙시키고, 서로에게 유익을 주며 기쁨 주는 좋은 만남을 맺어 가시기를 바랍니다.

나의 적용 • • •

인격이
성숙해야 합니다

잠언 27장 20-22절

20 스올과 아바돈은 만족함이 없고 사람의 눈도 만족함이 없느니라
21 도가니로 은을, 풀무로 금을, 칭찬으로 사람을 단련하느니라
22 미련한 자를 곡물과 함께 절구에 넣고 공이로 찧을지라도 그의 미련은 벗겨지지 아니
하느니라

❧　　　　　　　　　사람의 인격을 이루는 네 가지 요소가 있
습니다. 그것은 인성과 지성과 영성과 천성입니다. 인성은 교육을 통해
개발되고, 지성은 학습을 통해 확장되며, 영성은 말씀과 기도로 깊어집니
다. 천성은 태어날 때에 하나님께서 주신 것이기에 천국에 갈 때까지 변
치 않습니다. 이 네 가지 요소가 잘 조화된 사람이 훌륭한 인격으로 하나
님 나라의 선한 일꾼으로 쓰임받습니다. 그러면 삶에서 우리의 인격을 연
단하고 성숙시켜 가려면 어떻게 해야 할까요?

첫째로 육체의 욕망을 제어할 줄 알아야 합니다(20절). 창세 이래로 수
많은 사람이 죽었어도 또 다른 죽은 자를 위한 스올의 자리가 부족함이
없듯이 사람의 욕망도 아무리 많은 것을 소유해도 채워지지 않습니다. 육
체의 욕망은 스스로의 노력으로 멈출 수 없지만 오직 성령의 도우심으로
만 끊을 수 있습니다. 자신의 연약함을 고백하며 성령의 도우심을 의지하
는 사람이 성숙한 인격을 소유하게 됩니다.

둘째로 칭찬받을 때 더욱 겸손히 자신을 낮추어야 합니다(21절). 도가
니로 은을, 풀무로 금을 연단하면 그 안에서 불순물이 빠져나와 대장장이
가 쓸만한 순은, 순금이 됩니다. 칭찬은 사람을 연단하는 뜨거운 도가니
와 같아서 인격이 바로 된 사람을 더욱 겸손하게 만들고 인격이 잘못된

사람은 더욱 교만해져서 분수를 모르게 만들어 버립니다. 칭찬받을 때에 자신을 겸손히 낮추고 모든 영광을 하나님께 돌리는 사람이 훌륭한 인격을 소유한 하나님의 사람이 됩니다.

셋째로 미련한 마음을 버려야 합니다(22절). 미련한 자를 곡물과 함께 절구에 넣고 공이로 찧어도 그 미련이 벗겨지지 않는다는 것은 외부의 자극으로 미련함이 사라지지 않는다는 말입니다. 스스로 깨닫고 돌이켜야만 미련한 마음을 제거할 수 있습니다. 그래서 날마다 하늘의 지혜를 구하고 말씀 앞에서 자신의 삶을 점검하는 사람이 미련함을 벗어 버리고 성숙한 인격을 소유하게 됩니다.

안목의 정욕은 만족함이 없고 사람의 생각을 세속화시킵니다. 정욕적인 생각을 성령의 불로 태워 주시기를 간구하며 겸손한 마음으로 나아가시기 바랍니다. 그래서 하늘의 지혜를 소유한 성숙한 인격으로 하나님 나라의 선한 일꾼되어 살아가는 성도되기를 바랍니다.

나의 적용 • • •

받은 은사와 재능을 개발하고 활용해야 합니다

잠언 27장 23-27절

23 네 양 떼의 형편을 부지런히 살피며 네 소 떼에게 마음을 두라
24 대저 재물은 영원히 있지 못하나니 면류관이 어찌 대대에 있으랴
25 풀을 벤 후에는 새로 움이 돋나니 산에서 꼴을 거둘 것이니라
26 어린 양의 털은 네 옷이 되며 염소는 밭을 사는 값이 되며
27 염소의 젖은 넉넉하여 너와 네 집의 음식이 되며 네 여종의 먹을 것이 되느니라

하나님께서는 모든 사람에게 인생을 살아갈 수 있는 특별한 은사와 재능을 나누어 주셨습니다. 그래서 그 재능과 은사를 잘 활용하면 어렵지 않게 세상을 살아갈 수 있습니다. 그러면 하나님께서 주신 삶의 현장에서 올바르게 은사와 재능을 활용해 나가는 길은 무엇일까요?

첫째로 내게 주신 은사와 재능을 소중히 여겨야 합니다(23절). 남의 떡이 더 커 보인다고 다른 사람의 영역을 기웃거려서는 좋은 결과를 얻을 수 없습니다. 목축을 할 때에 자기 양 떼의 형편을 살피고 자기 소떼에게 마음을 두어야 가축들이 건강하고 번성하지 남의 양 떼, 소떼에 관심을 가지고 꼴을 먹여봐야 아무 소용이 없는 것과 같습니다. 내게 주신 재능과 은사를 귀히 여기고 삶의 현장에서 부지런히 개발하며 살아가는 사람의 삶이 번성합니다.

둘째로 재물보다 중요한 것은 재물을 모을 수 있는 은사와 재능입니다(24절). 재물은 영원하지 않고, 경주에서 우승한 승리자의 면류관도 그 한때의 영광이 될 뿐입니다. 부모가 열심히 은사와 재능을 개발하고 활용하여 많은 재물을 모으고 한 시대의 영광을 누렸다 하더라도 자녀들이 그

재물과 영광을 이어갈 능력이 없으면 몇 대를 가지 못해서 모든 것을 탕진하고 맙니다. 그러나 가진 것이 없어도 은사와 재능을 열심히 개발하고 훈련하면 가까운 미래에 환산할 수 없이 큰 가치가 되어 돌아옵니다.

셋째로 하나님은 우리에게 주신 은사와 재능을 통해 지속적으로 복을 주십니다(25-27절). 풀은 뿌리가 상하지 않으면 가축들이 뜯어먹어도 계속 자랍니다. 양털을 깎아서 옷을 만들어 입어도 양이 살아 있는 한 털은 다시 자라납니다. 염소에게서 젖을 짜도 염소가 죽지 않는 한 계속해서 젖을 냅니다. 마찬가지로 하나님께서 우리에게 주신 재능과 은사를 소멸시키지 않고 부지런히 개발하며 성실하게 살아갈 때에 하나님의 복이 끊임없이 우리 삶에 임하게 됩니다.

내게 주신 은사와 재능을 귀히 여기고 성실하게 개발하여 사람을 유익하게 하고 다함이 없는 하늘의 복을 풍성히 누리는 성도되기를 바랍니다.

나의 적용 ● ● ●

28장

의를 행하는 삶에
담대함이 있습니다

잠언 28장 1–3절

1 악인은 쫓아오는 자가 없어도 도망하나 의인은 사자 같이 담대하니라
2 나라는 죄가 있으면 주관자가 많아져도 명철과 지식 있는 사람으로 말미암아 장구하게
  되느니라
3 가난한 자를 학대하는 가난한 자는 곡식을 남기지 아니하는 폭우 같으니라

인생의 행복은 많은 것을 소유함에 있는 것이 아니라 마음의 평정심에 있습니다. 마음에 평정심이 없는 사람은 염려와 두려움에서 벗어나고 싶은 마음에 극단적인 행동을 하게 되고, 그로 인해서 죄를 짓게 됩니다. 그래서 마음의 평안을 얻겠다고 한 행동이 더 큰 염려와 두려움을 초래하게 됩니다. 염려와 두려움을 벗어 버리고 사자 같이 담대한 마음으로 살아가려면 어떻게 해야 할까요?

첫째로 하나님 앞에 정직한 삶을 살아가야 합니다(1절). 세상의 어느 누구도 모르는 완전 범죄를 저질렀다 생각해도 죄를 지은 사람의 마음이 불안하고 두려운 이유는 하나님께서 모든 것을 지켜보고 계심을 자기 양심이 알기 때문입니다. 그래서 악인은 쫓아오는 자가 없어도 늘 마음이 불안하고 답답하지만, 하나님 앞에 정직한 의인의 마음은 사자 같이 담대합니다.

둘째로 의를 행하는 삶을 추구해야 합니다(2절). 반역으로 세운 정권은 반드시 반역으로 인해 무너진다는 사실은 인류의 역사가 보여 주는 진리입니다. 성경에서도 북이스라엘은 반역에 반역을 거듭하여 흥망하는 역사의 반복이었습니다. 개인의 삶도 마찬가지입니다. 하나님 앞에 반역하여 불신의 길을 가는 사람은 자기도 다른 사람에게 배신을 당하여 망하는

길을 갑니다. 그러나 하나님 앞에 의를 행하면 그 한 사람으로 인해 주위의 많은 사람이 하늘의 은혜로 살게 됩니다.

셋째로 동병상련의 마음을 가져야 합니다(3절). 가난한 사람의 마음은 가난한 사람이 압니다. 그런데 악한 사람은 자기와 같은 형편에 있는 사람을 도리어 핍박합니다. 가난한 사람 중에도 좀 더 힘이 있는 사람이 자기의 형편을 조금 개선해 보겠다고 다른 가난한 사람의 것을 착취하기까지 합니다. 이런 행위는 부자가 가난한 자를 착취하는 것보다 하나님 앞에 더 큰 범죄입니다. 연약함 가운데서도 서로 위로하고 돕는 곳에서 하나님의 위로와 축복이 시작됩니다.

선을 행하는 삶에는 염려와 두려움이 없습니다. 연약함 가운데서도 서로의 처지와 형편을 돌보며 의를 행함으로 하나님이 주시는 위로와 평안을 누리며 살아가는 성도되기를 바랍니다.

나의 적용 ● ● ●

경건한 삶의
비결

잠언 28장 4–7절

4 율법을 버린 자는 악인을 칭찬하나 율법을 지키는 자는 악인을 대적하느니라
5 악인은 정의를 깨닫지 못하나 여호와를 찾는 자는 모든 것을 깨닫느니라
6 가난하여도 성실하게 행하는 자는 부유하면서 굽게 행하는 자보다 나으니라
7 율법을 지키는 자는 지혜로운 아들이요 음식을 탐하는 자와 사귀는 자는 아비를 욕되게 하는 자니라

❧　　　　　　　　경건이라는 말은 영어로 Godliness입니다.
반의어로 불경건을 Ungodliness라고 합니다. 어원적 의미를 살펴보았을
때에, 하나님의 존재를 인식하며 살아가는 삶이 경건이고, 인식하지 못하
고 맘대로 사는 삶이 불경건입니다. 그러면 하나님을 찾고 그분의 임재를
체험하면서 경건하게 살아가는 길은 무엇일까요?

　첫째로 말씀을 붙들고 살아가는 삶입니다(4절). 삶의 기준이 자신의 생
각과 가치관에 있는 사람은 항상 자기 유익을 위해서만 삽니다. 그래서
말씀을 버린 사람은 악인이라도 자기에게 이익이 되면 선하다 여기고 칭
찬합니다. 그러나 삶의 기준이 하나님의 말씀에 있는 사람은 자기에게 손
해가 된다 할지라도 악인과 결코 손을 잡지 않으며 바르고 정직한 길을
가기 때문에 늘 하나님의 도우심을 체험하게 됩니다.

　둘째로 인생의 모든 순간을 성실하게 살아가는 삶입니다(6절). 가난해
도 성실하게 살아가는 사람을 하나님께서는 긍휼히 여기십니다. 그래서
하루하루의 성실한 삶이 모아져서 은사가 개발되게 하시고, 작은 재물도
하나 하나 쌓으며 손실이 없게 하셔서 시간이 흐를수록 삶이 점점 부유해
지게 하십니다. 이렇게 성실한 삶을 통해 하나님의 도우심을 체험케 하시

고 하나님의 임재를 느끼게 하십니다. 반면에 부유한 자가 악을 행하면 쌓아 놓은 모든 것이 한 순간 날아가게 하십니다.

셋째로 절제하는 삶입니다(7절). 음식을 탐하는 사람은 먹고 즐기는 데 너무 많은 시간을 낭비합니다. 그런데 솔로몬은 율법을 지키는 자와 음식을 탐하는 자를 대조해서 이야기하고 있습니다. 이는 율법을 지키는 사람은 탐심을 멀리하게 되고, 탐심을 따라가는 사람은 말씀을 멀리하게 된다는 것입니다. 바울은 탐심은 곧 우상숭배라 하였는데(골 3:5) 그 이유는 마음에 세속적인 탐심이 일어나는 사람은 하나님의 임재에서 멀어지고, 이기적인 욕망의 지배를 받게 되기 때문입니다.

말씀을 붙들고 성실하게 살아가는 삶에 하나님의 임재와 도우심이 함께합니다. 말씀에 순종함으로 마음의 탐심을 제거하고 하나님의 임재 속에 경건한 삶을 살아가는 성도되기를 바랍니다.

나의 적용 • • •

하나님의 마음을 품고
살아야 합니다

잠언 28장 8-10절

8 중한 변리로 자기 재산을 늘이는 것은 가난한 사람을 불쌍히 여기는 자를 위해 그 재산을 저축하는 것이니라
9 사람이 귀를 돌려 율법을 듣지 아니하면 그의 기도도 가증하니라
10 정직한 자를 악한 길로 유인하는 자는 스스로 자기 함정에 빠져도 성실한 자는 복을 받느니라

사람이 무슨 일을 하든지 겉으로 드러나는 행위보다 중요한 것은 마음가짐입니다. 하나님은 마음의 중심을 살피시는 분이시기 때문에 사람의 종교행위를 기쁘게 여기지 않고, 하나님 앞에 신실하게 행하며 선한 마음을 품고 살아가는 사람을 기쁘게 여기십니다. 그러면 하나님의 마음을 품고 신실하게 살아가는 삶은 어떤 삶일까요?

첫째로 긍휼을 베푸는 삶입니다.(8절). 사람이 빚을 내는 이유는 경제적으로 어려워졌기 때문입니다. 가난한 사람에게 중한 변리로 돈을 빌려주고 폭리를 취하는 사람은 가난한 사람을 더욱 비참하게 만드는 악을 행하는 것입니다. 하나님은 가난한 사람을 불쌍히 여기시는 분이십니다. 그래서 중한 변리로 가난한 자를 학대하여 쌓아 놓은 자들의 재물을 빼앗아 가난한 사람들을 긍휼히 여기고 대가 없이 베푸는 사람들에게 주십니다.

둘째로 말씀을 지켜 행하는 삶입니다(9절). 사람이 하나님의 말씀을 듣지 않고, 자기 욕심대로 기도하면 하나님께 멸시를 당합니다. 말씀이 삶의 기준으로 바로 서 있지 않으면 선행도, 기도도, 봉사도 모두 자기 의가 될 뿐입니다. 그러나 말씀을 생명 같이 소중히 여기는 사람은 때로는 기도가 부족해도 하나님의 마음에 합한 생각과 행동으로 선을 행하게 됩니

다. 그래서 기도보다 선행되어야 하는 것은 하나님의 말씀을 묵상하는 삶입니다.

셋째로 언제나 성실하게 정도를 걸어가는 삶입니다(10절). 바른 길을 가는 사람은 다른 사람을 악한 길로 인도하지 않습니다. 악한 자들은 의로운 사람들을 유혹해서 죄의 길에 빠지게 만들지만, 정직하고 옳은 길을 가는 사람은 삶의 본이 되어서 다른 사람들이 자발적으로 그 길을 따라가게 합니다. 하나님 앞에서 신실하게 정도를 걸어가는 사람이 하나님의 기쁨이 됩니다.

말씀에 근거한 가치관으로 사람들을 긍휼히 여기며 믿음의 길에서 정도를 걸어가는 성도되기를 바랍니다.

나의 적용 ● ● ●

자기 성찰이
필요합니다

잠언 28장 11-14절

11 부자는 자기를 지혜롭게 여기나 가난해도 명철한 자는 자기를 살펴 아느니라
12 의인이 득의하면 큰 영화가 있고 악인이 일어나면 사람이 숨느니라
13 자기의 죄를 숨기는 자는 형통하지 못하나 죄를 자복하고 버리는 자는 불쌍히 여김을
   받으리라
14 항상 경외하는 자는 복되거니와 마음을 완악하게 하는 자는 재앙에 빠지리라

법정에서 판사가 공범자들에게 형량을 내리는 방법이 있습니다. 심증은 가지만 물증이 부족한 경우, 물증보다 우선하는 것이 죄수의 자백입니다. 검사는 죄수들의 자백을 받기 위해 따로 불러 취조하면서 자백하면 형량을 줄여 준다고 회유합니다. 죄수들이 자백을 하지 않으면 모두 평균치의 형량을 받습니다. 그러나 한 죄수는 자백하고 한 죄수는 묵비권을 행사할 경우 자백한 죄수는 감형을 받고 묵비권을 행사한 죄수는 괘씸죄로 배나 많은 형벌을 받게 됩니다.

하나님은 이미 모든 사실을 아시기 때문에 우리 죄에 대한 어떤 물증도 필요치 않으십니다. 그래서 하나님 앞에서는 무조건 죄를 자복하는 사람이 긍휼히 여김을 받습니다. 그리고 하나님께 죄를 자백한 사람은 그 죄에 대하여 의롭다 하심까지 얻습니다. 그러면 죄를 용서함 받고 의롭다 하심까지 얻는 사람은 어떤 사람일까요?

첫째로 자기를 성찰할 줄 아는 사람입니다(11절). 돈이 많다고 재물로 자기 죄를 덮을 수 없고, 가난하다고 지은 죄에 대해 긍휼함을 받을 수는 없는 법입니다. 죄를 지으면서도 잘못하고 있다고 스스로 인지하지 못하는 사람에게는 회개도 용서도 없습니다. 오직 자기를 성찰하고 죄를 고백

하는 사람에게 용서가 있습니다.

둘째로 권력이 주어졌을 때에 더욱 선을 행하는 사람입니다(12절). 힘이 있으면 죄를 지어도 자기는 심판을 받지 않는다고 생각하는 어리석은 사람은 자기도 망하고 자기와 함께하는 사람도 망하게 합니다. 그러나 모든 권력 위에 계신 하나님을 인정하는 사람은 힘이 주어졌을 때에 더욱 겸손히 선을 행함으로 죄의 길에서 벗어나 많은 사람을 유익하게 합니다.

셋째로 하나님을 경외함으로 열린 마음을 품고 사는 사람입니다(14절). 하나님을 경외할 줄 모르는 사람은 마음이 완악해집니다. 자기 판단이 무조건 옳기 때문에 누구의 조언도 수용하지 않습니다. 그래서 죄의 길을 가면서도 돌이킬 줄 모릅니다. 그러나 하나님을 경외하는 사람은 들을 귀가 열려서 다양한 사람들의 의견을 수용하고 하나님 보시기에 옳은 선택을 합니다.

항상 겸손하게 자신을 성찰하며 죄에 길에서 벗어나 생명 길을 가는 성도되기를 바랍니다.

나의 적용 • • •

부와 권력을 주시는 이유

잠언 28장 15-17절

15 가난한 백성을 압제하는 악한 관원은 부르짖는 사자와 주린 곰 같으니라
16 무지한 치리자는 포학을 크게 행하거니와 탐욕을 미워하는 자는 장수하리라
17 사람의 피를 흘린 자는 함정으로 달려갈 것이니 그를 막지 말지니라

공직에 있는 사람이 탐심을 품으면 가난한 백성을 귀히 여길 줄 모릅니다. 부자는 가진 재물로 관리를 매수해서 온갖 비리를 저지르고 함께 불의한 이익을 추구하며 공생하지만, 가난한 백성들은 관리의 압제 아래서 속수무책으로 당할 수밖에 없습니다. 그럼에도 하나님께서 공의로 세상을 다스리시기 때문에 가난한 자들에게도 소망이 있습니다. 하나님께서 가난한 백성을 불쌍히 여기는 통치자들에게는 복을 주시고 압제하는 자들은 반드시 심판하시기 때문입니다. 그러면 하나님의 공의는 세상 가운데 어떻게 나타날까요?

첫째로 탐욕에 빠진 관리에게서 만족감을 빼앗아 가십니다(15절). 사자는 배가 부르면 절대 큰 소리를 내며 울부짖거나 사냥하지 않습니다. 곰도 성격이 포악하지만, 배가 부를 때에는 드러누워 잠만 잘뿐 약한 동물을 해치지 않습니다. 하나님께서는 가난한 백성을 압제하는 악한 관원들의 마음을 항상 굶주린 사자나 곰같게 하셔서 아무리 많이 가져도 공허하게 만드십니다.

둘째로 탐욕을 미워하는 관리가 장수하게 하십니다(16절). 무지한 치리자는 하나님의 공의를 모르기 때문에 자기가 가진 힘으로 포학을 행하며 백성들을 괴롭힙니다. 그러나 그의 악행이 밝혀지는 날 모든 명예와 권력을 빼앗기고 정치적 생명이 끝나게 됩니다. 반면에 탐욕을 미워하여 가난

한 백성들을 불쌍히 여기고 선을 행하는 자는 정치적으로도 장수하게 하시고 그의 생명도 지켜 주십니다.

셋째로 죄인의 길 끝에 심판을 예비하십니다(17절). 솔로몬은 불의한 이익을 얻으려고 타인의 피를 흘린 자는 스스로 함정으로 달려갈 것이니 그를 잡으려고 추적할 필요도 없다고 말합니다. 죄의 삯은 사망이기 때문에(롬 6:23) 범죄한 사람은 반드시 심판에 이르게 된다는 것입니다. 사람의 죄는 세상에서 드러나면 그에 따른 처벌을 받고, 드러나지 않아도 내세에는 영원한 지옥 형벌이 예비되어 있습니다.

재물과 권력은 사람을 섬기라고 하나님께서 주신 복입니다. 이 진리를 기억하고 내게 주신 은혜로 인하여 더 많은 사람을 사랑하고 섬기며 살아가는 성도되기를 바랍니다.

나의 적용 • • •

성실한 삶에
하나님의 구원이 임합니다

잠언 28장 18-20절

18 성실하게 행하는 자는 구원을 받을 것이나 굽은 길로 행하는 자는 곧 넘어지리라
19 자기의 토지를 경작하는 자는 먹을 것이 많으려니와 방탕을 따르는 자는 궁핍함이 많
   으리라
20 충성된 자는 복이 많아도 속히 부하고자 하는 자는 형벌을 면하지 못하리라

햇빛이 선인이나 악인을 가리지 않고 온기와 빛을 주듯이 하나님께서는 세상 모든 사람에게 동일한 은혜를 베풀어 주십니다. 이것을 신학용어로 일반은총이라 하는데, 하나님의 일반은총으로 인해 세상에서 선을 행하면 복을 받고 악을 행하면 심판을 받는다는 보편적 진리가 성립됩니다. 그러면 하나님의 일반은총이 우리의 삶에서 어떻게 나타날까요?

첫째로 성실한 삶에 구원의 은혜가 임하게 하십니다(18절). 왜 솔로몬은 성실한 삶에 복을 주신다던가 성실하면 인생에서 성공한다 하지 않고, 성실하게 행하는 자는 구원받을 것이라 했을까요? 하나님께서는 누구든지 자기의 일에 성실히 행하는 사람에게 자신을 드러내시기 때문입니다. 허황된 것을 쫓고 악을 행하는 자들은 필연적으로 망하게 하시고, 성실하게 사는 자들의 삶에는 복이 임하게 하심으로 사람들이 하나님이 살아 계심을 깨달아 구원받게 하십니다.

둘째로 주어진 삶에 최선을 다하는 삶에 복을 주십니다(19절). 하나님께서는 세상 만물의 경계를 정하신 분이십니다. 그래서 새는 공중에 날고, 물고기는 물속에 헤엄쳐야 안전합니다. 내 영역이 아닌 타인의 영역을 침범하고 욕심으로 자기와 맞지 않는 일을 하려는 것을 방탕이라 하는

데, 이렇게 방탕한 사람은 궁핍해질 수밖에 없습니다. 그러나 하나님께서 주신 삶의 영역에서 농사를 짓든 사업을 하든 최선을 다하는 사람은 복을 받습니다.

셋째로 충성스런 삶에 복을 주십니다(20절). 하나님 앞에 충성된 사람은 일확천금을 꿈꾸지 않습니다. 속히 부하고자 하는 사람은 정상적으로 재물을 모으지 않습니다. 도박을 하거나 복권 당첨을 노리거나, 더 악한 사람은 남을 속여서 재물을 모으려 합니다. 이런 사람은 편법을 따라가다 범죄하고 심판을 받지만 하나님 앞에 충성된 사람은 정직하게 성실하게 의롭게 살아가며 하나님이 주시는 풍성한 복을 누립니다.

성실한 삶, 최선을 다하는 삶, 충성스런 삶에 하나님의 은혜가 임합니다. 하나님 앞에 진실하게 살아감으로 삶의 현장에서 빛과 소금의 사명을 잘 감당하며 많은 영혼들을 의의 길로 인도하는 성도되기를 바랍니다.

나의 적용 ● ● ●

여호와를 의지하는 자는 부족함이 없습니다

잠언 28장 21-25절

21 사람의 낯을 보아 주는 것이 좋지 못하고 한 조각 떡으로 말미암아 사람이 범법하는 것도 그러하니라
22 악한 눈이 있는 자는 재물을 얻기에만 급하고 빈궁이 자기에게로 임할 줄은 알지 못하느니라
23 사람을 경책하는 자는 혀로 아첨하는 자보다 나중에 더욱 사랑을 받느니라
24 부모의 물건을 도둑질하고서도 죄가 아니라 하는 자는 멸망 받게 하는 자의 동류니라
25 욕심이 많은 자는 다툼을 일으키나 여호와를 의지하는 자는 풍족하게 되느니라

어린아이들이 싸우는 모습을 보면 가끔 어이가 없어서 웃음이 나올 때가 있습니다. 장난감 하나를 가지고 자기 것이라고 우기고, 과자 하나만 달라고 해서 안 주니까 싸우고 합니다. 그런데 다툼이 생기는 원인을 생각해 보니 애나 어른이나 똑같습니다. 바로 탐심 때문입니다. 탐심은 사람의 인격을 망가뜨리고 다툼을 일으킵니다. 이런 탐심에서 벗어나려면 어떻게 해야 할까요?

첫째로 자신의 지위를 남용하지 말아야 합니다(21절). 무슨 일이든지 원칙에 따라 공정하게 해야 합니다. 아는 사람이라고 낯을 봐 주고 한 조각의 떡같은 뇌물에 눈이 멀어서는 큰 사람이 될 수 없습니다. 청탁을 들어주고 뇌물을 받으면 자기의 인생에 장애물이 되어 돌아오는 날이 반드시 오기 때문입니다. 그러나 청렴한 삶에 실력까지 갖춘 사람은 미래가 시온의 대로같이 열립니다.

둘째로 안목의 정욕에 주의해야 합니다(22절). 눈은 마음의 창입니다. 그래서 모든 유혹은 눈을 통해 들어옵니다. 악한 눈을 가진 사람은 불의한 방법으로 재물을 모으려는 유혹에서 벗어나지 못합니다. 그래서 돈을

빨리 벌겠다는 조급한 마음에 바른 선택을 하지 못하게 되고, 잘못된 선택은 필연적으로 실패를 가져옵니다. 아무리 상황이 급해도 바른 길을 볼 수 있는 선한 눈을 가져야 합니다. 그래야 바른 선택을 할 수 있고 좋은 결과를 얻을 수 있기 때문입니다.

셋째로 선한 양심을 지켜 나가야 합니다(23절). 양심이 살아 있는 사람은 아첨하지 않습니다. 이익을 조금 얻으려고 그른 것을 옳다고 칭찬할 수 없기 때문입니다. 또한 부모의 것을 도적질하지 않습니다. 부모의 것은 장차 물려받을 유산을 의미하는데, 살아 계신 부모님께 유산을 요구하고도 죄가 아니라고 생각하는 것은 네 부모를 공경하라는 제5계명의 말씀을 범하는 행위로서 하나님의 준엄한 심판을 받게 됩니다.

하나님을 의지하는 사람은 결코 탐심에 빠지지 않습니다. 모든 것에 풍성하신 하나님께서 나의 삶을 채워 주심을 믿기 때문입니다. 하나님을 의지함으로 날마다 풍족하게 하시는 은혜 안에 거하시기를 바랍니다.

나의 적용 • • •

나를
믿지 마세요!

잠언 28장 26-28절

26 자기의 마음을 믿는 자는 미련한 자요 지혜롭게 행하는 자는 구원을 얻을 자니라
27 가난한 자를 구제하는 자는 궁핍하지 아니하려니와 못 본 체하는 자에게는 저주가 크리라
28 악인이 일어나면 사람이 숨고 그가 멸망하면 의인이 많아지느니라

세상에서 가장 믿을 수 없는 사람은 바로 자기 자신입니다. 우리가 믿을 수 있는 것은 참된 진리뿐인데, 진리란 변하지 않고, 지속적이고, 영원해야 합니다. 아침, 저녁으로 생각이 바뀌는 자기 자신을 믿는다는 것은 어리석은 행위이며, 영원하신 하나님을 붙잡아야만 세상에서 마음의 참된 안식과 평안을 얻을 수 있습니다. 그러면 참된 진리이신 하나님을 믿고 의지하는 삶은 어떤 삶일까요?

첫째로 자기의 지혜를 버리고 하나님의 지혜를 붙잡는 삶입니다(26절). 삶의 경험과 지식이 인생을 살아가는 데 큰 도움이 되는 것은 사실이지만, 인생에는 변수가 너무 많아서 과거와 현재의 상황이 항상 일치하지 않기 때문에 동일하게 적용할 수 없습니다. 그러나 말씀을 묵상하고 기도하면 과거의 경험과 지식을 활용하여 더욱 창의적인 방법으로 인생의 문제를 풀어 가는 하늘의 지혜를 주십니다.

둘째로 나눔을 통해 더욱 부유해지는 삶입니다(27절). 세속적인 가치관은 재물을 모으려면 한 번 움켜쥔 것은 놓지 말아야 한다고 가르칩니다. 그래서 사람들은 나누고 퍼 주는 삶으로는 부유해질 수 없다고 생각합니다. 그러나 과부와 고아들의 아버지가 되시는(시 68:5) 하나님께서는 가난한 자들에게 베풀어 구제하는 사람이 결코 궁핍하지 않도록 채워 주십니

다. 가난한 자들에게 베푸는 것은 하나님께 꾸어 드리는 것과 같아서(잠 19:17) 갑절로 갚아 주시는 축복을 누리게 됩니다.

셋째로 세상 사람들에게 소망을 주는 삶입니다(28절). 악인들이 득세하는 세상 속에서도 하나님을 의지하는 사람은 언제나 정직함과 성실함과 의로운 삶을 지켜 나갑니다. 그리고 하나님께서 악인들의 권세를 무너뜨리시는 순간, 어둠을 뚫고 퍼져 나오는 빛처럼 세상 가운데 드러나게 됩니다. 그래서 하나님의 공의를 따라 살아가는 자를 반드시 지켜 주심을 온 세상이 알게 하는 거룩한 존재가 되게 하십니다.

하나님을 신뢰함으로 세속적인 가치관을 넘어 진리의 빛을 발하며 살아가는 성도되기를 바랍니다.

나의 적용 ● ● ●

29장

좋은 습관이 성공적인 미래를 열어 줍니다

잠언 29장 1-3절

1 자주 책망을 받으면서도 목이 곧은 사람은 갑자기 패망을 당하고 피하지 못하리라
2 의인이 많아지면 백성이 즐거워하고 악인이 권세를 잡으면 백성이 탄식하느니라
3 지혜를 사모하는 자는 아비를 즐겁게 하여도 창기와 사귀는 자는 재물을 잃느니라

"될 성 싶은 나무는 떡잎부터 알아본다." 는 속담이 있습니다. 사람이 하는 행동 하나를 보면 그 사람의 미래를 훤히 알 수 있다는 말입니다. 올바른 삶의 습관이 좋은 미래를 결정하고, 잘못된 습관 하나가 한 사람의 인생을 망칠 수도 있습니다. 그러면 건강한 미래를 위해서 우리가 가꾸어야 할 삶의 습관은 무엇일까요?

첫째로 잘못된 것은 즉시 고칠 줄 알아야 합니다(1절). 사람이 같은 책망을 반복해서 듣는다면, 그 사람은 어리석은 사람이거나 매우 고집 센 사람입니다. 어리석은 사람은 이해를 못해서 잘못된 것을 고치지 못하고, 고집이 센 사람은 자기가 옳다고 생각해서 고치지 않습니다. 그러나 지혜로운 사람은 책망을 받을 때에 겸손하게 수용하고 더 바람직한 방향으로 행동을 고쳐 나갑니다.

둘째로 권력이 주어졌을 때에 더욱 겸손히 행해야 합니다(2절). 의인이 많아지면 백성이 즐거워하는 이유는 의인들은 가진 권력을 함부로 휘두르지 않고, 자기가 가진 힘과 권력으로 사람들을 섬기기 때문입니다. 그러나 악인에게 권력이 주어지면 그 권력으로 약한 사람들을 압제하기에 백성들이 탄식하게 됩니다. 모든 권위는 하나님께로부터 온다는 청지기적 사명감으로 살아갈 때에 하나님께서는 더 많은 사람을 유익하게 하고 섬기게 하시려고 그를 존귀하게 높여 주십니다.

셋째로 지혜를 사모하는 마음으로 살아야 합니다(3절). 지혜를 사모하는 사람은 도덕적으로 타락하지 않으며 시간과 재물을 낭비하지 않습니다. 솔로몬이 지혜를 사모하는 자와 창기와 사귀는 자를 서로 대조시키고 있는 이유는 그들의 삶이 서로 완전히 상반된 결과를 가져오기 때문입니다. 사람이 아무리 많은 부와 권력을 소유해도 성적으로 타락하여 음란에 빠지는 순간 그 사람은 짐승만도 못한 하찮은 존재로 전락하고 맙니다.

언제나 내 인생이 하나님 앞에 서 있음을 기억하고 자신의 삶을 성찰하며 하늘의 지혜로 살아가는 성도되기를 바랍니다.

나의 적용 • • •

선한 양심이
사람을 사람답게 합니다

잠언 29장 4-7절

4 왕은 정의로 나라를 견고하게 하나 뇌물을 억지로 내게 하는 자는 나라를 멸망시키느
  니라
5 이웃에게 아첨하는 것은 그의 발 앞에 그물을 치는 것이니라
6 악인이 범죄하는 것은 스스로 올무가 되게 하는 것이나 의인은 노래하고 기뻐하느니라
7 의인은 가난한 자의 사정을 알아 주나 악인은 알아 줄 지식이 없느니라

사람의 양심이 살아 있으면 어떤 상황에서
든지 스스로 선과 악을 분별할 수 있습니다. 또한 선한 일을 행할 때에 마
음에 기쁨이 생기고, 악한 일을 행하려 하면 마음에 가책이 되어 돌이킬
수 있습니다. 그러나 양심의 기능이 마비되면 사람은 남을 파멸시키고 자
기만 살려는 짐승같은 인간이 되고 맙니다. 그러면 하나님께서 주신 양심
을 잘 지켜 나가려면 어떻게 해야 할까요?

첫째로 권력을 이익의 수단으로 삼지 말아야 합니다(4절). 권력을 가진
사람이 공의로 다스리면 아랫사람들은 죄를 범하는 것을 두려워하게 되
고, 사회의 기강이 바로 섭니다. 그러나 자신의 권력을 이용해서 사람들
의 뒤를 봐 주고 뇌물을 받는 사람은 사회의 기강을 무너뜨리고 국가 경
제의 안정과 번영에 막대한 장애를 가져옵니다. 그래서 양심이 살아 있는
사람은 권력을 이익의 수단으로 삼지 않습니다.

둘째로 칭찬으로 격려하되 아첨하지 않습니다(5절). 칭찬은 윗사람이
나 동료에게 하고, 아첨은 아랫사람이 윗사람에게 하는 것인데, 칭찬은
사람의 마음에 기쁨을 주고, 아첨은 사람의 마음을 교만하게 합니다. 칭
찬은 사심이 없는 진실한 마음에서 나오고, 아첨은 무엇인가 이익을 얻으

려는 불순하고 악한 마음에서 나옵니다. 그래서 선한 양심을 가진 사람은 윗사람에게 아첨해서 판단력을 흐리게 하지 않으며, 주위 사람들을 공정하게 칭찬함으로 마음에 기쁨을 줍니다.

셋째로 하나님의 마음을 품고 살아가야 합니다(7절). 악인은 지은 죄로 인해서 마음에 평안함이 없지만, 의인은 선을 행하는 삶에 하나님께서 평안을 주심으로 늘 기뻐하고 즐거워합니다(6절). 하나님의 관심은 세상의 가난한 자들을 돌보시는 데에 있기에 하나님의 마음을 품은 의인들도 언제나 주위의 가난한 사람들을 돌보고 베푸는 일에 최선을 다합니다. 살아 있는 양심을 가진 사람은 약자와 가난한 자를 보았을 때에 결코 그들을 외면치 않습니다.

양심이 살아 있어야 사람입니다. 양심이 죽으면 동물같은 본능에 지배받는 비천한 삶을 살게 됩니다. 살아 있는 양심으로 하나님의 마음을 품고 선을 행함으로 늘 기쁘게 살아가는 성도되기를 바랍니다.

나의 적용 ● ● ●

미련한 사람을 멀리하세요

잠언 29장 8-11절

8 거만한 자는 성읍을 요란하게 하여도 슬기로운 자는 노를 그치게 하느니라
9 지혜로운 자와 미련한 자가 다투면 지혜로운 자가 노하든지 웃든지 그 다툼은 그침이 없느니라
10 피 흘리기를 좋아하는 자는 온전한 자를 미워하고 정직한 자의 생명을 찾느니라
11 어리석은 자는 자기의 노를 다 드러내어도 지혜로운 자는 그것을 억제하느니라

미련한 사람은 다툼이 일어나는 상황을 이해하지 못합니다. 그래서 갈등이 생겼을 때 지혜로운 사람이 화를 내면 단지 자기에게 화를 냈다는 이유로 분노합니다. 지혜로운 사람이 다툼을 끝내려고 웃는 얼굴로 이야기하면 자기를 무시한다고 생각하여 더 분노합니다. 그러니 지혜로운 사람이 노하든지 웃든지 다툼이 끝이 나지 않습니다. 미련한 자와는 다투지 않는 것이 상책입니다. 그러면 어떻게 미련한 자를 분별할 수 있을까요?

첫째로 미련한 자는 거만합니다(8절). 거만한 사람은 주위 사람들을 무시하고 남의 말을 들을 줄 모릅니다. 항상 자기 생각이 옳다고 생각하기 때문에 다툼을 일으킵니다. 아무리 건설적인 이야기를 해도 들어주지 않기 때문에 논쟁을 하게 되면 끝이 없고, 자기 고집대로 하다가 일을 망치는 사람입니다. 그래서 타인을 존중하지 않는 거만한 사람은 경계 대상 1호입니다.

둘째로 미련한 자의 질투심은 폭력으로 표현됩니다(9절). 사람은 누구나 질투심이 생길 수 있습니다. 그러나 미련한 사람의 질투심은 항상 폭력으로 변합니다. 가인은 하나님께 제사를 드릴 때에 자기 제사는 거절하

시고 동생 아벨의 제사는 받아 주시자 질투심이 일어났습니다. 그리고 그 질투심 때문에 동생을 죽였습니다. 미련한 자는 이렇게 온전하고 정직한 사람이 잘되는 것을 보면 분노가 일어나 그에게 해를 끼치려 합니다. 질투심이 강한 사람도 멀리해야 할 경계 대상입니다.

셋째로 미련한 자는 쉽게 분노합니다(11절). 미련한 사람은 전후 상황을 살필 줄 모르고 지금 일어난 일들로 인해 분노합니다. 조금만 참으면 다 해결될 일도 분노로 인해 더 악화시킵니다. 사람이 격한 감정을 추스르지 못하면 이성적 판단력이 흐려집니다. 그래서 문제의 본질을 볼 수 없어 상황을 수습하지 못합니다. 그러나 지혜로운 자는 그런 상황을 당해도 감정을 잘 추스려서 좋지 못한 상황을 속히 해결합니다. 쉽게 분노하는 사람도 가까이 해서는 안 됩니다.

미련한 자와 다툼을 일으키지 않고, 자기감정을 잘 추스릴 줄 아는 사람이 지혜로운 사람입니다. 타인의 의견을 존중하고 마음의 질투심을 제거함으로 언제나 지혜로운 삶을 살아가는 성도되기를 바랍니다.

나의 적용 • • •

모든 생명은
하나님께 속한 것입니다

잠언 29장 12-14절

12 관원이 거짓말을 들으면 그의 하인들은 다 악하게 되느니라
13 가난한 자와 포학한 자가 섞여 살거니와 여호와께서는 그 모두의 눈에 빛을 주시느니라
14 왕이 가난한 자를 성실히 신원하면 그의 왕위가 영원히 견고하리라

사람이 눈을 뜨고 빛을 본다는 것은 그에게 생명이 있음을 의미합니다. 여호와께서 가난한 자와 포악한 자, 모두의 눈에 빛을 주신다는 것은 선인이나 악인이나 그 생명을 하나님께서 주장하신다는 뜻입니다. 결국 우리는 모두 비천하든 부귀를 누리든 하나님께서 부르시는 때에 다 손 털고 가야 하는 인생입니다. 그러면 생명이 하나님께 있음을 믿는 사람은 어떤 인생을 살아가야 할까요?

첫째로 선한 영향력을 끼치며 살아가야 합니다(12절). 모든 사람은 자신이 영향력을 줄 수 있는 삶의 영역이 있습니다. 지도자는 부하들에게 영향을 끼치고, 선생님은 학생들에게 영향을 끼칩니다. 회사의 경영자의 생각은 직원들의 근무 태도에 영향을 끼치고, 최소한 한 가정의 가장도 아내와 자녀들에게는 영향력을 끼칩니다. 생명이 하나님께 있음을 아는 사람은 자신의 위치에서 성실한 삶을 살아감으로 자기 권위 아래 있는 사람들이 바른길을 가도록 돕습니다.

둘째로 모든 심판을 하나님께 맡겨 드리고 성실하게 살아갑니다(13절). 세상에는 선한 사람, 악한 사람, 가난한 사람, 부유한 사람, 다양한 사람들이 함께 살아갑니다. 그런데 생명이 하나님께 있음을 아는 사람은 이런 모든 것들이 불공평하다 생각하지 않습니다. 선악이나 빈부귀천 어떤 것

으로도 하나님 앞에서 자신을 의롭게 할 수 없기 때문입니다. 하나님께서는 빈부귀천을 똑같이 여기시고 사람의 행위에 따라 심판하십니다.

셋째로 나보다 연약하고 불쌍한 사람들을 돌보며 살아갑니다(14절). 세상의 왕은 모든 사람의 최종적인 권위자입니다. 그러나 그 위에 하나님께서 계십니다. 그래서 왕이 가난한 자들을 불쌍히 여기며 성실히 돌보면 그 왕위를 하나님께서 견고하게 하십니다. 마찬가지로 지금 나의 사회적 위치에서 시선을 위로 두어 윗사람 눈치나 보며 살지 않고, 시선을 아래로 두어 나보다 못한 사람들을 배려하고 도우며 살면 하나님께서 그의 삶을 존귀하게 높여 주십니다.

내 인생이 하나님 손에 달려 있음을 기억하고 오늘이 인생의 마지막 날이 될 수도 있다는 삶의 자세로 하루하루를 성실하게 살아가는 성도되기를 바랍니다.

나의 적용 • • •

말씀은 하나님께서 주신 은혜의 선물입니다

잠언 29장 15-18절

15 채찍과 꾸지람이 지혜를 주거늘 임의로 행하게 버려 둔 자식은 어미를 욕되게 하느니라

16 악인이 많아지면 죄도 많아지나니 의인은 그들의 망함을 보리라

17 네 자식을 징계하라 그리하면 그가 너를 평안하게 하겠고 또 네 마음에 기쁨을 주리라

18 묵시가 없으면 백성이 방자히 행하거니와 율법을 지키는 자는 복이 있느니라

하나님께서 우리의 삶을 달아 보시는 기준은 성경말씀입니다. 영적으로 성숙한 사람이든지 그렇지 못한 사람이든지 말씀 앞에서 그 사람의 행위가 평가됩니다. 아무리 인격이 훌륭한 체하고, 기도를 많이 하는 사람 같아도 하나님의 말씀을 어기고 있다면 그는 이미 거짓된 사람입니다. 그러면 말씀을 붙잡고 살아가는 그리스도인의 삶은 어떠해야 할까요?

첫째로 말씀으로 자녀를 양육해야 합니다(15절). 잘못한 아이를 무조건 때린다고 아이에게 지혜가 생기지 않습니다. 잘못한 자녀에게 자기감정을 실어서 때리는 것은 자녀 양육에 백해무익합니다. 반면에 먼저 말씀으로 자기감정을 추스르고 아이의 행동을 바르게 교정할 때에 그 아이는 하나님의 마음을 알게 되고 징계를 달게 받음으로 인생의 지혜를 얻게 됩니다. 이렇게 말씀으로 양육된 아이는 후에 부모의 마음에 평안과 기쁨을 줍니다(17절).

둘째로 성경적인 가치관으로 세속적 가치관을 넘어서야 합니다(16절). 한 사회의 구성원의 숫자는 같은데 의인은 줄고 악인이 늘어났다면 의인

의 길을 가던 사람들 중에 다수가 악인으로 변질되었음을 의미합니다. 세속적인 가치관에 오염되어 말씀을 버렸기 때문입니다. 말씀을 떠난 사람은 범죄하게 되고 범죄하는 사람에게는 심판이 예비되어 있을 뿐입니다. 사회 분위기가 흉흉해져도 성경적 가치관을 붙들고 믿음으로 사는 의인을 하나님께서 끝까지 지켜 주시고 그의 눈으로 악인의 멸망을 보게 하십니다.

셋째로 말씀을 따라 살아가는 인생에 하나님께서 복을 주십니다(18절). 묵시는 선지자의 입을 통해 감추어 있었던 하나님의 뜻이 드러나는 것입니다. 구약시대에는 백성들이 기록된 말씀을 쉽게 볼 수 없었기 때문에 선지자의 입에서 나오는 말씀이 백성들의 삶을 지켜 주는 유일한 수단이었습니다. 그러나 우리에게는 기록된 말씀이 있기에 묵시가 없어도 하나님의 뜻을 따라 살아가는 데 아무런 어려움이 없습니다. 기록된 말씀은 복의 근원이신 하나님께서 우리에게 주신 은혜의 선물입니다.

말씀을 붙잡고 세속적인 가치관을 넘어서 하나님께서 주시는 은혜와 복을 풍성히 누리며 살아가는 성도되기를 바랍니다.

나의 적용 • • •

종의 마음과
자유자의 마음

잠언 29장 19-21절

19 종은 말로만 하면 고치지 아니하나니 이는 그가 알고도 따르지 아니함이니라
20 네가 말이 조급한 사람을 보느냐 그보다 미련한 자에게 오히려 희망이 있느니라
21 종을 어렸을 때부터 곱게 양육하면 그가 나중에는 자식인 체하리라

종은 아무리 열심히 일을 해도 소득이 생기지 않습니다. 종이 노력해서 얻은 모든 것은 다 주인의 소유가 되기 때문입니다. 종이 아무리 열심히 일해도 자기의 소유가 되지 않으니 주인이 지켜보지 않을 때에 게으름을 피우는 것은 당연한 일입니다. 그러나 성실한 종은 자기에게 맡겨진 일을 묵묵히 잘 감당합니다. 그러면 예수님을 주님으로 모시고 살아가는 그리스도인의 삶은 어떠해야 할까요?

첫째로 기쁜 마음으로 주님의 뜻에 순종해야 합니다(19절). 주인이 온유한 사람이면 악한 종은 자기에게 무슨 피해가 생기지 않는 한 주인의 말을 따르지 않습니다. 그러나 엄한 주인 아래 있는 종은 매를 맞기 싫어서라도 주인의 말에 순종합니다. 우리 주님은 온유하고 겸손한 분이십니다. 그래서 우리의 잘못을 급하게 책망치 않으시고 스스로 깨달아 돌이키기를 원하십니다. 우리는 종의 마음이 아니라 자유자의 마음으로 기꺼이 주님 뜻에 순종해야 합니다.

둘째로 매사에 신중하게 행동해야 합니다(20절). 말이 조급한 사람은 마음이 차분하지 못합니다. 자기 생각과 욕심이 앞서면 마음이 조급해지고, 그런 사람은 말에 실수가 생기기 마련입니다. 조급한 사람이 미련한 사람보다 더 빨리 망하게 되는데, 미련한 사람은 망할 때까지 기다리다 망하지만, 조급한 사람은 망하는 시점을 앞당기기 때문에 미련한 사람만

도 못합니다. 욕망의 종이 되면 조급해지고, 주님의 종이 되면 마음이 평안하고 신중한 사람이 됩니다.

셋째로 분수를 알고 베푸신 은혜에 감사하며 살아야 합니다(21절). 고대 사회에서 자식이 없는 주인은 맘에 드는 어린 종 하나를 마치 자식처럼 키웠습니다. 그러면 그 종은 주인의 은혜를 모르고, 자라서는 마치 자기가 친아들인양 행동하였습니다. 주님께서 종같이 비천한 우리 인생에 얼마나 크신 사랑과 은혜를 베풀어 주셨는가를 기억하고 늘 감사하며 살아야 합니다.

예수님께서 우리에게 주신 마음은 종의 마음이 아니라 자유자의 마음입니다. 자유를 주신 주님께 자발적인 순종과 사랑으로 보답하며 기쁨으로 살아가는 성도되기를 바랍니다.

나의 적용 • • •

예수님의 마음을 품어야 합니다

잠언 29장 22-24절

22 노하는 자는 다툼을 일으키고 성내는 자는 범죄함이 많으니라
23 사람이 교만하면 낮아지게 되겠고 마음이 겸손하면 영예를 얻으리라
24 도둑과 짝하는 자는 자기의 영혼을 미워하는 자라 그는 저주를 들어도 진술하지 아니하느니라

사람은 마음속에 어떤 생각을 품고 있느냐에 따라 말과 행동이 달라집니다. 선한 생각을 품으면 겸손한 말과 선한 행동이 나오고 악한 생각을 품으면 거친 말과 악한 행동이 나옵니다. 그리스도인은 예수님의 마음을 품은 사람입니다. 그래서 말과 행동이 예수님을 닮아 갑니다. 예수님의 마음을 닮아 가는 우리가 경계해야 할 마음은 어떤 것들이 있을까요?

첫째로 분노하는 마음입니다(22절). 마음에 분노를 품으면 사소한 일에도 다툼을 일으키고 말싸움으로 시작된 다툼이 과격해지면 폭력으로 변하여 큰 죄를 범하고 맙니다. 야고보 사도는 성내는 것이 하나님의 의를 이루지 못한다고 하였습니다(약 1:12). 예수님의 마음을 품은 사람은 하나님의 선하신 뜻을 이루기 위해 분노하는 마음을 특별히 경계해야 합니다.

둘째로 교만한 마음입니다(23절). 사람이 아무리 실력이 있어도 교만하면 다른 사람들로부터 사랑받지 못합니다. 또한 교만한 사람은 어느 누구에게도 배우려 하지 않습니다. 교만한 마음은 주위 사람들이 떠나가게 만들고, 들을 귀를 닫아 버리기 때문에 경영하는 일들을 모두 망치게 됩니다. 그러나 실력 있는 사람이 겸손한 마음까지 갖추면 사람들에게 존경을 받고 하나님께서도 그를 존귀하게 높여 주십니다.

셋째로 탐심입니다(24절). 도둑과 짝하는 자는 탐심으로 인해 악한 자들과 어울리는 사람입니다. 악한 자들과 어울려 다니면 필연적으로 범죄하게 됩니다. 죄를 범하면 현세에서는 사회적으로 처벌받아 감옥에 가게 되고, 모든 죄는 하나님 앞에서 심판받기 때문에 내세에서는 지옥에 가게 됩니다. 그리스도 예수의 사람은 육체와 함께 그 정욕과 탐심을 십자가에 못 박은 사람입니다(갈 5:24). 십자가에서 못 박아 버린 탐심을 마음속에 다시 주워 담아서는 안 됩니다.

분노와 교만과 탐심을 버리고 온유하고 겸손하신 우리 예수님의 마음으로 이웃을 섬기며 살아가는 성도되기를 바랍니다.

나의 적용 ● ● ●

여호와를 의지하는 자는
안전합니다

잠언 29장 25–27절

25 사람을 두려워하면 올무에 걸리게 되거니와 여호와를 의지하는 자는 안전하리라
26 주권자에게 은혜를 구하는 자가 많으나 사람의 일의 작정은 여호와께로 말미암느니라
27 불의한 자는 의인에게 미움을 받고 바르게 행하는 자는 악인에게 미움을 받느니라

세상에는 선한 것과 악한 것, 좋은 것과 나쁜 것들이 있습니다. 물질적인 것이든지 정신적인 것이든지 선한 것과 악한 것으로 구별되는 데 사람은 매우 특별한 존재입니다. 물질적인 몸과 정신적인 영혼이 결합된 존재이면서 같은 한 사람이 선한 존재였다가 악한 존재였다가 하는 변화를 반복하기 때문입니다. 그러나 전인격적인 믿음을 가진 그리스도인은 항상 선에 속하여 이런 변화를 반복하지 않습니다. 그러면 전인격적인 믿음을 소유한 그리스도인의 삶은 무엇일까요?

첫째로 여호와 하나님을 의지함으로 사람을 두려워하지 않는 삶입니다(25절). 사람을 두려워하면 그 사람의 눈치를 보면서 그 사람이 원하는 대로 살게 됩니다. 남의 눈치나 보며 사는 사람은 믿음을 잃게 되고, 사람의 원하는 바를 늘 만족시킬 수는 없기 때문에 미움까지 받게 됩니다. 그러나 하나님을 의지하는 사람은 결코 다른 사람을 두려워하지 않고 하나님의 기쁘신 뜻을 이루기 위해 살아갑니다. 그래서 사람들에게는 인정받고 하나님을 기쁘시게 하는 사람이 됩니다.

둘째로 삶의 모든 주권이 하나님께 있음을 믿는 삶입니다(26절). 사람들은 무슨 문제를 해결하려 할 때에 그 문제를 해결해 줄 수 있는 주권자를 찾아갑니다. 그 사람이 승인해 주면 문제가 해결될 수 있다고 생각하기 때문입니다. 그러나 세상의 모든 주권자의 마음의 문을 열고 닫는 권

세가 하나님께 있습니다. 이 진리를 믿는 사람은 세상의 어떤 권세도 두려워하지 않고 하나님만 의지함으로 당당하게 살아갈 수 있습니다.

셋째로 미움 받을 용기를 가지고 살아가는 삶입니다(27절). 그리스도인이 모든 사람에게 사랑받고 인정받을 수는 없습니다. 선을 행하고 의로운 삶을 살아가면 악한 자들은 자기들을 공격한다고 생각하며 적대시하고 의인을 미워합니다. 그러나 하나님의 사랑을 입은 사람은 악인들의 증오와 공격을 두려워하지 않습니다. 하나님께서 의인을 대적하는 악인들을 미워하시고 심판해 주시기 때문입니다.

여호와 하나님을 의지하는 자는 언제나 안전합니다. 세상의 미움을 두려워하지 말고 하나님만 의지함으로 선하고 의로운 길을 가는 성도되기를 바랍니다.

나의 적용 • • •

30장

하나님께서 함께하시니
강한 자가 됩니다

잠언 30장 1-4절

1 이 말씀은 야게의 아들 아굴의 잠언이니 그가 이디엘 곧 이디엘과 우갈에게 이른 것이니라

2 나는 다른 사람에게 비하면 짐승이라 내게는 사람의 총명이 있지 아니하니라

3 나는 지혜를 배우지 못하였고 또 거룩하신 자를 아는 지식이 없거니와

4 하늘에 올라갔다가 내려온 자가 누구인지, 바람을 그 장중에 모은 자가 누구인지, 물을 옷에 싼 자가 누구인지, 땅의 모든 끝을 정한 자가 누구인지, 그의 이름이 무엇인지, 그의 아들의 이름이 무엇인지 너는 아느냐

잠언 30장은 야게의 아들 아굴의 잠언입니다(1절). 야게는 '경건한'이라는 의미이고, 아굴은 '소집하는 자'라는 뜻입니다. 이디엘과 우갈은 아굴의 두 제자로 알려져 있는데, 학자들은 이 네 개의 이름이 잠언 30장의 내용을 요약하고 있다고 설명합니다.

이디엘은 "하나님께서 우리와 함께하신다", 우갈은 "강한, 온전한, 의로운"이라는 뜻인데, 잠언 30장은 경건을 추구하는 사람이 소집한 잠언으로서 그 내용은 "하나님께서 우리와 함께하시면 강하고 온전한 자가 된다."는 것입니다. 그러면 어떤 사람이 하나님께서 함께하심으로 강하고 온전한 자가 될까요?

첫째로 세속적인 지혜를 버린 사람입니다(2절). 아굴은 자신에 대하여 다른 사람에 비하면 짐승이며 나에게는 사람의 총명이 없다고 고백합니다. 이 고백은 자신이 어리석고 미개한 사람이라는 뜻이 아닙니다. 나는 세속적인 가치관이나 지혜를 버렸기 때문에 세상에서는 가장 어리석은 자로 보일 수 있다는 의미입니다. 하나님께서는 세속적인 방법과 지혜를 버린 사람과 함께하시고 강한 자가 되게 하십니다.

둘째로 하나님 앞에 겸손한 사람입니다(3절). 아굴은 자신에게 거룩하신 자를 아는 지식이 없다고 고백합니다. 이 고백은 너무나도 크고 놀라우신 하나님을 나의 지성으로는 다 이해할 수 없고, 경건에 대한 나의 지식은 빙산의 일각도 안 된다는 뜻입니다. 하나님을 더 깊이 알고자 갈망하는 마음이 하나님 앞에서 우리 자신을 더욱 겸손하게 만들며, 이렇게 겸손한 자에게 하나님께서 함께하셔서 강한 자가 되게 하십니다.

셋째로 예수님의 이름을 의지하는 사람입니다(4절). 아굴은 창조주 하나님이신 여호와를 알고 있었고, 성자 하나님이신 예수 그리스도를 알고 있었습니다. 그런데 아굴은 그의 제자 이디엘과 우갈에게 너는 그의 이름과 그 아들의 이름을 아느냐고 묻고 있습니다. 여호와 하나님과 그 아들 예수님의 이름을 의지하는 자가 세상에서 가장 강한 자가 된다는 사실을 교훈하기 위해서입니다.

하나님께서 함께하시는 온전한 믿음의 사람이 되어 세상을 이기고 승리하는 성도되기를 바랍니다.

나의 적용 • • •

하나님을 의지하는 사람은
말씀을 실천하는 자입니다

잠언 30장 5-6절

5 하나님의 말씀은 다 순전하며 하나님은 그를 의지하는 자의 방패시니라
6 너는 그의 말씀에 더하지 말라 그가 너를 책망하시겠고 너는 거짓말하는 자가 될까 두려우니라

하나님께서 자신을 사람에게 나타내시는 방법은 두 가지입니다. 하나는 주관적인 계시를 통해 기도에 응답해 주십니다. 그래서 병 고침이나 진로 등 삶의 문제들을 해결해 주셔서 각 사람에게 체험적인 신앙을 주시는 것입니다. 또 하나는 기록된 성경말씀을 통해 자신을 드러내시는 객관적인 계시입니다. 믿음이 자라가는 데에는 이 두 가지 요소가 모두 중요합니다.

주관적인 계시에만 집중하면 신비주의나 기복신앙에 빠질 위험이 있습니다. 그래서 말씀으로 주시는 객관적 계시를 통해 하나님을 알아갈 때에 더 건강한 믿음을 소유하게 됩니다. 아굴은 객관적 계시인 말씀의 특성과 중요성을 세 가지로 이야기하고 있습니다.

첫째로 하나님의 모든 말씀은 순전합니다. "순전하다"의 원어적 의미는 '정련하다, 제하다'라는 뜻입니다(5절a). 하나님의 말씀은 이물질을 완전히 제거한 금이나 은 같아서 어떠한 거짓도 없이 완벽합니다. 말씀 안에는 하나님의 약속과 명령과 하나님께서 행하신 사실들이 기록되어 있는데 이 진리를 믿는 모든 사람에게 말씀에 기록된 대로 동일한 은혜가 임합니다.

둘째로 하나님은 그를 의지하는 자의 방패가 되십니다(5절b). 하나님을 의지하는 것에는 정서적인 면과 실천적인 면이 있습니다. 정서적인 면은

하나님을 의지함으로 불안함과 염려, 근심, 걱정에서 벗어나 담대한 마음을 얻는 것이고, 실천적인 면은 하나님께서 주신 말씀대로 행함으로 하나님의 보호하심과 인도하심을 누리는 것입니다. 그래서 하나님을 전심으로 의지하는 사람은 말씀대로 살아갑니다.

셋째로 하나님의 말씀은 있는 그대로 믿고 실천해야 합니다(6절). 성경의 여러 곳에서 하나님의 말씀에 더하지 말고 감하지도 말 것을 명령하고 있습니다. 특히 요한계시록 22장 18절에서는 더하는 자는 재앙을 받고 감하는 자는 구원에서 유기될 것임을 강하게 경고하고 있습니다. 순전한 주님의 말씀을 자기 임의대로 해석하여 성도들을 미혹하는 모든 이단에게 이런 심판이 있습니다.

진리의 말씀을 믿고 전심으로 하나님을 의지함으로 하나님의 보호하심과 인도하심을 누리는 성도되기를 바랍니다.

나의 적용 • • •

언제나 영적 긴장감을 유지해야 합니다

잠언 30장 7-9절

7 내가 두 가지 일을 주께 구하였사오니 내가 죽기 전에 내게 거절하지 마시옵소서
8 곧 헛된 것과 거짓말을 내게서 멀리하옵시며 나를 가난하게도 마옵시고 부하게도 마옵시고 오직 필요한 양식으로 나를 먹이시옵소서
9 혹 내가 배불러서 하나님을 모른다 여호와가 누구냐 할까 하오며 혹 내가 가난하여 도둑질하고 내 하나님의 이름을 욕되게 할까 두려워함이니이다

우리 인생에서 재물은 참 중요한 역할을 합니다. 사람은 육체를 가지고 있기 때문에 늘 의식주의 문제를 해결해야 하고, 음식을 먹지 않고는 생명을 유지할 수 없는 존재이기 때문입니다. 그래서 사람이 너무 비천하게 살면 온전한 믿음을 지켜 나가기가 어렵습니다. 하나님 앞에서 건강한 믿음으로 살기 위한 우리 삶의 자세는 어떠해야 할까요?

첫째로 인간의 생사화복을 주관하시는 하나님을 의지해야 합니다(7절). 하나님께서 원하시면 우리를 부하게도 하실 수 있고, 가난하게도 하실 수 있으십니다. 아무리 치료가 어려운 불치병도 고치실 수 있으시고, 우리의 계획하는 모든 일들도 성취하실 수 있으십니다. 나의 모든 삶이 하나님의 손에 달려 있음을 믿을 때에 우리는 어떤 상황에서도 불안해 하지 않고, 하나님의 선하신 뜻에 집중하며 순종할 수 있습니다.

둘째로 항상 진실한 마음 주시기를 기도해야 합니다(8절a). 아굴은 헛된 것과 거짓말을 멀리해 달라고 기도하였는데, 헛된 것은 하나님과의 관계에서 아무런 의미가 없는 것들을 의미하고, 거짓말은 단순한 거짓말이 아니라 기록된 말씀을 거절하고 말씀과 반대되는 말을 서슴없이 하는 행

위를 뜻합니다. 하나님 앞에 진실한 마음을 품은 사람은 믿음을 지켜 나가는데 불필요한 세속적인 욕심을 버리고 항상 말씀 안에서 진리를 말하며 행할 줄 압니다.

셋째로 언제나 일용할 양식으로 채워 주시기를 간구해야 합니다(8절b). 일용할 양식은 그날 하루를 살아갈 수 있는 양식입니다. 부족하지도 않고 남을 것도 없는, 광야에 내렸던 만나와 같은 양식입니다. 일용할 양식으로 채우시면 비천한 인생이 되어 도둑질을 한다거나 많은 재물로 인해 교만해질 일이 없습니다(9절). 오히려 삶의 긴장감을 잃지 않고 순간순간 일용할 양식으로 채우시는 하나님을 의지하게 됩니다.

나의 모든 삶을 주관하시는 하나님을 전적으로 신뢰할 때에 물질적 풍요함이나 경제적 어려움으로 인해 믿음이 흔들리지 않습니다. 평생의 삶에 영적 긴장감을 늦추지 않고 하나님만 의지함으로 생명력 있는 믿음으로 살아가시기를 바랍니다.

나의 적용 • • •

아랫사람과의 관계가 중요합니다

잠언 30장 10절

10 너는 종을 그의 상전에게 비방하지 말라 그가 너를 저주하겠고 너는 죄책을 당할까
  두려우니라

사람은 자기에게 주어진 권위에 맞게 행동
해야 합니다. 윗사람을 공경할 줄 알아야 하고, 동료와는 협력하고 사랑
의 관계를 유지할 줄 알아야 하며, 아랫사람에게는 자비와 긍휼을 베풀
줄 알아야 합니다. 하나님께서는 무엇보다도 우리가 아랫사람과 어떤 관
계를 맺는가에 대해 관심을 가지고 계십니다. 연약한 사람들과의 관계에
서 하나님께서 기뻐하시는 관계는 어떤 것일까요?

첫째로 허물을 덮어 줄 줄 알아야 합니다. 종의 허물을 그의 상전에게
이야기하면 종은 상전의 미움을 받게 되고 경우에 따라서는 징계를 당하
게 됩니다. 그런데 허물을 이야기한 것이 사실이 아니라 단순히 비방이었
다면 그 종은 너무 억울하게 고통당하게 됩니다. 종의 허물을 상전에게
이야기할 수 있는 사람은 최소한 상전과 같은 권위를 가진 사람이어야 하
는데, 자기의 가진 권위로 연약한 사람을 모함하고 괴롭히는 사람은 위에
계신 하나님께서 심판하십니다.

둘째로 아랫사람들에게 존중을 받는 사람이 되어야 합니다. 자기가 가
진 권위로 아랫사람을 괴롭히는 사람은 누구에게도 존중 받을 수 없습니
다. 아랫사람이 억울함을 당했을 때에 그가 할 수 있는 유일한 일은 마음
속으로 저주하는 것뿐입니다. 하나님께서는 억울함을 당한 사람의 저주
를 들으시고, 그의 원수를 심판하심으로 하나님의 공의를 나타내십니다.

그러나 자신의 권위로 아랫사람들을 돌보고 섬기는 사람은 언제나 타인의 존중을 받습니다.

셋째로 약자의 입에서도 축복의 말이 나오게 하는 사람이 되어야 합니다. 욥기를 보면 망하게 된 사람조차도 욥을 위하여 복을 빌어주었다고 합니다(욥 29:13). 욥이 많은 사람을 위로하고 어려운 처지에 있는 사람들을 도와주었더니 나는 당장 망하게 되었어도 욥은 마땅히 복을 받아야 한다는 사람까지 있었다는 것입니다. 하나님은 연약한 사람의 입에서 나오는 축복의 말을 들으시고 그 축복이 현실이 되게 하시는 분이십니다.

나의 권위 아래 있는 사람들을 행복하게 만드는 사람을 하나님께서 기뻐하십니다. 내게 주신 권위로 많은 사람을 위로하고 섬기며 살아가는 성도되기를 바랍니다.

나의 적용 ● ● ●

자신을 살필 줄 알아야 합니다

잠언 30장 11-14절

11 아비를 저주하며 어미를 축복하지 아니하는 무리가 있느니라
12 스스로 깨끗한 자로 여기면서도 자기의 더러운 것을 씻지 아니하는 무리가 있느니라
13 눈이 심히 높으며 눈꺼풀이 높이 들린 무리가 있느니라
14 앞니는 장검 같고 어금니는 군도 같아서 가난한 자를 땅에서 삼키며 궁핍한 자를 사람 중에서 삼키는 무리가 있느니라

사람의 도덕성은 매우 주관적인 것입니다. 양심 수준에 따라 악한 사람도 자기가 선하고 의롭다 여길 수 있고, 착하고 선한 사람도 늘 마음에 찔림이 있어서 스스로를 악하다고 생각할 수 있습니다. 그래서 사람은 자기 자신을 객관적으로 살피고, 자신의 약점과 단점을 보완하여 고쳐 나갈 줄 알 때에 성숙한 인격을 소유하게 됩니다. 본문에서 아굴은 사람이 성숙한 인격을 소유하기 위해서 항상 경계하고 피해야 할 네 가지 악에 대해 이야기하고 있습니다.

첫째로 불효입니다(11절). 사람이 사회적으로 아무리 성공을 해도 부모를 바르게 섬기지 않는 자는 저주를 받습니다. 성경은 처음부터 끝까지 부모 공경을 강조하고 있습니다. 눈에 보이는 육신의 부모를 공경하지 않는 사람이 눈에 보이지 않으시는 하나님을 사랑하고 공경할 수 없기 때문입니다.

둘째로 위선입니다(12절). 자기 스스로를 깨끗하고 의롭다고 여기면서 악을 행하고, 잘못된 습관을 고치지 않는 것이 가장 큰 위선입니다. 그른 것을 알면서도 행하고 옳은 것을 알면서도 행치 않는 것 또한 위선입니다. 의로운 삶은 악한 것은 멀리하고 옳다 여기는 것을 행하는 데서 시작

됩니다.

셋째로 교만입니다(13절). 교만한 사람은 무엇을 하든지 자기 분수를 모르고 눈만 높습니다. 그래서 항상 다른 사람을 무시하고 멸시합니다. 자기가 가장 잘났고 옳다고 여기기 때문입니다. 자기 생각을 옳게 여기고 누구에게도 배우려 하지 않으니 시대를 읽을 수 없어 망하게 됩니다.

넷째로 탐심입니다(14절). 사람이 마음에 탐심을 품으면 아무리 많은 것을 소유해도 만족하지 못합니다. 배고픈 맹수가 이빨을 드러내며 약한 동물을 물어뜯고 삼키듯이 가난한 사람, 궁핍한 사람을 가리지 않고 누구의 것이든 다 빼앗으려 합니다. 사람은 누구나 절제하는 마음을 지키지 못하면 마음속의 맹수가 뛰쳐나와 인격을 무너뜨리게 됩니다.

불효, 위선, 교만, 탐심 이 네 가지 악을 늘 조심해야 합니다. 하나님 앞에서 겸손하게 자신의 모습을 살피며 악한 것들을 멀리하고 성숙한 인격으로 살아가는 성도되기를 바랍니다.

나의 적용 • • •

거머리같은 탐심을
멀리하세요

잠언 30장 15-16절

15 거머리에게는 두 딸이 있어 다오 다오 하느니라 족한 줄을 알지 못하여 족하다 하지
   아니하는 것 서넛이 있나니

16 곧 스올과 아이 배지 못하는 태와 물로 채울 수 없는 땅과 족하다 하지 아니하는 불이
   니라

거머리는 사람의 몸에 붙어서 머리와 꼬리
부분에 있는 두 개의 빨판으로 피를 흡입하는데 자기 몸이 터질 정도로
부풀어 올라도 흡혈을 멈추지 않습니다. 본문에서 아굴은 인간의 탐심을
거머리의 빨판에 비유하면서 탐욕이 초래하는 결과 네 가지를 열거하고
있습니다.

첫째로 탐심은 인생에서 스올을 경험하게 합니다. 스올은 무덤, 지옥,
죽음을 의미하는 히브리어입니다. 아무리 많은 사람이 죽어도 지옥을 다
채우지 못하는 것이 두 빨판으로 자기 몸이 터지도록 피를 빼는 거머리와
같다는 것입니다. 탐심은 만족을 모르는 지옥과 같아서 사람이 탐심을 품
으면 그 탐심으로 인해 지옥의 고통을 경험하게 됩니다.

둘째로 탐심으로 인한 갈증은 결코 삶에 만족을 주지 못합니다. 아이
를 배지 못하는 여인이 아이를 갖고자 하는 갈망은 그 어떤 것으로도 해
소가 되지 않습니다. 아무리 고민하고 노력해도 불임 여성의 태에서는 아
이가 자랄 수 없는 것처럼 탐심은 인간의 욕망만 불사를 뿐, 실제로는 인
생에 아무런 도움이 되지 않습니다.

셋째로 탐심은 인생에 커다란 손실을 가져옵니다. 땅은 하늘에서 내리
는 비를 담아 두지 않고 계속해서 흘려보냅니다. 아무리 많은 폭우가 쏟

아져도 비가 그치면 땅은 어느새 말라 버립니다. 탐심은 밑 빠진 독과 같아서 자신의 재물에 손실이 오는 것도 모르고 어리석은 투자를 하게 만들고 결국 더 큰 손실을 보게 합니다.

넷째로 탐심은 자신뿐만 아니라 주위 사람들에게까지 큰 피해를 줍니다. 마치 한 집에서 불이 나면 옆집까지 이어 붙어 큰 손실을 일으키는 것처럼, 탐심으로 인한 욕망의 불은 자기 인생뿐만 아니라 주위에 있는 사람들에게까지 옮겨 붙어서 가족, 친척, 이웃의 재산도 삼키고 더 이상 손해를 끼칠 수 없을 때까지 타오릅니다.

거머리같은 탐심을 마음속에서 완전히 뽑아내야 합니다. 세상 것으로 만족하려 하지 말고 오직 주님 한 분만으로 만족하며 그 은혜 안에 살아가는 성도되기를 바랍니다.

나의 적용 • • •

부모를 공경하는 삶에
복이 있습니다

잠언 30장 17절

17 아비를 조롱하며 어미 순종하기를 싫어하는 자의 눈은 골짜기의 까마귀에게 쪼이고
독수리 새끼에게 먹히리라

우리나라 사람들이 예수님을 믿지 않는 이
유 중에 하나는 기독교가 유교 문화에 위배되며 기독교인들은 조상을 섬
길 줄 모른다고 생각하기 때문입니다. 그러나 성경은 하늘 아버지이신 하
나님을 경외하고, 땅에서도 육신의 부모님들을 사랑하고 섬겨야 할 것을
끊임없이 명령하고 있습니다. 기독교 신앙과 유교 신앙의 본질적인 차이
는 무엇일까요?

첫째로 기독교는 하나님을 섬기고, 유교는 귀신을 섬깁니다. 기독교는
하나님께서 주시는 영생을 믿기 때문에 죽음 자체보다 내세의 영생을 중
요하게 생각합니다. 인생이 죽음으로 끝나는 것이 아니라 하나님의 품에
서 영생함을 믿기 때문에 제사를 지내지 않습니다. 그러나 유교는 사람이
죽으면 신이 된다고 믿고, 신을 잘 섬겨야 복을 받는다 하여 16대 이상의
선조들을 신으로 믿고 제사합니다. 그러나 그 신은 참 신이 아니라 귀신
인 것이 문제입니다.

둘째로 기독교는 살아 계신 부모님을 공경하고 섬길 것을 강조하고,
유교는 죽은 조상을 잘 섬길 것을 강조합니다. 사람은 부모님이 살아 계
실 때에 효도해야 의미가 있지, 부모님이 돌아가시면 아무 것도 할 수 없
습니다. 기독교인은 부모님이 살아 계실 때에 효도하고 돌아가셔도 천국
에서 만난다는 믿음이 있기에 소망을 가지고 살지만, 세상 사람들은 부모

공경을 실천하지 못하고 부모님을 떠나보냈을 때에 그제서야 후회하고 안타까워하고 통곡할 뿐입니다.

셋째로 기독교는 부모 공경을 통해 하나님께서 주시는 복을 누리는 종교입니다. 십계명의 다섯 번째 계명은 "네 부모를 공경하라."입니다. 이 계명은 하나님의 약속이 담겨 있는 첫 계명으로서 이 계명을 지키는 자는 하나님께서 복을 주시되 땅에서 잘되고 장수하는 복을 누리게 하십니다(엡 6:1-3). 그러나 죽은 조상은 살아 있는 후손들에게 아무것도 해 주지 못합니다.

아굴은 아비를 조롱하고 어미 순종하기를 싫어하는 자가 얼마나 비참한 운명에 처하게 되는지를 이야기하며 부모를 공경하고 섬길 것을 강조하고 있습니다. 살아 계신 부모님을 공경하고 효도하며 살아감으로 하나님께서 약속하신 복을 풍성히 누리는 성도되기를 바랍니다.

나의 적용 ● ● ●

음행은 자기 몸에 흔적을 남깁니다

잠언 30장 18-20절

18 내가 심히 기이히 여기고도 깨닫지 못하는 것 서넛이 있나니
19 곧 공중에 날아다니는 독수리의 자취와 반석 위로 기어 다니는 뱀의 자취와 바다로 지나다니는 배의 자취와 남자가 여자와 함께 한 자취며
20 음녀의 자취도 그러하니라 그가 먹고 그의 입을 씻음 같이 말하기를 내가 악을 행하지 아니하였다 하느니라

사람이 길을 가면 자취를 남기게 되어 있습니다. 길이 없는 곳도 사람들이 밟고 지나간 자리에는 길이 생깁니다. 그런데 공중을 날아가는 독수리와 반석 위를 기어가는 뱀과 물길을 따라 목적지를 향해 가는 배는 지나간 자취를 전혀 남기지 않습니다(19절). 지혜자 아굴은 이런 모습 속에서 성적인 범죄 행위를 밝혀내기 어려운 이유를 찾고 있습니다. 그러나 자신의 범죄 행위를 감추려 하는 인간의 간교한 생각을 깨뜨리시는 하나님의 방법이 있습니다.

첫째는 자기 입으로 범죄의 근거가 드러나게 하십니다. 성적인 범죄 행위를 감추려면 절대 입을 열어서는 안 됩니다. 그런데 음녀는 내가 악을 행하지 않았다고 스스로 말을 한다는 것입니다. 양심이 무디어져서 죄를 죄로 여기지 않지만, 나는 악을 행하지 않았다고 스스로 말함으로 오히려 악을 행한 근거가 드러나게 된다는 것입니다.

둘째는 음행하는 자들의 육체에 질병이 생기게 하십니다. 하나님께서 만들어 놓으신 무서운 창조의 질서가 있습니다. 과학자들의 연구에 따르면 부부관계를 벗어나서 문란하게 성생활을 하면 시간이 지난 후에 반드시 성병이 발생한다고 합니다. 정자와 난자의 반응 때문에 이런 일이 발

생하는데, 배우자 간의 정자와 난자는 서로 거부반응이 없지만, 여러 사람의 정자와 난자가 만나게 되면 그에 대한 거부반응으로 성병이 발병하기 때문입니다.

셋째는 생명의 원리로 범죄 행위가 드러나게 하십니다. 성의 가장 중요한 요소는 생명과 사랑과 쾌락입니다. 그중 가장 중요한 요소는 생명입니다. 그 다음이 사랑을 표현하는 방식으로서의 성이고, 가장 마지막에 추구해야 할 것이 쾌락입니다. 그런데 음행을 하는 자들은 오직 쾌락을 위해 범죄하고 아무 일도 없었던 것처럼 범죄 사실을 감추려 하지만 그 안에서 생명이 자라나 범죄 행위가 완전히 드러나게 됩니다.

그리스도인은 예수님의 정결한 신부입니다. 쾌락을 추구하는 삶을 경계하고 거룩하고 순결한 모습으로 단장한 주님의 신부로 살아가시기를 바랍니다.

나의 적용 ● ● ●

행복한 가정이
행복한 사회를 만듭니다

잠언 30장 21-23절

21 세상을 진동시키며 세상이 견딜 수 없게 하는 것 서넛이 있나니
22 곧 종이 임금된 것과 미련한 자가 음식으로 배부른 것과
23 미움 받는 여자가 시집 간 것과 여종이 주모를 이은 것이니라

큰 지진이 일어나면 세상이 진동하면서 많은 인명과 재산 피해가 발생합니다. 정치와 경제와 가정이 건강하지 못하면 마치 지진이 일어난 것처럼 사회에 큰 피해를 주고 질서가 문란하게 되며 사람들이 고통을 겪게 됩니다. 본문에서 아굴은 사회를 혼란시키고 사람들을 고통스럽게 하는 네 가지 원인을 이야기합니다.

첫째는 종이 임금된 것입니다(22절a). 종이 임금이 되었다는 것은 정직하게 노력을 해서 성공한 것이 아니라 체제에 불만을 품고 반역하여 권력을 잡은 것을 의미합니다. 자격없는 사람이 부정한 방법으로 권력을 잡으면 사회는 정의를 상실하고, 권력자의 탐심으로 인해 사람들은 고통을 당하게 됩니다.

둘째는 미련한 자가 음식으로 배부른 것입니다(22절b). 미련한 사람은 부자가 될 수 없습니다. 그런데 미련한 자가 음식으로 배가 부르게 되었다는 것은 하나님을 경외할 줄 모르는 사람이 세속적인 지식과 편법으로 부유하게 된 상황을 말합니다. 부정한 자들이 부정한 방법으로 부를 축적하기 시작하면 정직함과 성실함으로 사는 사람들이 낙심하고 사회질서는 문란하게 됩니다.

셋째는 미움 받는 여자가 시집을 간 것입니다(23절a). 미움을 받는 여자가 결혼 전의 성격과 습관을 고치지 않으면 결혼을 하더라도 사랑받지 못

합니다. 남편의 사랑을 받지 못하는 아내는 아이를 낳아 양육할 때에도 사랑과 정성으로 자녀를 돌볼 수 없습니다. 그리고 행복하지 못한 가정에서 자란 아이가 사회에서 문제를 일으키게 되는 것입니다.

넷째는 여종이 주모의 자리를 차지한 것입니다(23절b). 고대 사회에서는 여종이 주인의 사랑을 받아 본처와 같은 자리를 차지하면 처첩간의 분쟁이 끊이질 않았습니다. 그런 가정은 화목할 수가 없었습니다. 사라는 자기의 여종 하갈을 아브라함에게 첩으로 주었다가 이삭이 태어나기까지 무려 14년 동안 평안 없는 삶으로 고통을 당해야 했습니다.

아굴은 세상을 진동시키는 네 가지 요소 중 두 가지를 가정에서 찾고 있습니다. 사랑받을 만한 사람, 사랑을 주는 사람이 되어 행복한 가정을 이루어 감으로 사회의 안정에 기여하는 성도되기를 바랍니다.

나의 적용 ● ● ●

작고 연약해도
강해지는 법이 있습니다

잠언 30장 24-28절

24 땅에 작고도 가장 지혜로운 것 넷이 있나니
25 곧 힘이 없는 종류로되 먹을 것을 여름에 준비하는 개미와
26 약한 종류로되 집을 바위 사이에 짓는 사반과
27 임금이 없으되 다 떼를 지어 나아가는 메뚜기와
28 손에 잡힐 만하여도 왕궁에 있는 도마뱀이니라

작고 연약함에도 하나님께서 주신 본능적
인 지혜로 세상을 살아가는 동물들이 있습니다. 아굴은 이런 동물들의 생
태를 면밀하게 관찰하면서 하나님께서 자기 백성들을 어떻게 보호하시고
힘을 주시는가에 대하여 네 가지를 이야기하고 있습니다.

첫째는 여름에 양식을 준비하는 개미입니다(25절). 개미들은 뜨거운 여
름 내내 월동을 준비합니다. 먹을 양식과 저장해 둘 양식을 함께 준비해
서 양식을 구할 수 없는 겨울에는 땅속에서 미리 준비해 둔 양식으로 겨
울을 지냅니다. 지혜로운 개미처럼 사람은 주님 오시는 날을 예비할 줄
알아야 합니다. 빠르게 지나가는 인생 속에서 예수님을 영접하는 것만이
살 길입니다.

둘째로 바위 사이에 집을 짓는 사반입니다(26절). 사반은 너구리 과에
속하는 토끼만한 작은 동물입니다. 약한 동물이기 때문에 항상 맹수들의
먹잇감이 되기 쉽습니다. 그러나 사반은 바위틈에 집을 짓고 맹수들이 쫓
아오면 그 틈에 숨어 자기를 보호하는 지혜가 있습니다. 세상이 아무리
흉악해도 그리스도인은 영원한 반석 되시는 하나님 품에 있을 때 가장 안
전합니다.

셋째로 떼를 지어 나아가는 메뚜기입니다(27절). 메뚜기 한 마리는 아무런 힘이 없습니다. 그런데 그 메뚜기가 수천, 수만 마리 떼를 이루면 세상의 그 무엇도 감당할 수 없는 큰 힘을 갖습니다. 메뚜기 떼가 쓸고 간 자리에는 동물이건 식물이건 남아나지 않습니다. 우리 그리스도인들도 혼자서는 연약하지만 성령 안에서 믿음으로 연합한 교회를 이룰 때에 가장 강력해집니다.

넷째로 왕궁에 숨어 사는 도마뱀입니다(28절). 팔레스타인에서는 어디서나 흔하게 도마뱀을 볼 수 있습니다. 들에 사는 도마뱀은 발견되면 잡히기 쉽상이지만 왕궁에 살면서 왕의 보좌 근처를 왔다 갔다 하는 도마뱀은 어느 누구도 함부로 잡겠다고 소란을 피울 수 없습니다. 왕 근처에 있기 때문입니다. 마찬가지로 하나님께 붙어 있는 사람은 마귀 권세가 감히 손을 댈 수 없습니다.

세상을 이기는 지혜는 하늘로부터 임합니다. 작고 미천한 동물들에게도 세상을 살아가는 본능적인 지혜를 주신 것처럼, 하늘 아버지께서 우리를 지켜 주시고 보호해 주십니다. 성령 안에 연합하여 강력한 믿음으로 세상을 이기는 성도되기를 바랍니다.

나의 적용 • • •

자기 정체성이
분명하면 당당합니다

잠언 30장 29-31절

29 잘 걸으며 위풍 있게 다니는 것 서넛이 있나니
30 곧 짐승 중에 가장 강하여 아무 짐승 앞에서도 물러가지 아니하는 사자와
31 사냥개와 숫염소와 및 당할 수 없는 왕이니라

한 나라의 왕은 가장 강력한 권력을 가지고 있습니다. 그러나 왕의 권력은 자기 자신을 위한 것이 아님을 알아야 합니다. 모든 권력은 하나님께로부터 난 것이기 때문에 공공의 질서와 행복을 위해 사용되어야 합니다. 이스라엘 문화에서 왕은 하나님을 대신하여 백성을 다스리는 자입니다. 아굴은 왕을 세 종류의 동물에 비유하여 왕이 가져야 할 정체성에 대해 이야기하고 있습니다.

첫째로 두려움을 모르는 사자와 같은 존재입니다(30절). 사자는 사냥할 때를 제외하고는 거의 뛰지 않습니다. 여유있게 다녀도 감히 대항하고 시비를 걸 동물이 없기 때문입니다. 사자는 자신이 가장 강하다는 사실을 알기 때문에 아무것도 두려워하지 않습니다. 왕 역시 자기 나라 안에서는 자신이 가장 강함을 알기에 두려움이 없습니다. 하나님의 백성도 자신이 왕같은 제사장임을 알 때에(벧전 2:9) 아무런 두려움 없이 세상을 살아갈 수 있습니다.

둘째로 왕은 신속하고 민첩하게 행하는 사냥개 같아야 합니다(31절a). 사냥개는 목표물을 향해서 신속하게 질주하여 아무런 주저함 없이 공격합니다. 그래서 주인의 수고가 헛되지 않게 합니다. 왕은 어떤 일을 처리하든지 주저해서는 안 됩니다. 최종적인 권위자인 왕이 결정을 못하고 우왕좌왕하면 그의 백성들이 고생하기 때문입니다. 왕같은 제사장인 그리

스도인들도 하나님의 음성에 귀를 기울이며 신속 정확하게 행동할 때에 함께하는 사람들을 유익하게 합니다.

셋째로 싸움이 나면 절대 물러나지 않는 숫염소와 같아야 합니다(31절 b). 숫염소는 뇌진탕이 나고 뿔이 부러지더라도 싸울 때에 결코 물러서지 않습니다. 왕도 전쟁이 났을 때에 죽기를 각오하고 싸워야 합니다. 전쟁에서 패하면 그 나라의 백성은 모두 적국의 노예가 되기 때문입니다. 그리스도인들도 영적 전쟁에서 피흘리기까지 싸우는 용기가 있어야 합니다. 믿음으로 승리하는 곳에 하늘의 평화가 임하기 때문입니다.

하나님의 자녀들은 왕같은 제사장입니다. 담대한 마음으로 하나님의 음성에 귀 기울이고 순종함으로 영적 전쟁에 승리하여 하늘의 평강을 누리는 성도되기를 바랍니다.

나의 적용 • • •

죄로 인한 영적 관성의 법칙을 깨뜨려야 합니다

잠언 30장 32–33절

32 만일 네가 미련하여 스스로 높은 체하였거나 혹 악한 일을 도모하였거든 네 손으로 입을 막으라

33 대저 젖을 저으면 엉긴 젖이 되고 코를 비틀면 피가 나는 것 같이 노를 격동하면 다툼이 남이니라

물리현상 중에 관성의 법칙이 있습니다. 움직이는 물체는 계속해서 움직이려 하고, 정지한 물체는 계속해서 정지해 있으려는 성질을 말합니다. 영적으로도 관성의 법칙이 있습니다. 악은 계속해서 악을 생산하기에 사람이 죄를 지으면서도 그 악행을 멈추지 못합니다. 신본주의적 지혜자였던 아굴은 자신의 잠언 결론부에서 영적 관성의 법칙을 깨뜨리는 원리를 이야기하고 있습니다.

첫째로 교만한 마음을 버려야 합니다(32절a). 교만은 스스로 높은 체하는 마음입니다. 교만한 사람은 주제를 모르고 다른 사람들을 하대하며 말과 행동으로 상처를 줍니다. 교만한 마음을 깨뜨리려면 계속해서 시선을 위로 위로 향해야 합니다. 나보다 더 훌륭한 사람, 배울 점이 있는 사람을 향하는 것입니다. 그러면 가장 높은 곳에 계신 하나님을 바라보게 되고 겸손한 마음을 품게 됩니다.

둘째로 양심의 소리에 귀를 기울여야 합니다(32절b). 악한 자들은 계속해서 악을 행하면서 양심의 기능이 마비되어 버립니다. 죄는 마음에 견딜 수 없는 고통을 주는데, 그 고통에서 벗어나고자 스스로 양심을 죽이기 때문입니다. 죄를 인지하고 돌이킬 수 있는 양심이 살아 있을 때에 마음의 소리에 귀 기울이고 즉시 죄를 멈추어야 합니다.

셋째로 자기의 죄로 인한 비난과 징계를 달게 받아야 합니다(33절). 죄의 성질은 가만히 두면 눈덩이같이 크게 불어난다는 것입니다. 우유를 저으면 단단한 버터가 되고, 코를 비틀면 당연히 피가 나듯이 죄를 멈추지 않고 내버려 두면 더 악한 결과를 낳고 더 큰 심판이 있을 뿐입니다. 자기의 죄가 드러났을 때에 자존심을 내려놓고 변명하지도 말고 겸허한 마음으로 처분을 기다리는 사람이 긍휼함을 받습니다.

죄로 인한 영적 관성의 법칙을 깨뜨리는 길은 절제와 겸손한 마음뿐입니다. 성령께서 내주하심으로 늘 살아 있는 양심으로 선악을 분별하고 정결한 마음으로 살아가는 성도되기를 바랍니다.

나의 적용 ● ● ●

31장

건전한 이성을
지켜 나가야 합니다

잠언 31장 1-9절

1 르무엘 왕이 말씀한 바 곧 그의 어머니가 그를 훈계한 잠언이라
2 내 아들아 내가 무엇을 말하랴 내 태에서 난 아들아 내가 무엇을 말하랴 서원대로 얻은
  아들아 내가 무엇을 말하랴
3 네 힘을 여자들에게 쓰지 말며 왕들을 멸망시키는 일을 행하지 말지어다
4 르무엘아 포도주를 마시는 것이 왕들에게 마땅하지 아니하고 왕들에게 마땅하지 아니
  하며 독주를 찾는 것이 주권자들에게 마땅하지 않도다
5 술을 마시다가 법을 잊어버리고 모든 곤고한 자들의 송사를 굽게 할까 두려우니라
6 독주는 죽게 된 자에게, 포도주는 마음에 근심하는 자에게 줄지어다
7 그는 마시고 자기의 빈궁한 것을 잊어버리겠고 다시 자기의 고통을 기억하지 아니하리
  라
8 너는 말 못하는 자와 모든 고독한 자의 송사를 위하여 입을 열지니라
9 너는 입을 열어 공의로 재판하여 곤고한 자와 궁핍한 자를 신원할지니라

잠언 31장의 저자는 르무엘 왕인데, 그의
어머니가 자신을 훈계한 잠언을 이야기한 것입니다. 르무엘은 "하나님께
속한 자"라는 뜻인데 학자들은 솔로몬 왕의 애칭인 것으로 추정하고 있
습니다. 이 견해를 따르면 본문은 어머니 밧세바가 아들 솔로몬을 교훈한
잠언으로서 이성적 판단력을 흐리게 하는 세 가지 요소를 경계한 잠언임
을 알 수 있습니다. 그러면 이성적 판단력을 지키기 위해서는 어떻게 해
야 할까요?

첫째는 악한 여인들의 유혹에서 벗어나야 합니다(3절a). 르무엘 왕의
어머니는 가장 먼저 여인을 경계해야 할 것을 훈계하였습니다. 아내를 사
랑하는 남자는 세상의 그 무엇에도 마음을 빼앗기지 않습니다. 그러나 남
자는 여인과 정을 통하면 그 여인이 요구하는 것들을 거절하지 못합니다.

솔로몬은 이 경계를 등한시하였다가 천 명의 여인들을 아내로 삼아 방탕하며 하나님을 떠나는 큰 죄를 지었고, 이성적 판단력을 잃었습니다.

둘째는 탐심을 따라가지 말아야 합니다(3절b). 왕이 탐심으로 인해 영토를 확장하고 싶은 욕망에 사로잡히면 온 나라가 조용할 날이 없습니다. 젊은이들은 전장에 동원되고, 왕은 전쟁을 하면서 많은 피를 보게 됩니다. 전쟁을 하면 사람의 생명을 우습게 여기게 되고, 피 보는 것을 즐거워하는 왕은 백성들을 자애로운 마음으로 돌볼 수 없습니다. 이렇게 사람이 탐심을 품으면 분쟁을 일으키게 되고 이성적 판단력을 잃게 되며 주위 사람들을 불행하게 만듭니다.

셋째는 술을 멀리해야 합니다(4절). 왕은 공의로 나라를 다스려야 하는데, 왕이 술을 즐겨 취해 있으면 이성적 판단력을 잃어 곤고한 자들의 송사를 굽게 할 수 있습니다(5절). 그래서 르무엘 왕의 어머니는 왕이 술을 즐기는 것은 결코 옳지 않은 일임을 4절에서만 세 번이나 강조해서 이야기하고 있습니다.

그리스도인은 왕같은 제사장입니다. 성령을 의지하여 악한 정욕을 제어하고, 탐심을 절제하지 않으면 세속적인 가치관과 문화에 오염되어 선악을 분별하는 능력을 상실하게 됩니다. 성령 안에서 깨어 기도하며 민감한 영적 분별력을 가지고 오늘을 살아가는 성도되기를 바랍니다.

나의 적용 • • •

현숙한
여인 1

잠언 31장 10-12절

10 누가 현숙한 여인을 찾아 얻겠느냐 그의 값은 진주보다 더 하니라
11 그런 자의 남편의 마음은 그를 믿나니 산업이 핍절하지 아니하겠으며
12 그런 자는 살아 있는 동안에 그의 남편에게 선을 행하고 악을 행하지 아니하느니라

잠언 31장은 두 부분으로 나뉘어지는데, 구조상 독특한 특성을 가지고 있습니다. 1-9절은 왕이 공정한 재판을 위해 경계해야 할 세 가지 요소를 말씀하면서, 가장 먼저 여인의 성적 유혹을 경계하였습니다. 이와 대조적으로 10-31절은 현숙한 여인을 아내로 맞는 사람이 얼마나 복되고 행복한지를 히브리 알파벳 22자의 순서를 따라 기록한 답관체 형식으로 노래하고 있습니다. 그중 10-12절은 서론에 해당하는 부분입니다. 그럼 어떤 여인이 현숙한 사람일까요?

첫째로 값진 진주보다 더 귀한 사람입니다(10절). 한 사람의 가치는 그가 무엇을 가지고 있느냐에 따라 결정되는 것이 아니라 어떤 마음을 가지고 살아가느냐에 따라 결정되는데, 현숙한 여인은 하나님을 경외하는 마음으로 살아가기에 값진 진주보다 더 귀한 사람이 됩니다. 마찬가지로 성도의 가치는 세속적인 보화를 많이 소유한 데에 있는 것이 아니라 주님의 마음을 품고 살아가는 삶에 있습니다.

둘째로 남편의 든든한 후원자가 되는 사람입니다(11절). 현숙한 여인은 남편의 전적인 신뢰를 얻습니다. 남편이 열심히 일하고 수고한 것이 헛되지 않도록 잘 관리하여 산업이 번성하게 하기 때문입니다. 이렇게 현숙한 여인을 얻은 사람은 자기의 수고보다 더 풍성한 삶을 살아가게 되기에 행복한 사람이 됩니다. 그리스도의 신부인 성도는 달란트의 비유처럼 주신

은사를 활용하여 풍성한 열매를 거두고 이를 통해 주님께 칭찬받는 자가 되어야 합니다.

셋째로 평생에 남편에게 선을 행하는 사람입니다(12절). 현숙한 여인은 무슨 일을 하든지 남편을 배려하고 남편을 위하여 일함으로 언제나 남편을 유익하게 합니다. 남편이 잘되는 것이 결론적으로 자신에게 크게 유익함을 알기 때문입니다. 성도는 그리스도의 신부로서 평생의 삶에 주님의 이름을 높여 드리고 영광되게 하는 사람이 되어야 합니다. 주님의 이름을 높여 드리는 삶을 살아가면 오히려 주님께서 우리의 삶을 세상 가운데서 더욱 존귀하게 높이시는 은혜를 베풀어 주십니다.

오늘도 신랑되신 예수님만 높여 드리는 삶으로 주님의 기쁨되어 살아가는 성도되기를 바랍니다.

나의 적용 • • •

현숙한
여인 2

잠언 31장 13-19절

13 그는 양털과 삼을 구하여 부지런히 손으로 일하며
14 상인의 배와 같아서 먼 데서 양식을 가져 오며
15 밤이 새기 전에 일어나서 자기 집안 사람들에게 음식을 나누어 주며 여종들에게 일을
정하여 맡기며
16 밭을 살펴 보고 사며 자기의 손으로 번 것을 가지고 포도원을 일구며
17 힘 있게 허리를 묶으며 자기의 팔을 강하게 하며
18 자기의 장사가 잘되는 줄을 깨닫고 밤에 등불을 끄지 아니하며
19 손으로 솜뭉치를 들고 손가락으로 가락을 잡으며

❧　　　　　　　르무엘 왕은 서론에서 현숙한 여인이 어떤
사람인지를 먼저 이야기하였습니다. 그리고 이제 현숙한 여인이 가정사
를 어떻게 돌보는지에 대해 설명합니다. 현숙한 여인이 어떻게 가정을 부
유하게 하고, 가정사가 매끄럽게 돌아가게 하는지를 묘사하면서 현숙한
여인이 하루를 살아가는 원리에 대해 세 가지를 이야기하고 있습니다.

첫째로 자신의 삶의 자리에서 부지런히 일합니다(13, 15절). 현숙한 여
인은 양털과 삼을 구해 부지런히 일합니다. 양털과 삼은 옷을 만드는 재
료인데 그 자체로는 별로 쓸모가 없지만 옷으로 만들면 팔아서 큰 수익을
남길 수 있습니다. 그리고 새벽부터 일어나서 일꾼들을 먹이고 여종들이
할 일을 나누어 주어 효율적으로 일하게 돕습니다. 경제력과 실력에 부지
런함과 성실함이 더해지면 엄청난 시너지 효과가 나옵니다.

둘째로 하나님을 의지함으로 마음을 강하게 합니다(19절). 무슨 일을
하든지 출발점과 능력이 같은 상황이라면 경쟁력은 마음가짐에 있습니
다. 아무리 환경과 여건이 좋아도 열정이 없고, 의지가 박약하면 목적한

바를 이룰 수가 없습니다. 그러나 어려운 상황 속에서도 스스로 마음을 강하게 하고 열심과 성심을 다하는 사람이 기대 이상의 성과를 얻게 됩니다. 현숙한 여인은 스스로 마음을 강하게 하되 하나님을 경외하는 믿음으로 사는 사람입니다.

셋째로 분별력을 가지고 일합니다(16, 18절). 밭을 사더라도 아무 땅이나 사지 않고, 무엇을 심고 거둘 것인지를 생각하며 적합한 땅을 삽니다. 그리고 장사를 하더라도 무리하게 일찍 시작한다거나 너무 늦게까지 일하지 않고, 시기를 보아 가면서 시간을 조율할 줄 압니다. 무엇을 하든지 계획성과 효율성을 생각하며 일하기 때문에 시간과 자원에 낭비가 없습니다.

무슨 일을 하든지 부지런하고 성실한 마음이 중요합니다. 오늘 하루도 하나님을 의지하는 믿음으로 마음을 담대히 하고 분별력과 성실함으로 삶의 현장을 풍요롭게 가꾸어 가는 성도되기를 바랍니다.

나의 적용 • • •

현숙한
여인 3

잠언 31장 20-22절

20 그는 곤고한 자에게 손을 펴며 궁핍한 자를 위하여 손을 내밀며
21 자기 집 사람들은 다 홍색 옷을 입었으므로 눈이 와도 그는 자기 집 사람들을 위하여
   염려하지 아니하며
22 그는 자기를 위하여 아름다운 이불을 지으며 세마포와 자색 옷을 입으며

🌺 　　　　　사람은 경제력이 있어야 이웃을 위해서든
자신을 위해서든 유익한 일을 할 수 있습니다. 아무리 착하고 선한 마음
을 가지고 있어도 세상을 살아가는 데는 마음만으로는 안되는 일이 많습
니다. 현숙한 여인은 지혜롭게 부지런히 일하면서 열심히 돈을 벌고, 그
돈을 유용하고 규모있게 사용할 줄 압니다. 본문은 벌어들인 재물에 대한
현숙한 여인의 재정운용 원칙에 대해 말씀하고 있습니다.

첫째로 가난한 사람들에게 베푸는 것을 최우선으로 여깁니다(20절). 현
숙한 여인은 자신이 벌어들인 재물로 곤고하고 궁핍한 상황에 있는 사람
들을 돕습니다. 그녀가 하는 일들이 잘되고 번성하는 이유는 삶의 목표가
하나님의 사랑과 자비하심을 드러내는 데에 있기 때문입니다. 그래서 늘
베푸는 일에 힘쓰게 되니 이런 선한 삶에 하나님께서 주시는 복이 넘쳐나
게 됩니다.

둘째로 함께하는 사람들을 유익하게 하는 일에 최선을 다합니다(21절).
홍색 옷은 염색기술이 발달하지 않았던 고대 사회에서 연지벌레의 알에
서 추출한 색소로 만드는 매우 값비싼 옷이었습니다. 그런데 현숙한 여인
의 집에서는 가족들, 종들 할 것 없이 모두 홍색 옷을 입고 눈이 와도 추
위에 대해 염려하지 않으며 행복하게 산다는 것입니다. 이처럼 현숙한 여

인은 가족이든 종이든 그녀로 인하여 물질적인 풍요를 함께 누리게 하는 지혜로운 여인입니다.

셋째로 자기 관리를 위해 재물을 사용합니다(22절). 현숙한 여인은 가장 먼저 이웃을 위하고, 그 다음 자기 가정을 돌보고, 마지막으로 자기를 위해 재물을 사용합니다. 하나님께서는 이기심을 가진 사람에게는 아무리 열심히 일해도 그저 먹고 살 만큼만 주십니다. 베풀 줄 모르기 때문입니다. 그러나 이타적인 삶을 살면 충분히 나누고 섬길 것을 주실 뿐만 아니라 자신을 위해 쓰는 데에도 부족함이 없게 하십니다.

감리교의 창시자 웨슬리 목사님은 세 가지 경제 원칙을 이야기하였습니다. "가능한 한 많이 벌고, 가능한 한 많이 저축하고, 가능한 한 많이 베풀라!" 현숙한 여인처럼 이웃을 위해, 가정을 위해, 나를 위해 지혜롭게 재정을 사용하며 하나님 사랑을 실천하는 성도되기를 바랍니다.

나의 적용 • • •

현숙한
여인 4

잠언 31장 23–27절

23 그의 남편은 그 땅의 장로들과 함께 성문에 앉으며 사람들의 인정을 받으며
24 그는 베로 옷을 지어 팔며 띠를 만들어 상인들에게 맡기며
25 능력과 존귀로 옷을 삼고 후일을 웃으며
26 입을 열어 지혜를 베풀며 그의 혀로 인애의 법을 말하며
27 자기의 집안 일을 보살피고 게을리 얻은 양식을 먹지 아니하나니

세계 위인들의 삶을 보면 그 뒤에 훌륭한 어머니나 훌륭한 아내가 있었음을 알 수 있습니다. 가정을 잘 돌보고 자녀를 양육하는 아내로 인하여 남편은 사회활동에 전념할 수 있고, 어머니의 가정 교육과 진로 지도를 통해 자녀들은 자신의 적성에 맞는 길을 순탄하게 찾아갑니다. 결국 지혜로운 여인을 아내로 맞은 사람은 가정사가 평안하고 사회에서도 인정받는 사람이 됩니다. 본문은 현숙한 여인의 섬김이 가져오는 긍정적인 결과에 대해 말씀하고 있습니다.

첫째로 남편과 자신의 사회적 인지도가 높아집니다(23절). 고대 사회에서 성문은 정치, 경제, 사법, 행정의 중심지가 되는데 남편이 그 땅의 장로들과 성문에 앉았다는 것은 사회적으로 매우 고귀한 위치에 올랐음을 의미하는 것입니다. 남편이 아무리 훌륭해도 아내의 인격과 성품에 흠이 많으면 사회적으로 물의를 일으키는 경우가 많은데, 현숙한 여인은 남편을 존귀하게 세우고 자기도 인정받는 사람이 됩니다.

둘째로 삶의 지혜를 나누어 다른 사람들을 유익하게 합니다(26절). 현숙한 여인의 지혜는 세속적인 지혜가 아닙니다. 현숙한 여인의 혀는 인애의 법을 말한다 하였는데 '법'에 해당하는 히브리 원어 '토라'는 모세오경

또는 전반적인 하나님의 말씀을 의미합니다. 현숙한 여인은 늘 하나님의 말씀을 가까이함으로 모든 사람이 동의하고 따를 수 있는 인애의 법을 가르치고 이를 통해 삶의 문제를 해결해 가는 지혜를 나눈다는 것입니다.

셋째로 게을리 얻은 양식을 먹지 않게 됩니다(27절). 게을리 얻은 양식은 수고와 노력 없이 거저 얻은 양식을 말합니다. 이런 양식은 불법이나 편법을 통해 비양심적으로 얻은 소득을 의미합니다. 현숙한 여인은 늘 부지런히 성실히 지혜롭게 일하여 하나님께서 주시는 풍성함을 누리기 때문에 게을리 얻은 양식을 바라지 않으며 먹을 일도 없게 됩니다.

현숙한 여인은 자신의 수고와 노력이 헛되지 않아 후일에 웃는 자가 됩니다(25절). 겸손과 여호와를 경외함의 보상은 재물과 영광과 생명이라 했습니다(잠 22:4). 현숙한 여인과 같은 신실한 삶으로 하나님께 보상을 받고 후일에 웃는 성도되기를 바랍니다.

나의 적용 • • •

현숙한
여인 5

잠언 31장 28-31절

28 그의 자식들은 일어나 감사하며 그의 남편은 칭찬하기를
29 덕행 있는 여자가 많으나 그대는 모든 여자보다 뛰어나다 하느니라
30 고운 것도 거짓되고 아름다운 것도 헛되나 오직 여호와를 경외하는 여자는 칭찬을 받
   을 것이라
31 그 손의 열매가 그에게로 돌아갈 것이요 그 행한 일로 말미암아 성문에서 칭찬을 받
   으리라

인생에서 고운 것도 거짓되고 아름다운 것
도 헛된 이유는 젊음이 영원할 수 없고 인생의 짧은 한 순간에 불과하기
때문입니다. 하나님을 경외하는 마음이 인생의 젊음처럼 시시각각 변한
다면 그것은 자신을 속이는 거짓 믿음일 뿐입니다. 그러나 한결같은 믿
음, 변치 않는 믿음으로 평생을 사는 사람은 금보다도 귀한 신실한 믿음
을 소유한 사람입니다(벧전 1:7).

현숙한 여인은 오직 여호와를 경외하는 참된 믿음으로, 변치 않는 믿
음으로 사는 사람입니다. 본문은 잠언의 최종적인 결론부로서 하나님을
경외하는 신실한 믿음을 소유한 현숙한 여인이 그녀의 인생을 통해 누리
게 되는 삶의 열매에 대해 이야기하고 있습니다.

첫째로 가족들의 존경을 받습니다(28절). 자녀들은 일어나 감사하고 남
편은 그녀를 칭찬합니다. 한 가정에서 자녀들의 존경을 받는 어머니는 많
지 않습니다. 왜냐하면 서로를 너무 잘 알고, 격이 없기 때문입니다. 그런
데 현숙한 여인은 자녀들에게 존경을 받으며, 그녀의 행실은 남편의 자랑
거리가 됩니다.

둘째로 섬김의 결과 자신이 섬김을 받게 됩니다(31절a). 현숙한 여인의 섬김으로 인해 남편은 사회에서 성공하고 자녀들은 훌륭하게 자라납니다. 그녀의 수고와 헌신이 무위로 돌아가지 않고, 이처럼 아름다운 결과를 얻게 되는 이유는 하나님을 경외하는 믿음으로 행하기 때문입니다. 그래서 그 손의 수고한 대로 먹게 하시고 범사에 형통케 하시는 은혜를 누립니다(시 128:2).

셋째로 그의 행실을 많은 사람이 칭송하게 됩니다(32절b). 이스라엘 문화에서 여인이 공개적으로 많은 사람 앞에서 칭찬받는 것은 결코 흔한 일이 아닙니다. 사회에 크게 공헌하여 업적을 기릴 만한 경우가 아니면 있을 수 없는 일입니다. 그러나 한결같은 믿음, 변치 않는 믿음으로 살아간 결과, 현숙한 여인의 행실은 만인의 귀감이 되어 대중 앞에서 칭찬을 받게 된다는 것입니다.

금보다 귀한 믿음, 오직 하나님만 경외하는 신실한 믿음으로 평생을 살아감으로 하나님 앞에서나 사람 앞에서나 귀히 여김을 받고 칭찬받는 성도되기를 바랍니다.

나의 적용 • • •